friends 프렌즈 시리즈 03

프렌즈
베이징

전명윤·김영남 지음

Beijing

중앙books

Fanta say

환타 인사말

내가 쓴 첫 번째 중국 여행 가이드북이 나온 지도 올해로 12년째다. 책을 쓰기 전 여행자 시절부터 들락거린 것을 생각하면 이제 20년이 지척이다.

저 멀리 지평선이 보일 것처럼 망망하던 베이징의 스카이라인은 이제 서울을 훌쩍 뛰어넘어 버렸고, 넘쳐나던 자전거의 행렬은 이제 기억 속에서만 아스라이 떠오를 뿐이다.

하드웨어를 열심히 구축한 중국의 요즘은 그에 버금가는 소프트웨어의 구축이다. 이전 중화인의 자존심이란 한 때 잘나갔으나, 최근 200년간 이리저리 얻어맞기만 한 늙은 챔피언의 과거 집착형 한풀이에 가까웠다면, 요즘의 베이징은 G2라는 자부심이 넘쳐나고, 그전에는 없던 교양, 그리고 관용이 문득문득 사회 곳곳에서 묻어나기 시작한다.

올해의 《프렌즈 베이징》 개정은 역대급 대규모다. 홍콩과 상하이에 붙던 큐알코드앱을 본격적으로 도입했고, 그것도 가장 최신 버전의 웹앱으로 말이다. 스마트폰을 보조기로 활용할 수 있는 꽤 그럴 듯하고 편리한 베이징 가이드북의 탄생을 알린다.

나의 고정 독자, 팟캐스트 애청자, 트친, 페친들에게 늘 고맙다.

이 책에 사용된 사진은 모두 저자가 직접 촬영한 것들이다. 2008년부터 캐논의 EOS 50D, 7D, 소니의 RX100Mark3, 시그마의 DP1X, DP2M, 올림푸스의 E-510, E-M5, E-M1, E-M5Mark2의 카메라가 사용됐다. 이번 개정판에 추가된 사진의 대부분은 올림푸스의 카메라로 촬영한 것들이다.

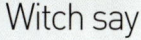

마녀 인사말

변화의 바람 속에서도 천안문 광장을 가로지르는 텅 빈 열기와, 광장의 북쪽 끝, 새빨간 오성홍기가 하늘을 향해 날갯짓하는 그 풍경, 그걸 바라보는 마오저뚱의 무표정한 초상만큼은 여전하다.
2008년 올림픽을 전후해 '다산쯔 798'이 생긴이래, 문화 예술, 인문 人文의 향기를 뿌려대던 베이징의 요즘 회두는 초대형 쇼핑몰인 것 같다.
베이징의 동쪽이자 한국으로 치자면 거의 강남과 비슷해질 것 같은 느낌의 차오양취 朝阳区 주변은 쇼핑몰들이 개업 전쟁을 벌이고 있다.
예전부터 사이즈에 집착하기로는 세계 제일가리는 민족답게 연이어 중국 최대를 갱신하더니 조만간 사이즈 만큼은 홍콩의 그것도 능가할 기세고, 실제 몇몇 곳은 그 목포하게 맹렬히 건설 중이다.
이번 개정판에서 집중했던 부분은 냉정함을 잃지 말자는 점. 쇼핑몰 전쟁의 와중에, 이곳저곳에서 취재를 요청하지만, 여행자의 실익을 따진다면 아직까지 중국의 쇼핑몰은 화려할진 모르나, 높은 세율로 인해 한국보다 훨씬 비싼 가격대를 자랑하기 때문이다.
이런 여행자의 입장에 선 꼼꼼함이, 그저 무작정 새로 생긴 곳만 집중적으로 소개하는 것 보다 낫다는 점을 독자들이 알아주길 바란다.

Thanks to the People

한때 베이징 교민이었던 晓露양은 언제나 좋은 비평가이자 애독자, 그리고 가끔은 정보원의 역할을 한다. 친구인 데미군은 가난한 여행작가 친구를 둔 덕에 늘 털린다. 앞으로도 계속 털려주길 바란다.
우리가 키우는 고양이 하찌양은 취재를 갈 때마다 우리와 떨어지고, 점점 의존도가 높아진다. 주인 잘못만난 그녀에게는 늘 미안하다. 광고주(!) 트래블 메이트와 김도균 대표님께는 특별한 감사의 마음을 쏭쏭~!
수정씨는 이 책의 담당자인데, 이상하게 한국인에게만 인기 없는 이 지역의 저조한 판매량 때문에 늘 슬픈 얼굴이다. 이번에는 좀 웃기를 바란다.

프렌즈 베이징 일러두기

일정에 대해

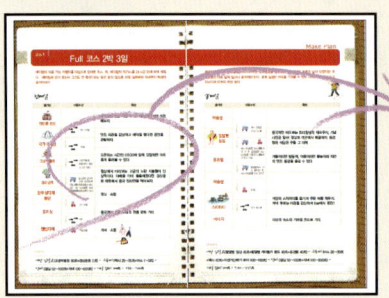

책의 맨 앞에 필자가 추천하는 여행 일정이 나온다. 클래식 2박 3일 일정, 쇼핑 마니아, 골목 투어, 택시 투어 등으로 짜여져 있다. 그 일정 그대로 따라 해도 되고 자신의 여행 스타일에 맞게 일정을 가감하거나 결합해서 새로운 일정을 짜도 된다.

지역 구분

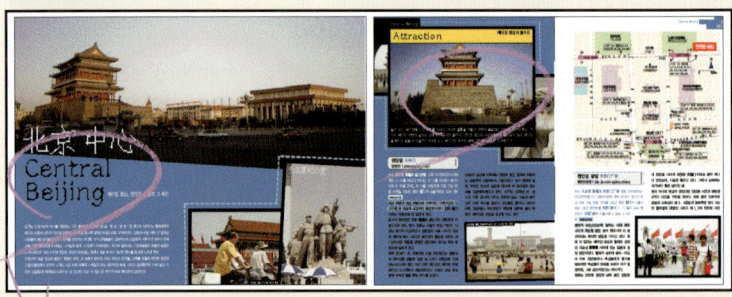

이 책은 베이징을 중심부, 남부, 동부, 서부, 북부와 시외곽의 5개 지역으로 구분했다. 지역과 그 지역의 볼거리, 레스토랑, 쇼핑, 엔터테인먼트의 구분은 아래의 그림을 참고하기 바란다.

추천코스 · 교통편 소개

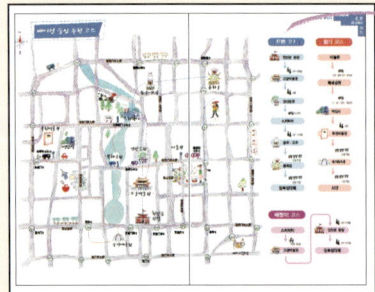

지역 도입부에는 개념도를 넣었다. 본문에 소개한 주요 명소와 지하철역, 버스 정류장이 표시되어 있어 어떻게 찾아가야할 지 판단하는데 효과적이다. 지역의 볼거리를 효율적으로 돌아볼 수 있도록 '추천코스'를 짜놓았으며 교통편까지 제시했다. 물론 지도 위에도 표시해서 동선을 파악할 수 있다. 모범 코스, 베짱이 코스, 컬처 코스 등 여행자의 취향에 맞게 선택할 수 있다.

볼거리에 대한 기준

모든 볼거리에는 '★'이 있는데, 중요도에 따라 1~5개가 붙어 있다. 의미는 다음과 같다.

★★★★★ 베이징에 왔다면 죽어도 봐야 할 곳
★★★★   꼭 봐야 할 곳
★★★   안 보면 아쉬운 곳
★★   시간이 난다면 볼만한 곳
★   안 봐도 무방한 곳

레스토랑·엔터테인먼트·쇼핑 정보

지역별 맛집, 유흥 시설, 쇼핑 관련 정보는 '……의 레스토랑', '……의 놀거리', '……의 쇼핑'에서 다루었다. 업소 위치는 지도에 표시했으니 지도를 참조하자. 단, 지도상에 표기하기 힘든 일부 업소는 '가는 방법'에서 상세히 설명했다.

Map p.7-C2 맵북 7쪽의 C행 2열에 위치

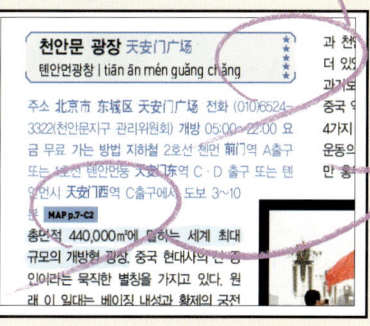

숙소 정보

숙소의 종류에 따라 지역별로 나눠 개별 여행을 목적으로 하는 여행자에게 적합한 숙소를 소개했다.

QR코드 길찾기 사용방법

1 앱스토어 or 안드로이드 마켓에서 '스캐니', '네이버' 같은 QR 코드 인식 앱을 다운 받는다.

2 '바코드 촬영' or '코드' 버튼을 눌러 촬영 모드로 간 뒤, QR코드를 찍는다.

3 기본 화면이 나오면, '지도보기' 메뉴를 클릭한다. 좌표가 뜨면 화면 상단 오른쪽에 있는 지도 아이콘을 클릭.

4 검색한 위치가 화면에 표기된다. 현재 위치에서 길찾기 메뉴를 사용할 수도 있다.

5 '택시기사에게 보여주기' 메뉴를 눌렀을 때 나오는 화면-한자로 주소가 나온다.

王府井大街 88号 北京王府井 银泰 in88

이 책에 실린 정보는 2018년 12월까지 수집한 최신 정보를 바탕으로 하고 있다. 현지 물가와 명소의 개관·폐관 시간, 입장료, 호텔·레스토랑의 요금, 교통비 등은 수시로 변경되므로 이 점을 감안하여 여행 계획을 세우기 바란다.

개정 정보 문의 : 《프렌즈 베이징》 공식 사이트 blog.naver.com/trimutri100

Contents

지은이 말 02
일러두기 04
특집 고북수진 08
특집 베이징의 크래프트 비어 10
특집 후통 읽기 12
베이징 베스트 14
베이징 여행 설계 Travel Planning 22
Course 클래식 2박 3일 코스
　_추천 1 2박 3일 +하루 더!
　_추천 2 2박 3일 +하루 더!
Course 쇼핑 마니아를 위한 코스
Course 택시로 여행하는 급행 1일 코스
Course 골목 투어
베이징 생필품 Report 32

34
베이징 여행 실전
01_ 출국! 베이징으로 36
02_ 입국! 드디어 베이징 38
03_ 공항에서 시내로 40
04_ 베이징 시내 교통 42
　　지하철 42 | 택시 45 | 버스 46
05_ 베이징 요리 48
　　카오야 48 | 전통의 맛 48 | 퓨전 요리 49 |
　　딤섬 50 | 훠궈 52 | 한식 54

56
Central Beijing
베이징의 중심, 천안문 광장과 그 주변
베이징 중심 추천 코스 & *Just Follow Fanta*

이것만은 꼭 보자
천안문 광장 61 | 중국국가박물관 66 | 천안문 74 |
고궁박물원(자금성) 76 | 북해공원 95 | 공왕부 106 |
고루·종루 108 | 옹화궁 110 | 왕푸징다제 112 |
국가대극원 115

Special Theme
베이징의 과거를 만나는 후통 투어 100
① 스차하이 산책하기
② 뒷골목 산책하기 : 옌다이셰제 · 난뤄구샹

148
Southern Beijing
쳰먼다제와 베이징 남부
베이징 남부 추천 코스 & *Just Follow Fanta*

이것만은 꼭 보자
쳰먼다제 152 | 다자란제 153 | 천단공원 156 |
판자위안 골동품 시장 159

172
Eastern Beijing
베이징 동부와 외곽
베이징 동부 추천 코스 & *Just Follow Fanta*

이것만은 꼭 보자
싼리툰 빌리지 176 | 금일미술관 177 | 중앙미술학원 179 | 동악묘 180 | 다산쯔 798 예술구 181

200
Western Beijing
베이징 서부
베이징 서부 추천 코스 & *Just Follow Fanta*

이것만은 꼭 보자
국가도서관 204 | 수도 박물관 205 | 중화세기단 209 | 천녕사탑 211 | 베이징동물원 212 | 원명원 215 | 이화원 218 | 향산공원 227

238
Northern Beijing
베이징 북부와 시외곽
베이징 북부 추천 코스 & *Just Follow Fanta*

이것만은 꼭 보자
올림픽 그린 242 | 중화민족원 244 | 천저하촌 248 | 만리장성 251 | 고북수진 255

258
베이징 여행 개요
베이징 기초 정보 260
베이징 일기 예보 262
베이징의 역사 264

266
베이징 여행 준비
01_ 여권 만들기 266
02_ 비자 만들기 267
03_ 정보 수집 268
04_ 환전 268
05_ 항공권 예약 269
06_ 여행 가방 꾸리기 270
07_ 사건·사고 대처 요령 271

274
베이징 숙소
베이징 숙소에 대해 알고 싶은 몇 가지 276
베이징 숙소의 종류 276
호텔 이용법 277
주요 숙소 279

Travel Plus
인천 국제공항을 구석구석 알아보자 39 | 사진으로 보는 지하철 탑승법 완벽 가이드 43 | 후루룩~ 짭짭, 궁중 요리 드셔보세요! 78 | 베이징 서커스의 진수, 조양극장 198 | 피로가 쏴~악 풀리는 발마사지의 세계 237 | 베이징 그리고 미세먼지 273

고북수진의 야경이 각광받는 이유

특집

고북수진 古北水镇

전 중국을 통털어 가장 인상적인 민속촌풍 볼거리. 아름다운 내가 흐르는 중세풍의 오래된 마을과 마을의 배후로 우뚝 솟아있는 사마대 장성의 능선이 인상적인 곳이다.

잊혀져간 오래된 낡은 마을이 중국의 경제개발로 근교 여행이 활성화되면서 역사 문화 테마 파크로 새롭게 탄생했다.

물길을 따라 조성된 작은 마을. 얼핏 중국 강남의 수향마을이 이럴까 싶은데, 고북수진의 특징 중 하나는 강남의 풍경+화북의 전통 주택을 뒤섞은 비현실성이다. 아기자기함이 너무 예뻐서, 여성취향 저격이라는 말이 절로 나온다.

마을 안에는 골목 하나 하나, 정밀하게 계산된 풍경이 펼쳐진다. 마을은 물길을 따라 조성된 산책로, 마을 광장, 언덕 위의 고택 등의 테마에 따라 조성됐다.

가을의 고북수진, 저 멀리 사마대 장성이 보인다.

만리장성 중에 유일하게 야경을 감상할 수 있다는 것도 강점 중 하나. 고북수진 내에 있는 숙소들이 전체적으로 가격이 비싼편이기는 해도 야경감상과 여유로운 관광을 위해 1박이상 머무는 여행자들이 많다.

고북수진은 그 동안 테마파크 건설에 공을 들인 중국이 이루어낸 가장 멋진 공간이다. 최소한 중국은 그들의 문화와 전통, 역사를 융합한 테마파크를 어떤 식으로 만들어야 하는지 터득한 느낌이다(본문 p.255).

수로를 따라, 느린 시간을 선사하는 보트들

마을 회관에서는 매일같이 크고 작은 공연이 벌어진다.

베이징의
크래프트 비어

북위 39도. 베이징의 위도다. 흔히 하는 말로 고위도 지방일수록 맥주의 맛이 훌륭하다고 한다. 이 말을 증명이라도 하려는 듯, 베이징의 크래프트 비어는 활황이다.

사실 중국의 크래프트 비어 양조장은 꽤나 전국적으로 분포해있다. 중국 본토라면 일단 상하이와 우한, 그리고 심천이 베이징과 함께 중국의 4대 크래프트 비어의 성지라 불릴만 하고, 남쪽의 홍콩도 한 맥주 하는 동네로 유명하다. 하지만, 양조장 맥주로 따졌을때 베이징은 중국에서 가장 다양하고 실험 정신이 넘쳐나기로 유명하다. 베이징 크래프트 비어의 역사는 불과 15년 남짓으로 짧은 편이지만, 오레곤에서 건너온 미국인들 그리고 중국에서만 만들수 있는 다양한 식재로 인해, 베이징 양조 맥주의 세계는 그 어느 곳보다 더 넓어졌다 단언할 수 있다.

대약 비어(본문 p.145)
오래된 사합원에 은거하고 있는 강호의 고수. 베이징 최초의 크래프트 브루어리중 하나다. 맥

"술에 있어 느리다는 표현은 제대로 만들고 있다는 걸 의미한다. 한국에 느린 마을이라는 막걸리 브랜드가 있다면 베이징에는 느린 배라는 맥주 양조장이 있는 셈."

"대약비어의 대약은 1960년대 벌어진 대약진 운동을 뜻한다. 비록 현실의 대약진 운동은 실패했지만, 대약비어가 베이징 맥주를 대약진! 시킨 건 분명해보인다."

주의 제조에 있어서는 비타협적인 원칙을 고수하지만, 재료에 있어서는 중국에서만 나는 특유의 소재들을 이용하기도 한다. 안주는 땅콩뿐, 오로지 술을 즐기고 싶다면 대약으로 가자.

슬로우 보트 브루어리 (본문 p.198)

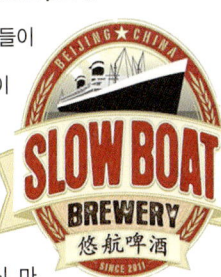

오레곤 출신 미국인들이 의기투합해 만든 베이징 브루어리. 대약비어가 로컬의 향이라면 슬로우 보트는 전형적인 미국식 마이크로 브루어리를 지향한다. 오로지 맥주만 파는 대약과 달리 버거나 피자 같은 끼니 대체제도 판매한다. 그래서 그런지 여성 손님의 비중도 높은 편.

대약 비어

후통 읽기

베이징은 기본적으로 네모 반듯한 계획도시지만, 주거구역 만큼은 자연 발생적으로 생겨 미로를 방불케 하는 좁은 골목으로 이어져 있다. 이런 골목 하나 하나가 바로 후통이다.

베이징에는 후통이 소 털 만큼 많았지만, 여기도 개발붐이 휩쓸고 간 터라, 시중심에서 후통이 남아있는 곳은 보호구역으로 지정된 곳들 뿐이다.

살아남은 후통들

자금성의 북쪽 경산공원 주변은 아직까지 서민 주거지로서의 역할이 강하지만 조금 더 외곽으로 나가면, 상업화 된 후통들이 눈에 띈다. 난뤄구샹 南锣鼓巷이 카페거리로 탈바꿈한 대표적인 상업화된 후통이고, 옌타이셰제 烟台斜街와 우다오잉 후통 五道营胡同 등이 그 뒤를 따르고 있다.

최근에는 동시 东四, 고루 鼓楼 주변도 뜨고 있는데, 거주지와 상업지가 섞여져 있어. 아예 카페 거리처럼 발달한 곳과는 또 다른 고즈넉함이 있다.

후통의 이름

후통 이름의 작명은 꽤 재미있는데, 동일한 규칙이 있는 건 아니다.

● **골목의 모양**

궁자후통 弓字胡同의 경우는 실제 골목의 모양이 르모양으로 휘어진다.

● **식재료 이름**

호국사 护国寺 주변에 있는 연근 콩나물 후통

藕芽胡同은 법회날 이 골목을 중심으로 연근과 콩나물 장사가 모여들었다 해서 붙은 이름. 아예 검은깨 후통 黑芝麻胡同, 양고기 후통 羊肉胡同 이라는 노골적인 이름도 존재한다.

● 과거에 어떤 곳

이름에 우물 정 井자가 들어간 후통은 대부분 주변에 우물이 있었다는 증거. 백미 창고 후통 白米仓胡同은 명나라 시절 베이징의 팔대 창고 중 하나로 주로 흰 쌀만을 보관했던 창고가 있었던 곳이었다고.

원 주인장의 신분을 알 수 있다

지금이야 후통의 거주민들이 베이징의 서민들로 보이지만, 왕조 시대때 베이징 성 안은 그야말로 선택된 사람들만 머물던 곳이었다. 특히 청나라 시절엔 내성 안의 거주민은 모두 여진족뿐, 한족의 거주 자체가 불허되었던 구역이다. 그러다보니 우리가 구경삼아 들어가는 대부분의 후통내의 사합원들은 최소 하급 관리의 집이었던 곳.

계급 사회에서는 집주인의 신분이 어땠는지를 과시하곤했다. 집 밖에서 예전 이 집 주인의 신분을 알 수

있는 방법은 바로 이렇다.

● 문잠 門簪

대문 상단에 있는 나무 장식이다. 길상여의 吉祥如意, 복록수덕 福禄寿德, 평안 平安과 같은 글자가 새겨져 있다. 일단 이 문잠의 수는 주인장의 신분과 비례한다. 즉 12개는 유일하게 황족에게만 허락됐고, 4개는 고급관료, 그리고 2개는 하급관료였음을 뜻한다.

● 문돈 門墩

대문 문지방 앞에 놓인 두 기의 장식된 돌기둥이다. 문돈의 상단은 조각상이 놓여져 있는데, 황족들은 사자, 북처럼 둥근 모양위에 작은 사자가 놓인 경우는 고급 문관이다. 하급 문관의 경우는 꽃과 같은 식물, 혹은 초식동물들을 조각하는게 일반적이다.

BEST ★ 신구건축

중세와 현대는 극단적으로 나뉜다. 다행인것은 꽤 어울리는 기묘한 동거라는 것.

1 국가대극원 (P.115)

21세기 중국의 국가 건축물 프로젝트중 하나. 20세기의 유산인 천안문 광장 주변 건물들과 비교해 보면 재미있다. 국가대극원에서 북쪽으로 일직선상에 놓여진 올림픽 주경기장의 별명이 새 둥지인것은 국가대극원의 별명이 새알과 연관이 있어보인다. 베이징 올림픽의 결과물은 문화예술이라고 굳이 우겨 볼 수도 있을 듯.

2 싼리툰 (P.176)

가로수가 우거진 카페거리에 최신식 쇼핑몰이 들어온다 했을 때 많은 사람들은 우려를 보냈지만, 제법 멋지게 안착한 느낌. 신구가 기묘한 동거를 이루며 취향과 성향에 따라 모두를 받아들인다.

3 CCTV (P.179)

육중한 로봇이 웅크리고 있는 착각에 빠지게 되는 건물. 미국 국방성에 이어 세계에서 두 번째로 큰 단일 오피스건물이라고.
한국의 국회의사당 돔안에 태권 V가 숨겨져 있다는 신화(?)만큼 황당한 입방아가 CCTV 건물 안에 숨어있다.

4 자금성 (P.76)

1420년 명나라때 세워진 세계에서 가장 큰 궁전. 자금성의 입구인 오문 또한 기네스북에 올라있는 세계최대규모. 황제는 자금성 안에서 그들이 말하는 천하를 다스렸다.
사실, 중국 중세까지 변방 취급을 받던 베이징은 명대에 이르러 본격적인 중국 대도시로 발전했다. 베이징을 수도로 삼은 명·청 두 왕조는 모두 북방의 몽골을 견제하기위한 방편으로 수도를 북쪽에 뒀을 뿐이었다.

5 천단공원 (P.156)

하늘의 아들을 칭하던 중국의 황제는 매년 이 곳에서 하늘에 제사를 지냈다. 주변에 어떠한 건물도 없는 텅빈 천단에 서 있다보면, 실제로 하늘이 가까워 보인다. 고개를 들어 가만히 하늘을 바라보자. 물론 날이 맑아야 감흥이 있겠지만.

6 만리장성 (P.251)

실제로 외적의 침입으로부터 뭘 방어해본적이 없이 만리장성은 어떤 면에서 자기들의 국토를 수호하겠다는 상징적 의미가 더 컸을지도 모른다. 집중적으로 건설된건 명대지만, 시원은 춘추시대까지 거슬러올라간다.
근 2,000년간 짓고 부수기를 반복한 이 위대한 건물에 중국인들은 위대한 뻥도 보탰다. 달에서도 보인다는.

BEST 음식

사람에 따라 중국 요리는 미식 아니면 지옥이다. 이런 차이는 어떤 요리를 선택하느냐의 문제일 때가 많다. 아래는 엄선된 메뉴다.

1 카오야

한때 황제의 밥상에만 오르던 귀한 요리였다는 카오야. 세대를 거듭 할수록, 맛은 조금씩 개량되는 느낌도 있지만, 엄격한 사육방법과 굽는 과정은 19세기 이후 지금까지 동일하다.
푸아그라와 함께 사육방법에 있어서의 비윤리성이 도마위에 오르긴 하지만, 대부분은 기꺼이 순간의 길티 Guilty를 감수한다.

2 마라롱샤

겨우 십수년전 중국에 등장한 마라롱샤는 개혁개방이후 스트레스 받는 중국인들의 입맛을 사로잡아 버렸다.
저렴한 가격, 누구든 당기게 하는 화끈한 맛과 그 뒤에 감도는 달콤함. 그리고 껍질을 까는 과정의 소소함들이 성공 포인트.

3 딤섬

한국에서 만두 먹으며 딤섬이라고 주장하듯, 베이징도 딤섬이라기보다는 고기만두인 빠오즈 包子가 주류. 우리가 아는 딤섬은 광둥 레스토랑에 가야 맛볼 수 있다.
베이징식 빠오즈, 동북식 물만두, 광둥식 딤섬, 상하이식 샤오룽바오 등 중국의 수도 베이징은 우리 눈에 만두로 보이는 모든 요리의 집합이다.

4 자장멘

자장면이 한식인지 중국에서 건너왔는지에 대한 논쟁은 끝났다. 중국에 자장면의 원조가 있다는 말은 사실이며 형태도 비슷하다. 다만 카라멜이 많이 든 한국의 자장면이 달콤하다면, 중국의 쟈

장멘은 짭짤하다. 정말 단순하고 소박한 맛. 입에 안 맞을지도 모르지만, 자장면 마니아라면 성지순례를 떠나보자.

5 딴딴멘

종지에 나오는 작은 면. 매운 고추기름에 볶은 돼지고기 고명을 얹어 말아먹는다. 양이 원채 적어 주식보다는 오히려 에피타이저로 적당하다. 곱게 감아 차곡차곡 올려진 면발도 일품이다.

6 마파또우푸

한국의 중국집에서 먹던 마파두부는 잊어도 좋다. 두부의 식감부터 양념, 특유의 풍미까지 한국 자장면과 베이징 쟈쟝멘 만큼 다른 맛이다.
저렴하고, 매콤 화끈하고, 보들보들한 식감도 일품이라, 밥과 함께 목구멍으로 술술 넘어간다. 이 단순한 요리가 이처럼 당길 수 있다는 건 일종의 기적.

7 위샹로쓰

쓰촨요리들은 특유의 강한 맛때문에 전국적인 인기를 누리는 경우가 많은데, 위샹로쓰도 그런 셈이다. 쓰촨 본토보다 베이징등 북부지방의 소울푸드처럼 되어버렸다. 채썬 돼지고기는 부드럽고, 아삭하게 씹히는 죽순의 질감은 그 자체로 예술이다. 아무데서나 맛볼 수 있지만, 정말 잘하는 집에서는 간장게장 버금가는 밥도둑. 밥이 술술 넘어간다.

8 훠궈

베이징 식당중 열 집 건너 한 집은 훠궈식당. 특히 겨울철 베이징에서 맛볼 수 있는 중국요리중 훠궈를 빼고는 설명이 불가능할 정도다. 일종의 매운 샤브샤브라고 보면 된다. 김이 뽀얗게 서린 창가를 본다면 훠궈집이겠구나 생각하면 십중팔구는 맞는다.

BEST 예술구

우리의 기억에서 멀어졌을뿐, 사실 백년 전만 해도 베이징은 모든 문화의 중심이었다. 최근 백 년을 뒤로하고 베이징은 다시금 문화의 도시로 웅비하고 있다.

1 금일미술관 (P.177)

돈 냄새가 나지 않는 미술 그 자체를 위한 공간. 갤러리를 좋아한다면 금일미술관의 다채로운 전시 영역이 놀랍기만 하다. 미술관 정문 앞에 있는 박장대소 하는 사람들을 묘사한 작품은 보고만 있어도 유쾌하다.

2 중앙미술학원 (P.179)

열정이 감싸고 있는 중국 미술 최고학부. 예쁘장한 캠퍼스 그리고 중국에서 가장 인상적이라고 말 할 수 있는 미술관이 있다.
중국 미술의 다양함 그리고 확장성을 느끼기에는 더 없이 좋은 공간.

3 다산쯔 798 (P.181)

이제는 갤러리가 가득한 카페거리라고 하는 게 맞겠나. 상업적이라는 비난도 많지만, 차도녀의 품격을 뽐내기에 이만한 곳도 없다. 곳곳에 설치된 예쁘장한 부조는 셀카찍기에도 그만.

BEST 사회주의 감성

중국이 우리와 가장 다른점은 정치체제. 한국이 경제적으로는 자본주의, 정치적으로 민주주의를 채택하고 있는데 비해 중국은 경제적으로는 사회주의, 정치적으로는 공산당에 의한 일당 독재를 규정하고 있다. 사실 경제적인 모습이야 1980년 이후 급격한 자본주의화의 물결속에,

1 천안문 (P.74)

천안문 광장은 현재의 중화인민공화국의 심장과도 같다. 정면에 천안문을 두고 좌우에는 국회격인 인민대회당과 국가박물관이 육중하게 버티고 있다. 이런식의 국가 광장, 압도적인 크기의 국가적 건축물들은 사회주의 국가의 대표적인 특징. 해질녘 벌어지는 엄숙한 국기 하강식은 국가 위에 아무도 설 수 없는, 국가주의의 가장 좋은 보기이다.

2 모주석 기념당 (P.64)

마오 쩌둥에 대한 평가는 차치하자. 죽은 국가지도자의 시신을 보존하는 건 구 소련에서 레닌이 죽은 이래 이어져, 중국의 마오 쩌둥, 베트남의 호치민, 북한의 김일성까지 이어지는 사회주의 국가들의 전통이다.
재미있는 사실은 막상 원조격인 레닌은 사후 어떤 기념행위도 하지 말것을 유언으로 남겼다. 모주석 기념당은 중국에서 가장 경건해야 할 것을 강요받는 공간이지만, 그 경건이 죽은 그를 위함은 아닌 것 같다.

적어도 여행자들이 느끼기에 우리와 별반 다르다는 인상을 받지는 못하지만, 정치적인 면은 아직도 우리와는 많이 다른 모습. 트위터와 페이스북이 막혀있다는 것부터 통제는 일상이라는 느낌이다. 하지만 우리는 여행자. 이 또한 중국 나름의 특징이고, 이 안에서 발견할 수 있는 특색있는 볼거리 들이 있다.

3 선전 포스터

사회주의 국가는 언제나 국민에게 '구호'로 요구한다. 그리고 그 구호는 붉은 바탕의 노란글씨나, 선전 포스터로 형상화되서 인민들에게 다가갔다. 어떤 시절 이 포스터는 의욕고취 용도였을 것이고 또 어떤 시절에는 두려움의 대상이었을 것이다. 하지만 현재는 선전 포스터를 예술의 소재, 팝아트로 재창조하곤 한다. 어쨌건 원색의 사회주의 풍 선전포스터는 꽤 이국적이다.

4 추억 팔이

새마을 운동을 하던 시절로 돌아가라면 고래를 설레설레 젓겠지만, 새마을 식당에서 그때의 노래를 들으며 삼겹살을 구워먹는건 별스럽지 않은 것과 마찬가지.
역사적으로야 수천만명이 굶어죽었던 시절이지만, 어떤 사람들에게는 그때가 그리운 법이고, 오랜 기간 낡은 중국이 머릿속에 각인된 외국인 여행자에게는 사회주의가 절정을 달리던 60-70년대의 낡은 물건들이 기념품이 되기도 한다.

베이징 여행 설계

| 여행 계획 잡기 | 여행의 시작은 여행을 가고자 하는 그 시점부터다. 여행을 떠나기 전 상상으로 여행을 한바탕 하고 그리고 여권과 비자, 항공권과 호텔 예약 등 여행을 구체화한다. 여행 준비는 시즌에 따라 차이가 있겠지만 보통 한 달 전이라면 무난하다. |

✓ D-day 30일 전

체크해봐야 할 것 자신의 여행 스타일을 파악한다. 외국만 나가면 엄청 부지런해지는 타입이거나 반대로 컨디션이 안 좋아져서 호텔에서 반나절을 보내야 하는 타입인지 자문해보자.

✓ D-day 20일 전

여행날짜를 정한다. 휴가가 정해졌다면 날짜에 맞는 항공권과 호텔 예약이 급선무. 다급하게 예약하려고 하면 원하는 호텔을 구하기 힘들 수도 있다.

Travel Planning

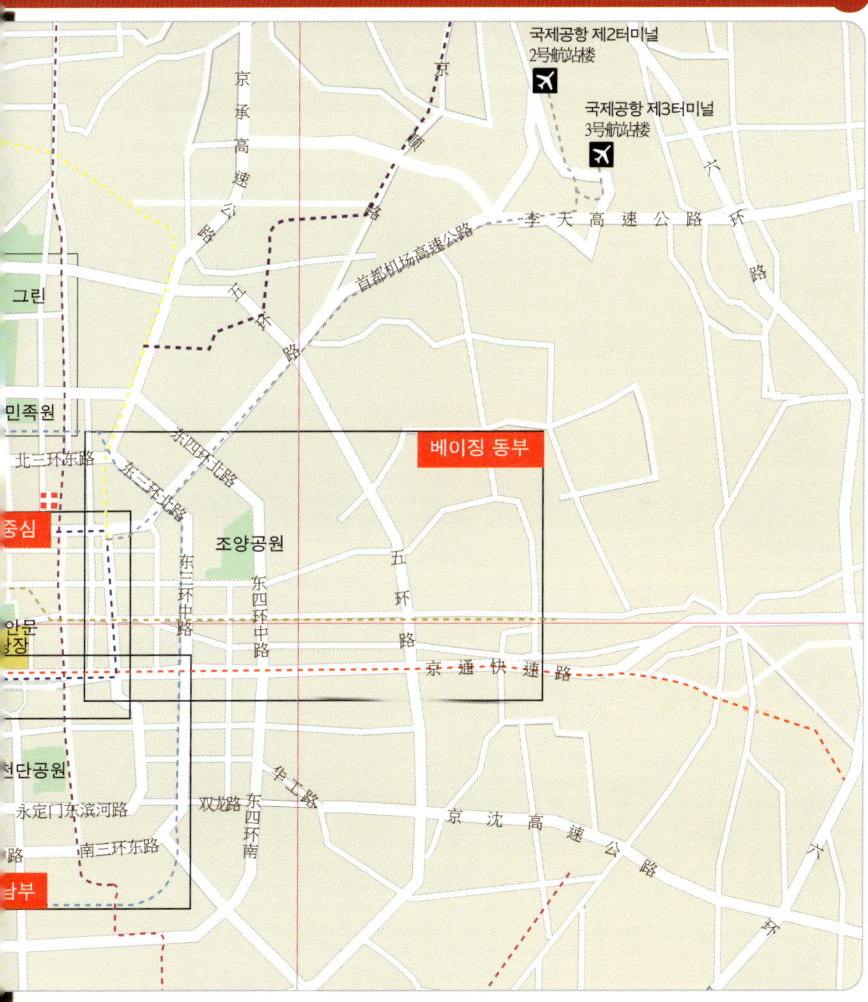

✓ D-day 10일 전

정보수집 가이드북과 베이징 관련된 자료들을 습득하도록 하자. 아는 만큼 보인다고 했던가? 공부를 많이 해갈수록 즐거운 여행이 보장된다. 베이징이 어떻게 생겼고 천안문 광장이 어디쯤 있는지 대략적으로 공부해두면 낯선 타국에서 덜 당황해도 된다.

✓ D-day 5일 전

일정표 만들기. 꼭 가고 싶은 곳 리스트를 만들자. 그리고 그중에서도 베스트를 정하자. 그리고 그 베스트 리스트로 일정을 잡는 것이다. 베스트 안에 식당만 있다면 곤란하다. 볼거리·식당·쇼핑·놀거리 등 다양하게 베스트를 고르도록 노력해 균형 잡힌 나만의 일정표가 완성됐다면 이제 떠나기만 하면 된다.

클래식 2박 3일 코스

베이징에 처음 가는 여행자를 대상으로 잡아본 코스. 즉, 베이징의 엑기스를 24시간 안에 꽉꽉 채웠다. '베이징에 갔다 왔는데 그것도 안 봤어?'라는 말은 듣지 않도록 아침 일찍부터 저녁까지 빡세게 움직여보자.

첫째날

볼거리	교통수단	특징
천안문 광장		새벽잠이 없는 사람이라면 국기 게양식에 도전해보자.
국가박물관	10~15분	중국의 내셔널 뮤지엄. 5000년의 향기를 느껴보자.
고궁박물원	15분	언제가도 사람이 많다. 가급적 일찍 방문하자.
경산공원	고궁박물원 북문에서 길만 건너면 된다.	정상에서 바라보는 고궁의 노란 지붕들이 인상적이다. 이때쯤 이미 출출해졌다면 경산공원 매점에서 중국 컵라면을 먹어보자.
왕푸징다제 · 동당	경산공원 입구로 나와 맞은편에 있는, 故宮정류장에서 버스 103 · 211路를 타고 新東安 市場정류장에서 하차	점심식사 · 쇼핑
스차하이	10~15분	베이징에서 가장 로맨틱한 호반 거리
난뤄구샹	지하철 한 정거장	베이징을 대표하는 후통

memo 예산짜기

입장료(고궁박물원 60元+경산공원 2元) + 교통비(택시 30~40元+버스 1~3元) +

식비(점심 70~120元+저녁 150~250元) + 기타 잡비(100元) = 413~575元

Travel Planning

중국이라는 이미지와 동일시되기도 하는 만리장성을 방문하는 날. 전날의 피로가 남아 있겠지만 오늘만큼은 아침 일찍 일어나 움직여야 한다. 오후 일정은 여유를 가져볼 수 있는 스차하이를 둘러보고 마사지로 마무리 하면 된다.

둘째날

볼거리	교통수단	특징
덕승문	버스 877路 1시간 30분	
팔달령 장성	버스 919路를 타고 延庆南菜园까지 간 후, 버스 Y15路를 타고 龙庆峡 하차	중국하면 떠오르는 만리장성의 대표주자, 기념사진은 필수! 점심도 이곳에서 해결하자. 용경협의 식당은 우울 그 자체.
용경협	Y15路를 타고 司家营까지 간 후, 해서 919快路를 타고 2시간	겨울이라면 빙등제, 여름이라면 물놀이와 자연의 멋진 풍경을 즐길 수 있다. 팔달령에서외 소요시간을 보고 패스할 지 결정!
덕승문	20분	
종루와 고루	각자 숙소로	새롭게 뜨고 있는 미식거리. 피자집, 맥주집, 카페 없는 게 없다.
마사지		자신의 숙소와 가까운 곳으로 가자.

memo *예산짜기*

입장료 (팔달령 장성 45元+팔달령 케이플카 왕복 100元+용경협 40元) + **교통비** (버스 26~30元+택시 50元+자전거인력거 투어 100~180元) + **식비** (점심 70~120元+저녁 150~250元) +

기타 잡비 (100元) = 661~895元

길다면 긴 2박 3일의 마지막 날. 당연히 아침 일찍부터 서둘러야 한다. 일요일이라면 판자위안 골동품시장부터 일정을 시작하면 된다. 고국의 친지들에게 돌릴 기념품 헌팅장소로도 그만.

셋째날

볼거리	교통수단	특징
판자위안 골동품시장	华威西里 버스 정류장에서 버스 36路를 타고 天坛南门에서 하차	주말에 열리는 베이징 최대 규모의 골동품시장
천단공원	지하철 5호선 天坛东门역에서 전철을 타고 13호선 望京西역 B출구에서 버스 445路를 갈아타고 大山子路口南 하차해서 육교를 건넌다	중국 최대 규모의 제단으로 단아함이 느껴지는 곳.
다산쯔 798 예술구	大山子路口南 정류장에서 버스 402·405路를 타고 呼家楼北에서 하차	중국 현대 예술의 현주소를 가늠해볼 수 있는 곳. 다산쯔에서 가볍게 요기를 해야 조양극장에서 배고프지 않다.
조양극장		예매해둔 티켓을 들고 19:15~20:30에 맞춰가자.
싼리툰	10분	각국의 대사관이 있으며 쇼핑구역으로 새로운 베이징을 느껴볼 수 있다. 맛있는 저녁을 먹기에도 좋은 장소.

memo 예산짜기

입장료(천단공원 35元+조양극장 280~880元) + 교통비 (버스 4元+지하철 2元) +
식비 (점심 70~120元+저녁 150~250元) + 기타 잡비 (100~200元) = 638~1,388元

Travel Planning

2박 3일 + 하루 더!

기본 일정에 알짜배기 하루가 추가됐다. 이화원을 시작으로 베이징 서부 여행의 핵심인 국가도서관과 동물원을 방문한다. 중간에 대형마트인 까르푸에서 쇼핑을 할 수도 있다. 지하철로 한번에 연결되는 시단에서 마무리하는 일정이다. 시단에는 쇼핑몰과 맛집들이 몰려있다.

추천 1

볼거리	교통수단	특징
이화원	지하철 4호선 北宫门역에서 전철을 타고 중관촌 中关村역 D출구에서 도보 5분	중국 근대사의 온갖 역사가 서려있는 황제의 별장
까르푸	지하철 4호선 국가도서관 国家图书馆역 A출구 앞	그 나라의 마트를 구경하는 건 꽤 재미있는 일이다.
국가도서관	지하철 4호선 1정거장	그저 고리타분하기만 한 도서관이 아니다.
동물원	지하철 4호선 동물원역에서 전철을 타고 6정거장을 가면 시단역이다.	팬더님, 팬더님, 제발 움직여주세요. 제발요.
시단	10분	베이징의 강추 쇼핑몰 2곳. 저렴한 물건부터 최고급 물건까지 다양하다.
싼리툰		베이지의 화려한 밤. 다양한 바와 레스토랑이 가득하다.

memo 예산짜기

입장료(이화원 60元) + 교통비 (지하철 8元+택시 50元) +

식비 (점심 70~120元+저녁 150~250元) + 기타 잡비 (100~200元) = 470~720元

이제는 좀 여유를 누려보자. 유난스러운 관광지가 아니라 현지인들이 주로 찾는 곳들을 방문하고 왁자지껄한 서민풍의 저녁을 즐겨보도록 하자. 잠깐이지만 베이징런 北京人이 된 기분에 취해보는 것도 재미있는 경험이 된다.

추천 2

볼거리	교통수단	특징
루쉰 박물관		중국 현대사를 대표하는 문인의 발자취를 따라 걸어보자.
백탑사	10분 / 白塔寺정류장에서 버스 7·102·103·685路를 타고 动物园정류장에서 하차	새하얀 티베트식 불탑이 인상적인 고찰
동물원	지하철 4호선 动物园역에서 전철을 타고 6호선 환승역인 平安里역으로 간 다. 다시 10호선 환승역인 呼家楼역으로 가 10호선 双井역 B2출구에서 도보 10분	중국의 상징인 판다를 볼 수 있는 동물원. 아이들이 있다면 베이징 해양관도 가보자.
금일미술관		베이징에서 가장 추천할만한 미술관. 방문 전에 전시 일정은 미리 체크하도록 하자.
신광천지	택시로 7~10분	금일미술관 근방에 신광천지와 국무상성 백화점이 있다. 고급스러운 중국 만두를 먹을 수 있는 딘타이펑이 신광천지에 입점해 있다.

memo 예산짜기

입장료 (루쉰 박물관 무료 +백탑사 20元+동물원 20元) + 교통비 (택시 40元+버스 8元+지하철 4元) + 식비 (점심 70~120元+저녁 150~250元) + 기타 잡비 (100~200元) = 380~630元

Travel Planning

쇼핑 마니아를 위한 코스

쇼핑 외에는 관심 없다. 고궁박물원을 땀흘려가며 2~5시간씩 둘러보느니 시원하게 에어컨이 나오는 쇼핑몰에서 가게 하나라도 더 섭렵하겠다는 사람들을 위한 일정이다. 골동품부터 명품 아울렛, 인테리어 용품까지 종류도 다양하다. 쇼핑만으로 짜인 일정 같지만 판자위안 골동품시장이나 싼리툰은 베이징 필수 관광 코스이기도 하다.

볼거리	교통수단	특징
판자위안 골동품시장		주말 아침 일찍, 방문하는 게 좋은 물건을 만날 수 있는 확률이 높다. 소소한 기념품을 헌팅해 보자.
	택시로 15~20분	
데카트론 (大郊亭점)		다양한 운동·아웃도어 용품을 구입할 수 있다.
	택시로 15분	
수수가·더 플레이스		기념품을 사기에도 좋고, 최신 유행 아이템도 쇼핑할 수 있다.
	택시로 25분	
이케아		룰루랄라. 이제 집을 꾸며보자. 엄마들은 의외로 이런 선물을 좋아한다. 부피가 크지 않은 것들을 중심으로 공략해보자.
	택시로 20분	
싼리툰		베이징의 화려한 밤. 다양한 바와 레스토랑, 숍들이 가득하다

memo 예산짜기

교통비 (택시 120~150元) + 식비 (점심 70~120元+저녁 150~250元) +
기타 잡비 (100~200元) = 440~720元

Travel Planning

택시로 여행하는 급행 1일 코스

베이징에 단 하루의 시간이 주어진 트랜짓 여행자들을 고려한 집중 코스. 택시를 적극 활용해서 움직이자. 시간절약은 더 많은 베이징을 볼 수 있는 여유를 준다. 물론 그러기 위해서는 택시 운전수에게 목적지를 제대로 알려줘야 한다. 자신이 가고자하는 지명을 한자로 미리 적어서 보여주는 것도 방법.

볼거리	교통수단	특징
천단공원		파란색 기와지붕에 하얀 대리석 건물이 상쾌한 아침을 맞이하게 한다.
첸먼다제	↓ 🚗 20元	트램을 타고 새롭게 정비된 첸먼다제를 구경하자. 점심은 이곳에서 해결하는 게 좋다.
천안문 광장	↓ 👣 10분	베이징의 상징. 기념촬영을 위해서라도 꼭 방문하게 된다.
고궁박물원	↓ 👣 15분	자신에게 주어진 시간에 맞춰 움직여야 한다.
경산 공원	↓ 👣 2분	경산공원에서 바라보는 고궁박물원은 새로운 느낌이다.
공왕부	↓ 🚗 15元	아기자기한 중국의 정원과 대저택을 구경할 수 있는 곳이다.
스차하이	↓ 👣 10분	로맨틱한 호수와 엄청나게 많은 카페와 레스토랑이 모여 있어, 연인들과 관광객들의 발길이 끊이지 않는다. 저녁과 술 한잔 하기에 그만이다.

memo 예산짜기

입장료(천단공원 35元+고궁박물원 60元+경산공원 2元+공왕부 40元) + 교통비(택시 35~40元) + 식대(점심 70~120元+저녁 150~250元) + 기타 잡비(100~200元) = 467~622元

Travel Planning

골목 투어

현지인들의 삶을 엿볼 수 있는 골목, 후퉁은 베이징의 또 다른 얼굴이다. 그네들의 작은 숨소리를 듣고 싶어 하는 세심한 여행자들에게 제격이다. 옹화궁과 국자감, 고루와 종루, 스차하이 주변의 고풍스러운 골목 여행을 떠나보자.

볼거리	교통수단		특징
옹화궁			베이징에서 가장 큰 사원. 왠지 모를 힘이 느껴진다.
공묘와 국자감	7분		아시아에 지배적인 영향을 끼친 공자를 만나 볼 수 있다.
고루와 종루	20~30분		고루와 종루에서 바라보는 베이징, 꽤 근사하다.
후퉁 투어	10분	자전거 인력거	자전거 인력거를 타고 골목을 누벼보자. 편할뿐더러 잊히지 않는 추억이 된다.
옌다이셰제	도보 20분 또는 인력거 5분 스차하이 주변의 골목 골목을 누벼보자.		작은 골목에 아기자기한 상점들이 몰려 있다. 세월의 흔적도 느껴지는 곳이다.
은정교	도보 20분 또는 인력거 5분 스차하이 주변의 식당과 카페들을 섭렵하자.		스차하이의 이정표 같은 곳. 전해와 후해로 나뉜다.
공왕부			독특한 중국 정원을 감상할 수 있는 고택
하화시장	10분		스차하이의 핵심. 다양한 식당들이 몰려 있다.

memo 예산짜기

입장료(옹화궁 25元+공묘와 국자감 30元 + 종루 20元+고루 20元+공왕부 40元) + **교통비** (자전거인력거 투어 100~180元) + **식비** (점심 70~120元+저녁 150~250元) + **기타 잡비** (100~200元) = **520~850元**

Beijing

베이징 생필품 Report

농부산촌물
农夫山泉水 1.5元

와하하물
娃哈哈 1.2元

코카콜라에서
만든 물 冰露
1元

농부산촌에서 만든 과일음료.
农夫果园 토마토100% 주스
4.8元

와하하에서 만든
비타민 음료
4元

강사부 康师傅에서
만든 홍차 음료
2.7元

몽유에서 만든
요구르트 优益C
6.9元

왓슨 진저에일
4.8元

몽유 蒙牛에서 만든
요거트 음료 冠益乳
5.9元

세계적으로 마니아층을
거느리고 있는 중국의
코코넛 음료 예수 椰树
3元

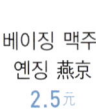
베이징 맥주.
옌징 燕京
2.5元

립톤 立顿 밀크티
经典醇奶味茶로 코코넛
과육도 들어 있다.
3.3元

와하하 팔보죽 娃哈哈八宝粥.
찹쌀과 율무, 흰목이, 팥, 땅콩 등의
곡식이 들어간 간편 죽이다.
2.9元

중국 최고의 인기를 누리는 왕라오지 王老吉.
약한 한약맛이 나는 꿀물이라고 생각하면 된다. 최근
자둬바오 加多宝과 혼재되 사용되기도 한다. 3元

베이징 생필품 　北京
BEIJING

통일 统一에서 나온 사발면 卤肉面으로 한약재 맛이 강한 우육면이다. 4.2元

강사부 康师傅에서 만든 새우맛 해물맛 사발면 鲜虾鱼板面 3.6元

강사부에서 만든 싼차이 우유면 酸菜牛肉面 4元

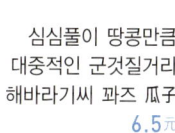

기침에 특효가 있는 허브 캔디. 홍콩 브랜드 念慈庵라 가격은 조금 비싸다. 9.8元

홍콩의 Garden에서 만든 파맛 크래커 PopPan 향긋하고 고소해 남녀노소 모두가 좋아한다. 8.4元

심심풀이 땅콩만큼 대중적인 군것질거리 해바라기씨 꽈즈 瓜子 6.5元

중국에 진출한 오리온이 내놓은 팬더파이. 오리온의 현지 브랜드 명은 하오리여우 好丽友 8.2元

옥수수 소세지 위미창 玉米肠 중간중간 씹히는 옥수수 맛 또한 일품. 40g작은 소세지 하나에 1元

파인애플케이크 펑리수 徐福记 凤梨酥. 파인애플뿐만아니라 딸기, 망고 등도 있다. 9.9元

통일에서 나온 달콤한 푸딩 统一布丁 5.5元

베이징 실전 여행

Beijing

베이징 실전 여행 :
출국! 베이징으로 32
입국! 드디어 베이징 34
공항에서 시내로 36

베이징의 시내 교통 :
베이징 시내 교통의 핵심, 지하철 38
원하는 목적지까지 편하게 이동하는 택시 41
베이징 구석구석을 이어주는 버스 42

베이징 요리 :
베이징 요리의 꽃, 카오야 44
사합원에서 느끼는 전통의 맛 44
베이징을 달구고 있는 초인기 퓨전 요리 45
베이징 요리의 꽃, 딤섬 46
베이징 사람이 된 것 같은 기분이 드는 음식, 훠궈 48
중국 음식이 입에 안 맞는다면, 한식 50

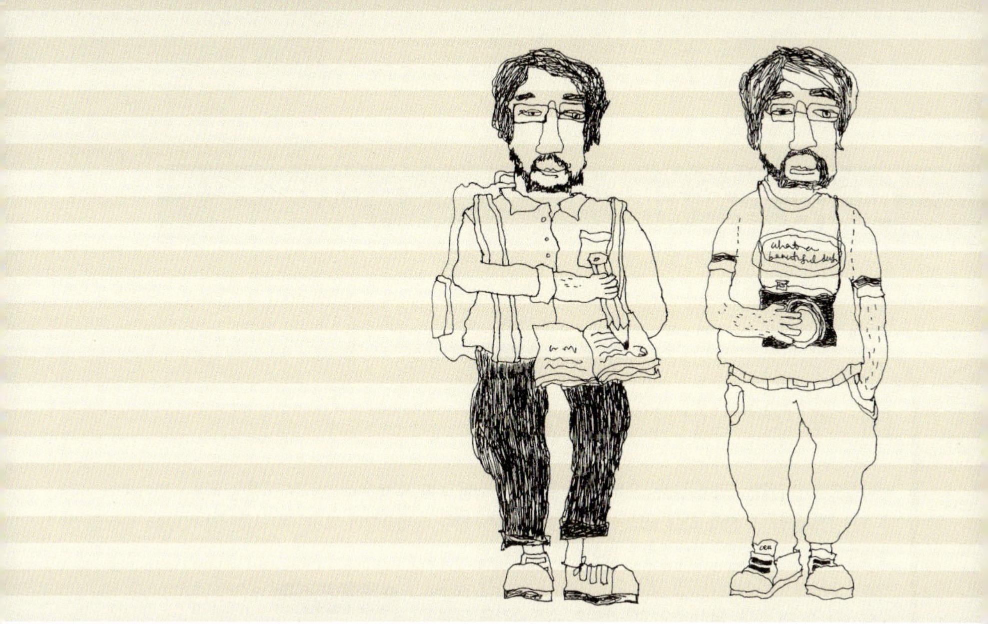

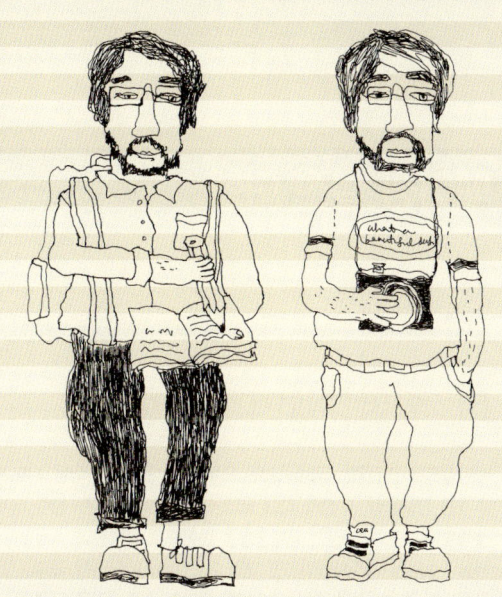

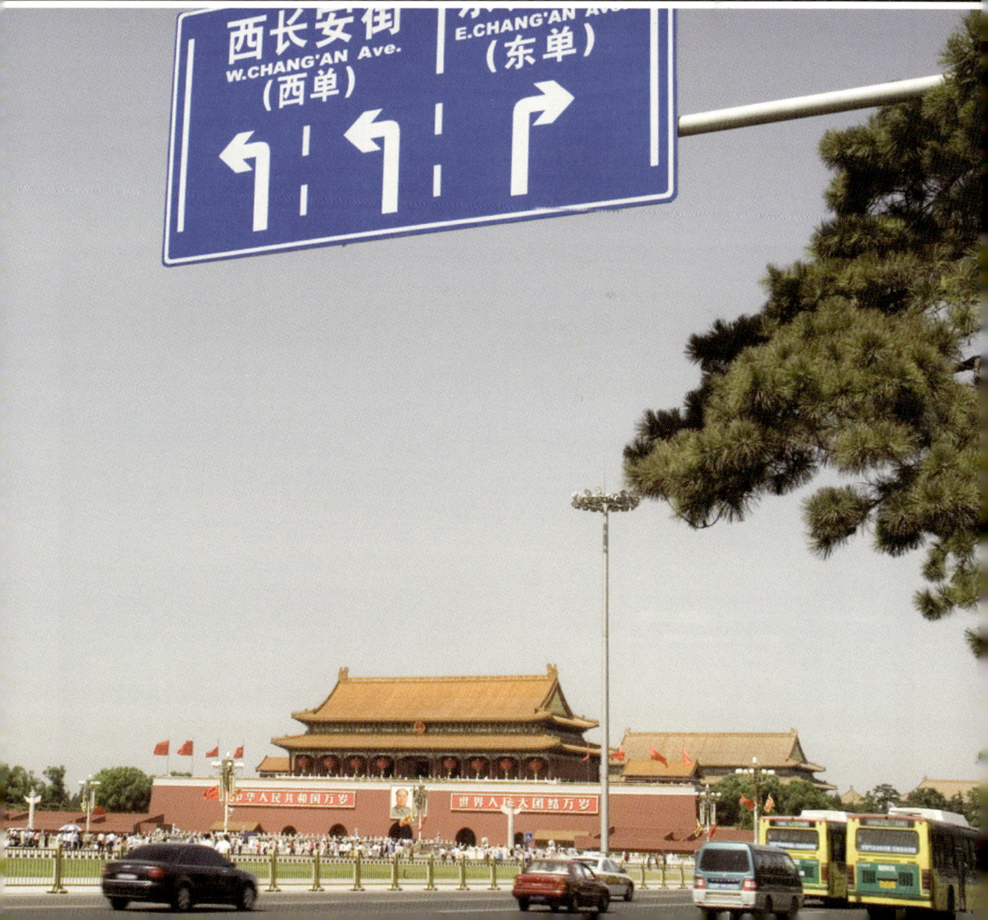
西长安街
W.CHANG'AN Ave.
(西单)
E.CHANG'AN Ave.
(东单)

Beijing
베이징 실전 여행

01_출국! 베이징으로

베이징으로 연결되는 국내공항은 모두 여섯 곳. 가장 이용 빈도가 높은 인천 국제공항을 비롯, 2011년 노선이 추가된 김포공항, 부산의 김해 국제공항과 제주·대구·청주 국제공항이 그것. 여기서는 약 70%의 베이징 여행객들이 이용하는 인천 국제공항을 중심으로 설명한다.

서울·수도권 거주자들이라면 대략 2시간 이내에 인천 국제공항까지 갈 수 있다. 여기에 2시간 정도의 수속시간을 더해야 하므로, 비행기 출발 약 4시간~4시간 30분 전에 집을 나서면 된다.

인천 국제공항
- 전화 1577-2600 • 운영 24시간
- 홈페이지 www.airport.or.kr

공항으로 가는 길

공항으로 가는 대중교통 수단은 크게 두 가지, 서울을 비롯, 전국 각지에서 연결 가능한 **공항 리무진**과 서울역 → 인천 국제공항을 연결하는 **공항철도**가 그것이다. 이외에 일부 시외버스 노선도 인천 국제공항과 연결된다. 모든 종류의 버스 노선은 인천 국제공항 웹페이지 → 공항버스를 통해 확인할 수 있다.

2터미널

공항철도
- 노선 서울역-공덕역-홍대입구역-디지털미디어시티역-김포공항역-계양역-검암역-청라국제도시역-영종역-운서역-공항화물청사역-인천공항터미널역-인천공항2터미널역
- 전화 032-745-7788
- 홈페이지 www.arex.or.kr

출국 과정

① 탑승 수속

인천 국제공항 3층 출국장에 도착하면 본인이 이용할 항공사 체크인 카운터로 가자. 여권과 항공권을 제출하고, 커다란 트렁크는 위탁수하물로 처리하자. 기내에 반입할 수 없는 액체류나 날카로운 물건들은 모두 위탁수하물로 처리해야 한다. 이때 탑승권인 보딩 패스가 발부된다. 마일리지 카드가 있다면 함께 적립하면 된다.

② 병역 신고

병역신고 대상자(25세 이상 군 미필 의무자 혹은 의무 종사 기간인 자)라면 병역 신고 센터(제1터미널 3층 G카운터 부근, 제2터미널 2층 정부종합행정센터)에 출국 신고를 하자.

③ 세관 신고

이제 본격적인 출국 수속. 출국장으로 가야 한다. 출국장부터는 마중 나온 가족·친구와 이별(?)을 해야 한다. 가장 먼저 할 일은 세관 신고. 국산 정품이 아닌 내수용 고가 전자제품을 휴대하고 있다면 필수코스. 신고를 하지 않았다가 귀국 시 여러분의 전자제품이 쇼핑품목으로 분류, 세금을 물어야 하는 수도 있다.

④ 보안 검색

검색 요원의 안내에 따라 모든 휴대물품을 X-Ray 검색 컨베이어에 올려놓자. 바지 주머니의 소지품은 별도로 제공하는 바구니에 담고, 금속 탐지기를 통과하면 된다.

⑤ 출국 심사

이제 한국을 탈출하는 순간이다. 여권, 보딩 패스를 입국 심사관에게 제출하면 드디어 대한민국 출국 도장을 찍어준다!

⑥ 탑승

비행기 탑승 시간까지 1시간 이상 여유가 있다면 면세점을 둘러보자. 시내 혹은 인터넷 면세점에서 구입한 물건이 있다면 인도장으로 가서 찾아야 할 때. 사람이 많이 몰리는 시기라면 인도장에서도 시간이 많이 소요되니 면세구역으로 들어오자마자 가장 먼저 처리하도록 하자. 비행기 탑승 시간 30분 전까지는 보딩 패스에 표시된 탑승구로 가야 한다.
한편 외국항공사를 이용하는 경우에는 반드시 전용 탑승동(탑승구 101~132)으로 이동해야 한다. 2008년 5월 27일 오픈한 이 탑승동은 외국계 항공사 비행기를 이용하는 승객들을 위한 여객 터미널로서 현 여객 터미널에서 북쪽으로 1km 떨어져 있다.
탑승동으로 가기 위해서는 27·28번 게이트에 있는 에스컬레이터를 이용해 지하 2층으로 내려가 경전철인 셔틀트레인을 타야 한다. 평균시속 50km의 스타라인은 3~5분 간격으로 운행되며 소요시간은 2분 정도다.

알아두세요

인천공항 터미널별 이용 항공사

제1터미널(구청사): 아시아나항공, 제주항공, 진에어 등 LCC 및 기타 항공사
제2터미널(신청사): 대한항공, 델타항공, 에어프랑스, KLM, 대한항공, 델타항공, 에어프랑스, KLM네덜란드항공, 그리고 중화항공 포함 스카이팀 7개 항공사

Beijing

02_ 입국! 드디어 베이징

베이징 여행으로의 관문인 베이징 서우두 국제공항 首都国际机场은 베이징 시내에서 북동쪽으로 27㎞ 떨어져 있다. 3개의 터미널로 구성되어 있고, 국제선 터미널은 제2터미널과 제3터미널이다. 이중 제3터미널은 2008년 베이징 올림픽 직전 개관했는데, 단일 터미널로는 세계 최대 규모를 자랑한다. 비상하는 용을 모티프로 지은 건물로, 실제로 그 웅장함은 이루 말할 수 없을 정도다. 항공사별 이용 터미널은 다음과 같으니 헷갈리지 않도록 주의하자.

2시간의 비행. 드디어 바다 너머 공항의 모습이 아련하게 보인다. 약간의 진동과 함께 비행기는 베이징 서우두 국제공항에 안착한다. 여기저기서 왁자지껄한 중국어가 들리며, 드디어 베이징에 온 것이 실감난다. 이제부터 여행의 시작이다.

각 터미널별 이용 항공사

터미널	항공사
제2터미널	대한항공, 중국동방항공, 중국남방항공, 선전항공, 에어프랑스, 베트남에어라인
제3터미널	아시아나항공, ANA항공, 중국상하이항공, 중국국제항공, 싱가포르에어라인, 타이항공, 캐세이패시픽항공

베이징 서우두 국제공항 首都国际机
- 전화 (010)6456-3604
- 홈페이지 www.bcia.com.cn

입국 과정

① 도착
베이징 도착 전, 승무원들이 입국신고서 Entry Card와 건강신고서 Health Declaration를 나눠준다. 입국신고서는 기본적인 인적사항을 적는 것이므로 큰 어려움은 없다. Intended Address in China라는 난에서 모두들 망설이는데, 예약한 호텔 이름을 쓰면 된다. 예약한 호텔이 없다면 가이드북을 보고 적당한 호텔을 골라 쓰면 된다.

비행기가 착륙하면 인파를 따라 밖으로 나간다. 조금 걷다 보면 사인 보드가 보이는데, 무조건 Arrival이라고 쓰인 화살표만 따라가면 된다.

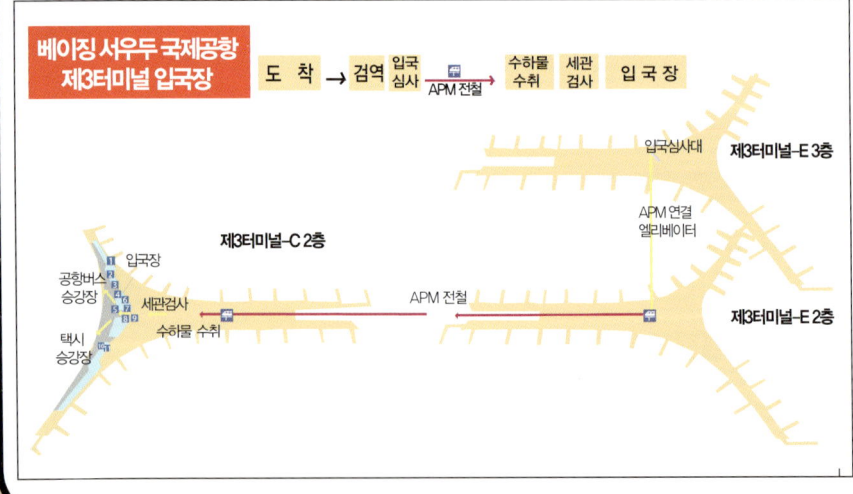

② 지문 등록

중국에 입국하는 외국인은 지문 등록을 해야 한다. 입국 심사대 바로 전에 지문 등록을 할 수 있는 셀프머신이 설치되어 있는데 10개의 손가락을 모두 등록해야 해서 시간이 적잖이 소요된다.

③ 검역

기내에서 미리 작성해둔 건강신고서를 제출하면 된다.

④ 입국 심사대

중국인과 방문객(외국인) 라인이 있다. 우리는 방문객 Visitor이라고 쓰인 사인 보드에 줄을 서면 된다. 입국 결격 사유가 없는 한, 여권과 입국신고서를 제출하면 여권에 베이징 입국 도장을 찍어준다.

⑤ 수하물 수취

인천 국제공항에서 탑승 수속 시 짐을 부쳤다면 이곳 배기지 클레임 Baggage Claim에서 찾아야 한다. 자신이 타고 온 비행기의 편명이 표시된 컨베이어 벨트에서 기다리면 짐이 나온다. 참고로 제3터미널을 이용하는 경우는 APM이라는 전철을 타고 입국장 쪽으로 나와야 수하물을 수취할 수 있다. 다른 공항과 좀 다른 구조인 관계로 우왕좌왕하는 여행자들이 많으니 유의할 것.

⑥ 세관 검사

짐을 다 찾은 다음, 세관 검사대 Customs를 통과한다. 거의 모든 여행자들은 별도로 신고할 품목이 없다. 녹색 등이 켜진 신고품물 없음 창구를 통과하면 된다. 붉은 등이 켜진 창구로 가면 신고물품 있다는 이야기. 짐을 풀어야 할 수도 있으니 유의하자.

⑦ 입국장

미리 예약한 호텔에서 픽업이 약속되어 있다면 자신의 이름을 든 팻말을 찾아보자. 개별적으로 왔다면 정신부터 바짝 차리도록 하자. 숙소로 가는 방법은 P.40 '공항에서 시내로'를 참고하면 된다.

Travel Plus

인천 국제공항을 구석구석 알아보자

- **인터넷존** 출국장에 무료로 인터넷을 사용할 수 있는 구역이 있습니다. 1터미널 4층 면세지역 27번, 29번 게이트 부근/ 2터미널 4층 면세지역 231번, 268번 게이트 부근에서 24시간 이용이 가능합니다.

- **무인민원발급기** 필요한 서류를 잊은 사람들을 위한 편의시설. 운영은 평일 07:00~22:00, 주말 08:00~19:00되고 위치는 1터미널은 3층 일반지역 F체크인카운터 후면 부근. 2터미널은 2층 중앙 정부종합행정센터 비즈니스센터 내에 있습니다.

- **캡슐호텔** 이른 출국이나 늦은 입국시 요긴한 캡슐 호텔이 있습니다. 워커힐에서 운영하고 있어 인기가 많은편이라 사전 예약은 필수입니다. (전화 032-743-5000, 홈페이지 www.walkerhill.com/darakhyu/hub/kr)

Beijing

03_공항에서 시내로

공항에서 시내로 나가는 방법은 크게 세 가지. 공항과 시내를 연결하는 공항 고속열차인 에어포트 익스프레스 Airport Express와 공항버스, 그리고 택시가 그것이다.
어떤 터미널에서 내리든 시내로 나가는 방법은 동일하다. 전혀 어렵지 않으니 겁먹지 말자. 공항 곳곳에 설치된 안내판은 유심히 볼 필요가 있다. 각각의 교통수단마다 장단점이 확실하게 나뉘므로 머물고자 하는 곳이 어디냐에 따라 추천 교통수단은 바뀐다 할 수 있다.

가장 싸게 베이징 시내로 이동!
① 공항버스 机场巴士

다양한 노선과 상대적으로 저렴한 가격, 그리고 정해진 장소에 하차한다는 점이 공항버스 최고의 매력. 주머니가 가벼운 여행자들에게 특히 많은 사랑을 받고 있다. 제2터미널은 11번, 제3터미널에서는 7, 9번 게이트로 나오면 공항버스 机场巴士 승차장이 보인다. 공항버스 승차권 파는 곳의 장소가 자주 바뀌는 편이므로 주변에 보이지 않는다면 "슈퍄오추 짜이날 售票外 在哪儿?"이라고 물어보거나 '공항버스 机场巴士'이 정표를 찾아보자.
제2터미널이건 제3터미널이건 시내를 연결하는 공항버스 노선은 동일하다. 가장 인기 있는 노선은 시단행 2线과 베이징역행 3线이다. 교민들이 집중적으로 몰려 있는 왕징 望京으로 가기 위해서는 14线을, 유학생들이 많은 우다오커우 五道口로 가기 위해서는 중관촌행 5线을 이용하면 된다.

공항버스
• 운행 07:00~24:00, 15~30분에 1편(노선별로 차이가 있음)
• 요금 15~30元

가장 빠르게 베이징 시내로 이동!
② 공항고속열차 机场快轨

국제공항과 시내로 연결되는 가장 빠른 교통 수단. 중국 최초로 무인조종 시스템으로 시속 100km의 속도를 자랑한다. 서우두 국제공항에서 종점인 동직문 东直门역까지 불과 16분이면 연결이 가능하다. 단, 짐이 무겁거나 인원이 많다면 택시를 고려해보는 것도 좋다.

공항고속열차
• 노선 국제공항 제3터미널 → 국제공항 제2터미널 → 삼원교 三元桥 → 동직문 东直门
• 운행 06:20~:23:10, 10분에 1편
• 요금 동직문 东直门 25元, 삼원교 三元桥 25元

늦은 밤 도착한 배테랑 여행자라면!
③ 택시 出租车

금전의 여유만 있다면 가장 손쉽게, 원하는 목적지까지 데려다주는 교통수단이다. 단, 중국어를 구사하지 못하는 외국인들에게 바가지요금이나 돌아가기 등의 수법을 쓰는 택시도 있어 주의가 요망된다. 특히 초보 여행자에게는 그리 권하고 싶지 않은 교통수단이다. 베이징에 도착하는 첫날부터 트러블에 휘말릴 수 있으니 말이다. 늦은 시간에 도착해 어쩔 수 없이 택시를 이용해야 한다면 대략적인 금액을 미리 알아보도록 하자. 택시 정류장 옆에 있는 목적지별 요금표를 참고하면 된다.

Taxi
• 운행 24시간
• 요금 서우두 공항에서 동직문까지 100元, 천안문 광장까지 150元(공항 고속도로 요금 20元 별도)

공항버스 노선표 · 노선도

버스 번호	경유지	운행
1线	서우두공항 首都机场 T3 → T1 → T2 → 삼원교 三元桥 → 양마교 亮马桥 → 바이자장 白家庄 → 궈마오 国贸 → 판자위안 潘家园 → 십리하 十里河(경서대하 京瑞大厦) → 팡좡 方庄	07:00~01:00 (30분 간격)
2线	서우두공항 首都机场 T3 → T1 → T2 → 옹화궁 雍和宫 → 안딩먼 安定门 → 지수이탄 积水潭 → 서직문교남 西直门桥南 → 푸싱먼 复兴门 → 시단루커우난 西单路口南	07:00~24:00 (30분 간격)
3线	서우두공항 首都机场 T3 → T1 → T2 → 동직먼 东直门 → 둥쓰스탸오 东四十条 → 조양문 朝阳门 → 야빠오루 雅宝路 → 국제반점 国际饭店 → 베이징역 北京站东街	07:00~24:00 (30분 간격)
4线	서우두공항 首都机场 T3 → T1 → T2 → 서파하 西坝河 → 안정교 安贞桥 → 베이타이핑좡 北太平庄 → 우의빈관 友谊宾馆 → 궁주펀 公主坟(신흥빈관 新兴宾馆)	06:50~국내편 끝날 때까지(만원이면 수시로 출발)
5线	서우두공항 首都机场 T3 → T1 → T2 → 샤오잉 小营 → 야윈춘 亚运村 → 학원교 学院桥 → 중관촌 中关村(사호교 四号桥)	06:50~01:00 (30분 간격)
6线	서우두공항 首都机场 T3 → T1 → T2 → 北苑路大屯东 → 大屯 → 奥运村 → 亚奥国际酒店(原劳动大厦) → 홀리데이 인 익스프레스 상디 上地智选假日酒店	07:20~22:00 (40분 간격)
7线	서우두공항 首都机场 T3 → T1 → T2 → 광취먼 广渠门 → 츠키커우 磁器口 → 첸먼다제난커우 前门大街南口 → 차이스커우 菜市口 → 광안먼외 广安门外 → 서역남광장 西客站南广场	06:00~01:00 (30분 간격)
8线	서우두공항 首都机场 T3 → T1 → T2 → 未来科技城 → 白坊(天通东苑) → 天通西苑一区(北门) → 向龙观东大街 → 回龙观西大街 → 회룡관 回龙观	07:30~22:30 (30분 간격)
9线	서우두공항 首都机场 T1 → T2 → T3 → 베이관 北关 → 시다제 西大街 → 베이위안 北苑 → 추이핑베이리 翠屏北里 → 태양화호텔 太阳花酒店 → 아시아 퍼시픽 가든 호텔 亚太花园酒店	07:00~24:00 (30분 간격)
10线	서우두공항 首都机场 T3 → T1 → T2 → 광거먼 广渠门桥 → 종양병원 肿瘤医院 → 옥정교 玉蜓桥 → 도연교 陶然桥(中海地产广场) → 베이징남역 北京南站(北广场)	08:30~22:30 (30분에 한 대, 사람이 꽉차야 출발)
11线	서우두공항 首都机场 T3 → T1 → T2 → 窑洼湖 → 샤오우지 小武基 → 베이환시루 北环西路(华冠超市) → 兴基伯尔曼饭店	18:00 (거의 하루에 한 대)
12线	서우두공항 首都机场 T3 → T1 → T2 → 管庄路 → 青年路(大悦城) → 팔리장 八里庄 → 四惠交通枢纽	09:30~20:30 (60분 간격)
13线	서우두공항 首都机场 T3 → T1 → T2 → 진바오제 金宝街 → 진위후퉁 金鱼胡同 → 왕푸징다제 王府井大街 → 프라임 호텔 华侨大厦	09:00~21:00 (불규칙)
14线	서우두공항 首都机场 T3 → T1 → T2 → 광순차오난 广顺桥南 → 후광중제 湖光中街 → 남호 南湖 → 왕징의원 望京医院 → 왕징신세계 望京新世界 → 중국민항관리간부학원 中国民航管理干部学院	08:00~21:00 (불규칙)
15线	서우두공항 首都机场 T3 → T1 → T2 → 西直门外(베이징북역) → 动物园 → 二里沟 → 甘家口 → 중화세기단 世纪坛 → 서역 북광장 西客站北广场	08:30~21:30 (불규칙)

Beijing

베이징 구석구석을 누벼보자! 시내 교통

베이징 시내 교통의 핵심, 지하철 地铁

베이징 관광의 가장 핵심적인 교통수단. 빠르고 교통 체증을 걱정하지 않아도 되기 때문에 베이징 시민들은 물론 여행자들에게도 가장 믿음직한 발 노릇을 톡톡히 하고 있다. 2014년 12월 28일, 베이징 남부 중심을 관통하는 지하철 7호선이 개통됐고, 또한 이날을 기점으로 전구간 2元이였던 요금이 현실적으로 인상됐다. 기본료 3元에 거리에 비례해 요금이 올라가는 방식이다.
우리 입장에서는 오히려 반가운 소식. 전구간 2元이었을 당시 지하철 이용자가 폭발적이었기 때문에 이용이 꺼려지기도 했다. 지하철 이용이 한결 수월해진 것이다.
2020년까지 베이징 지하철은 계속 추가될 예정이다. 베이징 지하철만으로도 베이징 전역을 연결하기에 충분해 보인다.
지하철 노선도는 MAP p.3 를 참고하도록 하자.

지하철
- 운행 05:10~23:00 (노선에 따라 막차 시간이 조금씩 다름)
- 요금 3~10元
- 홈페이지 www.bjsubway.com

사진으로 보는 지하철 탑승법 완벽 가이드

㉠ 지도를 보고 주변의 지하철역 地铁站을 찾는다.
㉡ 역사 안으로 들어가면 매표소가 나온다. 현재 베이징 지하철에는 유인 매표소와 무인 매표소가 동시에 가동 중이다.
㉢ 터치스크린 방식인 무인 매표소의 화면 구성은 다음과 같다.
　❶ 현재 위치
　❷ 노선 보기(总图 전체 노선 보기, 1号线 : 1호선만 보기)
　❸ 구입 매수(1张 1장 구입, 2张 2장 구입)
　❹ 투입 금액
　❺ 운임
　❻ 영어로 전환(역이름이 영어로 나오기 때문에 한국인의 입장에서는 더 헷갈림)
　❼ 취소
㉣ 터치스크린을 다음과 같은 순서로 작동시킨다.
　❶ 목적지 역을 선택한다(뒤에 줄서 있는 중국인들은 참을성이 많지 않으므로 가이드북의 지하철 노선도를 보고 어디를 누를지 미리 가늠해놓자. ㉢-❷ 참조).
　❷ 구입 매수를 결정한다(㉢-❸ 참조).
　❸ 돈을 넣는다. 지폐의 경우 5元과 10元짜리만 인식이 가능하다. 지폐 인식이 꽤 민감하니 가급적 동전을 준비하는 센스(㉣ 참조)!
　❹ 자동으로 표가 나온다.
㉤ 개찰구에 있는 센서에 카드를 대고 개찰구를 통과한다. 만약 큰 짐이 있다면 보안원이 짐을 열어보라고 할 수도 있다.
㉥ 플랫폼으로 나가 전철을 기다린다. 대부분의 경우 중앙 플랫폼을 두고 양쪽으로 전철이 운행하므로 거꾸로 타지 않도록 주의하자.
㉦ 모든 열차의 출입문 상단에는 전자식 노선표가 있다.
　❶ 다음 정차 역이 깜빡거린다. 즉 현재 위치를 언제나 파악할 수 있다.
　❷ 다음 정차 역에서 열리는 출입구에 램프가 점등된다.
㉧ 하차 후, 출구 出站 표시를 따라 계단을 올라가도록 하자. 모든 플랫폼에는 역 주변 지도가 있다. 전철에서 내려 역 주변 지도를 보고 몇 번 출구로 나가야 하는지 파악할 줄 안다면 당신은 이미 베이징 여행 베테랑이다.
㉨ 만약 환승이라면 환승 표지판(2호선으로 갈아타는 경우 往2号线方向이라고 써 있다)을 따라간다. 최근에는 3개 노선이 겹치는 환승역도 있으므로 내가 몇 호선 환승 출구로 가는지 확실히 파악하자. 베이징 지하철에서 환승을 하려면 엄청나게 걸어야 한다.
㉩ 개찰구를 통해 나가면 끝이다. 1회권의 경우 나갈 때는 개찰구 안의 홈으로 표를 집어넣어야 한다. 교통카드 이용자는 들어올 때와 마찬가지로 센서에 접촉시키면 된다.

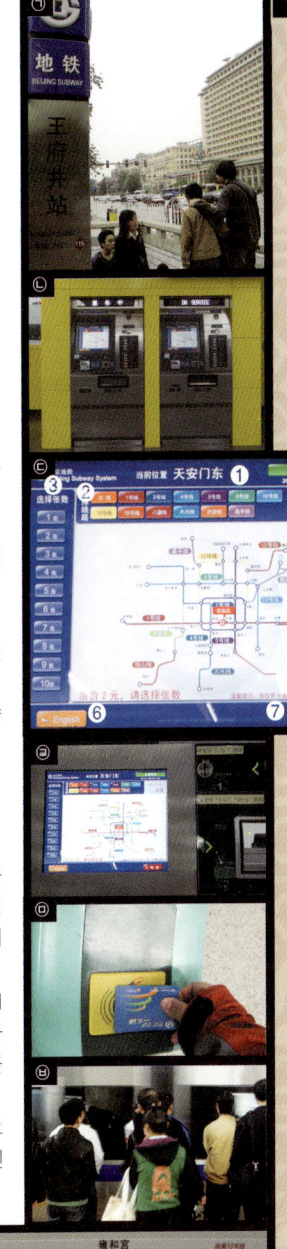

Beijing

지하철 역과 연결되는 주요 관광지

호선	지하철 역	주요 관광지
1호선	톈안먼둥역 天安门东	고궁박물원, 천안문 광장, 국가박물관, 노동인민문화궁
1호선	톈안먼시역 天安门西	고궁박물원, 천안문 광장, 국가대극원, 중산공원
1호선	왕푸징역 王府井	왕푸징 보행가, 동방신천지, 동당, 라오서 기념관, 동화문 야시장
1호선	융안리역 永安里	수수시장, 우의상점, LG 쌍둥이 빌딩, 일단공원
1·10호선	궈마오역 国贸	국무상성, 건외소호
1·4호선	시단역 西单	시단상성, 시대광장, 조이스 백화점
1·2호선	푸싱먼역 复兴门	루쉰 박물관, 루쉰 고거
1·10호선	쥔스보우관역 军事博物馆	군사박물관, 중화세기단, 베이징서역
2호선	첸먼역 前门	첸먼다제, 다자란제, 베이징 철도박물관, 베이징도시계획전람관
2호선	허핑먼역 和平门	유리창, 다자란제, 호광회관
4호선	북궁문 北宫门	이화원
4호선	원명원 圆明园	원명원
4·9호선	국가도서관 国家图书馆	국가도서관
4호선	베이징대학동문역 北京大学东门	베이징대학교
4호선	동물원역 动物园	동물원
5·2호선	융허궁역 雍和宫	옹화궁, 공묘, 국자감, 지단공원
5호선	톈단둥먼역 天坛东门	천단공원 동문, 홍극장
6호선	난뤄구샹 南锣鼓巷	스차하이, 난뤄구샹
6호선	베이하이베이 北海北	북해공원, 스차하이
10호선	판자위안 潘家园	판자위안 골동품시장

알아두세요

베이징의 교통카드, 이카퉁

'이카퉁 一卡通'이라고 합니다. 지하철, 버스는 물론 택시까지 이용이 가능합니다. 버스의 경우는 규정요금을 대폭 할인해주는 혜택도 있기 때문에 여행자로서는 마다할 이유가 없죠. 무엇보다 12억의 인구대국 중국은 지하철 탑승권 하나를 사려 해도 꽤나 긴 줄을 서야 합니다. 교통카드 최고의 미덕은 바로 엄청난 줄로부터의 해방이죠.

IC卡售卡充值 교통카드 어디서 구입하나?

공항고속열차 매표소, 지하철역과 버스 종점에서 교통카드를 구입·충전할 수 있는 IC卡售卡充值 매표소로 가면 됩니다. '마이카 买卡'라고 외치면 알아들어요. 카드 구입 시 보증금 20元이 필요합니다. 100元짜리 지폐를 내면 알아서 80元만 충전해서 줍니다. 최소 충전 금액은 카드 구입 시 20元, 그 다음부터는 10元 단위로 충전이 가능합니다.

교통카드의 환불

여행을 마치는 시점에서 교통카드 보증금에 대한 생각이 간절해지죠. IC卡售卡充值 매표소에서 교통카드를 반납하면서 '투이카 退卡'라고 외치면 됩니다. 못 알아들을 수 있으니 발음에 자신이 없다면 종이에 적어 카드와 함께 주세요. 보증금 20元과 남은 잔액을 되돌려받을 수 있습니다. 환불받기 가장 좋은 곳은 공항고속열차 매표소다.

베이징 실전 여행　　　北京 BEIJING

원하는 목적지까지 편하게 이동하는 택시 Taxi 出租车

택시의 가장 큰 장점은 목적지만 말하면 원하는 곳에 떨어뜨려준다는 것. 하지만 일반 도로의 교통체증이 심한 데다, 순환도로인 환 环이 발달한 베이징의 도로 사정상 직선거리로 가늠한 택시 요금과는 상당한 차이가 발생할 수 있다. 올림픽으로 인한 베이징 택시의 친절 교육은 성공한 것으로 평가된다. 최소한 차내에서 담배를 피운다거나 하는 일은 더 이상 발생하지 않으며 빙빙 돌아가는 악습도 많이 개선되었다. 단, 수요보다 공급이 부족하다 보니 택시가 잘 안 잡히고 가까운 거리는 승차 거부하는 일이 빈번해 낭패를 볼 수도 있다.

택시에 탄 후 목적지를 알려주는 가장 좋은 방법은 책에 있는 한자를 들이대는(?) 것이다. 단, 꽤나 많은 택시기사들이 야간 운행 시 선글라스 미착용으로 인해 노안 老眼에 시달리고 있다는 점을 감안해야 한다. 가이드북의 작은 글씨는 잘 읽지 못하니 흰 종이에 큼지막하게 목적지를 적어서 보여주자. 마지막으로 계산하고 내릴 때, 영수증을 꼭 챙긴다. 기사가 영수증 줄 생각을 않는다면 '게이워 파퍄오! 给我发票' 라고 외치면 된다. 영수증은 분쟁의 소지가 있을 때나 택시에 물건을 두고 내렸을 때 요긴하게 쓰인다.

 택시

- 운행 05:00~23:00(구간마다 다름)
- 요금 초행 3km까지 13元, 이후 1km마다 2.3元씩 가산
- ※ 23:00~05:00에는 20%의 할증 요금이 가산된다.

Beijing

베이징 구석구석 이어주는 버스 Bus 公公气车

베이징 전역을 연결하는 베이징 최고의 교통수단. 거미줄 같은 노선과 엄청난 다양함으로 인해 버스가 연결하지 못하는 곳은 존재하지 않을 정도다. 하지만 여행자 입장에서 그 많은 노선을 일일이 알아내 이용하기란 쉽지가 않다. 특히 일부 버스를 제외하고는 영어 안내방송도 없기 때문에 하차지점을 찾기 또한 쉽지 않다.

버스의 종류는 크게 두 가지로, 안내양이 있

주요 볼거리를 연결하는 버스 노선표

번호	운행
专1	전문 前门 → 천안문광장동 天安门广场东 → 천안문서 天安门西 → 중산공원서문 中山公园西门 → 고궁서문 故宫西门 → 북해 北海 → 고궁 故宫
专2	전문 前门 → 천안문광장동 天安门广场东 → 천안문서 天安门西 → 중산공원서문 中山公园西门 → 고궁서문 故宫西门 → 북해 北海 → 고궁 故宫 → 北池子北口 → 고궁동문 故宫东门 → 东安门大街西口 → 신동안시장 新东安市场(왕푸징 롯데백화점근처) → 왕푸징루커우베이 王府井路口北(왕푸징입구) → 천안문동 天安门东 → 천안문광장서 天安门广场西 → 전문 前门
5路	베이투청 地铁北土城(지하철 8·10호선) → 덕승문 德胜门 → 고루 鼓楼 → 景山后街(경산공원) → 北海(북해공원) → 전문 前门 → 虎坊桥路口西(호광회관) → 菜户营桥
7路	동물원 动物园 → 백탑사 白塔寺 → 민족문화궁 民族文化宫 → 유리창 琉璃厂 → 天桥(베이징 자연사박물관) → 오간루 五间楼
20路	베이징남역 北京南站(북광장) → 영정문버스터미널 永定门长途汽车站 → 天桥 → 다자란 大栅栏(다자란제) → 전문 前门 → 전문동 前门东 → 숭문문서 崇文门西 → 베이징역동 北京站东
34路	虎坊桥路口南(이원극장) → 천단북문 天坛北门 → 法华寺(홍교시장, 지하철 5호선 天安门东역) → 北京体育馆西(홍극장) → 潘家园桥西(판자위안 골동품시장) → 祁家坟(엔사 아울렛) → 李罗营
36路	左安路 → 华威西里(판자위안 골동품시장) → 北京体育馆西 → 천단남문 天坛南门(천단공원) → 天桥 → 法华寺 → 北京体育馆西 → 华威西里 → 左安路
46路	西单商场(지하철 1호선 西单역) → 베이징아동병원서문 北京儿童医院西门 → 广安门北(천녕사탑) → 马连道胡同(마롄다오 차시장)
48路	전문 前门 → 다자란 大栅栏 → 虎坊桥路口西 → 뉴제 예배사 牛街礼拜寺 → 城南嘉园北
59路	菜户营桥 → 대관원 大观园 → 太平街(도연정 공원) → 大栅栏 → 前门 → 天安门东 → 王府井 → 北京站东

는 유인차 有人车와 한국과 같은 전자동 시스템인 무인차 无人车가 있다. 외국인 입장에서는 안내양이 있는 유인차가 그나마 편리하다. 종이에 적건, 서툰 발음을 하건 내려야 할 곳에서 내릴 수는 있기 때문이다. 반면 무인차의 경우는 옆자리에 앉은 중국인이 친절하기만을 기대해야 한다. 그나마 다행인 것은 올림픽 이후로 외국인에게 친절하려고 노력한다는 점. 자신이 외국인임을 꾸준히 강조하다 보면 도와주려는 사람이 나타나기 마련이다.

버스

- 운행 05:00~23:00(노선마다 다름)
- 요금 1~4元

102路	베이징남역 北京南站 → 영정문버스터미널 永定门长途汽车站 → 陶然桥北(도연정 공원) → 虎坊桥路口西 → 西单商场 → 백탑사 白塔寺 → 동물원 动物园
103路	베이징서역 北京西站 → 王府井路口北(왕푸징다제, 왕푸징 서점) → 신동안시장 新东安市场 → 미술관 美术馆 → 故宫(경산공원) → 北海 → 白塔寺 → 동물원 动物园
113路	大北窑(지하철 1호선 国贸역) → 呼家楼北 → 白家庄 → 싼리툰 三里屯 → 工人体育馆 → 民族园西路 (중화민족원) → 祁家豁子
120路	左家庄 → 新源里(베이징 동부 : 해당화) → 공인체육장 工人体育场 → 조양의원 朝阳医院 → 北京站口东(베이징역) → 왕푸징 王府井 → 天安门东 → 天安门广场西 → 前门 → 大栅栏 → 天桥 → 又坛南口
445路	城铁望京西站(지하철 13호선 望京西역)→ 왕징국제상업중심 望京国际商业中心 → 大山子路口南(다산쯔 798 예술구)
685路	城外诚 → 天坛体育场 → 法华寺 → 东单路口南 → 美术馆东 → 故宫 → 北海 → 白塔寺 → 베이징전람관 北京展览馆 → 动物园
717路	菜户营桥东 → 大观园 → 牛街礼拜寺 → 广安门北 → 人民大学 → 海淀黄庄北(베이징 서부 : 까르푸, 신중관촌 구물중심 Gale 8) → 中关村南(중관촌 전자상가) → 清华大学西门 → 圆明园东门 → 上地南口 → 城铁西二旗站
944路	菜户营桥西 → 六里桥东 → 莲花桥 → 公主坟北 → 인민대학서문 人民大学西门 → 海淀黄庄东 → 望和桥东(베이징동부: 이케아) → 花家地南街(중앙미술학원) → 望京花园西区 → 广顺桥南 → 奶子房
特4路	前门 → 三塔寺 → 动物园 → 国家图书馆 → 人民大学 → 海淀黄庄 → 中关村南 → 清华大学西门 → 圆明园东门 → 北京体育大学 → 国防大学
远105路	中苑宾馆(베이징 해양관) → 北京交通大学 → 西直门外(지하철 2·13호선 西直门역) → 动物园 → 人民大学 → 海淀黄庄北 → 清华大学西门 → 圆明园东门 → 北京体育大学 → 上地五街东口

Beijing
맛의 세계에 빠져 보자, 베이징 요리

베이징의 꽃, 카오야

베이징 요리의 대명사. 19세기 이전에는 궁정 요리의 한 종류였는데, 청나라의 몰락 시기, 비법이 민간에 공개되며, 베이징의 대표 요리로 떠올랐다.
베이징 카오야의 특별한 맛은 오리의 사육 과정에서부터 철저하게 지켜진다. 프랑스의 푸아그라용 거위 사육과 거의 흡사한데, 작은 상자에 오리를 넣어 운동량을 최소화시킨다. 이른바 인공적 비만 상태를 만드는 것. 이렇게 100일가량 키운 오리만 사용하는데, 불가마를 때서 나오는 열기로 구워내는 걸 정통으로 친다.
오리구이의 꽃은 바삭하게 부서지며 녹아내리는 껍질이다. 껍질은 설탕에 찍어 먹고, 살은 밀전병에 파와 장을 넣고 싸먹는 것이 맛있게 먹는 비결이다.
한국인들에게는 호·불호가 묘하게 갈리는 요리로, 담백하다는 평과 느끼하다는 평이 엇갈린다. 파를 듬뿍 넣어 싸먹으면 느끼함을 피할 수 있다.

카오야가 맛있는 식당

이름	위치
대동카오야 大董烤鴨 ★	베이징 동부(P.185)
전취덕 全聚德	베이징 중심(P.125)
편의방카오야 便宜坊烤鴨店 ★	베이징 남부(P.165)
소대동 小大董	베이징 중심(p.119)

★ 강력 추천받은 레스토랑

사합원에서 느끼는 전통의 맛

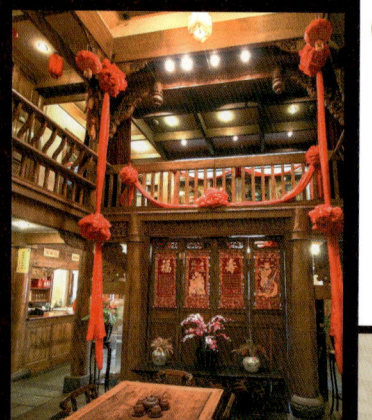

서울의 최고급 한정식집이 오래된 한옥을 개조해 영업하는 것처럼, 베이징에도 전통 가옥인 사합원을 개조해 식당으로 운영하는 곳들이 속속 들어서고 있다. 한국식으로 보자면 'ㅁ'자 형 기와집과 흡사한 모양인 건물 구조상 중앙 정원의 활용 폭이 높은 것이 특징이다. 이런 집들은 저녁마다 전통 공연과 기예를 선보이기도 한다. 중국의 향기와 맛을 동시에 즐길 수 있는 곳들인 셈이다.

사합원

이름	위치
화가이원 花家怡园 ★	베이징 중심(P.128)
쓰촨반점 四川饭店 ★	베이징 중심(P.132)

입에 살살 녹는 카오야맛 보셨어요?

현재 베이징을 달구고 있는 초인기 퓨전 요리

이른바 퓨전 레스토랑. 화려한 인테리어와 감각적인 맛으로 베이징 젊은이들과 외국인들에게 압도적인 지지를 받고 있는 식당이다. 일본이나 한국 등 아시아 각국의 요리기법을 가미한 탓에 느끼함을 못 참는 여행자라면, 중국 전통 레스토랑보다는 퓨전 레스토랑 쪽이 더 입맛에 맞다. 개중에는 저렴한 곳도 있으니, 주머니 사정과 상관없이 미식 여행에 동참해보자. 수로 베이징 동부의 공인체육관 주변과 스차하이, 싼리툰 등에 몰려 있다. 게다가 최근에 오픈하는 대형백화점 내에 분점들을 속속 내고 있는 실정. 어디서나 쉽게 인기식당을 갈 수 있는 분위기로 바뀌고 있다.

퓨전 식당

이름	위치
사우스 뷰티 俏江南	베이징 중심(P.124)
녹차찬팅 绿茶餐厅	베이징 중심(P.127)
서견조면촌 西见莜面村 ★	베이징 중심(P.120)
후통피자 胡同比萨	베이징 중심(P.136)
와가스 Wagas	베이징 동부(P.189)
벨라지오 鹿港小镇 ★	베이징 동부(P.192)
미주동파주루 眉州东坡酒楼	베이징 중심(P.121)

Beijing

베이징 요리의 꽃, 딤섬

광둥 요리의 한 종류인 딤섬 点心은 '점심'이라는 한자 독음에서도 알 수 있듯, 아침 혹은 점심나절 차와 함께 즐기는 끼니를 겸한 요깃거리의 총칭이다.

한국식으로 분류하자면 일종의 만두라고 볼 수 있는데, 딤섬이라는 말은 광둥식에만 붙이는 나름 특별한 이름이다(사실 베이징은 바오쯔 包子라고 하는 찐만두와 수이쟈오 水饺라고 하는 물만두가 전통이다).

서양인들에게 가장 먼저 개방된 광저우의 다양한 종류의 딤섬이 외국인들에게 알려지며, 딤섬 그 자체가 더 유명해진 셈이다.

누구나 맛있게 먹을 수 있어 외국인들에게 딤섬은 반가운 요리가 아닐 수 없다. 여러 가지 요리와 함께 먹을 수도 있고 간단히 딤섬과 면으로 점심을 해결해도 좋다. 베이징 요리가 입에 안 맞아 햄버거나 서양 요리·한식으로 끼니를 때우고 있다면 P.51에 나와 있는 딤섬이 맛있는 식당을 찾아가보자. 한번 먹어보면 왜 딤섬이 외국인 입맛에 가장 잘 맞는 중국 요리인지 단번에 알아챌 수 있을 것이다.

대표적인 딤섬

샤자오 虾饺

반투명한 만두피 속에 비만 새우가 가득 들어 있다. 피의 쫄깃함과 새우의 탱글함이 일품. 대중적이고, 누구의 입에든 맞는 필수 아이템.

샤오마이 烧卖

원래는 꼬치 요리였다. 노란 달걀과 밀가루를 부친 얇은 전병 안에 돼지고기소를 넣어 말아 그 위에 새우나 게알을 얹는다.

차사오바오 叉烧包

달착지근하게 양념한 훈제 돼지고기가 들어 있는 찐빵. 집집마다 훈제 양념 맛이 다르다. 평소에 오향장육을 즐겨 먹었다면 꽤 맛있다.

딤섬, 만두가 맛있는 식당

이름	위치
금정헌 金鼎轩 ★	베이징 중심(P.130)
천진백교원 天津百饺园 ★	베이징 중심(P.128)
딘타이펑 鼎泰丰 ★	베이징 동부(P.191)
선가어수교 船歌鱼水饺	베이징 중심(p.127)

주차이자오 韭菜饺

샤오에 부추를 더한 만두. 샤오 외 담백함과 부추의 상쾌함이 동시에 느껴진다. 샤오와 함께 한국인들의 입맛에 가장 맞는다.

창펀 肠粉

쌀로 만든 얇은 피를 찐 후 안에 고기, 새우 등의 소를 넣고 둘둘 말아놓은 요리 중국 간장을 뿌려먹는다. 현지인들은 죽과 함께 아침으로 많이 먹는다.

춘쥐안 春卷

스프링 롤로 더 유명한 요리. 밀 경단에 고기와 야채를 넣고 만 후, 바삭하게 튀겨낸 요리다. 담백하고 고소하다.

젠두이 煎堆

한국의 시장에서 파는 찹쌀 도넛. 표면에는 깨가 아낌없이 묻어 있다. 딤섬을 먹고도 속이 허할 때 딱 좋은 간식거리.

단타 蛋挞

에그타르트로 더 유명하다. 페스트리 안에 달콤한 에그 커스터드 크림이 들어 있다. 딤섬 집보다는 에그타르트 전문점을 노리는 것이 더 나은 선택.

망궈부덴 芒果布甸

망고푸딩. 베이징 디저트의 베스트셀러 중 하나다. 망고푸딩 특유의 향과 부드러움은 무엇과도 바꾸고 싶지 않다.

Beijing

베이징 사람이 된 것 같은 기분이 드는 음식,  훠궈

학업을 마치고 한국으로 돌아온 유학생들이 가장 그리워하는 음식은 바로 훠궈 火锅. 쓰촨 지방을 대표하는 훠궈는 일종의 매운 샤브샤브 요리다. 고추기름과 산초로 우려낸 화끈한 국물에 각종 재료를 데쳐먹는다. 여러 사람이 한데 모여 왁자지껄한 분위기에서 즐기는 대표적인 요리인데, 외국인이라도 훠궈를 먹다 보면 금세 그 분위기에 동화돼버린다. 최근에는 나 홀로 여행자들을 위한 1인 훠궈집도 선을 보이고 있다. 한국인 입맛에 가장 맞는 중국 요리라고 보면 된다.

훠궈 주문부터 먹기까지

① 매운 맛? 담백한 맛? 탕을 고르자

여느 베이징의 레스토랑이 그렇듯 자리에 앉는 순간 음료를 먼저 정해야 한다. 중국 차나 맥주 같은 가벼운 음료를 시키는 것이 일반적이다.

다음 순서는 국물 고르기. 한국인이 훠궈를 먹는 가장 큰 이유는 화끈함. 하지만 자극적인 맛을 좋아하지 않는다거나, 두 가지 국물 맛을 동시에 느껴보고 싶다면 두 가지 국물을 동시에 즐길 수 있는 위안양궈 鸳鸯锅를 주문하는 것이 좋다.

② 식재료를 골라보자

국물을 골랐다면 이제는 데쳐 먹을 재료를 고를 순서. 거의 모든 훠궈집은 종이로 된 훠궈 전용 주문서를 비치해놓고 있다. 주문서를 보면서 원하는 식재료에 체크 표시를 하면 접시 단위로 식재료를 내온다. 참고로 한 접시에 꽤나 많은 양이 나오므로 2인이라면 5가지, 4인이라도 8~9가지 정도만 시키면 충분하다.

재료를 익히는 법은 종류에 따라 다르다. 소고기 같은 육류는 살짝 데쳐서 익자마자 먹는 것이 기본이지만, 배추와 같은 야채는 초반에 넣어 국물 맛을 내는 역할로, 감자는 오래오래 익혀 마지막에 건져 먹는 용도로 쓰면 된다.

훠궈 국물의 종류

麻辣锅
붉은 고추, 산초, 생강 등 각종 향신료로 맛을 낸 매운 국물이다. 한국의 매운 맛과는 약간 다르다.

蕃茄锅
토마토탕. 전반적으로 새콤달콤하다. 매운 것을 거의 못 먹는 홍콩인들은 꽤나 선호한다.

海鲜锅
맑고 담백한 해물 맛. 한국인의 입맛으로는 우동 국물과 게 국물이 섞인 맛으로 느껴진다.

白汤锅
닭뼈 국물을 베이스로 한 뽀얀 국물. 담백해서 매운 맛의 麻辣锅와 함께 즐기곤 한다.

韩国辣白菜锅
김치 국물. 약간 싱거운 신김치 맛으로 한류 열풍을 빙자한 대표적인 중국 짝퉁이다. 취급하는 훠궈집은 드물다.

鸳鸯锅
두 가지 국물을 칸이 나뉜 냄비에서 즐길 수 있다. 매운 맛의 麻辣锅는 기본으로 배치하고, 白汤锅나 海鲜锅 중 하나를 고르는 것이 바람직하다.

베이징 실전 여행

北京
BEIJING

③ 찍어 먹을 소스를 고르자

데쳐 먹을 재료까지 해결했다면 이제 찍어 먹을 소스를 고를 차례. 매운 음식 마니아라면 소스조차 화끈한 火锅辣豉油를 시키는 것이 바람직하다. 물론 다음 날 화장실 갈 각오는 단단히 해야 한다는 점을 잊지 말자. 보편적으로 한국인이 가장 좋아하는 장류는 다진 마늘에 참기름을 넣은 蒜黄芝麻油나 땅콩장인 花生酱이다.

④ 본격적으로 먹어보자

감자나 고구마같이 오래 익히는 음식과 국물을 달게 만들어주는 배추 같은 야채를 가장 먼저 탕에 넣는다. 살짝 끓으면 본격적으로 기호에 맞게 데쳐서 소스를 찍어 먹으면 된다. 절대 재료를 모두 탕 속에 집어넣지 말 것. 그때그때 먹고 싶은 재료들은 데쳐 먹는 것이 맛도 좋고 재미도 있다. 고기의 경우 탕에 담가버리면 영영 못 찾는 참극이 벌어진다. 이럴 때는 국자에 고기를 넣고, 젓가락으로 받쳐 고기가 국자 밖으로 나가지 못하게 하자. 당면 같은 면 종류는 가장 마지막에 먹는 것이 좋다. 구멍 뚫린 국자에 받쳐서 익히는 것이 바람직하다.

국물이 너무 졸아서 짜지거나 지나치게 매워지면 점원에게 '자쉐이 加水'라고 외치면 탕을 더 부어준다. 탕을 더해서 매운 맛이 사라졌다면 매운 고추기름을 더 달라고 하는 것도 방법. 이럴 때는 '자라유 加辣油'라고 말하면 된다.

훠궈 주문표에 자주 등장하는 재료 이름

肥牛
한국의 국거리 소삼겹을 얇게 저민 것으로 중국산 本地肥牛과 미국산 美国肥牛 등으로 나뉨.

肥洋
얇게 저민 양고기로, 내몽골산 양고기 蒙古肥洋을 최고로 침.

鱼丸(墨鱼丸) — 어묵(오징어맛 어묵)
蟹肉棒 or 蟹柳 — 냉동 게맛살

豆腐皮 — 얇은 두부피
带子片 — 다시마 조각

竹笋
죽순인데, 간혹 통조림을 쓰는 집도 있음.

金针菇 — 팽이버섯
香菇 — 표고버섯

秀珍菇 — 느타리버섯
百菜仔 — 꼬마 청경채

冻豆腐 — 얼린 두부
粉条 — 굵은 당면

土豆 — 얇게 편으로 썬 감자
纷丝 — 가는 당면

虾, 中虾, 大虾
새우, 중간 크기 새우, 큰 새우

샤브샤브·훠궈가 맛있는 식당

이름	위치
해저로훠궈 海底捞火锅 ★	베이징 중심(P.119)
샤브샤브 呷哺呷哺	베이징 중심(P.122)
호대빈관 胡大饭馆 ★	베이징 중심(P.129)
동래순 东来顺	베이징 동부(P.230)
굉원남문쇄육 宏源南门涮肉	베이징 남부(P.165)

Beijing

중국 음식이 입에 안 맞는다면,

어디를 가나 음식을 잘 먹는 사람이라면 정말 큰 복을 타고 난 거다. 해외를 다니다 보면 의외로 한식 외에 어떤 음식도 못 드시는 분들이 있다. 이건 입에 맞고 안 맞고를 떠나 몸에서 받지를 않으니 어떤 수를 내도 방법이 없다. 한식 찾아다녀야지.

중국은 이런 분들에게 정말 다행인 나라다. 한국과 비교적 근거리인 데다 교민도 많고 땅에서 나는 작물도 비슷하기 때문에 제대로 된 한식 구현에 나름 최적의 조건을 가진 셈이다.

한국인의 입맛에 맞는 중국 요리 리스트업

세계 3대 요리의 본고장이라지만, 우리 눈으로 보기에는 요상한 맛의 음식들만 진진할 뿐. 가이드북에서 소개한 식당이라면 대충 뭘 시켜야 할지 알겠지만, 여행을 하다 보면 전혀 엉뚱한 곳에서 끼니를 때워야 할 수도 있다. 대체 뭘 먹어야 하는 걸까? 한국인이 좋아하는 중국 요리들을 엄선했다. 참고로 여기 소개하는 요리들은 밥반찬에 가까운 저렴한 요리들이 위주라는 점을 밝힌다.

이름	특징
위샹러우쓰 鱼香肉丝	돼지고기를 채친 후, 위샹 鱼香소스에 볶은 요리다. 굴소스 볶음이랑 비슷한 향이 나며 약간 매콤하다.
투더우쓰 土豆丝	중국 스타일의 채썬 감자볶음. 약간 신맛이 나며, 살짝 덜 익힌 탓에 아삭거린다.
시훙스지단 西红柿鸡蛋	토마토 계란 볶음. 이름은 좀 엽기적이지만, 의외로 토마토와 계란은 어울린다. 토마토가 거슬린다면 계란만 건져먹는 것도 방법.
탕추러우 糖醋肉	한국식으로 말하자면 탕수육. 한국보다 더 바삭하고, 더 새콤달콤하다. 어지간한 한국의 중국집보다 훨씬 맛있다.
차오콩신차이 炒空心菜	속이 빈 공심채라는 야채 볶음이다. 굴소스 혹은 위샹소스로 볶아내는데, 자작한 국물이 배어 있는 나물요리라고 생각하면 된다.
후이궈러우 回锅肉	쓰촨 음식 중 하나로 약간 매콤한 삼겹살 볶음이라고 보면 된다. 한국인들은 술안주로도 즐기는데, 우리 입맛에는 약간 짜다.
자창더우푸 家常豆腐	두부를 얇게 썰어 부친 뒤, 간장을 베이스로 한 국물에 조려낸 요리다. 집에 따라 약간의 중국 향이 배어나는 경우도 있는데, 대부분의 경우 먹는 데 지장은 없다.
마포더우푸 麻婆豆腐	한국명 마파두부. 베이징 자장면에 한국 자장면과 맛이 다르듯, 마포더우푸도 한국의 마파두부랑은 맛이 다르다. 허름한 식당보다는 쓰촨 요리 전문점에서 먹어보자. 중독될 가능성 70% 이상이다.
훠궈 火锅	쓰촨식 샤브샤브. 중국 음식을 잘 먹는 사람이라 해도 간혹 목에 끼는 기름기에는 대책이 없다. 이때 훠궈를 먹어주면 시원(?)하게 내려간다. 훠궈 주문법은 P.44를 참고하자.
둥포러우 东坡肉	요즘 한국에서도 뜨고 있는 중국 요리. 부드러운 삼겹살 장조림으로, 식감은 푸딩에 가깝다. 상하이 요리 전문점에 가면 맛볼 수 있는 요리.
차오판 炒饭	볶음밥이다. 한국의 중국집보다 훨씬 더 고슬고슬하게 볶는다. 계란 볶음밥은 지단 차오판이라고 하며 중국인들은 양저우 차오판 扬州炒饭을 최고로 친다. 당연하겠지만, 볶음밥 곁에 자장은 놓이지 않는다.

북녘의 동포들과도 가까운 탓에 한국에서는 맛보기 힘든 정통 북한 요리도 맛볼 수 있으니 어떤 면에서는 한국보다 더 풍부한 한식을 맛볼 수 있는 땅이라 할 수 있겠다.

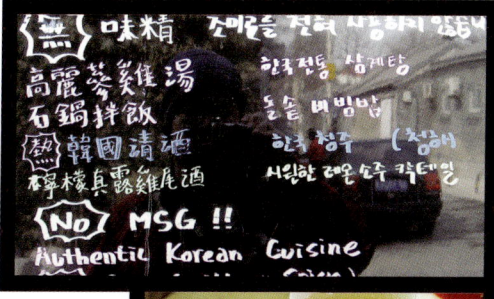

한식당

이름	위치
연길 명태나라 延吉明太鱼馆	베이징 동부(p.192)
비비고 必品阁	베이징 동부(p.193)

알아두세요

매너있는 여행자가 되는 첫걸음, 중국의 식당 예절 지키기

① 식당에 들어서면 여종업원이 우으며 방문해주셔서 감사하다는 뜻의 "환잉광린 欢迎光临"이라는 말을 연발하며 몇 명인지를 묻습니다. 그냥 조용히 웃으면서 손가락으로 인원수를 내보이면 됩니다.

② 종업원이 안내해준 자리에 앉으면 가장 먼저 차를 주문합니다. 중국인들은 으레 차를 주문하곤 하는데, 한국인들은 재스민차 茉莉花茶를 즐겨 마십니다. 기름기가 가득한 요리를 맛볼 예정이라면 보이차 普洱茶도 권할 만합니다. 더워죽겠는데 웬 차냐 싶다면 콜라 可乐나, 주스 水果汁, 맥주 啤酒를 시키는 것도 방법.

③ 이윽고 메뉴판이 나옵니다. 〈베이징 프렌즈〉에 소개된 대부분의 식당들은 메뉴판에 영어를 병기해놓고 있고, 어떤 식당은 메뉴판에 요리 사진을 제공했습니다. 책에 소개된 요리는 대부분 먹을 만하지만, 모든 한국인들이 해당 요리만 시키는 상황은 원치 않습니다. 만약 메뉴판에 요리 사진이 제공되는 식당이라면 열심히 연구해서 책에 나오지 않은 다양한 요리를 시켜봅시다. 저자들도 해당 식당의 모든 요리를 먹어본 것은 아니라는 점을 밝힙니다.

④ 중국에서 스푼은 탕을 떠먹는 용도로만 사용합니다. 밥이나 요리는 모두 젓가락을 사용하는 게 기본.

⑤ 차를 시켜서 마시다 보면 찻물이 떨어지게 마련입니다. 이럴 때는 차 주전자의 뚜껑을 반쯤 열어놓으면 알아서 물을 따라줍니다.

⑥ 접시가 비워지면 종업원이 달려와 냉큼 치워갑니다. 한국과는 다른 중국의 접대 예절이니 크게 신경 쓰지 않아도 됩니다.

⑦ 다 먹은 후 계산은 앉아서 하는 것이 원칙. "마이단 埋单"이라고 외치면 계산서를 가져다 줍니다. 오기나 누락이 종종 있으므로 제대로 계산되었는지 확인하고 돈을 지불하면, 잠시 후 거스름돈을 가져다 줍니다. 중국은 팁 문화가 없으므로 팁을 놓아둘 필요는 없습니다.

⑧ 카드 결제의 경우 약간 제한적입니다. 책에 소개된 반절가량의 식당들이 외국계 카드를 받지 않습니다. 식당 현관에 받는 카드의 스티커가 있으므로 비자, 마스터, 아멕스 카드 소지자는 해당 마크가 있는지 확인을 해야 합니다. 또 하나, 중국계 카드의 경우는 매번 비밀번호를 입력해야 하는데, 간혹 중국 점원들이 외국계 카드에도 비밀번호를 입력해야 하는 줄 알고 비밀번호를 요구하는 경우가 있습니다. 이럴 때는 외국 카드라 필요없다는 뜻의 "와이카부야오미마 外卡不要密码"라고 하면 알아듣습니다.

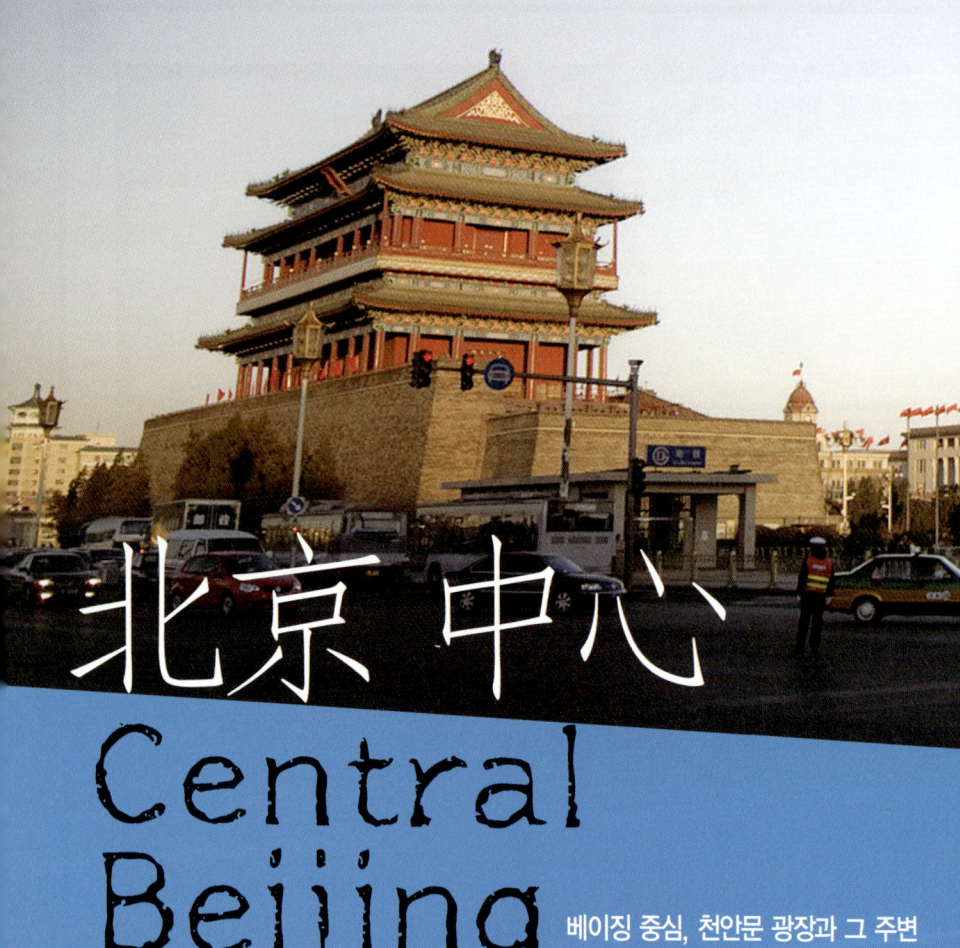

北京 中心
Central Beijing

베이징 중심, 천안문 광장과 그 주변

길게는 2,000년의 역사를 자랑하는 고도 베이징의 한복판. 금 金·원 元·명 明·청 淸으로 이어지는 황제체제하에서는 이른바 금단의 땅으로 악명과 신비감을 동시에 떨쳤던 비밀스러운 구역이었다. 신중국 수립 이후 이 일대는 사람들의 품으로 돌아왔지만, 체제를 상징하는 초대형 국가 건축물들이 집중적으로 건설되며 사회주의 중국의 정체성을 가장 명징하게 드러내는, 그야말로 중국 그 자체가 되어버렸다. 북으로 펼쳐지는 고궁박물원과 후통의 날렵한 스카이라인은 직선 위주인 천안문 광장과 반대되는, 대제국 시절 중국의 기묘한 향수를 동시에 느끼게 한다.
지평선이 보일 정도로 끝없이 평평한 대지, 그 속에서 쏟아져나오는 엄청난 인파들, 시대를 초월해 천안문 광장과 고궁박물원에서 우리가 느끼는 것은 바로 대륙적 스케일이 주는 압도적인 위세, 그리고 웅장함이다. 너무 넓어 오히려 답답함과 막막함이 느껴지는 곳. 당신이 지금 서 있는 땅. 여기가 바로 베이징의 심장이다.

천안문 앞을 지나가는 자전거 행렬

Central Beijing
北京
BEIJING
58
59

Just Follow Fanta

모범 코스

천안문 광장

↓ 10~20분

고궁박물원

↓ 2분

경산공원

↓ 609·124·111번

스차하이

↓ 10~20분

종루·고루

↓ 2정거장

옹화궁

↓ 6정거장

왕푸징다제

컬처 코스

국가박물관

↓ 1정거장

국가대극원

↓ 10분

북해공원

↓ 북해공원 북2문에서 5분

스차하이

↓ 10분

미술관

베짱이 코스

북해공원

↓ 북해공원 북2문에서 5분

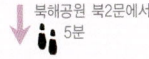
스차하이

종루·고루

↓ 은정교에서 10분 / 30분

공묘·국자감

↓ 3정거장

왕푸징다제

Central Beijing

Attraction
베이징 중심의 볼거리

필수 코스. 베이징에서 단 하루를 보내건 아니면 열흘을 머물건 여행의 출발점은 언제나 베이징 중심. 여기는 베이징 여행의 알파와 오메가, 처음이자 끝이다. 천안문 광장과 고궁박물원을 둘러보지 않고 베이징을 봤다고 말할 수 있을까? 거대한 도시 베이징의 위대한 함축. 천안문 광장과 그 주변이다.

정양문 正阳门
정양먼 | zhèng yáng mén

 주소 北京市 东城区 前门大街 전화 (010) 6522-9384 개방 4~10월 08:30~16:30, 11~3월 09:00~16:30 요금 4~10월 20元, 11~3월 10元(학생 5元) 가는 방법 지하철 2호선 첸먼 前门역 A출구에서 도보 2분 MAP p.7-B2

외성 外城과 내성 內城으로 이루어진 구베이징의 도시구획 중 내성의 실질적인 출입문이었다. 전문 前门이라는 이름으로 더 알려져 있다.

군사적 방어망인 전루 箭楼와 출입구인 정양문의 이중구조로 되어 있다. 전루는 수많은 화살 구멍이 나 있는 군사적 시설이었다. 정양문이 처음 지어진 것은 명 영락제 때인 1420년. 베이징의 황궁을 지키는 제1 방어선의 역할을 겸했던 정양문의 역사는 피와 혼란으로 얼룩져 있다.

특히 20세기 초, 의화단의 난을 진압한다는 명분으로 베이징을 점령한 일본 등 8개국 연합군에 의해 전소되다시피 했다. 5년 만에 재건되긴 했지만 이후 베이징 도시계획이 재정비되면서 수많은 성내 문과 함께 수차례 헐릴 뻔한 위기를 넘겼다.

1949년 공산화 이후에는 천안문 광장 일대에 주둔하는 군병력의 사령부로도 사용되었다. 당시 천안문 광장 주변은 미국의 공습에 대비해 약 800문의 대공포를 집중배치했다고 한다. 하지만 1979년 미·중 수교 이후 군사적 가치는 완전히 상실. 지금은 베이징의 오랜 역사를 알리는 상징물일 뿐이다. 1991년 이후 일반에도 개방되었기 때문에 성루에 올라 탁트인 베이징의 전경을 감상할 수도 있다.

Central Beijing 北京 BEIJING

천안문 광장

천안문 광장 天安门广场
톈안먼광창 | tiān ān mén guǎng chǎng

주소 北京市 东城区 天安门广场 전화 (010)6524-3322(천안문지구 관리위원회) 개방 05:00~22:00 요금 무료 가는 방법 지하철 2호선 첸먼 前门역 A출구 또는 1호선 톈안먼둥 天安门东역 C·D 출구 또는 톈안먼시 天安门西역 C출구에서 도보 3~10분 MAP p.7-B2

총면적 440,000㎡에 달하는 세계 최대 규모의 개방형 광장. 중국 현대사의 산 증인이라는 묵직한 별칭을 가지고 있다. 원래 이 일대는 베이징 내성과 황제의 궁전인 자금성 紫禁城 사이에 있는 일종의 궁정 광장이었다. 황제가 성루에 올라 - 이곳이 바로 천안문이다 - 백성들에게 뭔가를 발표하면 백성들이 만세를 부르며 마구 열광하던, 그런 공간이었다는 이야기다.

원래는 천안문 광장의 남쪽 끝인 정양문과 천안문 사이에 대청문 大淸門이라는 문이 하나 더 있었는데, 지금은 헐리고 없다. 그래서 실제로는 과거보다 훨씬 넓어진 셈이다.

중국 역사에 관심이 있었다면 천안문 사건과 관련된 4가지 사건을 기억할 것이다. 바로 중국 민족주의 운동의 도화선이 된 5·4운동과 문화혁명 당시 100만 홍위병의 대행진 그리고 제1, 2차 천안문 사건

Fanta Say

인민영웅기념비에 새겨진 8가지 사건은?

인민영웅기념비의 8가지 사건은 현재 중국인들이 바라보는 역사적 사건들의 비중을 엿볼 수 있다는 점에서도 의미가 깊습니다.

① 1840년 아편 전쟁
중국 수난의 서막이죠. 중국은 아편 전쟁에 패배해 홍콩을 영국에 영구적으로 할양하고, 상하이 등 5개 도시를 개항합니다. 오늘날 손꼽히는 국제도시로 발돋움한 홍콩과 상하이는 중국이 아편 전쟁에 패배한 결과로 만들어졌다는 사실이 어떤 면에서는 아이러니합니다.

② 1851년 태평천국 운동
중국 내전사상 가장 피비린내가 심했던 사건으로 손꼽히는데요, 이 사건으로 인한 사망자를 적게는 2,000만, 많게는 5,000만까지 잡고 있습니다.
기독교에 감화를 받아 예수의 친동생이라고 굳게 믿고 있던 홍수전 洪秀全이 청에 반기를 들고, 급기야는 나라를 선포했던 사건인데요, 한때 베이징과 함께 가장 중요한 도시였던 난징을 점령했을 정도로 태평천국 운동은 성공적이었습니다. 하지만 내부 분열로 인해 실패로 끝나게 됩니다. 중국 정부는 봉건제에 대항한 역사적 사건이라고 평가하고 있죠.

③ 1911년 우창 武昌 봉기
신해혁명으로 이어지는, 중국 현대사의 대사건 우창 봉기의 성공을 계기로 중국은 2,000년 동안 이어진 황제 지배체제를 끝내게 되죠. 영화 〈마지막 황제〉를 보셨나요? 3살배기 황제 푸이가 황제에서 쫓겨나는 계기가 된 사건입니다.

④ 1919년 5·4운동
중국 현대사를 전기와 후기로 나누는 분수령이 된 사건. 1차 대전 후 일본 편을 든 서양세력에 분개, 베이징대 학생들이 선봉이 되어 일으킨 반일 민족주의 운동입니다. 5·4운동 이후 청년과 지식인들은 신문화운동을 펼치며 새로운 사회를 꿈꾸기 시작합니다.
그전까지 직업 혁명가들의 몫이었던 사회개혁 운동에 사회지도층과 지식인들이 적극적으로 참여하기 시작하는 계기가 되었다죠?

⑤ 1925년 5월 30일 총파업
상하이의 한 공장에서 중국인 노동자가 일본인 직원에게 맞아죽는 사건을 계기로 폭발한 반일 총파업. 분노한 중국인들이 조계지로 쳐들어가자 경찰이 발포, 10여 명이 죽었다고 합니다. 중국인들은 5·30 참극이라는 표현을 사용합니다. 공산주의가 중국 전역에서 수면 위로 부상하는 계기가 됩니다.

⑥ 1927년 난창 南昌 봉기
실질적인 중국 사회주의 혁명의 시작. 봉기 자체는 실패로 끝나지만, 이를 계기로 중국 전역에서 공산주의 게릴라들이 활동하기 시작합니다. 중국에서는 난창 봉기일인 8월 1일이 국군의 날이랍니다.

⑦ 1931~1945년 중일전쟁
'반일'은 중국 현대사를 관통하는 하나의 주제입니다. 아시아의 소국으로 나라 취급도 하지 않았던 일본. 하지만 청일전쟁이 발발하자 중국은 변변히 싸워보지도 못하고 무릎을 꿇죠. 이후 일본은 끊임없이 중국에 무력감을 선사하는 나라가 되어버립니다. 간간이 중국을 침략하던 일본이 이제는 중국을 통째로 집어삼키기 위해 나섭니다. 국민당 정부는 공산당과 2차 국공합작을 결정하고 쓰촨성 충칭 重慶에 임시정부를 세워 일본의 침략을 힘겹게 막아냅니다. 이 긴 전쟁은 결국 미국이 히로시마와 나가사키에 떨어뜨린 원자폭탄 두 발로 2차대전 종료와 함께 끝이 납니다. 사실 중국은 전 국토의 3/4가량을 일본에 빼앗긴 채 겨우겨우 버티는 게 고작이었지만, 결과적으로는 일본에 대한 승전국이 됩니다.

⑧ 1949년 창장 강 長江 도하
중·일 전쟁 승리 이후, 중국은 다시 국민당과 공산당의 한판 내전이 벌어집니다. 이른바 국공내전이죠. 창장 강을 사이에 둔 지루한 공방전 끝에 1949년 4월 10일 중국군이 창장 강을 도하하면서 승기를 잡기 시작합니다. 이후 전세는 그야말로 파죽지세. 결국 국민당군은 타이완으로 패주하기에 이릅니다. 오늘의 중국을 만든 결정적인 사건이죠.

Central Beijing | 北京 BEIJING

인민영웅기념비 人民英雄纪念碑 ★★★★★

런민잉슝지녠베이 |
rén mín yīng xióng jì niàn bēi

전화 (010)6524-3322(천안문지구 관리위원회) 개방 05:00~22:00 요금 무료 **MAP** 본문 p.61

1840년 아편 전쟁 이후로 1949년 현재 중국 건국까지 희생한 독립·사회주의 운동가의 넋을 기리기 위해 세운 기념비. 총높이는 약 37.9m, 무게는 10,000t에 이른다.

현대 중국의 역사를 고스란히 반영하는 위령비이자 거대한 오벨리스크라 하겠다. 19세기 말~20세기 초반까지 평탄했던 아시아 국가는 거의 없었지만, 아시아의 대국을 자처하던 중국이 겪은 수난은 유사 이래 처음 겪는 대치욕이었다. 그렇기 때문에 외세를 배격하고 건설한 사회주의 중국에 대한 중국인들은 자부심은 대단하다.

기념비 정면에 새겨진 거대한 글자 '人民英雄永垂不朽 인민영웅은 영원불멸하다'는 마오쩌둥 毛泽东의 작품.

반대편의 자잘한 글자들은 일종의 비문인데, 오늘날까지 중국인들의 존경을 한몸에 받고 있는 저우언라이 周恩来가 직접 쓴 글이다.

탑의 기단부 사면에는 중국 근·현대사의 8가지 주요 사건을 부조로 조각해놓았다.

가까이 가서 찬찬히 살펴보면 매우 사실적으로 묘사한 데 감탄을 금치 못한다.

안타깝게도 1989년 이후 현재까지도 관람불가.

2차 천안문 사건 당시 수많은 시위 학생들의 성지로 군림했기 때문이다.

잘 찾아보면 당시의 총탄 흔적도 볼 수 있다는데 거리가 워낙 멀어서 사실상 눈으로 확인할 수는 없다.

이 그것이다. 이중 우리가 천안문 사태라는 이름으로 많이 알고 있는 것이 2차 천안문 사건. 중국의 눈치를 보지 않는 대부분의 나라들이 '천안문 광장 대학살'(p.75 참조)이라는 강력한 표현을 사용할 정도로 전 세계인에게 천안무의 이름을 널리 알린(?) 대사건이었다. 1949년 오늘날의 중국인 중화인민공화국의 건국을 발표한 곳도 바로 이곳이니 중국 근·현대사에 천안문 광장을 빼놓고는 설명이 불가능할 정도다. 하지만 이런 진중함은 관광객들에게는 먼 나라의 이야기다. 빨간 깃발 뒤를 따르는 지방의 중국인 단체 여행객, 베이징에 처음 와서 눈이 휘둥그레진 외국인 여행자, 그리고 철모르는 아이들의 숨넘어가는 웃음소리만이 광장을 가득 메울 뿐이다. 어쨌든 여행자들에게도 이곳은 베이징 여행의 필수 방문지임에는 틀림없다.

광장 주변에는 중국에서 가장 인상적인 정부 건물들이 줄지어 도열해 있어 마치 건물들의 사열을 받는 느낌이 들 정도다. 이제 각각의 건물들을 살펴보자.

모주석 기념당 毛主席纪念堂 ★★★
마오주시지녠탕 | máo zhǔ xí jì niàn táng

전화 (010)6513-2277(천안문지구 관리위원회) 개방 화~일 08:00~12:00(행사가 있을 경우 예고 없이 문을 닫거나 입장시간이 바뀔 수 있음) 요금 무료(여권 지참) **MAP 본문 p.61**

중화인민공화국의 실질적인 창립자이며, 지금은 중국인들로부터 신격화된 마오쩌둥의 시신을 영구 안치·전시한 곳. 시신 영구 안치법은 공산주의 국가에서 거의 관례화된 장례법인데, 구소련의 혁명영웅 블라디미르 레닌의 시신을 영구 안치한 이후 중국, 베트남, 북한 등지로 퍼져나갔다. 한 가지 재미있는 사실은 시신이 안치된 사람들 모두 생전에는 이런 방식을 반대했던 사실이다. 호치민처럼 화장한 후 뿌려달라는 유언을 남긴 사람도 있다.

이 기념당은 마오쩌둥 사후 1년 후인 1976년 11월 공사를 시작했다. 총면적 약 57,000㎡, 높이는 약 33.6m, 지상 2층, 지하 1층의 거대한 건물로, 중국 혁명을 묘사한 역동적인 조형물이 건물 전면에 세워져 있다.

종교 성지를 방불케 하는 곳으로 관람 또한 상당히 까다로운 편. 매일같이 전국에서 참배객이 올라오기 때문에 언제 가든 긴 줄을 감수해야 한다. 또 실내에서는 집단으로 정해진 동선에 따라 움직여야 한다.

기념당에 들어서자마자 보이는 것은 3.4m 높이의 마오쩌둥 대리석상. 그 뒤로 폭 24m자리 초대형 산수화가 보인다. 이윽고 등장하는 것은 우러르고 따르는 방이라는 뜻의 첨앙청 瞻仰厅. 흑색 대리석과 수정으로 만들어진 관 속에 누운 마오쩌둥의 시신을 볼 수 있는 곳이다. 자신들의 영웅을 그리워하며 흐느끼는 열정적인 중국인들도 간혹 볼 수 있다.

참고로 기념당 안의 공안들은 상당히 고압적이다. 일사불란하게 움직이지 않으면 중국인과 얼굴 구분이 안 되는 한국인의 경우 면박을 당할 수 있으니 주의하자.

알아두세요

모주석 기념당 관람 수칙!
카메라는 물론 작은 가방조차 가지고 들어가지 못합니다. 때문에 작은 배낭과 카메라는 필수인 여행자들은 초난감 상황에 빠지고 말죠. 하지만 걱정은 금물, 모주석 기념당 동쪽 문 방향에 있는 횡단보도를 건너면 '물품보관소 存包处'가 있으니까요.

물품보관소
짐 맡기는 시간 오전 개방 화~일 08:00~11:30, 오후 개방 화·목 13:30~16:00
짐 찾는 시간 오전 개방 화~일 08:00~12:00, 오후 개방 화·목 13:30~16:30
요금 소형 필름 카메라 3元, 디지털 카메라 5元, 가방 2~10元

국기 게양대 国旗揭扬台 ★★★
궈치제양타이 | guó qí jiē yáng tái

전화 (010)6524-3322(천안문지구 관리 위원회) 개방 05:00~22:00(국기 게양식 일출, 국기 하강식 일몰) 요금 무료 MAP 본문 p.61

중국인의 애국심 게임을 위한 무대. 천안문 광장 북쪽에 있는 높이 30m의 국기 게양대로 매일 저녁 벌어지는 국기 하강식은 여행자들에게도 꽤 알려진 볼거리 중 하나다.

자로 잰 듯한 절도 있는 군대 행진으로 시작되는 국기 하강식은 로봇 같은 군인들의 동작이 첫 번째 관람 포인트. 보폭 75㎝, 1분당 108걸음을 정확히 내딛는다.

매년 5월 1일 노동절과 10월 1일 국경절에 펼쳐지는 국기 게양·하강식은 특히 중요한 의미를 갖는데, 바리케이드를 치고 관람자를 통제할 정도다.

참고로 게양·하강식 시간은 일출·일몰 때로 시간이 들쑥날쑥하다. 가까이서 제대로 구경하고 싶다면 해지기 1시간 전 쯤 미리 가서 자리를 잡아야 한다는 사실을 기억해두자.

인민대회당 人民大会堂 ★
런민다후이탕 | rén mín dà huì táng

주소 北京市 东城区 西长安街 전화 (010) 6309-6668 개방 08:00~16:00 요금 30元 가는 방법 지하철 1호선 톈안먼시 天安门西역 C출구에서 도보 5분 MAP 본문 p.61

한국으로 치자면 의회 겸 국빈 공식 연회장으로 쓰이는 곳. 총면적 171,800㎡, 남북 336m, 동서 206m의 직사각형 건물로 광장 서쪽에 있다.

건국 초기의 가장 커다란 건축 프로젝트 중 하나로, 공모를 통해 최종 디자인을 확정했다고 한다. 이때 등장한 사람이 바로 리루이환 李瑞环(1934~). 당대의 내로라하는 건축가를 제치고 그의 작품이 인민대회당으로 확정된 것.

톈진 출신 목수로 초등학교 졸업이 배움의 전부인 그는 지식보다 노동자의 경험을 우대하던 당시, 시대가 낳은 최고의 기린아였다. 리루이환은 이 일을 계기로 중앙 정계로 진출, 우리나라 국회의장 격인 전국인민대표자회의 의장까지 지낸다.

건국 초기의 역동적인 분위기도 한몫을 한 듯 1958년 시작된 공사는 놀랍게도 불과 10개월 만에(!) 완공되었다.

대회당 내부는 약 10,000명을 수용할 수 있는 본 회의장 격인 만인예당 万人礼堂을 위시하여 크고 작은 300개의 회의실과 5,000명을 수용할 수 있는 대연회장인 중앙대청 中央大厅으로 구성되어 있다. 국가시설인 관계로 자유 관람은 불가하고, 일정 인원이 모이면 인솔자의 안내에 따라 내부를 관람할 수 있다.

하지만 핵심적인 볼거리라 할 수 있는 만인예당과 중앙대청 그리고 각 성의 이름이 붙은 중급 규모의 회의실은 모두 둘러본다. 특히 각 성의 이름이 붙은 회의실은 해당 성의 진통 공예를 가미한 인테리어로 각각 다른 매력을 뽐내고 있으니 관심을 가지고 눈여겨보자.

중국국가박물관 中国国家博物馆
중궈궈자보우관 | zhōng guó guó jiā bó wù guǎn

 주소 北京市 东城区 东长安街 16号 전화 (010) 8447-4914 홈페이지 www.chnmuseum.cn 개관 화~일 09:00~17:00(표 배부는 15:30까지, 입장은 16:00까지, 월요일 휴관) 요금 무료(여권 지참) 가는 방법 지하철 1호선 텐안먼둥 天安门东역 C · D출구에서 도보 5분 **MAP 본문 p.61**

중국의 내셔널 뮤지엄 National Museum. 중화인민공화국 수립 10주년 기념일인 1959년 10월 1일 최초 개관한 이래, 몇 차례의 대대적인 보수를 거치며 오늘날에 이르고 있다.

남북 313m, 동서 149m로 같은 시기에 지어진 인민대회당보다는 약간 작다. 베이징 올림픽을 앞두고 대대적인 보수공사를 벌였는데, 안타깝게도 공기를 맞추지 못해, 올림픽 기간에 문을 열지 못했다.

박물관은 상설전시구역과 특별전시구역으로 나뉘져 있다. 상설전시구역은 다시 두 개의 큰 구역으로 나뉘져 있는데, 선사시대부터 신해혁명 이전까지 봉건 중국을 다룬 '중국고대 진열 古代中国陈列 Ancient China'관과 신해혁명부터 현재까지의 중국을 다룬 '부흥의 길 The Road of Rejuvenation'이 그것이다. 특별전시구역은 특별전이 이루어지는 구역이다. 중국 공산당 100주년이 되는 2012년에는 내내 중국 공산당 100주년 특별 전시가 이어졌었다.

중국고대 진열

선사시대~1850년까지의 엄청난 기간을 커버하는 곳이다. 상하이박물관이 주제별 전시를 택한 반면 중국국가박물관은 연대식 전시를 택했다. 즉 선사시대, 하은주, 춘추전국, 진한 등 중국 왕조사 순으로 소 전시실이 순차적으로 등장한다.

상하이박물관은 역사에 대한 별다른 지식없이 원하는 주제 전시실을 따라다니며 감상이 가능한 반면, 중국국가박물관은 기본적인 중국 역사에 대한 지식이 있어야 전시물을 이해하는게 가능하다.

선사시대 远古时期
Prehistoric Times(200만년 전~BC 21세기)

베이징 원인의 얼굴상을 전면에 배치했다. 문명의 여명기에 속하는 시기인지라 화려한 유물들은 없다. 저우커우뎬 周口店에서 출토된 원인의 무덤, 그리고 석기시대 사람들이 사용했던 생활용품들이 주요 전시물이다.

가장 인상적인건 토기. 이미 이 시대부터 사람이나 동물의 그림을 그려넣었던 것으로 보인다. 중국의 자랑거리 중 하나인 도자기의 원류인 셈인데, 몇몇 토기의 그림은 상당히 섬세해서 오히려 놀랍다.

Central Beijing
北京
BEIJING

◀ 중국인들은 베이징 원인 北京原人에서 그들 역사의 원류를 찾고 있다. 학명은 호모 에렉투스 페키네시스 Homo Erectus Pekinesis로 최근 연구 결과에 의하면 현존 인류와는 상관없는, 도중에 멸종된 원인 중 하나로 보고 있다. 발견된 원인중 뼈가 산산조각난 사례가 많기 때문에 베이징 원인 사이의 식인 풍습이 있었다는 설이 지배적이다.

▶ 중국의 신석기 문화중 하나(기원전 5000~3000년)로, 채색 도기가 최초로 등장한 탓에 채도문화 彩陶文化라고도 부른다.

귀족들이 사용하던 화려한 청동기들이다.

◀ 청동 술잔. 청동기는 무른 금속이라 농기구나 병장기등의 일상용품으로는 사용되지 못했다. 때문에 대부분 현재 남아있는 청동기는 귀족들의 장식품이나 사치품들이고, 청동기를 소유할 수 있는 사람들도 귀족 이상 계층에 한정됐다. 청동기가 화려한 것도 바로 이 때문.

▶ 그전까지 중국인들은 황하가 문명의 유일무이한 원류라고 보던 입장이었는데, 1980년대 오늘날의 중국 쓰촨성 싼씽두이 三星堆에서 기존과는 전혀 다른 유적이 발견되며 새로운 전기를 맞는다. 이 사진도 바로 싼씽두이에서 출토된 인물상이다. 사람에 따라서는 진시황의 병마용갱보다 우수하다는 평가를 받는데, 이 문화를 만든 주체들에 대해서는 아직도 수수께끼인 점이 많다. 시기적으로 하, 상, 서주시대와 겹쳐서 같은 전시관에 있지만 엄연히 별개의 문명이다.

하상서주 시기 夏商西周时期
Xai, Shang, West Zhou Dynasties
(기원전 21세기~771년)

하나라, 드디어 중국 역사에 왕조가 등장한다. 상은 흔히 우리에게 알려진 은 殷나라다. 일반적으로 하나라까지도 신화시대로, 상부터 실질적인 왕조로 보는 시각도 있다. 상나라 시대에 갑골문이 등장하고 후일 한자로 발전하니 중국이라는 나라의 정체성은 상나라때부터 갖춰졌다고 봐야 한다.

상나라는 다시 주나라에 의해 멸망한다. 이 시기에 등장하는 인물이 상나라의 신하로 주나라의 곡식을 먹지 않겠다 해 수양산에서 고사리만 먹다 굶어죽은 백이 숙제가 있다.

이 세 왕조는 청동기 문화가 꽃을 피우던 시기였는데, 덕분에 하, 상, 서주 시기 유물의 상당수도 당시

춘추전국 시기 春秋战国时期
(기원전 770~기원전 221년)

동주 东周시대라고도 한다. 주나라는 실질적은 황제국으로서의 위상을 잃어버린채 수많은 제후국들이 천하의 패권을 쥐기위해 경쟁을 벌였던 시기다. 많은

알아두세요

오디오 가이드

박물관의 유적에 대한 심도깊은 설명을 듣고 싶다면 오디오 가이드 **手机导游服务**를 빌리는게 좋다. 전시실의 중요 유적마다 표시되어 있는 번호를 누르면 해당 유적에 대한 설명이 나온다. 물론 오디오 가이드를 빌리는 순간, 박물관에 투자해야 하는 시간도 두 배로 늘어난다. 삼성 스마트폰에 앱을 설치한 형식이라 한국 여행자라면 다른 의미로 반갑다.

요금 40元(보증금 100元)

사람들은 예전과 달리 각박해진 세상을 해석하기 시작했고, 그 결과로 세상을 바라보는 다양한 시각이 등장했다. 후일, 사람들은 갑자기 쏟아져 나온 이들 철학자들을 제자백가, 혹은 백가쟁명이라고 부르기 시작했다.

춘추시대부터 쓰이기 시작한 철기문명은 진, 한 시대에 이르러 꽃을 피운다. 진나라의 중국통일의 가장 큰 힘 중 하나로 앞선 철기 제련술을 꼽을 정도다.

▲ 제자백가들의 주장은 후일 책으로 남아 현세대까지 이어지고 있다. 대표적인 저작이라면 유가(유교)의 논어와 맹자, 도가의 도덕경, 법가의 한비자, 묵가의 묵자등이다. 박물관에는 종이책으로 남아있지만, 당시에는 대나무를 얇게 잘라 만든 죽간이 책의 형태였다.

▲ 그간의 귀족문화와 차별되는 서민문화가 등장하기 시작한다. 석상 주인공의 파안대소하는 얼굴표정과 수려한 춤 사위가 감상 포인트.

진한 시기 秦汉时期
(기원전 221년~220년)

500년간의 혼란은 진시황의 천하통일로 막을 내렸지만, 진은 불과 2대를 거친 후 멸망했고 중국은 다시 한나라에 의해 통일됐다. 한 漢 중국인구의 96%에 육박하는 한족은 바로 이 한나라로부터 뿌리를 찾고 있으니 오늘날 중국이라는 정체성은 한나라때 정립됐다고 보면 된다.

▼ 진시황의 병마용갱. 고대 이집트 파라오들에 버금가는 덧없는 욕망의 구현이자, 이후 중국이 갖는 스케일 집착의 시작이기도 하다. 안타깝게도 국가박물관에 있는 병마용갱은 이게 다다.

삼국 양진 남북조 시기 三国两晋南北朝
时期(220~589년)

한국의 역사 교과서에는 위진남북조라고 불리는 시기다. 최초의 통일 왕조였던 진과 한은 멸망하고 중

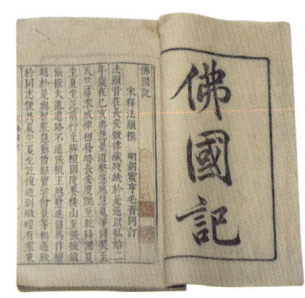

▲ 중국 최초의 인도여행기. 399~412년까지 13년에 걸쳐 승려 법현이 계율을 구하기 위해 인도를 여행한 후 지은 일종의 여행기다. 고대 인도를 비롯한 스리랑카등 주변국의 풍물, 역사, 불교의 교세등을 파악하는데 더할나위 없이 중요한 1차 사료로 현재까지 중요성을 인정받고 있다.

국은 다시 혼란기에 접어든다. 엄밀히 세 시기로 구분되는데, 한나라 멸망직후 삼국(소설 삼국지의 무대)이 대립하던 삼국시대와, 삼국을 통일한 위, 진 시대, 그리고 한족이 세운 남조와 이민족이 세운 북조가 대립하던 남북조 시대가 그것이다.
왕조의 수명이 지극히 짧던 시기라 특히 위, 진시대의 많은 지식인들은 현실에 회의를 느꼈고 이 덕에 도교가 강세를 띄었다. 이후 남북조시대로 접어들며 불교가 다시 중국 사상계를 지배하는데, 특히 이 시기의 북조 불교는 '황제는 여래와 같다'고 주장하는 등의 어용적 성격을 띄며 왕실의 적극적인 후원을 받기도 했다.

◀ 당나라의 2대 황제, 당 태종 이세민은 중국 역사상 최고의 성군중 하나로 손꼽힌다. 역사는 그가 다스리던 626~649년을 정관의 치라 해서 역사시대가 시작된 이래 최고의 태평성대였다고 기록하고 있다. 우리 입장에서는 수차례 고구려를 침입한 인물이고 안시성 성주 양만춘에 의해 한쪽 눈을 잃기도 한다. 고조선을 멸망시킨 한무제도 그렇고, 중국 사상 최고의 성군들은 대부분 한반도 왕조와는 관계가 좋지 않았다.

수당오대 시기 隋唐五代时期
(581~960년)

혼란은 다시 수, 당에 의해 중국이 통일되며 정리된다. 불과 2대에 걸친 짧았던 통일 왕조를 성립했던 수나라는 중국 남부의 항저우~베이징까지 연결하는 경항대운하의 공사를 벌였다. 비록 당대로부터는 심한 노역으로 인해 정권이 끝장나는 수모를 겪었지만 이후 중국 물류의 가장 큰 획을 그었다는 평가를 받고 있다. 이후 등장한 당은 중국 역사상 가장 국제적인 성권이시아 힌나라 시대와 함께 중국의 최고 전성기를 누린 시기로 기억된다.

특히 이때부터 본격적으로 펼쳐지기 시작한 실크로드는 중국과 오늘날의 아랍을 거쳐 로마를 연결하며 동서 문화간 이동경로 역할을 톡톡히 했다.
당나라의 수도 장안은 그 당시에도 인구 100만을 헤아리는 세계 제일의 도시였다고.

▶ 당삼채 唐三彩라고 하는 형식의 도기. 당나라 시대에 주로 유행했고, 삼채 유약을 사용해서 당삼채라고 부른다. 귀족이상 계급의 장례식 매장품으로 주로 만들었다. 당시의 활발한 국제교류를 상징하듯 낙타나 색목인(아랍인)의 모습을 묘사한 작품들도 있어 당시의 사회상이나 생활상을 이해하는데 도움이 되기도 한다.

요송하금원 시기 辽宋夏金元时期
(916~1368년)

한국에서 보기에는 좀 이상한 시대 구분인데, 중국에서는 이 시기를 북방의 이민족이 본격적으로 유입되며 단일 혈통으로서의 한족이 아닌 문화권으로서 중화민족의 형성기로 보고 있다.
참고로 중화민족이라는 개념은 현재 중화인민공화국 정부에서 나온 개념으로 한족을 포함한 56개의 (혈통으로 분류된) 민족을 하나의 단일 문화권으로 엮어 한 민족으로 해석하려는 시도나. 그러다보니 우리가 남송과 금의 항쟁을 한족과 북방 이민족의 싸움으로 보는데 비해, 오히려 중국에서는 중화민족끼리의 내전의 일종으로 보는 경향이 있다. 또 이 원리에 따라 칭기즈 칸도 중국인이라 주장하는 거고, 고구려도 중화민족의 한 국가가 된다는 이야기. 사실 한국에서 바라보는 중국사에서는 완전 다른 개념의 이야기라 이 책에서는 이 정도만 다루도록 한다.

▶ 남송의 재상이였던 진회의 석상으로 원본(?)은 항저우의 악비 사당에 있다. 북방 민족인 금나라에 밀려 수도인 카이펑을 내주고 항저우 까지 밀린 남송 정부는 금과의 항쟁이냐 화친이냐를 놓고 격론에 빠져든다.
이때 주전파는 악비, 화친파는 진회였다. 갑론을박속에 진회는 주전파의 수장 악비를 모함해 죽이고 금나라와 화친한다. 이

사건은 이후 진회를 한족 역사상 제일의 역적으로 규정하게 했다. 매국노 인증 800년의 역사는 대단해서 지금도 항저우의 악비 사당에는 진회 석상에 침을 뱉지 말라는 안내판이 붙어있을 정도. 하지만 현재 중화민족 개념의 역사교육에서 금과 남송의 전쟁은 내전이다. 즉 같은 민족끼리의 전쟁으로 성격이 바뀌면서 진회도 민족의 배신자에서 그저 조금 비열하게 반대파를 죽인 음모가 정도로 격상(?)되었다.

새로운 교육을 받은 세대야 문제없겠지만, 아직도 다수의 중국인 장년층에게 이 상황은 혼란스럽긴 매한가지다.

▲ 베이징을 수도로 정한 최초의 통일 왕조는 몽골족의 국가인 원 元이다. 이름은 대도 大都였는데, 약 50만의 인구를 거느린 당시기준으로는 세계 최대의 도시였다고. 사진의 석각은 대도 성 터에서 발굴된 것인데, 황궁이나 황실 정원의 단계석 장식으로 보인다.

명청 시기 明清时期
(1368~1849년)

중국인들이 바라보는 중국역사를 한마디로 정의하자면 하나가 되려는 노력이다. 앞서 요송하금원 시기에 분열되었던 중국은 원대에 이르러 다시금 통일된 중국을 완성시키고, 이 성과는 명, 청대로 이어지게 된다. 특히 청나라때 중국은 사상최대의 영토를 확보하며 그야말로 아시아의 지존으로 우뚝 서게 된다.

▲ 국가박물관에서 중국과 한반도와의 관계를 알 수 있는 전시물은 거의 없다. 명청 시기관에 조선과 일본을 하나로 묶어서 대일, 대조 관계 对日, 对朝关系라는 작은 코너가 있을 뿐이다. 아래의 사진은 조선 왕이 명나라 예부에 보내는 서신이다.

▲ 중국자기는 청자 → 백자를 거쳐 채색자기로 발전하게 되는데, 명나라 시절 처음만들어지는 오채자기는 중국자기의 최고봉이라고 할 수 있다. 이름 때문에 모든 자기에 다섯가지 색을 사용한 것처럼 오해 할 수 있는데, 대부분 세가지 정도만 사용될뿐, 다섯가지 색을 모두 사용한 자기는 드물다. 여기서 오는 그저 많은 색을 썼다는 말로 이해하면 된다.

명나라 시절부터 본격적으로 유럽등지에 수출되기 시작한 중국자기는 명, 청 교체의 혼란기를 거치며 생산이 주춤했고, 이 빈틈을 일본 자기가 파고들며 오늘날 일본 자기의 유명세가 시작된다.

유럽 최초의 가마인 마이센의 자기가 중국 오채자기의 모방품이었다는 사실을 알면, 오채자기는 현재 지구상에 있는 모든 자기로 된 식기류의 원조인 셈이다.

부흥의 길

1851년 태평천국의 난부터 현재까지를 다루고 있는 전시관이다. 부흥의 길이라는 전시관 제목에서 드러나듯 중국인들은 태평천국의 난으로 봉건제를 타파하고 근대의 시작을 알리는 움직임이 시작되었다고 보고 있다. 하지만 태평천국의 난 이후 중국의 길은 험난했다. 아편전쟁에서 영국에 패배하고, 곧이어 열강의 수탈이 이어졌다. 청나라는 이미 관리들의 무능과 권력 투쟁에만 매몰되어 중국을 다시 일으키기에는 역부족이었다. 물론 제도의 근대화(무술변법)를 기획하기도한 황제도 있었지만 이내 수구세력에 밀리며 개혁은 지지부진하게 된다.

청나라는 1912년 신해혁명으로 멸망한다. 아시아 최

초의 근대적 공화국인 중화민국의 시작은 험난했다. 지도자 손문이 죽은 이후 난징의 중화민국 정부는 그 일대를 다스렸을 뿐 중국은 각 지역의 군벌들에 의해 나눠져 분열의 길을 걷는다.

1917년 러시아에서 발생한 인류 최초의 공산혁명은 세상의 변화를 이루고자 하는 많은 이들에게 감명을 줬고, 이어 1차 세계대전의 종전과 이후 벌어진 중화민국 정부의 무능은 중국 민중들을 분노케 했다.

결국 1919년의 오사운동과 1921년 중국 공산당의 창당으로 이어지게 된다. 중국의 갈길은 아직도 멀었다. 노구교 사건으로 만주사변을 일으킨 일본이 중국을 침공해왔고 중화민국 정부는 속수무책으로 밀려 쓰촨성의 충칭까지 피난을 가게된다. 일본의 침공앞에 국민당과 공산당으로 나눠져 싸울수는 없다는 각성이 시작되며 그 유명한 1, 2차 국공합작이 시작된다.

비록 전쟁은 연합국의 힘에 의해 종전되지만, 어쨌건 중국은 승전국이 되었다. 일본의 침략앞에 힘을 합쳤던 국민당과 공산당은 다시 대륙의 주인을 두고 한 차례 내전을 치르고 승자는 공산당이 된다.

1948년 공산당의 지도자 마오쩌둥은 천안문 광장에서 중화인민공화국의 수립을 선포하고 신 중국은 오늘날까지 이르게 된다.

부흥의 길 전시관은 이런 고난의 중국 근현대사를 공산당, 그리고 마오쩌둥의 뛰어난 지도력에 포커스를 맞춰 서술한다.

특히 1921년 중국 공산당 성립 이후부터는 거의 마오쩌둥 우상화라고 봐도 좋을 정도로 일방적 전시가 이루어지는데, 한국에서 반공교육을 받고 자랐다면 거부감이 먼저 들 수도 있다.

▲ 신해혁명. 중국은 이 사건으로 인해 2000년간의 황제체제를 끝장내고 민주 공화국을 수립했다.

▼ 부흥의 길 전시관은 전체적으로 어떤 메시지를 전달하고자 하는 욕구가 강하게 느껴지는 곳이다.

▲중국 공산당은 1921년 7월 23일 상하이에서 중국 공산당 1차 전국대표자회의를 시작으로 수립됐다. 당시 회의 장소는 상하이의 프랑스 조계지였는데, 대회 마지막날 프랑스군이 들이닥쳐 결국 저장성의 자싱 嘉興에 있는 호수 남호에서 배를 빌려 거행해야 했다고. 그림 한가운데 푸른옷을 입고 있는 청년이 약관의 마오쩌둥이다.

▲1945년 8월 15일 일본의 무조건 항복으로 중국은 2차 대전의 승전국이 됐다. 하지만 승리의 기쁨을 누릴 새도 없이 그들을 기다린것은 국민당과 공산당의 내전이었다.

▲한때 열강의 동네북이었던 중국은 21세기에 접어들며 미국과 함께 세계 초강대국의 위치에 올라섰다. 중국의 미래가 어느방향으로 갈 지는 전적으로 중국인들의 손에 달렸다. 부흥의 길 전시관의 대단원은 2011년 발사한 중국의 달 탐사선 창어 2호에서 끝이난다.

중산공원 中山公园
중산궁위안 | zhōng shān gōng yuán

주소 北京市 东城区 中山公园 전화 (010) 6525-25 56 개방 4~10월 06:00~21:00, 11~3월 06:30~20:00, 화원 09:00~17:00 요금 3元(학생 1.5元), 통표 5元 가는 방법 지하철 1호선 톈안먼시 天安门西역 B출구에서 도보 5분
MAP p.6-B2

원래는 사직단으로 자금성의 부속 건물이었다. 사직단은 농사와 토지의 신을 모신 사당으로 매년 2회 황제가 직접 국가 제사를 지내는 곳이다.
1925년 서거한 중국 혁명의 아버지 쑨원 孙文(1866~1925)의 유해를 잠시 두었던 관계로 쑨원의 호인 중산 中山을 따 중산공원으로 이름을 바꾸었다. 공원의 핵심건물인 중산당 中山堂이 바로 쑨원의 유해를 안치했던 곳. 공원 초입에 쑨원의 동상이 있다. 꽃과 나무가 우거진 전형적인 녹지 공원으로 베이징 시민들의 산책코스로도 인기를 누리고 있다.
공원 안쪽에 있는 화원은 사시사철 갖가지 꽃들을 감상할 수 있다. 대나무 숲으로 이루어진 출입구는 지나가는 것만으로도 상쾌한 청량감을 선사한다. 화원 안의 작은 건물에서는 각종 화훼 전시회가 연중 열리니 분재나 화훼, 죽종 난에 일가견이 있다면 방문해보자.

노동인민문화궁 劳动人民文化宫
라오둥런민원화궁 | láo dòng rén mín wén huà gōng

주소 北京市 东城区 劳动人民文化宫 전화 (010) 6512-2103 개방 4~10월 06:00~21:00, 11~3월 06:30~20:00 요금 2元(학생 1元) 가는 방법 지하철 1호선 톈안먼시 天安门西역 B출구 또는 톈안먼둥 天安门东역 A·B출구에서 도보 5분
MAP p.7-B2

원래는 자금성의 부속 건물로 명·청 역대 황제와 황후의 위패를 모신 곳. 서울의 종묘를 떠올리면 되겠다. 황제가 중국을 다스리던 시절에는 황실이 직접 관리하던 주요 국가 시설물 중 하나였지만, 오늘날에는 상당히 비극적(?)으로 개조되었다. 사회주의 정권 수립 이후, 인민들을 위한 지상낙원을 홍보하고 싶었던 공산당 지도부가 노동인민(?)을 위한 체육, 오락 시설을 세웠기 때문이다.
그나마 다행인 것은 아예 유원지가 되어버린 구 사직단(지금의 중산공원)에 비해 건물의 외형적 보존 상태는 그리 나쁘지 않다는 것. 웅장한 태묘 太庙나 황제들의 위패를 보관한 서배전 西拜殿, 동배전 东拜殿의 위용은 지금 봐도 당당하다. 그러나 종묘를 '문화 궁전'으로 만든 사회주의 중국의 문화적 악취미에는 고개가 갸웃거려진다.
참고로 한국의 종묘가 유네스코 세계문화유산에 선정된 이유 중 하나가 노동인민문화궁이 황폐해진 때문이라고 한다.

천안문 성루에서 바라본 천안문 광장

천안문 天安门
텐안먼 | tiān ān mén
★★★★★

주소 北京市 东城区 天安门 개방 08:30~
16:30 요금 성루 등정료 15元(학생 5元),
짐 보관료 1~6元 가는 방법 지하철 1호선 톈안먼
시 天安门西역 B출구 또는 톈안먼둥 天安门东역
A출구에서 도보 3~5분   MAP p.7-B2

절대권력의 상징인 중국 황제가 살았던 궁전의 정문이 바로 천안문이다. 우리나라의 광화문과 같다고 할 수 있는 곳인데, 그 위상은 광화문에 비해 훨씬 높다. 천안문과 함께 정면에 걸린 초대주석 마오쩌둥의 대형 초상화와 국가 문장은 현대 중국의 심벌과도 같다.

천안문이 처음 건설된 것은 난징에서 베이징으로 수도를 옮긴 명 영락제 때인 1417년의 일이다. 당시 이름은 승천문 承天门이었는데, 17세기 명나라가 멸망한 후, 베이징을 점령한 청 순치제에 의해 1651년 재건되며 천안문 天安门으로 이름이 바뀌었다. 명·청 교체기의 혼란기에 순치제는 전쟁을 종식하고 세상을 편안케 하고 싶다는 바람을 궁전의 정문에 명시한 셈이다.

문의 비밀

천안문을 정면에서 바라보면, 입구가 5개이다. 그리고 각각의 문은 용도가 달랐다. 우선 가운데 가장 큰 문은 황제 전용문이다. 하지만 예외인 때도 있었다. 황제의 부모가 들고 날 때, 황후가 시집올 때, 그리고 과거 급제자 1, 2, 3등이 처음 입궐할 때 한 차례에 한해 출입이 가능했다. 이 규칙은 고궁박물원에 있는 수많은 문에서도 똑같이 적용되었다는 것을 미리 알아두도록 하자.

중국의 상징
1949년 마오쩌둥은 천안문 성루에 올라 중화인민공

알아두세요

붉은 등이 내걸린 천안문 광장 사진 놓치지 마세요!

매년 10월 1일, 중국 국가 창건일인 국경절과 중추절에는 천안문 광장에 붉은 등이 내걸린답니다. 한국과 마찬가지로 이 시기는 가을. 세계 최악의 공해도시 중 하나인 베이징도 이 시기에는 가끔 청명한 하늘을 선보이기도 하죠. 즉 맑고 투명한 데다 붉은 등이 걸린 특별한 사진을 건질 수 있다는 이야기죠. 이때쯤 베이징을 여행한다면 삼각대 지참은 필수.

화국의 성립을 만천하에 공표했다. 황궁의 정문에서 중국의 상징으로 자리바꿈을 한 셈이다. 중국이 대외에 개방되기 전인 1970년대 초반만 해도 서방은 중국 내부 사정에 대해 잘 알지 못했다. 이른바 죽의 장막시대.

국경절(10월 1일)에는 중국의 주요 인사들이 천안문에 올라 경축행사를 벌이곤 했는데, 신화통신이 전 세계에 타전하는 이 날의 행사 사진만이 유일하게 중국 내부의 권력상황을 가늠해볼 수 있는 나침반이었다고 한다. 작년쯤에 보이던 아무개 씨가 올해 안 보이면, 그의 신상에 모종의 사건이 터졌음을 짐작하고 '올해의 중국 권력 어디로?'와 같은 특집기사를 만들어냈다는 웃지 못할 이야기가 전해온다.

현대 중국에서 천안문이 가지는 확고부동한 이미지는 바로 황제 전용문 위에 그려져 있는 초대형 마오쩌둥 초상화다. 제작에만 1년이 걸렸다는 이 그림은 오늘날 중국의 정치적 시계 視界를 보여주는 경계 중 하나인데, 2007년 5월, 화염병 투척 사건이 벌어져 전 중국을 발칵 뒤집어놓기도 했다. 초상화 좌우의 거대한 글자는 '중화인민공화국만세 中华人民共和国万岁, 세계인민대단결만세 世界人民大团结万岁'라는 뜻의 정치적 표어니 신경 쓰지 않아도 무방하다. 천안문이 생긴 이래 약 600년간 금단의 구역이었던 천안문 성루가 일반에 개방된 것은 1988년. 입장료만 내면 성루에 올라 황제만이 즐길 수 있던 전망을 볼 수 있다. 천안문 광장을 내려다보는 기분은 그야말로 쏠쏠하기 그지없다. 맑은 날이라면 등정을 고려해보자.

Fanta Say

이쯤은 알아두세요! '2차 천안문 사건'

1980년 중국은 이른바 개혁개방이라는 것을 단행합니다. 즉, 지금까지의 계획경제체제에서 벗어나 자본주의적 요소를 도입해 경제에 활력을 주는 정책을 시행한 셈이죠. 이 개혁개방 이래 중국은 매년 10% 가까운 고도성장을 보이고 있습니다만, 도시 내 빈부 차와 도·농간의 소득 격차 등 그 전에 겪지 못했던 다양한 사회문제와 만나고 있는 것도 사실입니다.

1980년대말은 세계시적 격동기였죠. 소위 사회주의권으로 상징되는 소련 등 동유럽 국가들이 자본주의권에 편입되었고, 많은 국가—심지어 한국마저도—들이 권위주의 정권에서 단계적 민주화의 이행에 성공합니다. 이건 80년대말의 세계사적 상황이었습니다.

그리고 1989년 중국에도 변화의 조짐이 발생하는데요, 그 계기는 점진적 민주화에 온정적 태도를 보였던 공산당 총서기 후야오방 胡耀邦의 사망이었습니다. 더욱이 그의 사망이 당 내 보수파와의 논쟁 도중 졸도에서 비롯된 일이어서 꽤나 많은 음모론이 돌았던 것도 사실이죠.

5월 13일 후야오방 추모라는 목적하에 베이징대 대학생들을 중심으로 천안문 광장을 점거하는 일이 발생하고, 5월 17일 급기야는 100만의 인파가 천안문 광장에 모여 민주화를 촉구하는 초대형 집회로 발전하게 됩니다. 이쯤 되자 세계의 이목도 천안문으로 집중됩니다. 가까운 한국이 2년 전 민주화에 성공한 선례가 있기 때문에 아시아의 도미노 민주화 현상이 가능할 것인가? 라는 문제가 그 시기 지식인들의 주요 논쟁거리였을 정도죠.

중국 당국은 강경했습니다. 평화적 시위였음에도 이를 불법 폭력 집회, 난동으로 규정, 베이징 전역에 계엄령을 선포합니다. 게다가 시위대에 온정적 태도를 보이며 평화적 사태 해결을 위해 노력했던 당시 공산당 총서기 자오쯔양 赵紫阳의 행방이 묘연해지는 일까지 발생합니다. 그리고 그 직후 초강경파인 국가 주석 양상쿤 杨尚昆과 공산당 부서기 리펑 李鹏이 전면에 부상하게 됩니다.

결국 6월 4일 중국 인민해방군은 그들이 해방시켜야 할 인민을 향해 총부리를 들이댑니다. 탱크를 앞세운 무차별 발포로 수천 명의 시민들이 '합법'이라는 미명하에 살해당합니다.

천안문 사건의 여파는 대단했습니다. 전 세계는 중국의 야만성에 격분했고, 결국 베이징의 2000년 올림픽 도전이 실패로 이어지게 됩니다. 곧 중국에 병합될 예정이던 홍콩은 공포로 인한 이민 열풍이 불었고, 유명 영화배우 장국영은 공개적으로 중국 정부를 비난, 큰 파문이 일기도 했죠. 무엇보다 중국의 민주화는 사건 27년이 지난 오늘날까지 요원하답니다.

고궁박물원 故宫博物院
구궁보우위안 | gù gōng bó wù yuàn

주소 北京市 东城区 故宫博物院(景山前街 4号) **전화** (010)8511-7048 **홈페이지** www.dpm.org.cn **개방** 화~일(월요일 휴관, 휴일·여름방학(7.1~8.31) 제외)08:30~17:00(11/1~3/31 08:30~16:30) **요금** 60元, 여권지참(11/1~3/31 40元), 오문 등정료 20元, 봉선전 10元, 진보관 10元 **가는 방법** 천안문을 통해 안으로 들어가, 단문 端门을 지나면 양쪽에 매표소가 있다. **주의사항** 일일 방문객 수를 8만 명으로 제한하며 자금성의 유지 관리와 보안에 힘쓰고 있다. 따라서 사전 예약이 필수. 자금성 공식 웹사이트나 한국 내 중국 상품 판매 여행사를 통해 미리 예약할 수 있다. 다만, 공식 웹사이트는 외국인이 접근하기에 까다로우므로 한국 내 온라인 여행사를 이용하는 편이 보다 수월하다. MAP p.7-B2

우리가 익히 알고 있는 **자금성** 紫禁城이 바로 이곳이다. 원·명·청으로 이어지는 800여 년간, 동아시아 일대에서 무소불위의 절대적인 권력을 휘둘렀던 천자의 거처이며 청대까지 중국 정치의 1번지.

동서 753m, 남북 961m, 총면적 72만㎡. 천안문 광장의 약 1.7배로 세계에서 가장 큰 궁전이다. 지금의 자금성이 세워진 것은 1420년. 명 영락제가 난징에서 베이징으로 수도를 옮기면서부터다. 하지만 이 일대에 궁전이 건설된 것은 그보다 훨씬 이전인 원 세조, 즉 쿠빌라이 칸 忽必烈汗(1215~1294) 때인 1267년이다. 원의 수도였던 대도 大都의 황궁터가 현재 자금성과 50%가량 겹치기 때문이다.

영락제는 원의 궁전터 약간 남쪽에 새로운 궁전을 건설했다. 그러나 명이 멸망할 때, 베이징을 점령한 농민반란군의 수장 이자성에 의해 전역이 전소되고 한동안 방치되었다가 청 3대 황제인 순치제에 의해 재건된다. 일반적으로 중국 왕조들은 전 왕조의 궁전 자리에 새 궁전을 짓지 않는다. 망한 왕조의 나쁜 기운과 겹치면 안 된다고 믿었기 때문이다. 하지만 만주족은 신경 쓰지 않고 명이 건설했던 궁전터에 건물만 새로 지었다.

자금성은 1911년 청의 마지막 황제인 선통제 宣统帝 푸이 傅仪까지 491년간 24명의 황제를 거치는 동안 명실 상부한 중국의 중심이었다.

자금성을 어찌할 것인가?
1911년 신해혁명이 일어나고 2,000년 가까이 이어져온 전제군주제도가 폐지되었다. 중화민국 초기 자금성을 어찌해야 할까는 언제나 논쟁거리였다. 처음에는 폐위된 선통제가 궁전에서 거주할 수 있

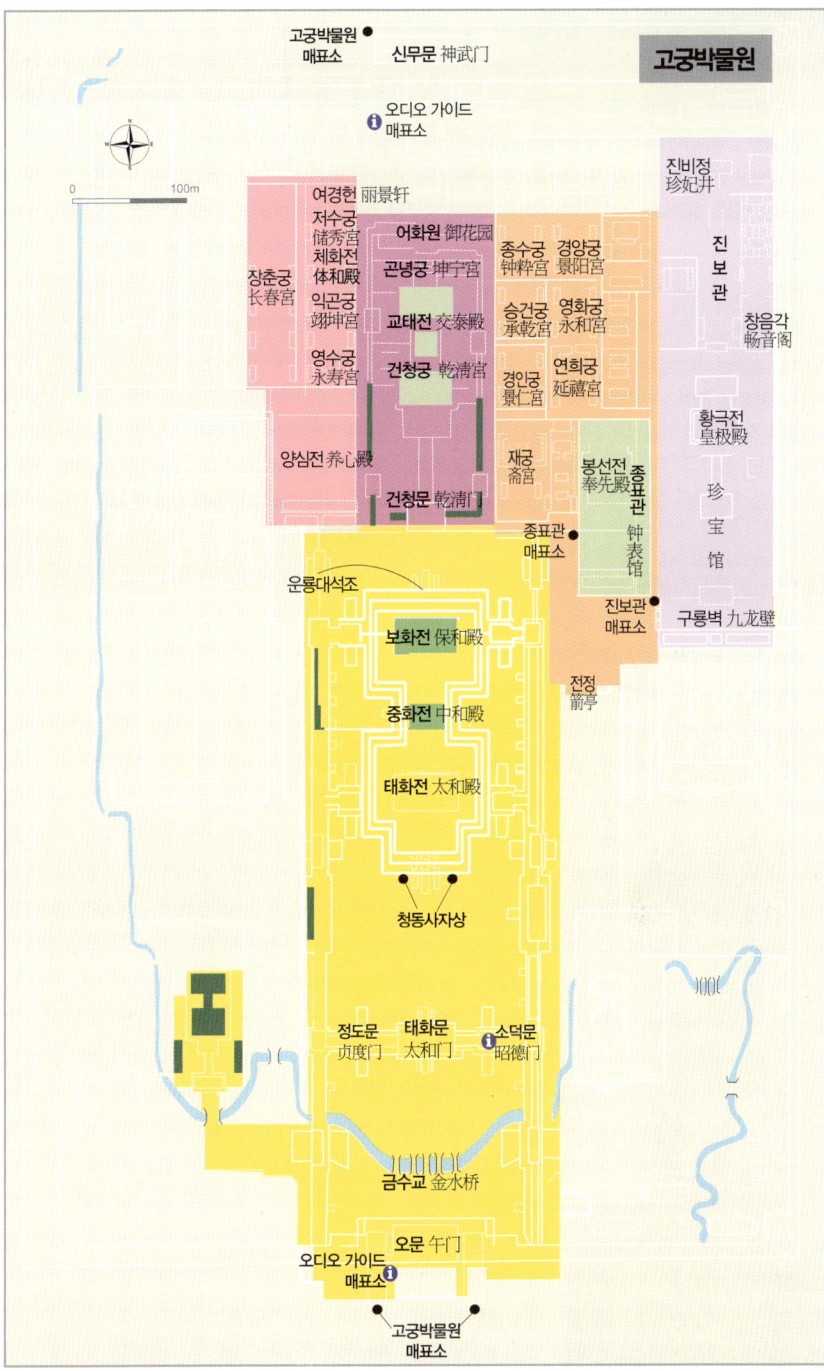

Travel Plus

후루룩~ 짭짭, 궁중 요리 드셔보세요!

자금성이나 북해공원을 다니다 보면 어마어마한 궁전과 황실 정원의 규모에 깜짝 놀라게 됩니다. 이런 엄청난 공간에서 무소불위의 권력을 휘둘렀던 황제들의 삶에 대한 호기심이 피어오르지 않을 수 없죠. 지금까지 황제의 거처를 살펴보았으니, 이제 황제의 식탁을 방문할 차례입니다. 그럼 궁중 요리 전문 레스토랑을 찾아가볼까요?

궁중 요리의 특징

베이징은 오랜 기간 중국의 수도였습니다. 특히 1271년 원나라가 베이징으로 천도한 이후, 명·청·중화인민공화국까지 약 750년간 베이징의 위치는 확고부동했죠. 황제들은 내내 베이징에서 살았고, 황제의 미각을 위해 중국 전역의 요리 기법들이 베이징으로 몰렸습니다.

초기 궁중 요리의 스타일은 산둥 요리에 가까웠습니다. 산둥은 북방에서 가장 물자가 풍부한 데다 70여 대를 이어온 공자 가문의 비전 요리들도 전수되고 있었기 때문입니다. 산둥 요리를 근간으로 한 궁중 요리는 청나라로 접어들며 일대 혁신이 일어납니다. 청대에 이르러 중국은 사상 최대의 판도를 확보했고, 그 결과로 새로 점령한 지역의 요리 기법까지 중국 요리에 영향을 끼치게 됩니다.

궁중 요리와 동의어로 쓰이는 만한전석 滿汉全席이 바로 만주족+한족 요리를 포함한 모든 요리의 집대성이라는 의미입니다. 제대로 된 만한전석을 즐기려면 3박 4일이 필요하다고 하는데요, 이때 나오는 요리가 무려 108가지라네요. 지금은 일부의 호사를 위해 특별 메뉴로 제공하는데, 가격은 8인 기준 10,000元(약 1,500만원)가량이라니 어마어마합니다. 그렇지만 지금 차려내는 궁중 요리는 가장 대중적으로 접근할 수 있는 요리만으로 채워진 코스 요리입니다.

궁중 요리를 즐겨보자

현재 베이징에서 궁중 요리를 취급하는 레스토랑은 10여 곳에 이릅니다. 다들 나름대로 우리 집이야말로 진정한 원조라고 주장하죠. 대내외적으로 가장 유명한 궁중 요리 레스토랑은 북해공원 안에 있는 방선반장 仿膳饭庄을 꼽습니다. 중국 최초의 궁중 요리 레스토랑이기도 한데요, 전통에 충실한 요리를 선보인다는 평을 얻고 있습니다.

전통의 강자가 있다면 떠오르는 신예가 있기 마련. 최근 들어 가장 두각을 나타내는 궁중 요리 레스토랑을 들라면 화순부 和顺府를 꼽을 수 있습니다. 산둥 제일의 명가인 공자 가문의 후예가 운영하는 집으로, 레시피가 소실된 요리들을 재현하는데 탁월하다는 평입니다. 두 곳 모두 2인 이상이면 세트 요리를 즐길 수 있습니다. 1인당 최소 250~350元가량으로 비싼 편이지만, 단 한 번 호사치고는 넘치지 않는 수준입니다. 이런 레스토랑들은 내부 인테리어부터 번쩍번쩍, 황제가 된 듯한 기분을 느끼게 해준답니다.

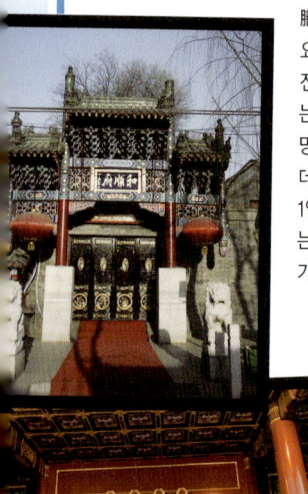

● **방선반장** 仿膳饭庄
주소 北京市 西城区 北海公园内 琼华岛北侧 전화 (010) 6401-1879
홈페이지 www.fangshanfanzhuang.com.cn
영업 11:00~13:30, 17:00~20:00 **MAP p.6-B2**

● **화순부** 和顺府
주소 北京市 西城区 后海柳荫街甲 10号 전화 (010) 6657-2020
영업 11:30~14:00, 17:30~21:00 **MAP p.8-2**

사진으로 보는 궁중 요리들

개위랭반 开胃冷盘
카이웨이렁판 | kāi wèi lěng pán

개위 开胃, 위를 연다는 뜻, 즉 애피타이저다. 콩고기 조림, 얇게 저민 계란말이, 원난햄, 차갑게 만든 오향고기 편육이 나온다.

완두황운두권 豌豆黄芸豆卷
완더우황윈더우쥐안 | wān dòu huáng yún dòu juǎn

콩고물과 밤고물을 모양틀에 넣고 찍어낸 황실의 간식. 한국 떡에서도 흔히 발견할 수 있는 맛이다.

관민군변 罐焖裙边
관면췬볜 | guàn mèn qún biān

거북이 수프. 젤리와 같은 살의 질감이 독특한 맛을 낸다. 국물 자체는 그냥 중국집에서 파는 울면 국물맛이다.

홍소포편 红烧鲍片
홍사오바오펜 | hóng shāo bào piàn

얇게 저민 전복살과 데친 브로콜리. 달콤한 홍사오소스를 뿌려먹는다. 홍사오소스는 한국의 간장 소스와 맛이 비슷하다.

비파대하 琵琶大虾
피파다샤 | pí pá dà xiā

대하튀김. 요리 모양이 비파와 닮았다. 비파의 현은 채썬 피망과 당근으로 표현했다.

흑초타봉육 黑椒驼峰肉
헤이자오튀펑러우 | hēi jiāo tuó fēng ròu

낙타혹 후추 볶음. 궁중 요리 레스토랑이 아니면 먹기 힘든 요리다. 소의 위나 곱창 같은 쫄깃함이 맛의 포인트.

총소해삼 葱烧海蔘
충사오하이션 | cōng shāo hǎi shēn

해삼탕이다. 최고 품질의 대오삼 大乌蔘을 쓰기 때문에 쫀득한 식감이 한국에서는 맛보기 힘든 수준이다. 신선한 건해삼 특유의 탱탱함을 느껴보자.

요과계정 腰果鸡丁
야오궈지딩 | yāo guǒ jī dīng

견과류의 최고봉인 캐슈너트 닭고기 볶음. 무난하고 깔끔한 맛이다. 닭고기와 어우러진 캐슈너트의 고소함과 담백함이 감상 포인트.

국화계어 菊花桂鱼
쥐화구이위 | jú huā guì yú

쏘가리 살을 꽃모양으로 늘어뜨려 튀긴 후, 탕수육 소스를 부어먹는 요리. 탕수육 소스가 들어가는 요리 중 최고급에 속한다.

시소합초 时蔬合炒
스수허차오 | shí shū hé chǎo

계절 야채 볶음. 버섯이 주를 이룬다. 한국에서 볼 수 없는 종류도 있다. 센 불에 순간적으로 볶아낸 테크닉이 감상 포인트.

육말소병 肉末烧饼
러우모사오빙 | ròu mò shāo bǐng

서태후가 즐겨 먹었다는 요리로, 납작한 빵을 찢은 다음 그 안에 다진 고기를 끼워 먹는다. 햄버거와 약간 닮았다.

궁정점심 宫廷点心
궁팅뎬신 | gōng tíng diǎn xīn

궁정식 디저트. 한국의 한과와 비슷한 간식들이 나온다. 전체적으로 달콤하다.

었다. 하지만 1924년의 황제복위 사건이 실패로 돌아가고 푸이가 톈진의 일본 영사관으로 망명하며 문제는 더 시끄러워졌다.

논쟁 끝에 프랑스가 루브르궁전을 박물관으로 개조한 예를 따르기로 했다. 1925년 10월 10일 자금성은 금단의 거처에서 고궁박물원으로서 일반에 개방되었다.

이후 자금성은 또 한 번 시련을 겪는데, 바로 문화혁명시기. 마오쩌둥에 의해 구시대의 유물로 간주, 철거 계획이 입안되기에 이른다. 다행히 이 계획은 저우언라이에 의해 백지화되었다. 오늘날 고궁박물원은 세계에서 가장 많은 관광객이 찾는 명소 중 하나로 각광받고 있다.

외조 外朝
와이차오 | wài cháo

자금성의 남쪽 부분으로 오문 午门에서부터 보화전 宝和殿까지의 구간을 말한다. 황제가 신하들과 함께 공식 업무를 보던 곳이다.

오문 午门 ★★★★
우먼 | wǔ mén
요금 오문 등정료 20元

높이 37.95m, 문의 두께만 무려 36m에 달하는 세계 최대의 문으로 기네스북에도 올라 있다. 1420년 명 영락제에 의해 건설되었는데 두 차례나 화재로 전소되는 불행을 겪었다. 현재의 오문은 1647년 순치제 때 다시 세운 것.

오문은 새가 날개를 편 듯 'ㄇ' 모양—사실은 말발굽 모양에 더 가까운—을 하고 있는 데다 새의 머리, 어깨, 날개 끝에 해당하는 자리에 총 5개의 누각이 있어 오봉루 五凤楼라는 별명을 가지고 있다.

오문도 천안문과 마찬가지로 중앙의 커다란 문은 황제 전용이었다. 황후가 시집올 때, 과거 급제자 1, 2, 3등이 처음 입궐할 때만 특별히 예외를 두어 중앙문으로 출입하게 했다. 중앙문 바로 오른쪽 문은 신하들, 왼쪽 문은 황실 가족들의 전용문이었다.

문 위에는 다섯 개의 누각이 있는데 각각의 용도가 달랐다. 정중앙의 거대한 누각은 역시 황제 전용. 군대 사열식이나 황제의 출병식, 매해 달력을 반포하는 의식 때 황제가 앉았다고 한다. 양 옆의 누각은 종루와 고루로 황제의 출타 및 궁정의 행사를 알리는 역할을 했다. 간혹 형벌을 치르는 장소가 되기도 했는데, 죄를 지은 고위관리는 오문 앞에서 곤장을 맞았다고 한다.

입장권 매표소와 물건 보관소, 오디오 가이드기 대여소가 오문 앞에 설치되어 있다. 현재의 오문은 자금성의 실질적인 입구로 이후부터는 입장권이 필요하다.

알아두세요

고궁박물원에도 한국어 오디오 가이드가 있다구요?!

세계에서 많은 사람들이 매일 방문하는 곳답게 다양한 언어로 서비스하는 오디오 가이드 Automatic Guide를 이용할 수 있답니다. 센서에 의해 각각의 볼거리가 가까워지면 자동으로 그 볼거리에 대한 해설이 이어폰에서 나옵니다. 구석구석 돌아보지 않으면 해설을 다 들을 수 없겠죠? 중앙의 주요 건물뿐만 아니라 동서로 흩어져 있는 작은 볼거리들도 놓치지 말자고요. 상냥하고 자세한 해설과 함께하는 고궁박물원 투어를 떠나봅시다.

오디오 가이드
대여 장소 전문인 오문과 후문인 신무문 매표소 옆
요금 40元(보증금 100元 또는 여권)
이용 가능 언어 중국어, 영어, 프랑스어, 에스파냐어, 일본어, 한국어, 독일어, 이탈리아어, 포르투갈어 등

학구열에 불타는 당신에게는 제격!

금수교 金水桥 ★★★
진수이차오 | jīn shuǐ qiáo

중국에 현존하는 가장 아름다운 다리 중 하나로 오문을 통과하면 바로 만날 수 있다. 한백옥석 汉白玉石으로 만든 우아한 아치형 다리. 활저럼 아름다운 곡선을 그리는 인공하천 금수하 金水河와 빼어난 미적 조화를 이루고 있다.

금수하는 황제가 다스리던 시절에는 아주 맑은 물이 흘렀다는데, 지금은 일부 교양 없는 관광객들이 던진 비닐, 생수병들이 간간이 눈에 띄는 시원찮은 물길이 되어버렸다.

금수교를 마주보고 오른쪽과 왼쪽에 각각 협화문 協和门과 희화문 熙和门이 있다. 이쪽으로 들어가면 황실의 물건만을 보관할 수 있는 33개의 크고 작은 건물, 일종의 창고들을 만날 수 있다. 이중 황실 소유의 문서와 그림을 보관했던 문화전 文华殿과 무영전 武英殿이 가장 큰 건물에 속한다. 문화전 뒤에 있는 문연각 文渊阁은 중국 역대 최고의 백과사전으로 손꼽히는 『사고전서 四库全书』를 보관하던 곳이었다고 한다. 현재는 두 곳 모두 비공개구역으로 일반에는 공개되지 않는다. 일반 관람객은 금수교를 건너 직진, 태화문으로 향하면 된다.

태화문 太和门
타이허먼 | tài hé mén ★★★★

외조의 실질적인 입구로 현존하는 중국 최대의 목조문이다. 태화문이 처음 지어진 것은 역시 명 영락제 시절인 1420년이다. 처음 이름은 봉천문 奉天门이었는데, 이후 명 가정제 때인 1562년에 황극문 皇极门으로 바뀌었다. 태화문이라는 현재의 이름이 쓰이기 시작한 것은 청 때부터의 일이다.

역사적으로 소수민족으로서 중국 전역을 통일한 국가는 몽골족이 세운 원과 만주족이 세운 청나라뿐이었다. 이중 원이 중국 전역을 지배한 역사는 채 100년이 되지 않았는데, 그것은 한족에 대한 극심한 차별정책으로 반란이 끊이지 않았기 때문이다.

청은 이를 염두에 둔 듯 초기부터 중국 대륙의 다수를 이루고 있는 한족과의 융화에 특히 신경을 썼다. 태화문의 태화 太和는 '하늘같이 통 크게 모든 민족끼리 화합하자'는 일종의 정치적 구호, 즉 '우리는 점령군 행세 안 할 테니 한족 너희들도 우리의 권위를 인정하라'는 뜻이라고나 할까. 이런 멋진 뜻에도 불구하고 태화문의 운명은 순탄치 않아, 무려 3차례나 화재로 전소되었다. 현재의 태화문은 청나라 말기인 1888년 중건한 것이다.

이 당시 서방으로부터 수많은 전쟁배상금을 지불하느라 기진맥진했던 청나라는 과거의 화려함에 반도 못 미치는 수준에서 외형만 유지하는 데 만족할 수밖에 없었다고 한다.

외조의 아이콘 청동 사자상
태화문에서 가장 인기 있는 볼거리는 문 앞에서 위엄을 자랑하는 한 쌍의 청동 사자상이다. 건륭제 시절의 대표적인 작품으로도 손꼽히는데, 태화문을 마주보고 오른쪽이 수컷, 왼쪽이 암컷이다. 수컷은 천하통일의 상징인 여의주를 움켜쥐고 있고, 암컷은 드러누운 새끼를 앞발로 꾹 누르고 있는 모습이라 금세 구분된다. 참고로 중국인들은 암사자의 젖이 앞발에 있다고 믿었다. 즉 새끼 사자에게 젖을 먹이는 포즈라는 이야기다. 중국에서 사자는 황제의 권력을 상징했다.

Central Beijing
北京
BEIJING

태화전 太和殿 ★★★★★
타이허뎬 | tài hé diàn

현존하는 중국 최대의 목조건물이자 중국 궁전 건축의 자랑스러운 금자탑. 외소의 첫 번째 건물로 황제의 공식 행사, 즉 황제의 즉위식, 매 10년마다 거행되는 황제의 탄생 축하행사, 황제가 직접 발표하는 조서 반포, 과거 급제자 발표, 동지와 원단 元旦(음력 정월 초하루) 의식을 치르던 곳이다.

최초 건립 연도는 영락제가 수도를 옮긴 1420년. 건설 당시의 이름은 봉천전 奉天殿이었다. 운 나쁘게도 건립 이듬해인 1421년 벼락에 맞아 전소된 후, 20년이 지난 1441년에야 재건되었다. 이후, 이자성이 이끄는 농민반란군에 의해 베이징이 점령되며, 다시 전소되기에 이른다. 결국 오늘날과 같은 모습으로 재건한 이는 바로 청 순치제. 태화전이라는 이름도 이때 붙인 것.

중국 궁전 건축의 백미

대리석으로 만들어진 테라스를 제외한 건물의 순높이만 약 27m, 동서 길이 약 63m에 총면적이 2,377㎡에 이른다. 태화전은 금란전 金鑾殿이라는 별명이 붙을 정도로 자금성 내에서도 보화전 保和殿과 함께 가장 아름답기로 정평이 나 있다.

가장 먼저 감상할 부분은 바로 태화전을 받치고 있는 대리석 테라스. 3단 높이인데 3단의 테라스는 황제에게만 허락되는 최상급의 높이. 테라스를 장식하고 있는 1,488개의 기둥과 테라스 하단에 있는 1,142개의 용머리 배수구도 잊지 말고 감상하자.

태화전 안에서는 곧게 뻗은 72개의 초대형 나무기둥이 가장 먼저 눈에 띈다. 72라는 숫자는 왕조가 영원히 이어진다는 의미. 참고로 고대 중국에서 9는 완전한 숫자로, 8×9인 72는 영원을 상징하는 숫자라고 한다. 이 가운데 황제의 보좌 앞에 배치된 6개의 기둥은 반룡금칠대주 蟠龙金漆大柱라는 이름으로 더 유명하다. 기둥을 휘감으며 승천하는 용의 모습이 사실적으로 새겨져 있는데, 금박까지 입혀 고귀함을 한껏 강조하고 있다. 태화전 안의 기둥, 서까래, 벽의 장식까지 모든 내부 인테리어에 용이 그려져 있는데, 총 12,654마리의 용이 있다고 한다.

황제의 보좌는 4,718개의 금 벽돌을 쌓아 만든 수미단 위에 있다. 수미단 앞에는 7단의 대리석 계단이 황제의 보좌로 연결된다. 황제가 여기 앉아 정무를 볼 때 대부분의 벼슬아치들은 안으로 들어오기는커녕 태화전 밖의 거대한 뜰에서 보고문을 읽기만 했다고.

이곳을 나가기 전에 천장의 부조를 눈여겨보자. 두 마리 용이 천장 가운데의 여의주를 놓고 희롱하는 조각이 아름답게 새겨져 있다. 천장의 여의주는 헌원경이라고도 부르는데, 황제 자격이 없는 사람이 보좌에 앉았을 경우 떨어지게끔 설계되어 있다는 설이 한동안 유력했다. 최근의 조사에 의하면 사실 무근이라고.

> 엄청난 규모에 입이 '딱' 벌어진다.

중화전 中和殿 ★★★
중허뎬 | zhōng hé diàn

외조에 있는 3개의 궁전 중 가장 작고, 중요도 또한 떨어진다. 태화전에 비하면 작은 정자를 연상시킬 정도로 아담한데, 가로·세로 폭이 각각 16m에 불과한 정방형 건물이다.

최초 건립(1420년) 이후 3차례나 화재로 전소된 이력을 가지고 있다. 현재의 건물은 순치제가 다스리던 1645년 지어진 것.

건물의 용도가 왕조에 따라 다른 것이 특징인데, 명대에는 태화전에서 벌어지는 주요 의식 직전, 황제가 머물며 준비하는 곳이었다.

청대에 와서는 황제의 개인 접견실로 자주 이용되었다. 이외에 조서 작성이나 선농단 先农坛에서 벌어지는 농사 장려 의식 때 사용될 도구들을 점검하기도 했고, 10년마다 황족들이 모여 족보 기재 행사를 벌이기도 했다.

중화전과 관련한 가장 최근(?)의 중대한 사건은 19세기 변법자강 운동이 실패로 끝난 후, 광서제가 서태후에 의해 유폐된 사건이다. 36세의 젊은 나이로 의문사한 광서제는 중화전과 이화원의 옥란당을 전전하며 10년간이나 구차한 목숨을 이어갔다.

보화전 保和殿 ★★★★
바오허뎬 | bǎo hé diàn

태화전과 쌍둥이처럼 빼닮은 건물로, 외조 제일 안쪽에 자리 잡고 있다. 1420년 최초 건립, 1년 후인 1421년 벼락을 맞아 전소된 것을 1441년 재건했다. 처음 이름은 근신전 謹身殿. 1562년 건극전 建极殿으로 이름을 바꾼 후, 다시 청 순치제 2년인 1645년 현재의 이름을 갖게 되었다.

건물의 용도는 왕조에 따라 달랐다. 명대에는 황제의 즉위식을 치렀고, 청대에는 황제가 주관하는 연회 장소 겸 과거시험의 최고 등급인 전시 殿试를 치르는 시험장이었다. 기둥 아래 숨어 커닝을 일삼는 수험생 때문에 기둥을 모두 없앴다는 웃지 못할 이야기가 전해온다.

보화전 최고의 볼거리는 보화전 뒤편에 있는 길이 16.75m의 운룡대석조 云龙大石雕. 자금성 최대 규모의 계단 석조로, 황제가

중화전에서 바라본 북해공원

휴~ 잠깐 쉬어 갈까요?

中和殿・保和殿

北京
BEIJING

云龙大石雕

가마를 타고 지나가는 어가 御街였다.
무게만 200t인 어마어마한 크기로 원석은 지금 크기의 3배였다고 한다. 이 엄청난 돌의 운반을 둘러싸고 전해지는 이야기가 있다.

처음 돌이 발견된 것은 여름철. 돌을 캐내기는 했지만 운반할 방법이 마땅치 않았다. 쪼개서 운반하면 좋겠지만, 궁전 건축에 사용되는 돌이니 만큼 원석을 그대로 쓰고 싶었다. 궁리 끝에 묘수가 나왔다. 바로 물이 얼 때까지 기다리는 것. 이들은 여름내 매 4km마다 우물을 판 뒤 겨울이 왔을 때 우물물을 길어 바닥에 뿌렸다. 채석장인 팡산 房山에서 베이징까지 약 50km에 달하는 얼음도로가 생겼다. 돌을 운반하는 데 장정 약 2만 명이 투입되었고 도착하는 데 28일이나 걸렸다고 한다. 이 돌이 베이징에서 겨우 50km 밖에서 발견된 것이야말로 불행 중 다행 아닐까?

내정 内廷
네이팅 | nèi tíng

외조가 황제가 공식 업무를 보는 공간이라면 내정은 황제의 사적인 생활공간이다. 내정도 외조와 마찬가지로 3개의 주요 궁전이 줄지어 서 있다.

주요 궁전의 좌우에 있는 동육궁 东六宫과 서육궁 东六宫은 황후와 후궁들이 거주하던 곳으로 또 다른 흥미를 자아낸다.

건청문 乾清门 ★★★
첸칭먼 | qián qīng mén

내정의 정문 격. 청대에는 황제가 이 문에 나와 신하들의 의견을 들었다고 하니 기능적으로는 외조에 속한다 하겠다. 특히 청의 전성기를 연 강희제 때에는 남부지방의 반란 진압, 타이완 합병, 러시아와의 네르친스크 조약 등 굵직굵직한 정책 결정이 이곳에서 내려졌다고 한다.

건청문 앞에도 청동 사자상 한 쌍이 있다. 그러나 태화문의 사자상과 달리 귀를 닫고 있다. 그 이유에 대해서는 설이 분분하다. 가장 유력한 주장은 황제의 처소인 만큼 조용히 하라는 의미라고 한다.

건청궁 乾淸宮 ★★★★
첸칭궁 | qián qīng gōng

내정의 핵심 건물로 청나라 초기 황제들의 침전이자 집무실. 또 황제가 죽으면 장례식 때까지 여기에 시신을 안치했다고 한다.

지금 건물은 1798년 청 가경제가 재건한 것. 18세기 초, 옹정제 이전까지만 해도 건청궁에는 27개의 침대가 있었다는데 이는 암살자가 건청궁에 침입한다 해도 어느 침대에서 황제가 자는지를 헷갈리게 하기 위해서였다고. 매일 밤 침대를 바꾸는 쇼는 옹정제 이후 비밀침소인 양심전 养心殿을 만들고 나서야 끝이 났다. 강희 61년인 1722년과 건륭 50년 1785년에는 건청궁에서 천수연 千叟宴이라는 일종의 경로 잔치를 열었는데, 전국의 60세 이상 노인 3,000여 명이 참여하는 대규모였다고 한다.

중국 역사상 이런 종류의 황실 잔치는 단 두 번 열렸는데, 그 장소는 모두 건청궁이었다.

후계자를 정하라!
건청궁 최대의 볼거리는 궁 안에 있는 편액이다. '정대광명 正大光明'이라는 한자가 크게 적혀 있는데, 순치제의 친필이라고 한다. 옹정제 이후 황제들은 이 편액 뒤에 황위를 이을 왕자의 이름을 써서 숨겨두곤 했다. 이른바 밀건법 密建法이라는 제도다. 황제의 사후 왕자들의 황위계승 다툼을 미연에 방지하기 위해서였다. 만주족 국가인 청은 한족 황실처럼 큰아들이 자동으로 황위를 물려받는 경우가 거의 없었다. 이러한 방식은 가장 똑똑한 왕자가 황위에 오를 수 있다는 장점도 있었지만, 뚜렷하게 앞서나가는 왕자가 없는 경우 형제끼리 치고받는 골육상쟁의 원인이 되기도 했다.

황제는 생전에 후계자 지정 문서를 2부 작성해 1부는 항상 몸에 지니고 있었다. 황제가 사망한 후, 편액과 황제의 몸에 있던 문서를 꺼내 동일 인물이 적혀 있을 경우 그가 황위를 이었다.

한 가지 재미있는 것은 밀건법이 시행된 후 이 법이 쓸데가 없어졌다는 사실이다. 옹정제 이후 청의 전성기는 끝이 나고 이후 황제들은 외아들만 두었거나 후사가 없어 밀건법과 상관없이 태후 등 황실어른들에 의해 후계 황제가 정해졌기 때문이다.

교태전 交泰殿 ★★★
자오타이뎬 | jiāo tài diàn

외조의 중화전을 꼭 빼닮은 궁전으로 크기만 좀 더 작다. 황후의 침실이자 공식 업무기관이었다. 1420년 최초로 건립, 1798년 가경제 때 재건되었다.
황후의 공식 업무는 나라의 국모로서 길쌈이나 누에치기 같은 여성 고유의 일을 몸소 행하는 것이었는데 동지나 원단, 황후의 생일 등 때 신하들의 알현을 받는 것도 황후의 주요한 의무였다.

건륭 13년인 1748년 이후부터는 황제의 옥새들을 교태전 안에 보관했다. 옥새 '들'이라는 표현을 쓴 이유는 옥새의 종류가 무려 25가지나 되었기 때문. 문서의 종류와 격에 따라 각각 다른 옥새를 찍었다.

건륭제는 청 황실이 25대에 이르도록 번성하기를 바

라는 마음으로 25개의 옥새를 만들었다고 한다. 하지만 그의 바람과는 달리 청은 건륭제 이후 6명, 총 10명의 황제에서 그치고 만다.

외척세력에 대한 확실한 경고
교태전의 금빛 찬란한 천장은 규모는 작지만 화려함만큼은 여타 다른 궁전이 따라오기 힘들 정도다. 여의주를 물고 있는 용(황제)과 황후의 상징인 봉황이 뒤엉켜 있는데, 황실의 다산과 풍요를 기원하는 의미를 담고 있다.

황후의 보좌 뒤에 있는 '무위 無爲'라고 쓰인 편액은 얼핏 보면 도교의 가르침으로 볼 수도 있으나 황후와 외척세력들에게 '자연과 사회의 흐름에 쓸데없이 개입하지 말라'는 경고로도 해석된다. 이런 노력에도 불구하고 청나라 말기 서태후에 의해 결국 망국까지 갔지만 말이다.

마지막으로 교태전 앞, 양쪽 전각에는 물시계와 서양식 자명종이 있다. 둘 다 높이가 5m에 이르는 초대형으로 눈여겨볼 만하다.

곤녕궁 坤寧宮 ★★★
쿤닝궁 | kūn níng gōng

내전의 가장 끝에 있는 건물로, 명대에는 황후의 침실로 쓰였는데, 명나라 멸망 시기 황후가 목을 맨 비극적 장소이기도 하다.

청대로 접어들어 쓰임새는 물론 건물의 구조까지 완전히 바뀌었다. 만주족 황제들은 이곳에 조상신을 비롯하여 온갖 신들을 모시는 만신전 万神殿으로 활용했다. 때에 따라 황제와 황후의 결혼식장 겸 초야를 보내는 침실로 쓰이기도 했는데, 강희·동치·광서제가 곤녕궁에서 초야를 치렀다.

눈썰미가 있는 사람이면 곤녕궁이 자금성의 다른 궁전들과 다른 점을 발견하게 될 것이다. 그것은 바로 입구가 동쪽으로 나 있다는 것. 그것은 만주족 고유의 건축 양식을 그대로 본떠 만들었기 때문이다. 곤녕궁의 모델은 베이징 점령 이전 시기의 도읍이었던 선양 沈阳 고궁의 정궁 正宮인 청녕궁 清寧宮이다.

서쪽 참관로 西路參觀路
시루찬관루 | xī lù cān guān lù

황제의 생활공간인 내정에는 주요 3궁 외에도 여러 개의 크고 작은 전각과 궁전들이 있다. 건물이 배치된 방위에 따라 서육궁 西六宮과 동육궁 东六宮이라고 불렸는데, 현재는 내정 서쪽의 궁들을 한데 얼러 서쪽 참관로라고 부른다.

양심전 养心殿 ★★★
양신덴 | yǎng xīn diàn

외곽 궁전에서 가장 큰 규모를 자랑하는 건물로 동난각 东暖阁과 서난각 西暖阁 등 두 개 건물로 이루어져 있다. 건립 당시 용도는 비밀 침실. 옹정제가 의문의 죽음을 맞이한 후 건설되었다고 한다.

1881년 이후부터는 황제의 침실이 아니라 태화전의 역할을 하게 된다. 황제 이상 가는 권력을 취들렀던 서태후가 양심전에서 수렴청정을 했던 것이다. 서태후의 전횡은 그녀가 사망하기 직전인 1908년까지 이어진다.

1912년 청의 마지막 어전회의도 이곳에서 이루어졌다. 이 날 이후 마지막 황제 푸이는 민간인으로 전락했다. 청 황실의 비극적인 최후를 둘러싼 숱한 사연들이 깃들어 있는 곳 중 하나이다. 둘러보다 보면 이런 저런 상념이 들게 마련이다.

영수궁 永寿宫 ★★
융서우궁 | yǒng shòu gōng

건립 당시의 이름은 장락궁 长乐宫으로 후궁들의 사적 공간이었다. 주요 궁전이 아닌 관계로 많이 낡아 있다. 방치된 목조건물 특유의 매력을 즐기고자 하는 사람들이 주로 방문하는 곳이다. 내부에는 황후와 후궁들이 사용하던 장신구들을 전시하고 있다.

장춘궁 长春宫 ★★★
창춘궁 | cháng chūn gōng

중국의 대표적인 고전소설의 하나인 『홍루몽 红楼梦』의 주요 장면이 그려진 벽화 때문에 인기를 모으는 곳이다. 또 서태후가 50세 생일 때 황실에서 직책을 받은 모든 여인들을 이곳에 모아놓고 15일 동안 경극 구경을 했다고 한다. 마주보고 있는 체원전 体元殿이 당시 연극무대로 개조된 전각이다.

저수궁 储秀宫 · 익곤궁 翊坤宫 ★★
추슈궁 · 이쿤궁 | chǔ xiù gōng · yì kūn gōng

서육궁 중에서 '이궁 二宫'이라 하는, 유일하게 별칭을 가진 곳. 악명 높았던 서태후의 개인공간으로 서태후의 50세 탄생연이 열리기도 한 곳이다. 황제보다도 높았던 서태후의 위세를 반영하듯 벼슬아치들은 물론 전국의 명망가들이 모두 모였다고 한다. 당시 생일 잔치 모습을 이 두 궁에 재현해놓았다. 궁 앞의 학과 거북 등의 동물들은 서태후의 만수무강을 기원하는 이른바 길상들.

체화전 体和殿 ★★
티허뎬 | tǐ hé diàn

서태후의 전용 식당. 황후가 된 이래 늘 이곳에서 식사를 했다고 한다. 저수궁과 익곤궁 사이에 있어 반드시 지나가게 된다.

여경헌 丽景轩 ★★★
리징쉬안 | lì jǐng xuān

서육궁 가운데 가장 많은 사연이 서려 있는 곳. 청 말기 중국을 쥐락펴락했던 서태후가 후궁 시절 거주하던 궁으로, 동치제 同治帝가 여기서 태어났다. 황자 생산 후 황후가 된 서태후는 여경헌을 대대적으로 개축했는데, 당시 추가된 시설 중 하나가 전각 안

되었다. 고대 이후 중국의 황제들은 국가적 제사를 집전하는 것이 일종의 의무였다.

이런 중요한 의식 전에는 육식을 금하고 금욕하는 등 심신을 정결히 가지는 데 신경을 써야 했다. 대부분 2일 전부터 금욕했는데, 이 시기 머물던 곳이 재궁이다. 현재는 특별전시실로 쓰이고 있다.

경인궁 景仁宫 · 승건궁 承乾宫 ★★
징런궁 · 청첸궁 | jǐng rén gōng · chéng qián gōng

경인궁은 옹정제의 황후와, 광서제의 비가 머물던 곳이고, 승건궁은 직책이 높지 않은 후궁들이 머물렀다고 한다. 지금은 청대궁정보물전시실과 청동기전시실로 쓰이고 있다.

에 설치된 작은 연극무대다. 알다시피 서태후는 엄청난 경극 마니아. 이때만 해도 권력이 미약했던 탓에 이런 소박한(?) 무대에서 경극을 즐겼다.

여경헌과 얽힌 사람 중에는 마지막 황제 푸이도 있다. 1912년 황제의 자리에서 스스로 물러난 후, 1924년 톈진의 일본 대사관에 망명할 때까지 여기서 머물렀다. 지금은 푸이의 생활전시실로 바뀌어 있다.

영화궁 永和宫 · 종수궁 钟粹宫 ★★
융허궁 · 중추이궁 | yǒng hé gōng · zhōng cuì gōng

영화궁은 옹정제의 모후인 인수황태후가, 종수궁은 청말 서태후와 함께 권력을 나누어 가졌던 동태후 东太后가 머물던 곳이다. 지금은 청대귀빈생활전시관과 옥기진열실로 쓰이고 있다.

동쪽 참관로 东路参观路
둥루찬관루 | dōng lù cān guān lù

내정이 동쪽에 있는 작은 궁전들이다. 재궁 斋宫과 봉선전 奉先展, 동육궁을 포함한다. 서쪽 참관로에 비해 중요도는 떨어지는 편이다.

경양궁 景阳宫 ★★★
징양궁 | jǐng yáng gōng

동육궁 중에서는 가장 오래된 건물 중 하나. 현재는 공예미술전시실 工艺美术展示室로 쓰이고 있다. 청나라 시대에는 황실의 책들을 모아놓는 창고 역할을 했다.

재궁 斋宫 ★★★
자이궁 | zhāi gōng

동육궁과 마주하고 있는 건물로 1731년 최초로 건축

전정 箭亭 ★★
젠팅 | jián tíng

곤녕궁과 같은 만주족 스타일의 궁전 건물로 현재는 인포메이션 센터로 쓰이고 있다. 청나라 때 처음 조성된 건물로 원래의 용도는 황실 가족들에게 만주족으로서의 정체성을 가르치는 일종의 교육기관이었다.

오랜 세월의 풍치가 느껴진다.

연희궁 延喜宮 ★★★
옌시궁 | yán xǐ gōng

고궁박물원의 건물들과는 확연히 다른 모습 때문에 묘한 흥미를 자아내는 곳. 1420년 장수궁 长寿宫이라는 이름의 건물이 있던 곳으로 청나라 시절 연희궁으로 이름을 개칭되었다. 광서제 때 화재로 전소되는데, 마지막 황제인 선통제 푸이 대에 재건을 시도한다. 당시 청나라 황실은 서양식 분수가 가미된 3층의 별관 건물을 지으려고 했으나, 미처 완성되기도 전에 왕조가 멸망해버린다. 즉 현재의 연희궁은 고궁박물원 최후의 건물이자, 유일한 미완성 건물이다.
철제 빔과 석조 프레임, 건물 아래의 작은 수조의 흔적만이 남아 있는데, 그 모습이 쓸쓸해 묘한 상념이 드는 곳이기도 하다. 마치 난파선과도 같은 느낌.

성을 자아내게 할 정도로 화려함을 자랑한다. 빅토리아풍을 비롯해 인도 · 페르시아풍 등 다양한 스타일 또한 압권. 별도의 입장료가 결코 아깝지 않다.

봉선전 奉先殿 ★★
펑셴뎬 | féng xián diàn

개방 08:30~16:30(10/16~4/15 08:30~16:30)
요금 10元

만주족의 조상신을 모신 사당으로, 황실 가족 사이에 벌어지는 크고 작은 연회의 무대로 쓰였던 곳. 자금성 안의 건물 중에는 유일하게 문화혁명 당시 홍위병들의 파괴행위를 겪기도 했다. 현재는 봉선전이라는 건물의 고유 명칭보다는 종표관 钟表馆이라는 이름으로 불린다. 청 황실에서 선물받거나 직접 제작한 초호화 자명종을 전시하고 있기 때문에 붙은 이름.
금과 루비, 사파이어 등 각종 보석으로 치장된 약 40여 개의 크고 작은 자명종은 관람객의 입에서 탄

진보관 珍宝馆
전바오관 | zhēn bǎo guǎn

개방 08:30~17:00(10/10~4/15 08:30~16:30)
요금 10元

고궁의 가장 서쪽에 있는 구역으로 귀한 보물을 관람한다는 이유로 별도의 입장료를 징수한다. 솔직히 보물보다는 구룡벽 九龙壁을 보기 위해 거쳐가는 구역이다.
진보관의 실질적 입구격인 황극문 皇极门을 지나면 황극전 皇极殿, 영수궁 宁寿宫, 양성문 养性门, 낙

수당 **乐寿堂** 같은 궁전 건물들이 이어진다. 현재는 건물의 처음 용도보다는 어떤 전시관으로 쓰이는지에 더 집중하고 있는 듯한 분위기다.

때까지 태상황의 자격으로 온갖 정무에 참견했다. 황실 보물들은 황극전 동·서쪽으로 나 있는 회랑에 진열되어 있다.

구룡벽 九龙壁 ★★★★
주룽비 | jiǔ lóng bì

북해공원 **北海公园**, 산시성 **山西省** 다퉁 **大同**의 구룡벽과 함께 중국 3대 구룡벽으로 손꼽힌다. 길이 29.4m, 높이 3.5m의 벽에 유리기와로 모자이크된 아홉 마리의 용이 금방이라도 튀어나올 것 같은 모습으로 꿈틀거리고 있다.

전통적으로 9는 가장 큰 숫자, 5는 정가운데 숫자라는 이유로, 중국의 수 개념에서는 최상급으로 친다. 9와 5의 조합은 황제의 숫자라 하여 구룡벽의 유리기와의 수는 모두 270. 270은 9와 5의 배수다.

자금성 남쪽에 있는 유리창에서 구워온 유리기와들은 하나하나가 아름다운 예술작품 그 자체. 여기에 한 가지 에피소드가 있다. 구룡벽의 오른쪽에서 꿈틀대는 백룡의 하단부는 잘 보면 나뭇조각 하나가 끼워져 있다. 당시 공사를 하던 공인이 실수로 맞춤 제작된 유리기와 한 장을 깨먹었다. 자신의 목숨이 왔다 갔다 하는 초대형 사고를 친 공인은 그야말로 망연자실. 어떻게든 살아야겠다는 생각에 나무를 깎아 빈 곳에 끼워넣었다고 한다. 손재주가 좋았던 듯 눈여겨보지 않으면 발견되지 않을 정도로 감쪽같다.

황극전 皇极殿 ★★★
황지뎬 | huáng jí diàn

내정 동쪽의 양심전과 함께 부속 건물 중에서는 가장 크다. 중국 역대 황제 중 가장 오래 산 건륭제가 제위에 오른 지 60년이 된 해인 1795년 자리에서 물러난 이후 이곳을 거처로 삼았다. 건륭제는 사망할

창음각 畅音阁 ★★★
창인거 | chàng yīn gé

원래 이름은 창음각 대무대 **畅音阁大舞台**. 이름 그대로 경극 공연을 위한 3층 공연장이다. 아래로부터 각각 수대 **寿台**, 녹대 **禄台**, 복대 **福台**라고 불렀다. 실제로 공연이 펼쳐지는 곳은 1층인 수대. 2층과 3층은 공연 중 특수효과를 위한 부대시설이었다고.

맞은편의 열시루 **悦是楼**는 극장이다. 정면의 노란색 보좌는 황제의 자리. 좌우로 문무대신이 열지어 앉아 관람했다. 현재는 경극 관련 소장품을 전시하는 공간으로 쓰인다. 창음각의 무대시설을 구현한 곳도 있으니 눈여겨보자. 중국인들의 와이어 액션 역사가 상당히 오래되었음을 알 수 있다.

나뭇조각

진비정 珍妃井 ★★★
전페이징 | zhēn fēi jǐng

자금성 안에서 가장 슬픈 사연을 지니고 있는 곳으로 진보관 서북쪽에 있는 정순문 贞顺门 안의 우물이다. 진비는 광서제가 가장 사랑하던 애첩. 알다시피 광서제는 큰어머니의 간택으로 황제가 된 이다. 때문에 수렴청정이라는 이름으로 거의 모든 실권을 휘둘렀다. 서태후에 의해 나라가 망해가는 상황에서 젊은 유생들의 의견을 받아들여 무술변법 戊戌變法을 시행하지만, 결국 서태후 등 보수파의 공세에 밀리며 모든 실권을 빼앗긴 채 궁전에 유폐돼 모진 목

Fanta Say

울며 겨자 먹기로 자금성에서 쫓겨난 스타벅스!

2007년 7월, 전 세계의 언론은 자금성 안에 입점해 있던 스타벅스 지점이 쫓겨났다는 기사를 베이징발로 대서특필했습니다. 이 일의 발단은 2007년 1월로 거슬러올라가는데요. 중국의 국영방송인 CCTV의 스타 앵커인 루이청강 芮成剛이 자신의 블로그에 자금성의 스타벅스가 중국 고유의 문화를 침해한다는 글을 올리고 나서부터입니다. 약간은 선동적이었던 해당 게시물에 대해 중국의 네티즌들은 일제히 거들고 나섰습니다. '문화침략', '서양귀신', '중화민족에 대한 도전' 등 19세기에나 유통될 법한 극단적 단어와 문장들이 인터넷에 등장하기 시작합니다.
스타벅스 쪽의 최초 반응은 대응 안함이었습니다. 2000년 개점 때부터 줄곧 아무 문제 없다가 뒤늦게 이런 논란에 휩싸이는 데 대한 황당함도 포함되어 있었죠. 무엇보다 자금성 당국과의 계약이 남아 있기 때문에 퇴출당할 이유 또한 없었습니다.

하지만 비이성적인 민족주의적 선동이 이어지자 칼을 빼든 것은 그때까지 뒷짐만 지고 있던 고궁 관리위원회. 이들은 스타벅스에 간판을 내리라며 압박했고, 결국 스타벅스는 계약기간과 관계없이 자진철수하고 말았습니다.
전 세계인들이 이 사건을 대하는 심정은 씁쓸함과 두려움이었습니다. 입만 열면 '대국'이라고 자화자찬을 일삼는 – 물론 인구 대비로는 세계 최대의 국가인 – 중국의 위험하고 편협한 민족주의의 발호에 대한 경계심도 있었겠지요.
2008년, 스타벅스 사건을 시작으로 공개적으로 분출되는 중국의 민족주의는 '진행형'인 듯합니다. 그전까지 최고의 드라마라 극찬하던 〈대장금〉이 단지 몇몇 중국 네티즌으로부터 시작된 혐한류 바람에 휩쓸려 느닷없이 2008년 최악의 드라마로 선정되기도 했는데요. 자기 혼자 열광하다, 어느 날 갑자기 배척하는 요상한 현실이 그대로 재연된 셈입니다.
특히 2008년 티베트 독립시위 이후 중국의 민족주의는 이미 넘지 말아야 할 선을 넘었다는 평입니다. 파리 성화 봉송 때 파리 시민들의 베이징 올림픽 반대를 막지 않았다는 이유로 프랑스 자본의 까르푸, 루이뷔통 불매운동. 광고에 티베트 스님들이 나왔다는 이유로 벌어진 코카콜라 불매운동, 서울에서 벌어진 중국유학생 폭력난동사건 등 '막 가는' 상황이 전 세계에서 동시다발적으로 발생하고 있습니다. 중국의 패권주의를 왜 전 세계가 혐오하는지 중국인들이 꼭 알아야 할 텐데 말입니다.

숨을 구걸해야 하는 상황까지 몰린다.
광서제의 모든 행위가 미웠던 서태후는 진비와도 강제로 떼어놓고, 진비를 3평짜리 단칸방에 연금하고야 만다.
비극이 이 정도로 끝나면 좋으련만, 1900년 의화단의 난으로 인해 베이징이 함락 직전까지 몰린다. 서태후는 명목상 황제인 광서제를 데리고 시안 西安으로 피난을 가기에 이르는데, 이 상황에서 진비가 외국인들에게 치욕을 당할지 모른다는 이유로 자결을 명령하고 진비가 말을 듣지 않자 강제로 우물에 빠트려 죽인다. 이때 진비의 나이는 겨우 25세. 진비의 사체나마 발견된 것은 사망 후 1년이 지나서다.

어화원 御花园
위화위안 | yù huā yuán

자금성 안에서 유일하게 나무를 구경할 수 있는 곳으로 역대 황제들의 후원이었다. 160그루의 나무가 심어진 어화원의 총면적은 약 1,700㎡. 자금성 내의 다른 곳에 비하면 아주 단출하지만 수백 년의 수령을 자랑하는 나무들과 중국 전역에서 모아온 진기한 수석들이 많아 방문할 가치는 충분하다. 가장 인상적인 볼거리는 퇴수산 堆秀山. 거대한 태호석으로 만든 인공산으로, 정상(?)에는 작은 정자도 있다. 중앙절 때는 황제가 가족들과 이 산에 올라 궁 밖의 풍경을 감상했다고 한다.
어화원을 제외한 자금성의 모든 구역에서 풀 한 포기 구경하기 힘든 것은 보안상의 이유에서였다. 즉 나무에 숨어서 자객이 잠입할 것을 우려해 행여 자금성이 침입을 받았을 경우 화살을 날릴 시야를 확보하는 목적도 있었다고 한다.

신무문 神武门
선우먼 | shén wǔ mén

자금성의 북문. 오문과 함께 자금성으로 연결되는 두 개의 입구 중 하나로 쓰이고 있다.
1420년 창건 당시의 이름은 현무문 玄武门이었는데, 청나라 강희제 때 재건하며 신무문으로 이름을 바꾸었다. 신무문으로 들어갈 경우, 관람 순서가 역순이 되기 때문에 되도록이면 오문으로 입장할 것을 권한다.

경산공원 景山公园
징산궁위안 | jǐng shān gōng yuán ★★★

주소 北京市 西城区 景山前街 **전화** (010) 6403-8029 **개방** 06:00~21:00(11~3월 06:00~20:00) **요금** 2元 **가는 방법** 자금성의 후문 격인 신무문 맞은편. **버스** 101·103·109·124·202·211·685·专1·专2路, 구궁 故宫정류장 하차

MAP p.7-B2

자금성의 북문인 신무문 神武门과 바로 연결된다. 경산 景山은 인공산으로, 총면적 23만㎡이고, 베이징에서 가장 높은 산이다. 이 일대는 원나라 시절부터 황제들의 황실 정원으로 사용되었다. 자금성 서쪽에 있는 3개의 인공호수인, 북해·중해·남해를 만드느라 퍼낸 흙을 쌓아 만들었다고 한다. 이후 명대에 자금성을 건설하며 파낸 해자의 흙까지 덮어씌워 오늘날의 높이인 108m가 되었다.

명대 때 이름은 만세산 万岁山. 영원한 황실의 부귀를 상징하는데, 명 황실에서는 만세산 산등성이에 지은 정자까지 풍수설에 따라 배치했을 정도. 하지만 이런 수고(?)에도 불구하고, 명 최후의 황제 숭정제가 이곳에서 최후를 맞는 일이 발생하고 만다.

명나라 최후의 날

1644년, 농민반란군이 자금성을 함락시키던 날, 명의 마지막 황제인 숭정제 崇祯帝가 이곳에 올라 목을 매었다. 숭정제는 농민반란의 심각성을 잘 알지 못했다. 하지만 막상 베이징이 함락되자 황제를 지키던 수많은 신하들과 장군, 환관들은 각자 살길을 찾아 도망가버렸다. 운명의 마지막 날, 황제는 조회를 열었지만, 그에게 아첨하던 신하 중 그 누구도 참석하지 않았다. 그제야 상황을 파악한 황제는 내정으로 직행, 황후를 죽인 후, 유일하게 따르던 환관 한 명만을 대동한 채 만세산에 올랐다. 불타는 궁을 바라보며 숭정제는 입고 있던 옷 소맷자락에 참담한 유언을 적었다.

"짐은 나약하고 덕이 부족하여 하늘의 노여움을 샀

Fanta Say

경산, 겉에만 흙이다?!

일설에 의하면, 경산공원은 원래 원대의 궁전 터였는데, 원나라를 멸망시킨 명이 그 전 왕조를 모욕하기 위해 흙을 파서 쌓은 거랍니다. 즉 궁전 터에 흙을 쌓아 무덤 모양으로 만든 후, 황제가 그것을 밟으며 산책했다는 거죠.

또 다른 설에 따르면 경산은 겉만 흙일 뿐 안에는 석탄이 가득하다고 하네요. 비상시를 대비해서 연료 창고를 위장해놓았다는 것인데, 자료마다 말이 달라 뭐가 맞는 이야기인지는 알 수가 없답니다.

경산에서 바라본 고궁박물원의 모습

Central Beijing 北京 BEIJING

다. 반란군이 베이징을 점령할 때까지 신하들은 모두 나를 기만하였다. 나는 죽어서도 조상을 볼 낯이 없어 스스로 머리를 풀어헤쳐 얼굴을 가리고 죽는다. 반란군은 내 몸을 갈기갈기 찢어도 좋으나 백성들만은 해치지 말기 바란다."

애꿎은 홰나무

당시 숭정제가 목을 맨 홰나무는 황제의 죽음을 말리지 못했다는 죄목(?)을 뒤집어쓰고 청대에 들어 내내 쇠사슬에 묶인 신세가 되었다고 한다. 20세기 초 의화단의 난 때 베이징을 점령한 8개국 연합군들이 나무의 쇠사슬을 풀어주어 1960년대까지 자유의 몸(?)이 되었다. 하지만 60년대 말 문화혁명 때 비운의 홰나무도 끝내 생(?)을 마감하기에 이른다. 어린 홍위병들이 홰나무를 미신과 구습의 대명사라며 톱으로 썰어버렸던 것이다. 지금 홰나무는 1983년 새로 심은 것으로 원래 있던 홰나무하고는 먼 친척뻘이다.

베이징의 스카이라인을 바라보자

'경산 景山'이라는 이름은 자금성을 재건한 청의 순치제가 붙인 이름이다. 지금 보이는 정자 다섯 채도 이때 만들었는데, 러시아의 여제 예카트리나 2세가 경산의 소문을 듣고, 상트페테르부르크에 경산과 똑같은 인공산을 만들게 했다고 한다. 이렇듯 당대에는 커다란 이목을 끌었으나 청이 멸망한 이후에는 국민

당 군대의 목초지로 전락하기도 했다.
어쨌건 베이징 일대에서 가장 높은 이 산 정상에서 바라보는 자금성의 황금빛 스카이라인은 그야말로 일품. 날이 맑다면 서쪽의 북해공원, 북쪽의 종루와 고루까지 손에 잡힐 듯 가까이 보인다. 이른 아침 노인들이 펼치는 태극권과 부채춤의 연무도 놓치기는 아깝다.

북해공원 北海公园
베이징하이궁위안 | běi hǎi gōng yuán ★★★★

주소 北京市 西城区 北海公园 전화 (010) 6403-1102 개방 06:00~22:00(11~3월 06:30~20:00) 요금 입장료 10元(11~3월 5元), 경화도 10元, 단성 1元, 통표 20元(11~3월 15元) 가는 방법 지하철 6호선 북해북 北海北역 D출구에서 반대 방향으로 8분 정도 걸으면 북해공원 북2문이 나온다.

MAP p.6-B1, B2

중국에 남아 있는 가장 오래된 황실정원으로 1,000여 년의 역사를 자랑한다. 총면적 68만㎡. 이중 40만㎡이 호수 구역이다. 기록에 따르면 요나라 때 처음 조성되었는데, 본격적으로 정원으로 꾸며진 것은 원대로 추정된다. 원 세조 쿠빌라이 칸은 수도인 대도 **大都**를 구상할 때 북해 일대를 수도의 중심으로 설계했다고 한다.

단성 团城 ★★★
퇀청 | tuán chéng

개방 09:00~17:30(11~3월 09:00~16:00) **요금** 1元

북해공원에서 가장 오래된 구역으로 요·금대 황제들의 행궁 行宫, 즉 별장으로 쓰이던 곳이다. 현재는 남쪽 면이 매립되어 육지로 보이지만 당시만 해도 작은 섬이었다고.

볼거리는 본전 격인 승광전 承光殿과 유리벽 속에 모여진 거대한 술잔 독산대옥해 独山大玉海. 승광전은 백옥으로 만든 불상이 있어 유명하다. 독산대옥해는 쿠빌라이 칸이 연회를 개최할 때 술을 따랐다는 초대형 옥 술잔으로 원대 옥제품의 대표작 중 하나로도 손꼽힌다. 무게만 약 3.5t, 약 1,600ℓ의 술이 들어갔다고 하니 몽골 사람들의 엄청난 기개에 혀를 내두를 따름이다.

북해를 아꼈던 황제는 쿠빌라이 칸만이 아니었다. 원의 뒤를 이은 명·청대의 모든 황제들은 이 공원을 사랑했고, 그 덕에 북해의 크고 작은 인공산과 호수에는 역대 황제들의 기념비적인 건축물이 하나둘 들어서게 된다.

무엇보다 북해의 가장 큰 미덕은 **황실정원의 원형을 고스란히 보존하고 있다는 것**. 베이징 서부의 이화원이나 원명원은 최소 한 차례 이상 서양세력의 침략을 받아 다시 재건되는 신세가 되었는데, 북해공원은 베이징 내성의 일부여서 전란의 위협을 피해갔기 때문이다.

경화도 琼华岛 ★★★★
충화다오 | qióng huá dǎo

개방 영안사·백탑 09:00~17:00(11~3월 09:00~16:00) **요금** 10元

전설에 등장하는 신선들의 땅, 봉래산을 모방해 만든 인공산으로 금대에 처음 조성되었다. 마르코 폴로는 『동방견문록』에서 "하얗고 노란 사슴과 노루, 그리고 다람쥐들의 천국"이라고 묘사했다.

경화도에서 가장 인기 있는 볼거리는 영안사 永安寺에 있는 새하얀 백탑 白塔. 백탑은 북해공원의 랜드마크이기도 하다. 백탑은 1651년, 청 순치제 8년에 건설되었다.

백탑에서 바라본 고궁박물원

Central Beijing 北京 BEIJING

알아두세요

북해공원에서의 먹거리

북해공원 내 단성에서 경화도로 건너가 왼쪽으로 조금 걸어가면 경풍포자 庚丰包子铺가 나온다. 베이징에만 200여개의 분점이 있는 빠오즈 전문점이다. 파를 곁들인 돼지고기 소가 든 猪肉大葱包가 3개 5元. 새우 물만둣국인 鲜虾馄饨이 한 그릇에 15元이다.

전형적인 티베트 불탑으로, 높이는 약 35.9m에 이른다. 백탑에서 한눈에 내려다보이는 자금성, 중남해, 경산 일대의 전경은 어디에 견줄지 모를 정도로 장관이다.

경화도 북서쪽에 있는 열고루 阅古楼는 석각 진열실로 쓰이는 작은 누각이다. 총 495본의 석각이 있는데 그 가운데 중국 최고의 명필로 손꼽히는 왕희지 王羲之의 '쾌설시청첩 快雪时晴帖' 과 왕순 王珣의 '백원첩 伯远帖', 왕헌지 王献之의 '중추첩 中秋帖'이 추천자품. 서예나 극석학에 조예가 깊다면 꼭 감상해볼 것을 권한다.

Fanta Say

불로초를 얻기 위한 왕들의 어리석은 노력

중국을 처음으로 통일한 진시황이 불로초를 구하기 위해 사람을 풀었다는 이야기는 한번쯤 들어봤을 겁니다. 당시 중국인들은 중국의 동쪽에 신선들이 사는 땅-실제로는 중국의 동쪽이라면 한반도 아니면 일본이죠-이 있다고 믿었고, 그 땅에는 영주산, 방장산, 봉래산-금강산의 다른 이름이기도 하죠?-이라는 3개의 신산 神山과 태액지 太液池라는 신들의 연못이 있다고 믿었다고 하죠.

결국 이런 믿음이 막대한 권력을 쥔 진시황으로 하여금 불로초 원정대(?)를 보내게 한 원동력이 되었죠. 물론 이 원정은 실패로 끝납니다. 하지만 이 믿음은 시들지 않았어요. 사람들은 단지 진시황이 신선들의 노여움을 사 불로초를 얻지 못했다고 믿었답니다. 진시황에 이어 2차 원정대를 보낸 사람은 한나라의 전성기를 연 무제 武帝. 하지만 존재하지도 않는 불로초가 하늘에서 떨어질 리도 없는 일. 역시 헛물만 켜고 말았죠. 화가 난 무제는 없는 신산과 연못을 인공적으로 만들었습니다. 황제가 가질 수 없는 것은 없다는 거만함 때문이었죠. 이후 중국 황제들의 정원은 기본적으로 삼산일지 三山一池, 즉 세 개의 신산과 태액지를 인공적으로 조성하는 게 관례처럼 되었습니다.

지도를 보면 북해 아래에도 중해 中海와 남해 南海라는 호수가 보이는데요. 청대까지 이 셋을 합쳐 태액지라고 불렀습니다. 역대 황제들이 북해 일대를 수도의 중심 혹은 가장 중요한 황실정원으로 가꾸고 아긴 것은 바로 이 때문이랍니다.

정심재 静心斋 ★★★★★
징신자이 | jìng xīn zhāi

북해공원에서 가장 아름다운 곳을 꼽으라면 단연 이곳이다. 정원 중의 정원이라는 뜻의 '원중지원 园中之园', 건륭제가 건설했다 해서 '건륭소화원 乾隆小花园'이라는 별명이 붙어 있다.

원래는 황태자의 공부방. 하지만 황태자보다 건륭제가 더 좋아해 틈만 나면 이곳을 찾아 책을 읽으며 휴식을 취했다고 한다. 서태후는 정심재의 아름다움을 사랑하지 못해 중해의 별장 자광각 紫光阁에서 정심재까지 간이철도를 깔았을 정도다. 청의 마지막 황제 푸이가 자서전 『나의 반생』을 집필한 곳도 이곳.

정심재는 '물에 자기 스스로를 비추어보라'는 의미라는데, 핑계 김에 '나는 어떤 사람일까' 잠깐 자문해보는 것도 좋을 듯싶다.

오룡정 五龙亭 ★★★★
우룽팅 | wǔ lóng tíng

북해공원 북서쪽에 있는 다섯 채의 작은 정자. 산수화가 눈 앞에 펼쳐진 듯 아름답기 그지없다. 명 가정제 때 처음 건설되었는데, 황제와 그 가족들, 측근 신하들이 이 정자에 모여 달구경을 했다고.

오룡정에서 서쪽으로 가면 소서천 小西天이 나온다. 극락의 축소판이라는 거창한 이름이 인상적인 불당으로 중국에서 가장 큰 관음당이다. 내부에는 인도에 있다는 전설 속의 산을 인공적으로 만든 미륵산과 미륵상, 오백 나한이 있으니 불교신자라면 자연히 눈길이 쏠릴 법하다.

소서천 지붕에 위로 삐죽 솟은 부분은 애초 순금 6kg를 녹여 만들었는데, 문화혁명 와중에 모두 탈취당하고 지금 것은 콘크리트에 금칠을 해 올려놓은 모조품.

구룡벽 九龙壁 ★★★★
주룽비 | jiǔ lóng bì

중국의 3대 구룡벽 중 하나로 높이는 5m, 넓이는 27m나 된다. 자금성에 있는 구룡벽보다 높이는 더 높고 길이는 약간 짧은 편. 황실 사찰인 대원경지보전 大圆镜智宝殿의 전문에 해당한다. 청의 건륭제가 다퉁 大同의 구룡벽을 본 뒤 만들게 했다고 한다. 유리기와 242개로 창조한 일곱 가지 색, 아홉 마리의 용은 중국 고미술의 화려함과 웅장함을 표현하기에 부족함이 없을 정도.

九龙壁

五龙亭

Central Beijing
北京
BEIJING

궈모뤄 고거 · 기념관 郭沫若纪念馆
궈모뤄구쥐 | guō mò ruò gù jū

주소 北京 西城区 前海西街 18호 전화 (010) 6618-1650 개방 화~일 09:00~16:30 요금 20元(학생 8元) 가는 방법 지하철 6호선 북해북 北海北역 B출구에서 도보 5분 또는 버스 13·42·107·111·118·204·70洛, 베이하이베이먼 北海北门정류장에서 도보 5~7분 MAP p.8-A2

현대 중국의 대문호로 추앙받는 궈모뤄가 살던 집으로 현재는 기념관으로 조성되어 있다. 1920년대 건설된 사합원으로 한때 중국 주재 몽골대사관으로 쓰이기도 했다. 궈모뤄가 이 집에 살기 시작한 것은 1963년부터 1978년 사망할 때까지의 15년간이다. 내부에는 문예혁명가이자, 고전에 대한 비판적 재해석가로서 일생을 바친 궈모뤄의 일대기와 그가 살던 흔적들을 고스란히 보존하고 있다.

Fanta Say

천재 작가, 사회 개혁가 '궈모루'의 발자취

1892년 쓰촨성에서 태어났습니다. 현대 중국이 낳은 대표적인 천재 작가입니다. 문학·비평·역사·고증·희곡 등 그의 손이 닿지 않은 문예 분야가 거의 없을 정도로 현재 중국 사상사에서 그의 발자취는 뚜렷하게 빛납니다.

1914년 22살 때 일본으로 건너가 처음에는 의학부에 진학, 의사로서의 꿈을 키웁니다. 하지만 1919년 5·4운동 이후 민족주의 열풍이 거세지는 것을 기점으로 메스 대신 펜을 들고 민족주의 사상을 고취하는 글을 쓰기 시작합니다. 이 시기의 궈모뤄의 작품은 다소 낭만적인 경향을 띱니다.

그러다 의대를 졸업할 즈음인 1923년 공산주의의 영향을 받아 의사의 길을 접고 혁명에 투신합니다. 물론 당시 중국의 상황은 공산주의자들에게 결코 호락호락하지 않았습니다. 중화민국의 총통 장제스는 철저한 반공주의자였고, 결국 궈모뤄는 정치적 망명자 신세가 되어 다시 일본으로 갑니다. 일본에 있는 동안 갑골문과 금석문을 공부하며 중국 고전의 재해석에 몰두합니다. 고전에 대한 그의 뛰어난 업적은 바로 이 시절에 쌓인 내공이라고 볼 수 있죠.

하지만 시대는 궈모뤄의 평탄한 세월을 허락지 않았습니다. 1937년 중일전쟁이 터지자 그동안 자신을 보호해줬던 일본을 향해 총을 겨눕니다. 하지만 반공적인 중화민국 정부는 여전히 그를 빨갱이 취급하며, 용공분자로 내몹니다. 일본으로 돌아갈 수도 없는 신세가 되어버린 그는 다시 고전 공부에 열을 올립니다. 망해가는 조국의 현실에 비분강개해 멱라강에 몸을 던진 춘추시대의 애국시인 굴원에 몰두하며 스스로를 동기화시키기 시작한 시기도 바로 이때입니다.

그가 고전에 열중해 있는 사이, 중국에서는 역사상의 대지진이 일어납니다. 중화민국 정부가 패퇴하고 공산주의 정권이 들어선 것이죠. 불우했던 지식인 궈모뤄는 중국 과학학술원장 자리에 오르며 순식간에 180° 달라진 위상을 뽐내게 됩니다.

당시 중국 사회는 중국의 고대 사상에 무척 비판적이었습니다. 과거의 모든 전통은 반동으로 몰리는 시대였죠. 궈모뤄는 이 시기 두각을 나타냅니다. 한漢나라의 정통으로 인정받던 유비보다는 사회 개혁가로서 조조의 정통성을, 감히! 여자로서 황제에 오른 측천무후에 부정적인 평가를 하여 여성해방, 봉건제도에 도전한 여성으로 긍정적으로 기술하기도 합니다. 말년에는 중국 각지를 여행하며 중국 유산에 대한 애정과 재해석을 내놓기도 했는데요. 이 때문에 중국을 여행하다 보면 궈모뤄가 이 유산에 대해 어떻게 평했다는 해석을 종종 듣게 되는 거랍니다.

Special Theme

스차하이를 누비는 인력거

베이징의 과거를 만나는 후퉁 투어 Hu Tong Tour

이른바 뒷골목을 뜻하는 후퉁. 한때 베이징에는 이름이 있는 후퉁만 3,600개, 이름도 없는 후퉁은 소털보다 많다는 표현을 쓸 정도로, 후퉁은 베이징 서민들에게 삶의 보금자리였습니다. 한때 더러움, 중세의 대명사로 불렸던 후퉁이 여행자들에게 주목받기 시작한 것은 아이러니하게도 베이징 올림픽 개최 직후인 2000년대 초반. 중국은 베이징 올림픽 개최를 계기로 대대적인 도시 정비를 발표하는데요, 그중에는 시가지 전역에 흩어져 있는 후퉁을 모두 철거하고, 뉴타운으로 만들겠다는 계획도 포함되어 있었습니다. 그러나 뉴타운계획은 일부의 격렬한 반대를 불러일으켰습니다. 도시 미관 꾸미기에 밀려 힘없이 사라지기에는 말로 표현하기 힘든 오랜 역사의 숨결이 후퉁 안에 살아 있기 때문이지요. 고고학회를 비롯한 많은 문화 인사들이 이 계획에 우려를 나타냈고, 결국은 보존 가능한 후퉁 지역을 확대하겠다는 약속을 받아냅니다.

하지만 후퉁 보존 계획 또한 또 다른 의미에서의 재개발이었기 때문에 결국 허름했던 후퉁은 최소한 외관만큼은 번듯한 고전가옥으로 탈바꿈하게 되었고, 일부 후퉁은 내부를 현대식으로 꾸며 베이징의 새로운 부동산 투기 열풍에 가세하고 있습니다. 오늘날에 있어서 후퉁은 고전 가옥이 늘어서 있는 카페 혹은 여행자 거리에 가까운 분위기여서 베이징 서민 주택가의 정감 어린 느낌은 점점 사라져가고 있습니다.

그럼, 지금부터 후퉁의 스차하이와 뒷골목 두 곳을 산책해 봅시다.

종루 앞에 늘어선 인력거

Central Beijing

北京
BEIJING

후퉁을 걷는 또 다른 방법, 인력거 투어

물론 과거 한옥만 밀집해 있던 삼청동에 카페가 하나둘 생기며 찾는 사람이 늘어났듯, 개발이 될수록 후퉁에 대한 외국인 여행자들의 관심은 점점 높아지는 듯합니다. 이런 분위기에 부응하듯, 후퉁 일대를 자전거 인력거를 타고 도는 투어 상품이 등장했습니다. 후퉁 투어를 할 수 있는 포인트는 크게 두 곳입니다.
첸하이시제 前海西街(스차하이 입구) 입구와, 고루와 종루 사이의 광장이 그곳인데요. 근처에만 가봐도 수많은 자전거 인력거들이 길가 좌우에 도열해 있습니다. 이분들은 대부분 자기가 운행하는 코스를 소개한 전단지를 가지고 있습니다. 요금은 2시간 30분 180원이라고 되어 있는데요, 이건 영어 설명이 가능한, 여행사 투어의 가격일 뿐 흥정하기에 따라 제시가격의 반까지도 깎을 수 있답니다.

후퉁 투어 ① 스차하이 산책하기

스차하이 什刹海
스차하이 | shí chà hǎi

가는 방법 경산공원 앞에 있는 고궁 故宮 정류장에서 609路를 타고 북해북문 北海北門 정류장에서 하차후 역방향으로 3분 정도 걸으면 스차하이 입구다. 또는 경산공원 정문을 바라보고 오른쪽 골목으로 들어가 경산동문 景山東門 정류장에서 111路를 타고 北海北門 정류장에서 하차해도 된다. 또는 지하철 6호선 북해북 北海北역 B출구에서 도보 5분 MAP 8

베이징에서 가장 낭만적인 곳을 물으면 꽤 많은 사람들이 스차하이 일대를 꼽을 겁니다. 푸른 물빛을 띤 호수, 치렁치렁 늘어진 능수버들과 서서히 수면 위를 미끄러지는 유람선, 옛 골목을 내달리는 원색의 자전거 인력거와 거리 곳곳에 보석처럼 박혀 있는 우아한 옛 가옥들. 무엇보다 언제든 지친 다리를 쉴 수 있는 훌륭한 레스토랑과 카페 그리고 펍이 있기 때문이죠.

원래 이 일대는 만주인들의 구역이었답니다. 청대의 베이징은 자금성 남쪽의 한족 구역과 북쪽의 만주족 구역으로 나뉘어 있었는데요. 당시의 번화가는 당연히 지배층이었던 만주족 구역. 그중에서도 스차하이 일대는 왕자들의 사저와 초대형 불교 사원, 고위관료의 저택들이 모여 있는 최고급 주택가였다는 이야기죠. 만주인들은 청이 망한 후 모두 떠났지만, 고풍스러운 거리와 아름다운 풍경이 주는 아우라는 예나 지금이나 변함이 없답니다.

스차하이를 거닐어보자

가장 기본적인 옵션은 도보. 튼튼한 두 다리만 있다면 어디든 갈 수 있다는 것이 장점이죠. 북해공원 북문 맞은편, 하화시장 荷花市場이라고 쓰여진 패방에서부터 시작해 카페 거리를 따라 산책하듯 느긋하게 걸으면 됩니다.

카페 거리를 따라 직진하면, 스차하이 남쪽의 전해 前海와 북쪽의 후해 後海, 이 두 호수를 잇는 은정교 銀錠橋라는 작은 돌다리를 만날 수 있습니다. 교차로와도 같은 은정교에서 동쪽 골목인 허우하이난옌 后

최고의 번화가, 은정교

스차하이의 출발점, 하화시장 패방

Central Beijing　北京 BEIJING

낭만적인 스차하이에서 즐거운 시간을 보내세요!

海南沿 도로를 따라가면 왕자의 후원이었던 공왕부 恭王府로 빠질 수 있고요, 다리를 건너 옌다이셰제 烟袋斜街라는 예쁘장한 작은 골목으로 가거나, 허우하이베이옌 后海北沿이라는 호숫가 길을 따라 쑹칭링이 살던 집 쪽으로 갈 수 있습니다.

그저 스차하이의 예쁘장함만 간직하고 싶다면 남쪽 호수와 옌다이셰제를 둘러보고 고루 鼓楼와 종루 钟楼로 빠지는 것도 한 방법. 1시간이면 족하니 시간이 빠듯한 여행자들에게는 안성맞춤이죠.

하지만 이 아름다운 호수에서 반나절 이상을 보내겠다면 다음과 같이 해보세요. 나 홀로 여행자라면 자전거를 빌려 호수 라운딩을, 커플 여행자라면 보트를 빌려 호수에서 뱃놀이를 즐기는 겁니다. 보트 대여소는 스차하이 입구에서 멀지 않은, 눈에 잘 띄는 곳에 있습니다.

볼거리 마니아라도 걱정하실 필요는 없습니다. 스차하이 곳곳에 유명인사들이 기거했던 집들이 보존되어 있는데, 이 중에는 황실 자제들의 대저택도 있으니 볼거리만큼은 풍성합니다.

보트 대여
영업 09:00~24:00(점포마다 약간씩 다름)
요금 1시간 200~280元(보증금 400~800元)

오래된 골목에 새바람이 분다

후퉁 투어 ② 뒷골목 산책하기

옌다이셰제
yān dài xiè jiē

스차하이를 소개하면서 말했듯이 200년 전쯤의 이 일대는 베이징의 비벌리힐스. 왕부와 관료들의 저택이 모여 있던 특권층의 거리였습니다. 하지만 마을이란 저택만으로 존재할 수 없죠? 그들을 상대로 생필품을 파는 구역이 있어야 했는데요. 지금 소개하는 옌다이셰제는 바로 특권층에 납품하는 곰방대만을 전문으로 취급하던 거리였답니다. 옌다이셰제를 우리말로 해석하면 곰방대 거리 정도가 될까요? 10여 년 전까지만 해도 곰방대 상점이 가득했던 이 일대는 스차하이가 관광지로 개발되면서 옛길의 정취를 간직한 쇼핑가로 변신했습니다. 도장·중국풍이 가미된 여성 의류·곰방대·심지어 성냥만을 취급하는 재미있는 가게도 있습니다. 스차하이 중심에 비해 상대적으로 저렴한 술집과 식당이 있어서 주머니가 가벼운 여행자들에게도 안성맞춤. 옌다이셰제를 거쳐 디안먼와이다제 地安門外大街로 나가면 바로 고루가 보입니다.

독특한 물건이 가득하다

난뤄구샹
nán luó gǔ xiàng

한국으로 치면 삼청동 카페 골목과 같은 곳. 디안먼둥다제 地安门东大街와 구러우다제 鼓楼大街 사이에 있는 약 700m가량의 후통이 바로 난뤄구샹입니다. 거의 100m마다 하나씩 총 8개의 작은 후통과 교차되는 관계로 '우궁제 蜈蚣街', 곧 '지네 거리'라는 귀여운(?) 별명도 얻었죠.

소틸보다 많다는 베이징의 후통 중 하나였던 이곳이 뜨게 된 과정은 상당히 재미있습니다. 첫번째 포인트는 난뤄구샹 중간쯤에 있는, 베이징에 하나뿐이라는 연기학원인 북경중앙연극학원. 공리를 비롯해 장쯔이까지 난다 긴다 하는 스타들을 배출한 베이징 영화의 산실 중 한 곳이 여기 있습니다. 연기학원에 선남선녀가 몰리는 것은 당연한 일. 이런 잘나가는 분들이 일부 외국인과 사귀면서 외국인이 찾아들기 시작했고, 급기야는 이들을 위한 분위기 좋은 카페가 생깁니다. 난뤄구샹의 터줏대감인 '과객 过客'이 처음 테이프를 끊은 것을 신호로 매력적인 카페들이 비온 뒤 죽순 나듯 생겨납니다. 그리고 외국인 여행자들에게 난뤄구샹은 개성 있는 후통이자 카페 골목으로 소문이 나죠. 이래저래 외국인이 몰리니 동당 유스호스텔과 같은 숙박업소들도 생겨납니다. 아이고! 이제는 배낭여행자들까지 이 골목으로 몰리게 된 셈입니다.

이쯤 되자 베이징 시 당국은 난뤄구샹 도로의 시멘트를 걷어내고 재정비하기에 이릅니다. 마음껏 놀라고 멍석을 깔아주는 거죠. 현재의 난뤄구샹은 오리엔탈리즘에 기울어진 외국인과 세련된 중국 젊은이들을 위한 공간으로 재탄생한 느낌입니다. 인위적인 개발 냄새가 난다고 싫어하는 사람도 있지만, 대부분의 여행자들은 중국의 향기와 서구적 편의가 알맞게 배합된 이곳을 사랑합니다.

공왕부 恭王府
궁왕푸 | gōng wáng fǔ

★★★★★

주소 北京市 西城区 前海西街 17号 전화 (010) 6616-8149 홈페이지 www.pgm.org.cn 개방 08:30~ 16:30 요금 40元(공연관람 통표 70元) 가는 방법 궈모뤄 고거에서 도보 10분 **MAP p.8-A2**

1777년 건축된 스차하이 최대의 건축물. 원래는 건륭제의 총애를 받던 권신 화곤 和坤의 사저였는데 화곤은 건륭제 사후 부정축재 죄목으로 자결을 명령받았고 그의 집은 국가에 귀속되었다. 그후 가경제는 이 집을 경군왕 영린 庆郡王 永璘에게 하사했고, 도광제 또한 후계자로 점찍은 공왕 혁흔에게 하사한다. 공왕 혁흔은 황제가 되지 못했지만, 나약했던 함풍제와 권력을 분점하며 당대의 실력가로 일세를 풍미했다. 세도가로서 일생을 보낸 공왕은 그의 사저를 자금성에 버금갈 만큼 화려하게 꾸몄다. 자금성이 중국의 전통이라는 무게에 눌려 최신의 건축 기술을 도입하지 못할 때, 그는 과감하게 서양식 건축 기법을 도입했다. 공왕부로 통하는 입구 중 하나인 서양문 西洋门이 그 대표적인 예로 중국 정원과 서양 건축의 기묘한 동거라는 평을 받고 있다.

중국 정원의 아름다움

공왕부는 저택이지만 그 자체로 훌륭한 정원이다. 중국 정원은 자연과의 조화를 중시하는 한국 정원과 달리 산(돌), 물(호수), 나무(숲)로 꾸민 100%의 인공미가 특징. 서양문을 지나자마자 만나는 것은 태호석을 쌓아 만든 독락봉 独乐峰.

독락봉 맞은편에 있는 복지 蝠池라는 자그마한 연못에서 조금 더 가면 자그마한 정자 심추정 沁秋亭이 나온다. 심추정은 정자 바닥의 좁다란 수로에 술잔을 띄워놓고 놀았다 해서 '유배정 流杯亭'이라는 애칭이 붙었다. 수로를 떠가는 술잔이 앞에서 멈추면, 그 사람은 즉흥시를 읊어야 하는데, 읊지 못하면 벌주로 술 석 잔을 마셔야 했다고.

심추정과 함께 공왕부 최대의 명소 가운데 하나는 화원 중간에 있는 거대한 인공산 적취암 滴翠岩. 적취암에는 비운동 秘云洞이라는 동굴과 오월대 邀月台라는 작은 정자까지 있어 꽤나 산다운 모습을 하

고 있다. 특히 동굴 안에 있는 거꾸로 쓴 福 자는 건륭제의 친필-일설에는 건륭제 황후의 친필-이라고 알려져 있는데, 중국인들에게 퍽 인기 있는 명소다.

공왕부 가장 안쪽에 있는 대희루 大戏楼는 70元짜리 입장권을 구입한 사람들만 들어갈 수 있다. 간단한 다과와 함께 짧은 경극을 감상할 수 있다. 참고로 현장에서는 표 구입이 불가능하니 공연을 보려면 매표소에서 미리 표를 구입해야 한다. 공연 프로그램은 그날그날 상황에 따라 매일 바뀐다고.

메이란팡 기념관 梅兰芳纪念馆
메이란팡지녠관 | méi lán fāng jì niàn guǎn

주소 北京市 西城区 护国寺街 9号 전화 (010) 6618-3598 홈페이지 www.meilanfang.com.cn 개관 화~일 09:00~16:00 요금 10元(학생 5元) 가는 방법 더성먼 德胜门·스차하이의 입구 격인 하화시장에서 택시로 5~10분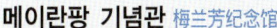

불멸의 경극 배우. 영화 〈패왕별희〉에서 장국영이 연기했던 두지의 실제 모델. 남자로 태어나 인생의 반 이상을 무대에서 여성의 역할을 했던 메이란팡(1894~1961)이 살던 집이다.

불우한 가정에서 태어나 8세에 경극단에 입단, 불과 11세의 나이로 단 旦역을 꿰차며 일약 스타로 떠오른다. 참고로, 단은 여주인공 역을 가리킨다.

중국 경극계를 제패한 그는 국제 무대로 눈을 돌린다. 당시 중국은 서양 세력에 의해 갈가리 찢기어 있었고, 국민들 사이에는 중국 문명 자체에 대한 회의가 팽배해 있었다. 이런 시류 속에서 그의 해외 진출은 민족적 자긍심을 일깨우는 일대 사건이었다. 그가 최초로 해외 공연을 한 곳이 일본이었다. 공연 도중 그는 일본 전통 연극인 가부키가 현대 연극의 요소를 도입하여 새롭게 재탄생되는 과정을 지켜보며 커다란 충격을 받는다.

메이란팡은 귀국 즉시 경극의 현대화를 추진하며 이른바 메이란팡파로 지칭되는 경극 기조를 탄생시킨다. 한마디로 배우에서 문예 운동가로 변신한 셈이다.

하지만 그의 계획은 중일전쟁이 일어나면서 위기에 부닥친다. 활동무대이던 베이징이 일본군에게 점령당한 것이다. 일본은 중국 민중들이 좋아하는 경극에 일본 제국주의를 찬양하는 내용을 넣어 공연할 것을 강요했다. 공연을 거부할 경우 탄압받을 것을 우려한 그는 수염을 기르고 폭식을 해 살을 찌우고, 과도한 음주로 목을 쉬게 만듦으로써 공연 출연을 무산시킨다.

이 일은 중화인민공화국 정부가 수립되고 일본에 협조한 경극인들이 대거 숙청될 때 그를 보호했다. 아니 어쩌면 중국에 경극 배우는 그밖에 남지 않았다.

사실 한국에는 거의 알려지지 않은 인물인 관계로 찾는 사람은 많지 않다. 4개로 구분된 전시실 또한 사진 자료 중심이어서 특별한 이유가 없는 한 발걸음을 하기는 쉽지 않다. 하지만 베이징을 여행하는 동안 경극에 관심이 생겼다면 한 번쯤 방문해보기를 권한다.

쑹칭링 고거 宋庆龄同志故居
쑹칭링통즈구쥐 | sòng qìng líng tóng zhì gù jū

주소 北京市 西城区 后海北沿 46号 전화 (010) 6404-4205 개방 4~10월 09:00~17:30, 11~3월 09:00~16:30 요금 20元(학생 5元) 가는 방법 지하철 2호선 지수이탄 积水潭역 B출구에서 도보 10~15분 또는 버스 5·210路, 궈쯔스 果子市정류장에서 도보 5분 MAP p.8-A1

신해혁명의 아버지 쑨원의 부인이자 여성으로서는 유일하게 중화인민공화국 부주석을 역임한 쑹칭링 宋庆龄(1893~1981)이 살던 집. 대부호의 딸로 태어나 27살이란 커다란 나이차를 극복하고, 아버지의 친구인 쑨원과 결혼했을 정도로 파격적이었던 그녀

의 일생을 엿볼 수 있는 곳이다. 쑨원의 조용한 내조자로 기억되던 그녀가 정치일선에 본격적으로 뛰어든 것은 쑨원이 죽고 나서다. 국민당 좌파에 속했지만, 국민당 정권의 지도자 장제스와 제부-처형이었던 관계로 어떤 면에서 그녀는 국민당 좌-우를 아우르는 힘을 가진 지도자였다.

하지만 국공합작론자였던 그녀가 철저한 반공주의자였던 장제스와 멀어진 것은 어찌 보면 당연한 일. 중일전쟁이 끝나고 국공내전이 벌어지자, 쑹칭링은 남편이 만든 국민당을 버리고 공산당을 선택해 세상을 깜짝 놀라게 한다.

그녀에 대한 중국인들의 평가는 중국의 국모, 중국을 사랑했던 여인이라는 두 문장으로 정리된다. 하지만 지옥 같은 문화혁명 시기, 문화혁명을 지지한 발언이나 문화혁명 마지막 순간까지 은둔에 가까울 정도로 자기 의사를 표현하지 않음으로써 향후 그녀의 평가가 번복될 법한 여지를 남기기도 했다.

유명 인사들의 사택을 방문해본 여행자라면 일단 이 사택의 규모에 놀랄 것이다. 사실 이 집은 청의 마지막 황제 푸이의 생부 순친왕 재풍 載灃의 사저였다. 청이 몰락한 후 나라에서 관리하다 쑹

칭링에게 준 것. 푸이도 어린 시절을 여기서 보냈다니 묘한 감흥이 들지 않을 수 없다. 쑹칭링과 관계없이도 방문할 가치가 있다는 이야기다.

지금은 전시실과 쑹칭링이 살던 때 모습 그대로 꾸며져 있다. 쑹칭링이 1920~30년대의 여인치고는 놀랄 만한 패션 감각의 소유자였다는 것, 고통받던 일반 중국인의 삶과는 거리가 꽤 멀었다는 것을 알 수 있다.

고루 鼓楼 · 종루 钟楼
구러우 · 중러우 · gǔ lóu · zhōng lóu

주소 北京市 东城区 鼓楼大街 전화 (010) 8403-6707 개관 4~10월 09:00~17:30, 11~3월 09:00~17:00 요금 고루 20元, 종루 20元, 통합 30元 가는 방법 지하철 8호선 스차하이 什刹海역 A2출구에서 도보 5분 또는 버스 5·60·107·124·204·210路, 구러우 鼓楼정류장에서 도보 5분
MAP p.8-A1, A2

자금성 정북쪽, 디안먼와이다제 地安门外大街 끝에 있는 고루와 종루는 일종의 시계탑. 다만 눈이 아닌 귀를 통해 시간을 알린다는 점만 다를 뿐이다. 낮에는 종, 밤에는 북을 쳐 시간을 알렸다고 한다.

원대인 1272년 처음 건설되었다고 하는데, 안타깝게도 원·명 교체기에 소실되고, 지금 건물은 명 영락제 때인 1420년에 건설된 것이다.

하단의 기단부는 기단과 누각이 모두 석조인 종루와

종루에서 바라본 후통의 생생한 모습

달리 벽돌과 상단의 누각이 목조로 되어 있다. 각각 북과 종을 울리는 공간이라는 점을 감안, 소리의 파동에 어울리는 건축 소재를 이용한 것이라고 한다. 나름 중국 고대과학의 개가인 셈.

마주보고 있는 종루와 고루는 여행자들에게 둘 다 올라가기는 뭔가 아까운 기분이 들게 한다. 볼거리로만 따지면 고루가 압도적으로 빼어나다. 남쪽은 경산공원, 동쪽은 차오양구 朝阳区의 고층빌딩군, 서쪽으로는 스차하이에서 저 멀리 향산 香山 봉우리까지 볼 수 있다.

무엇보다 고루 아래로 오밀조밀 들어선 후퉁과 사합원의 고전적 풍경은 압권이다. 머리로만 사합원을 알고 있던 사람이라면, 위에서 내려다보면서 구체적인 건물들의 배치를 살펴볼 수 있다. 망원경이 있다면 그야말로 금상첨화.

고루의 북 퍼포먼스는 빼놓기 아까운 볼거리. 매 시간 정각, 4명의 고수가 나와 일제히 북을 치는데, 높은 천장의 누각에서 느끼는 특유의 공명 현상 때문에 소리가 매우 웅장하다.

누각은 역대 고루에 설치되었던 북을 전시하는 작은 박물관이기도 하다. 의화단 사건 당시 일본군에 의해 찢긴 북도 볼 수 있다.

종루에서는 석조건물이 주는 웅장함을 느낄 수 있다. 고루에 비해 관람객이 적기 때문에 고즈넉한 분위기에서 둘러볼 수 있다. 종루 북쪽으로 펼쳐진 후퉁의 풍경도 상대적으로 개발이 진행된 고루 쪽 풍경보다 한결 여유가 느껴진다. 즉 화려함과 조용함의 싸움인

셈. 취향대로 입맛 따라 골라서 방문하면 될 일이다. 참고로 고루와 종루 사이의 자그마한 광장은 인력거들의 대기소인 셈인데, 이 일대의 후퉁을 달려보고 싶으면 스차하이 입구와 함께 가장 좋은 접선 포인트다. 대부분의 인력거들은 코스 안내 팸플릿을 가지고 있다. 떠듬떠듬 중국어라도 가능하다면 흥정을 시도해보는 것이 알뜰여행의 지름길.

국자감 国子监
궈쯔젠 | guó zǐ jiān

주소 北京市 东城区 国子监街 15号 전화 (010) 8402-7224 개방 4~10월 08:30~17:00, 11~3월 화~일 08:30~16:00 요금 30元(공묘 입장권 포함) 가는 방법 지하철 2·5호선 융허궁 雍和宫역 G출구에서 도보 7분 MAP p.7-C1

원~청에 이르는 600년 동안 관료를 선발하던 과거 시험장으로 1306년 지어졌다. 중국의 과거제도는 약 1,400년의 역사를 자랑한다. 시험을 봐서 관료를 뽑는 일은 요즘에야 자연스럽지만 초기 중국학을 전파한 유럽의 학자들은 중국을 철학자가 지배하는 나라라고 오해했을 정도로 고대 사회에서는 대단히 혁신적인 정책이었다.

사극을 보면 한 번 과거에 붙어서 바로 고위관리가 되는 듯 묘사되지만 실세는 아주 복잡했다. 지방의 향교 시험에서 시작해서 약 8회의 시험을 통과한 수재들을 대상으로 치르는 시험이 있었으니, 이를 전시 殿试라 했다. 말하자면 전시는 고위직 관리를 선발하는 시험. 이 시험을 주관하는 기관이 바로 국자감이었다.

시험 장소는 벽옹 辟雍이라는 국자감 본관 앞의 뜰이었다. 황제는 벽옹에 앉아 수험생들을 지켜봤다. 벽옹은 황제가 손수 유학을 강론하는 자리이기도 했다.

하지만 청나라 말기, 과거제가 폐지되면서 국자감의 용도는 아리송해졌다. 중화민국 내내 방치되던 국자감은 중화인민공화국 수립 이후 한때 수도박물관 首都博物馆으로 쓰이기도 했다. 국자감이 본래의 이름을 찾은 것은 불과 4~5년 사이의 일. 민족주의를 강조하는 방향으로 교육정책이 수정되고 나서다.

공묘 孔庙
쿵먀오 | kǒng miào

 주소 北京市 东城区 国子监街 13号 전화 (010) 6401-2118 홈페이지 www.kmgzj.com 개방 08:30~17:00 요금 30元(국자감 입장권 포함) 가는 방법 국자감 바로 옆 MAP p.7-C1

춘추시대의 사상가이자 유학 儒學의 시조인 공자의 사당. 중국 내 공묘 가운데 공자의 탄생지인 취푸 曲阜의 공자 사당에 이어 두 번째로 큰 규모를 자랑한다. 원대인 1306년에 처음 건립되었고, 명·청대를 거치며 꾸준히 건물이 추가돼 오늘에 이르고 있다. 입구인 선사문 先师门을 지나면 좌우로 비정 碑亭 3개가 나온다. 공묘에는 이곳 외에 대성전 大成殿 앞뜰에 있는 11개 등 총 14개의 비정이 있다. 비정 안에는 공자의 업적을 새긴 약 53개의 비석이 있는데, 일부 비석은 심각하게 파손되어 있다. 특히 비석 중간 부분이 썰려나간 흔적도 볼 수 있는데, 1960년대 모든 과거의 유산을 부정하는 문화대혁명 당시 이른바 비석 처형을 당한 것. 썰려나간 비석들은 쇠심과 시멘트에 의지해 가까스로 원래 자리에 붙어 있어 보는 이의 탄식을 자아낸다.

공묘의 본전격인 대성전은 대리석 기단과 이중팔작지붕 등 전형적인 중국 궁전 스타일로 지어졌다. 공자의 권위가 황제에 버금갈 정도였음을 보여줄까. 내부에는 공자의 위패를 비롯해 그 주위로 공자 다음가는 성인인 안회 顔回·자사 子思·증삼 曾參·맹가 孟柯의 위패가 모셔져 있다. 공묘에서 제사를 올릴 때 사용하는 궁중제례 악기도 볼 수 있어 여러모로 알찬 느낌.

대성전을 마주보고 왼쪽 옆으로 가면 '십삼경석각비림 十三经石刻碑林'이라는 비석숲이 나온다. 건륭제 당시 조성한 것들로, 공자의 가르침을 남긴 주요 저서를 돌판에 새겨놓았다. 대대손손 전하겠다는 의지로 돌을 선택했건만 이들 비석 또한 문화혁명을 무사히 넘기지는 못했다. 곳곳에 톱에 썰린 흔적이 안타까움만 더한다.

옹화궁 雍和宮
융허궁 | yōng hé gōng

주소 北京市 东城区 雍和宫大街 12号 전화 (010) 6407-4951(6404-4499) 홈페이지 www.yonghegong.cn 개방 4~10월 09:00~16:30, 11~3월 09:00~16:00 요금 25元(학생 13元, 영어 음성가이드 20元, 보증금: 여권) 가는 방법 지하철 2·5호선 융허궁 雍和宫역 C·F출구에서 도보 5분 MAP p.7-C1

베이징에서 가장 큰 티베트 불교 사원. 1694년 지어진 건물로, 건립 당시의 용도는 사원이 아닌 왕부 王府였다. 청 강희제가 넷째아들인 옹친왕 雍亲王을 위

상 중국의 영향력 아래 놓이게 되었는데, 중국인들은 이때부터 티베트는 중국령이 되었다고 주장한다.
참고로 이 거대한 미륵불상은 몽골군을 몰아내준 데 대한 7대 달라이 라마의 감사 표시라고. 안타깝지만 단순한 감사의 표시가 200년 후 이렇게 티베트 자신의 발등을 찍으리란 생각은 못했을 것이다.

해 지었는데, 옹친왕은 후일 강희제의 뒤를 이어 황제에 올라 옹정제가 되는 이다.

옹정제는 제위에 오른 후 사저였던 옹화궁을 행궁 行宮(별장으로 쓰이는 궁전)으로 바꿨으니, 옹화궁이라는 이름은 이때 정해진 것.

옹정제의 뒤를 이은 건륭제는 중국 통치의 한 방편으로 티베트 불교를 적극 활용했다. 심지어 황제의 행궁인 옹화궁의 일부를 티베트 불교 교단에 시주하기에 이른다. 티베트 불교는 티베트를 비롯하여 청 황실, 몽골, 만주 등지의 주류 불교 교단이었다. 청은 제국의 수도에 이들 국가의 건축양식을 고루 배합한 초대형 사원을 조성한 셈이다.

약 64,000m²의 부지에 건설된 건물의 기본적 배치는 자금성의 외조를 그대로 본떴다. 즉 자금성의 태화전, 중화전, 보화전에 해당하는 3개의 전각이 옹화궁의 3전인 옹화궁, 영우전 永佑殿, 법륜전 法輪殿이다. 이 건물들은 황궁에만 쓸 수 있는 노란 유리기와를 사용한 것이 눈에 띈다.

옹화궁 최고의 건물은 사원 가장 북쪽에 있는 초대형 건물 만복각 万福阁이다. 안을 들여다보는 순간 그 엄청난 규모에 깜짝 놀라게 된다. 그도 그럴 것이 무려 지상 18m에 달하는 미륵불상을 모셔놓았기 때문이다. 더욱이 통나무 한 그루로만 깎아서 만들었다는 사실에 다시 입이 벌어진다. 단일 불상 중 최대 크기로, 기네스북에도 올라 있다고 한다.

18세기 티베트는 몽골의 침략을 받아 달라이 라마 정권이 위기를 맞은 적이 있는데, 이때 달라이 라마의 요청을 받은 건륭제가 군대를 파견해 티베트에서 몽골 군사들을 몰아냈다고 한다. 이후 티베트는 형식

지단공원 地坛公园
디탄궁위안 | dì tán gōng yuán

주소 北京市 东城区 安定门大街 地坛公园 전화 (010)6421-4657 홈페이지 www.dtpark.com 개방 06:00~21:00 요금 2元(방택단 方泽坛 5元) 가는 방법 지하철 2·5호선 융허궁 雍和宫역 A출구에서 도보 5분 MAP p.7-C1

베이징 남부의 천단 天坛과 대칭을 이루는 공원으로 베이징 북쪽, 옹화궁에서 멀지 않은 곳에 자리 잡고 있다. 천단이 천제에게 제를 올리는 곳이라면, 지단의 주신은 바로 땅의 신 地神. 하늘과 땅의 차이인지, 천단공원에 비하면 허름하고 썰렁한 느낌을 준다.

오래된 중국 공원이 그렇듯, 지단공원 역시 최고의 볼거리는 공원 내부에 흩어져 있는 오래된 나무들. 녹음이 우거진 여름도 좋고, 고목의 황량한 느낌이 강한 겨울도 운치가 있다. 황제가 땅의 신에게 제사를 올리던 방택단 方泽坛과 땅의 신을 모신 황기실 皇祇室을 보려면 별도의 입장권을 끊어야 한다.

땅의 신에 대한 기대를 안고 황기실에 들어갔다면 십중팔구는 당황한다. 땅의 신이란 다름 아닌 소와 돼지이기 때문. 농업 사회 시기 중국인들의 소박한 사상을 엿볼 수 있다. 천단공원 황궁우의 거대한 원형 건물을 이미 보았다면 눈썰미 좋은 사람은 금방 아는 차이. 바로 네모반듯한 방택단이다. 여기에도 고대 중국인들의 사고가 그대로 드러난다. 고대 중국인들은 하늘은 둥글고, 땅은 네모라고 생각했다. 그래서 천단공원은 원형이 주를 이루고, 지단공원은 네모가 주를 이룬다.

왕푸징다제 王府井大街
wáng fǔ jǐng dà jiē

 주소 北京市 东城区 王府井大街 개방 24시간 (피크 타임 09:00~22:00) 요금 무료 가는 방법 지하철 1호선 왕푸징 王府井역 B1출구로 나오면 바로 연결된다. **MAP p.9**

베이징 최고의 번화가로 한국의 명동쯤 되는 곳이다. 청대에는 이 일대를 중심으로 약 10여 곳의 왕부 王府가 모여 있었는데, 왕부에서 사용하던 우물이 있던 길이라 해서 왕부정 王府井이라는 이름이 붙었다고 한다.

참고로, 이곳에 모여 살던 왕들은 친왕 親王들. 친왕이란 영지 없이 왕의 칭호를 받은 명예직 왕(?)을 이르는 말이다. 허울뿐인 왕이긴 해도 나름 황실의 주요 인사로서 비할 데 없는 부귀영화를 누렸.

부자동네에 명품점이 몰려 있듯 왕푸징에는 명품 상점이 넘쳐났다. 청 멸망과 더불어 몰락한 친왕들은 생계를 위해 대대로 간직해온 보물들을 내다 팔기 시작했는데, 이 때문에 한동안 중국에서 가장 큰 골동품점들은 죄다 모여 있었다고 한다.

쇼핑명소 1번지의 위상은 오늘날에도 변함없다. 중화인민공화국이 건설된 이후에도 대규모 국영 백화점이 들어서며 왕푸징의 명성을 이어주었기 때문이다.

현재 왕푸징 일대는 동양 최대의 쇼핑몰이라는 왕관을 쓴 동방신천지를 비롯해, 홍콩계 백화점인 신동안시장 apm 등 베이징에서 내로라하는 백화점들이 몰려 있다. 특히 창안다제 长安大街에서 연결되는 550m 구간은 보행자 거리로 그야말로 대로를 활보하며 쇼핑을 즐길 수 있다는 장점 때문에 전 세계의 여행자들이 밤낮없이 모여든다. 주요 쇼핑 스폿들은 p.138~143을 참고하자.

동당 东堂
둥탕 | dōng táng

 주소 北京市 东城区 王府井大街 74号 개방 06:30~19:00 요금 무료 가는 방법 왕푸징다제 초입에서 도보 10분 **MAP p.9-A1**

명말·청초에 건립된, 베이징 4대 성당 중 한 곳. 동쪽에 있다 해서 동당이라고 부른다. 정식 명칭은 왕부정천주당 王府井天主堂. 만력제 연간 포르투갈 출신의 예수회 선교사 부기오 Louis Bugio와 가브리엘 Magalhans Gabriel이 쓰촨에서 불법으로 포교를 하다 베이징으로 압송되는 사건이 발생했다. 상대적으로 유연했던 명 정부는 이들에게 흥미를 느낀 듯 지금의 자리에 땅을 내주고 거주권도 주었다. 두 사람이 그 땅에 지은 성당이 동당의 기원이다.

명이 멸망한 후, 청나라가 베이징을 점령하면서 동당은 크게 훼손된다. 이후 재건했지만 불운이 꼬리를

东堂

우물자리랍니다

물어 1720년에는 대지진, 1807년과 1900년에는 화재로 소실된다. 지금 건물은 1905년에 세운 것이다. 동당에서 흥미로운 한 가지는 왕푸징과 동당이 조선 사신들의 숙소와 가까웠던 탓에 조선인들이 기록한 글이 남아 있다는 사실이다. 조선 영조 때 사신의 일행으로 청나라를 방문했던 이의현 李宜顯은 "도교와 불교를 배척하고 자신의 신앙만 최고로 친다"고 천주교에 대한 인상을 기술했다. 또 당시 동당의 주임 신부였던 프리델리 사비에르 Fridelli Xavier 신부와 만난 내용도 기록하고 있다.

1989년, 중국 정부가 동당에서의 미사를 허용한 뒤로 성당으로서 본연의 구실을 하고 있다. 외국인에게도 개방되어 있으니 가톨릭 신자라면 일요일 미사에 참석해보는 것도 좋은 경험이 될 듯하다.

중국미술관 中国美术馆
중궈메이수관 | zhōng gúo měi shù guǎn

주소 北京市 东城区 五四大街 1号 전화 (010)6400-6326 홈페이지 www.namoc.org 개방 09:00~17:00 요금 무료(여권 지참) 가는 방법 지하철 5·6호선 둥쓰 东四역 E출구에서 도보 8~10분 (지하철 8호선 미술관역이 완공될 예정이다) 버스 103·111路, 메이수관 美术馆정류장 하차 MAP p.9-A1

30,000㎡의 넓이를 자랑하는 국립미술관으로 전시실은 총 13개다. 건국 초기인 1958년에 건설하기 시작해 1962년 개관했다. 중국미술관의 초기 전시 테마는 사회주의 리얼리즘에 입각한 선전·선동, 체제 찬양 작품들. 이 때문에 외국인 관광객들은 중국미술관에서 아무런 흥미를 느끼지 않았다고 한다.

그로부터 40여 년이 지난 2003년, 과거의 분위기는 찾아보기 힘들 정도로 새롭게 리뉴얼되었다. 특히 중국 고·중세 미술을 주제로 한 크고 작은 특별전은 전통의 미학을 경험하고 싶은 문화 애호가들에게 폭발적인 인기를 끌고 있다. 2008년 초 중국미술관 측이 야심차게 기획한 '둔황유물전'은 1,000만에 가까운 관람객이 다녀갔을 정도다. 이제 중국미술관의 특별전은 베이징을 찾는 관광객들이 체크해야 할 관심사가 되었다. 홈페이지에 접속하면 전시 내용을 미리 살펴볼 수 있다. 방문 시기에 어떤 특별전이 예정되어 있는지 꼼꼼하게 살피고 가자.

라오서 기념관 老舍纪念馆
라오서지녠관 | lǎo shě jì niàn guǎn

주소 北京市 东城区 灯市口西街 丰富胡同 19号 전화 (010)6559-9218 개방 4~10월 08:30~19:00, 11~3월 08:30~17:00 요금 10元(학생 5元), 라오서 관련 자료 2元 가는 방법 왕푸징다제 초입에서 도보 15분 MAP p.9-A1

비운의 소설가 라오서 老舍(1899~1966)가 16년 동안 살던 옛 집이자 기념관이다. 라오서의 본명은 수칭춘 舒庆春으로 만주족의 후예다. 당시로서는 보기 드문 영국 유학파로 1937년에 탈고한 소설 『낙타상자 骆驼祥子 Rickshaw Boy』가 미국에서 돌풍을 일으키며 일약 국제적인 작가로 떠오른다.

1949년 중국이 중국과 타이완 정부로 갈리자 중국을 선택, 베이징으로 귀국한다. 그의 소설은 대중적으

요금 무료(성벽 등정 10元) 가는 방법 지하철 2·5호선 충원먼 崇文门역 B2·C출구에서 도보 10분 **MAP p.7-C2**

로도 성공을 거뒀지만, 일관된 기조로 박해받는 민중을 묘사했으며, 민족주의적 성격을 띤 탓에 초기 중국 정부는 그를 인민예술가의 반열에 올려놓으며 환대했다. 하지만 문화혁명의 와중에서 이 모든 평가는 뒤집히고 만다. 그는 삶은 계란을 매일 먹고 싶다는 바람을 가졌다는 이유로 부르주아 반동으로 몰렸다. 1966년 중학생들로 짜인 어린 홍위병들에게 집단구타를 당했고, 그 다음날 자살인지 타살인지도 모른 채 차가운 주검으로 발견되고 만다.

한 가지 흥미로운 것은 기념관에서 내놓는 라오서의 이력이다. 기념관 측 자료는 온통 라오서의 작품활동과 문학세계에 대한 내용뿐, 그의 어이없는 죽음에 대해서는 함구하고 있기 때문이다.

그에 대한 평가가 다시 회복된 것은 문화혁명이 끝나고도 몇 년이 지난 1982년의 일. 1984년 그의 저택이 주요 문화재로 지정되었다. 약 400㎡의 좁아터진 기념관 안에는 라오서의 작품 초고와 전 세계에서 발행된 번역본, 그리고 몇 안 되는 생활용품들이 전시되어 있다.

베이징 명나라 성벽 유적지 공원
北京明城墙遗址公园
베이징밍청창이디궁위안 | ★★
běi jīng míng chéng qiáng yí dì gōng yuán

주소 北京市 东城区 崇文门东大街 9号 개방 08:00~17:30

과거의 베이징성은 자금성을 에워싼 내성과 내성 남단에서 외곽으로 연결되는 외성 外城 등 두 개 성벽에 둘러싸인 철옹성이었다고 한다. 하지만 근대화와 현대적 도시계획을 거치며 과거의 성벽은 모두 철거되고 말았다. 과거 베이징 내성의 구역은 지금의 지하철 2호선 라인과 거의 일치한다. 즉 2호선 라인의 쉬안우먼 宣武门, 푸싱먼 复兴门과 같은 곳에 예전에는 모두 전문 前门 같은 거대한 문이 있던 자리였다는 이야기.

지금은 전문밖에 남지 않은 베이징 내성의 일부 흔적을 볼 수 있는 곳으로 숭문문 崇文门에서 베이징성 동남각까지 1.5㎞ 구간의 성벽을 보존해놓은 일종의 문화공원이다.

성벽은 두 가지 방향으로 보존되었는데, 공원 초입에는 20세기 초 서구의 침략을 받아 파손된 베이징 성벽이 남아 있다. 어떤 면에서는 애국심 고취용으로 볼 수도 있지만, 폐허가 풍기는 어떤 아름다움, 위풍당당했을 과거를 상상하면서 느끼는 무상… 묘한 매력을 느끼게 된다.

완벽하게 재건된 성벽은 베이징성 동남각이라고 불리는 지점이다. 동남각은 쉽게 말해 네모난 성벽이 꺾이는 동남쪽 끝 지점을 말한다. 별도의 입장료를 내면 성벽 위를 올라 산책할 수도 있다. 성벽 중간중간 볼록 튀어나온 부분은 돈대 墩台라고 한다. 적이 쳐들어왔을 때 화살을 날리는 구역으로 군사적 시설물이다.

이 외에 과거 베이징 철도 일부도 남아 있어 또 다른 볼거리를 제공한다. 베이징 철로 신호소로 쓰이던 건물은 예쁘장한 카페로 변신, 상념을 달래고픈 여행자들을 유혹한다.

Central Beijing
北京
BEIJING
114
115

국가대극원 国家大剧院
궈자다쥐위안 | guó jiā dà jù yuàn

주소 北京市 西城区 西长安大街 2号 전화 (010) 6655-0000 홈페이지 www.chncpa.org 개방 내부관람 화~일 09:00~17:00 요금 30元 가는 방법 지하철 1호선 톈안먼시 天安门西역 C출구에서 도보 7~10분 MAP p.6-B2

2008년 베이징 올림픽을 겨냥한 문화예술 프로젝트의 산물로, 세계에서 가장 큰 문화예술 공간이기도 하다. 프랑스의 건축가 폴 앙드레가 설계했으며 총 26억 8,800만 元(약 3,200억 원)의 공사비가 들었다. 총면적은 149,520㎡. 동서 212m, 남북 143m의 타원형 건물로, 한마디로 삶은 계란을 호수 위에 동동 띄워놓은 모양새다. 건물 자체로서의 조형미는 탁월하다는 평. 다만 2,000년의 역사를 자랑하는 베이징, 그것도 자금성 바로 옆에 만든 탓에 주변 풍경과의 조화는 낙제점이라는 비판이 많다. 계란 껍데기에 해당하는 외벽은 2만 개의 티타늄 조각과 1,200개의 유리판을 붙였는데, 이것은 껍질을 깨고 나오는 신화 속의 새 대붕 大鹏의 탄생을 묘사한 것. 알에서 깨어나 세계 속으로 비상하는 중국을 상징한다.

출입구가 지하라는 점이 특이한데, 약 80m에 달하는 해저 터널을 통과하게끔 배치했다. 물이 빛을 산란시키는 성질을 극대화한 탓에 몽환적이면서도 환상적인 분위기를 만들어내고 있다.

대극원에는 오페라 하우스 歌剧院와 콘서트 홀 音乐厅, 그리고 드라마 센터 戏剧场 등 3개의 공연장이 있다. 2,398석을 배치한 오페라 하우스는 크기도 크려니와 총 4층으로 된 객석 구조가 인상적이다. 콘서트 홀은 총 2,019석. 6,500개의 관으로 이루어진 세계 최대 규모의 파이프 오르간이 있어 호사가들의 가슴을 설레게 한다. 드라마 센터는 앞선 두 곳보다 작은 1,035석 규모. 경극 공연장으로 설계한 탓에 3곳의 공연장 중 가장 중국다운 모습을 하고 있다.

공연 입장료는 최저 450元선. 웹페이지를 이용하면 여행하는 시기에 공연하는 프로그램을 알 수 있다.

백탑사 白塔寺
바이타쓰 | bái tǎ sì

주소 北京市 西城区 阜成门内大街 171号 전화 (010)6613-9073 개방 09:00~17:00 요금 20元(한국어 음성 가이드 20元, 보증금 100元) 가는 방법 루쉰 박물관에서 도보 10분 MAP p.6-A2

원래 이름은 묘응사 妙应寺. 원 세조 쿠빌라이 칸의 지시로 1271년 창건되었다. 티베트식 불탑이 있어 백탑사라는 이름으로 더 잘 알려져 있다. 백탑사의 불탑은

높이 50.9m고, 중국에 남아 있는 원대의 티베트 불탑 중 가장 큰 규모다. 사원 건축의 총책임자는 네팔인 아니카 阿尼哥(1244~1306)였는데, 1457년 벼락을 맞아 전소된 것을 중국식으로 재건축해서 네팔 사원 특유의 느낌은 찾아볼 수 없다.

건물 배치 또한 전형적인 중국식으로, 남북에 걸쳐 천왕전 天王殿, 대각보전 大觉宝殿, 칠불보전 七佛宝殿, 삼세불전 三世佛殿, 백탑 白塔 등이 줄지어 있다. 이중 대각보전, 칠불보전, 삼세불전의 세 건물이 핵심 볼거리. 불전 내부에 모신 티베트 불화 Tangka는 특유의 아름다움으로 불교 미술 애호가들을 백탑사로 이끄는 주범이다. 참고로 백탑은 오를 수 없다. 백탑으로 통하는 입구까지만 갈 수 있다는 사실을 알아둘 것.

루쉰 박물관 鲁迅博物馆
루쉰보우관 | lǔ xùn bó wù guǎn

주소 北京市 西城区 阜成门内宫门口二条 19号 전화 (010) 6615-6548 개방 화~일 09:00~15:30 요금 무료 가는 방법 지하철 2호선 푸청먼 阜成门역 B출구에서 도보 5~10분 또는 버스 101·102·103·121·202·211·409·423·456·490·603·604·685·714路, 푸칭먼네이 阜成门内정류장에서 도보 5~10분 MAP p.6-A2

중국 현대사를 관통하며, 한 치의 망설임 없이 치열하게 살다 간 대문호 루쉰을 기리는 기념관. 중국 전역에 있는 루쉰 박물관 중 최대 규모다.

Fanta Say

문인으로 명성을 떨친 루쉰의 일대기

사오싱 绍兴의 선비 가문에서 태어난 루쉰의 본명은 저우수런 周樹仁입니다. 유복한 집안에서 아무 걱정 없이 어린 시절을 보냈으나 13세 되던 해, 가문이 몰락하고 부친마저 요절한 처참한 상황에서 기존 사회 체제에 대한 회의, 부패와 미신으로 얼룩진 중국의 현실을 마주하게 됩니다.

소년기 그의 꿈은 소박했습니다. 의사가 되어 중국 사람들에게 봉사하겠다는 생각뿐이었습니다. 하지만 일본 유학 시절, 동포가 일본군에게 간첩으로 몰려 참수형을 당하는데도 남의 일인 양 낄낄거리는 동료들의 모습에서 큰 충격을 받습니다. 루쉰은 조국에 필요한 것은 육신의 치료가 아니라, 분노할 일에 분노하지 못하고, 인간으로서의 기본적인 소양조차 갖추지 못한 동포들을 정신적으로 개조하는 일이 더 시급하다고 판단한 거죠.

'이보다 더 끔찍한 비극이 있을까? 나는 너무 적막하고 고통스럽다'

그는 메스를 집어던지고 펜을 듭니다. 교육과 문학, 스러져가는 조국을 위해 그가 선택한 길이었습니다. 그의 첫 작품 「광인일기 狂人日记」에서 그는 기존의 사회질서를 '사람이 사람을 먹는다'는 의미인 '끽인 吃人'이라며 신랄하게 비판합니다. 《신청년》 1918년 4권 5호에 발표된 이 소설은 폭발적인 반응을 일으킵니다. 그리고 저우수런은 이때 처음으로 필명 루쉰을 사용하게 됩니다.

이후 루쉰은 마치 신들린 사람마냥 글을 씁니다. 중국판 양반전이라고 할 수 있는 「공을기 孔乙己」, 민중의 해방을 위해 목숨을 바친 청년이 사형을 당하자, 사람의 피가 폐병을 낳게 할 수 있다는 믿음에 사로잡힌 노인이 관리를 매수해 그의 피를 적신 만두를 얻어먹는 아이러니를 다룬 「약 药」 등이 이때 발표되죠.

1921년에는 그의 대표작인 「아Q정전」을 발표합니다. 당시 중국은 혼란의 소용돌이에 휩쓸리고 있었습니다. 신해혁명이 성공해 황제정치를 무너뜨리긴 했지만, 혁명정부는 나약하기만 했고, 세상은 오로지 자신의 안위만을 위해 사는 사람들뿐이었습니다. 「아Q정전」은 혁명 이후의 지지부진한 변화에 대한 루쉰의 분노와 좌절을 표현하고 있습니다.

'주안은 어머니가 내게 주신 선물이고, 난 그 선물을 거절할 수 없었다.'

루쉰은 일본 유학 시절, 잠시 귀국해 관례에 따라 얼굴도 본 적 없는 주안 朱安과 결혼했습니다. 결혼 당일 루쉰은 서재에서 책을 읽었고, 4일째 되던 날 홀로 일본으로 돌아갔죠.

루쉰은 봉건제도의 구습을 타파하고 인간의 해방을 역설했지만, 실상 그의 현실도 남들과 별반 다르지 않았습니다. 친구들이 무의미한 결혼 생활을 끝내라고 할 때도 그는 침묵했습니다. 그 시대 이혼녀의 처지를 알았던 그로

Central Beijing
北京
BEIJING

루쉰을 아는 사람이라면 베이징의 루쉰 박물관은 꼭 들러야 할 성지 聖地다. 루쉰이라는 한 개인의 생활상, 문헌, 작품 초고, 초판 발행본, 심지어 연애편지까지 그의 인생을 현미경으로 해부하는 듯한 7만 여건의 수집품이 방문객을 기다리고 있기 때문이다.
특히 「아Q정전」의 초벌 원고는 전설적인 대문호의 필체까지 감상할 수 있는 더할 나위 없는 찬스. 세계 각지에서 발간된 루쉰의 저서들도 별도의 공간을 차지하고 있는데, 북한에서 발행한 책도 있어 흥미를 자아낸다.
전시관의 마지막 코스는 루쉰의 사망 직전의 기록을 담고 있는 전시실. 왠지 보는 이의 가슴이 아려온다. 사망 11일 전 후배 작가들과의 대담 - 폐질환으로 죽은 그는 이때도 담배를 물고 있다! - 사망 3일 전에 쓴 마지막 일기가 보존되어 있다.
박물관의 본관인 진열청 陳列厅을 빠져나오면 루쉰고거 魯迅故居와 연결된다. 오랜 기간 베이징에 머물던 루쉰의 세 번째 집인데, 1924~26년, 그리고 1929년과 1932년에 이 집에서 살았다고 한다. 루쉰의 산문시 「가을밤」을 읽어본 독자라면 기억할 만한 첫 문장 "우리 집 뒤뜰, 울 너머 두 그루의 나무가 보인다. 하나는 대추나무, 또 하나도 대추나무"라고 묘사한 바로 그 집이다.
전형적인 사합원 건물이지만, 끄트머리에 작은 방이 달려 있어 색다른

루쉰의 애인, 쉬광핑

서는 주안을 안고 갈 수밖에 없었던 거죠.
1923년, 루쉰의 무기력한 삶은 종지부를 찍습니다. 애제자에서 연인으로 종국에는 루쉰이 죽을 때까지 그를 지켰던 쉬광핑 許广平을 만나게 되는 것이죠.
이들은 꽤 오랜 기간 편지를 주고받습니다. 초기의 호칭은 루쉰 선생과 수업을 받는 작은 학생이었지만 곧이어 루쉰 스승과 작은 악마라는 애칭으로 바뀝니다.
하나는 대문호, 또 하나는 그의 학생. 남들 눈에 불륜일 뿐이던 두 사람의 관계는 1926년 결정적 계기를 맞습니다. 바로 3·18 참변. 일본군의 도움을 받은 베이징 군벌이 학생들에게 발포, 약 200명의 대학생이 사망한 사건입니다. 이 사건으로 루쉰과 쉬광핑은 위험인물로 찍혀 수배당하는 신세가 됩니다.
견디다 못한 루쉰은 푸젠성 샤먼 廈门 대학 교수 자리를 수락하고 14년간의 베이징 생활을 접습니다. 물론 쉬광핑도 루쉰을 따라나섭니다.
"용서하지 않아도 상관없어. 상대하지 않아도 상관없어. 합법이든 비합법이든 상관없어. 그것들 모두 다 우리와는 상관없어!"

'희망이란…'
루쉰이 생의 마지막 6년을 보낸 곳은 상하이. 동양의 매춘부라는 악명을 떨치던 상하이는 신사상의 전파·교류지이기도 했습니다. 루쉰은 이 시기 이른바 좌파 문인으로서 명성을 떨칩니다. 그가 진정한 공산주의자였냐에 대해서는 지금도 회의적으로 보는 사람이 많습니다만, 아마도 그는 우파 독재정치를 펼치는 국민당을 반대하기 위한 사상적 도구로서 좌파사상을 채용했던 것 같습니다.

일본과의 전쟁에서 연전연패하던 국민당은 외세를 몰아내기보다는 내부의 공산당 사냥에 더 여념이 없었습니다. 루쉰은 이런 현실이 답답했습니다. 그는 익명으로 수많은 기고문을 발표하고 급기야는 극우단체의 암살 리스트에까지 오르게 됩니다.
그의 말년은 우울했습니다. 조국은 분열되어 침략자 일본에 대항하지 못했고, 자신은 은둔자처럼 방에 처박혀 집필에만 몰두하다 결국 폐병을 얻고야 맙니다. 죽기 전, 미완성 원고에서조차 그는 중국민족의 단결과 일본의 배격을 주장합니다.
작가로, 운동가로, 혁명가로 한 치의 양보도 없이 역사의 전진을 갈망하던 루쉰은 1936년 10월 19일 56세의 나이로 병사합니다.

"희망이란, 본래 있다고도 할 수 없고, 없다고도 할 수 다. 그것은 마치 땅 위의 길과 같은 것이다. 본래 땅 위에는 길이 없었다. 걸어가는 사람이 많아지면 그것이 곧 길이 되는 것이다."
- 루쉰의 단편 「고향」 중에서

구조를 보여준다. 이 끄트머리 방이 바로 루쉰의 작업실. 루쉰은 이곳을 호랑이 꼬리라고 부르며 각별한 애정을 보였다.

루쉰이 쉬광핑과 일생 처음이자 마지막 로맨스를 이룬 곳도 바로 이 호랑이 꼬리에서. 루쉰의 작품 중 약 200편이 여기에서 탄생했는데 그중에는 그의 준대표작이라 할 수 있는 「방황 彷徨」, 「아침 꽃을 저녁에 줍다 朝花夕拾」, 「화개집 华盖集」도 포함되어 있다.

남당 南堂
난탕 | nán táng

주소 北京市 前门西大街 141号 전화 (010)6608-7238 홈페이지 www.southcathedral.com 개방 06:00~17:00(영어 미사 일 10:00, 16:00) 요금 무료 가는 방법 지하철 2호선 쉬안우먼 宣武门역 B1출구에서 도보 3분 MAP p.6-A2

베이징 최초의 가톨릭 성당으로 마테오 리치에 의해 1610년 건립되었다. 하지만 창립자인 마테오 리치는 성당 건립 직후 사망, 그의 후임인 아담 샬 폰 벨 Adam Schall Von Bell이 실질적으로 성당을 관리한다. 현재의 화려한 건물은 청나라 순치제 때인 1659년 건립된 것인데, 당시 순치제는 은 1,000만 냥의 건립비는 물론 어필까지 하사할 정도의 파격적인 은혜를 베푼다.

청나라를 방문했던 조선의 실학자 홍대용과 이덕무는 남당을 방문. 이에 대한 기록을 남겨놓고 있다.

1948년 중국 수립 직후부터 1982년까지 남당은 교회로서의 역할을 잃고 만다. 사회주의 정권은 모든 종교 활동을 금지시켰고, 급기야 남당은 장난감 공장으로 전락하게 된다. 그나마 광란의 문화혁명 시기를 별 피해 없이 지나갔다는 점은 남당의 행운이다. 성당의 주일 미사는 영어로도 진행되기 때문에 베이징에 머무는 가톨릭 신자들의 발길도 잦은 편. 성당 뜰에는 창립자인 마테오 리치의 동상이 서 있다.

Central Beijing

Restaurant

베이징 중심부의 레스토랑

베이징 중심부는 여행자들이 가장 많이 몰리는 곳이서 맛집도 다른 지역에 비해 월등히 많다. 먹을거리 종류도 무척 다양해서 중국 전통 분식, 100년 이상의 역사를 자랑하는 고급 레스토랑, 홍콩이나 싱가포르 등 해외에서 인정받은 중국풍 프랜차이즈까지 중국 요리를 총망라하고 있다. 일식이나 양식, 한식 등 외국 요리 레스토랑도 충실하며 입맛대로, 예산 따라 마음껏 맛볼 수 있다. 이제 진미의 세계로 뛰어들어가보자.

왕푸징다제 주변

소대동 小大董 샤오따동 | xiǎo dà dǒng

주소 北京市 东城区 王府井大街 138号 北京apm 5층 전화 (010)8508-3960 영업 11:00~21:30 메뉴 영어, 중국어, 사진 예산 2인 250元 가는 방법 지하철 1호선 왕푸징 王府井역 B1출구에서 도보 13분
MAP p.9-A2

베이징에서 시작해 이제는 뉴욕에도 분점을 거느리고 있는 대동카오야. 최고의 카오야 레스토랑으로 베이징 여행자라면 한 번쯤 들려야 할 필수 코스로 꼽히지만, 가격대가 파인다이닝 수준이라 벽이 높았던 것이 사실이다. 대동카오야의 세컨드 라인 비스트로인 소대동의 존재가 귀하게 느껴지는 건 그래서다. 똑같은 재료로 구워낸 카오야를 30% 저렴하게 맛볼 수 있고, 대동카오야 특유의 화려한 플레이팅은 없지만 탄탄한 기본기를 지닌 요리를 즐길 수 있으니 얼마나 매력적인가. 아쉬운 점이 있다면, 대동카오야에 비해 소대동의 점포가 극히 적다는 것. '팀 킬(!)'을 우려한 본점의 규정에 따른 결과다. 당연하게도 사람 입맛이 대동소이한지라 몇 안 되는 소대동은 날마다 미어터진다. 밥때라면 1시간 대기는 각오하고 방문해야 하므로 아예 이르거나 느즈막이 방문하는 게 좋겠다. 대부분의 메뉴는 강력추천할 만한데, 저렴한 음식에는 재능이 없는지 베이징 자장면 만큼은 그리 빼어나지 못하다.

간편 메뉴
酥不腻烤鸭套餐 대동카오야 1인 세트 119元
酥不腻烤鸭 대동카오야 한 마리 199元
烤鸭调料 카오야 장, 채소 등 10元(세트의 경우 포함)
樱桃鹅肝(여름철)/山楂鹅肝(겨울철) 푸아그라로 만든 버찌/산사나무 열매 요리 69元
桂花糯米藕 연근 찹쌀찜 19元
山泉水松茸汤 약수로 만든 송이 버섯 탕 49元

〈소대동〉 베이징 시내 주요 지점

지점	주소	위치
파크뷰 그린 지점	北京市 朝阳区 东大桥路 9号 侨福芳草地购物中心 LG2층	MAP p.14-A2

외파가 外婆家
와이포지아 | wài pó jiā

 주소 北京市 东城区 王府井大街 138号 北京apm 6层 전화 (010)6527-5115 영업 11:00~14:00, 17:00~21:00 메뉴 중국어 예산 2인 100元 가는 방법 지하철 1호선 왕푸징 王府井역 B1출구에서 도보 13분 **MAP p.9-A2**

외파가는 1~2인 단위로 방문하는 젊은 고객층을 겨냥해 저렴한 메뉴를 선보이는 중국 요리 전문 체인점이다. 그러다 보니 임대료가 비싼 시 중심에는 분점을 찾기 힘들다. 여기 소개하는 외파가 왕징점은 개중 시내 한가운데 위치한 집이다. 가격에 비해 충실한 음식(미끼 상품 격인 마파두부는 겨우 3元!)을 제공하니 혼자서도 서너 가지를 주문해 즐기는 배포(!)와 사치를 누릴 수 있다. 자연히 인기가 없을 리 만무하니, 마음 편히 찾아가 식사를 즐기고 싶다면 밥 때를 피해 방문하는 게 좋다.

간편 메뉴
麻婆豆腐 마파두부 3元
蒜蓉粉丝虾 마늘 새우 당면찜 35元
鱼香肉丝 채썬 돼지고기 죽순 어향소스 볶음 18元
酸汤肥牛 차돌박이와 팽이버섯을 넣은 새콤하고 화끈한 전골 35元
芒果冰沙 망고빙수 18元

서패소면촌 西贝莜面村
씨요우멘 춘 | xī bèi xiao cūn

주소 北京市 东城区 王府井大街 138号 北京apm 5层 전화 (010)6512-4600 홈페이지 www.xibei.com.cn 영업 11:00~14:00, 17:00~21:00(매장에 따라 브레이킹 타임이 없는 곳도 있음) 메뉴 사진, 영어, 중국어 예산 2인 100元~ 가는 방법 지하철 2호선 왕푸징 王府井역 B출구에서 도보 10분 **MAP p.9-A2**

간편 메뉴
浇汁莜面 벌집국수 53元
烤羊肉串 양꼬치 13元
烤羊腿 양다리 통구이 198元
蒙古烧麦 몽고풍 양고기 샤오마이 19元(3개)
自制酸奶 수제 요구르트 15元

〈외파가〉 베이징 시내 주요 지점

지점	주소	위치
솔라나 지점	北京市 朝阳区 朝阳公园路 6号 蓝色港湾国际商区 2楼	MAP p.14-B2

Central Beijing

北京
BEIJING

미주동파주루 眉州东坡酒楼
메이조우동포지우로우 | méi zhōu dōng pò jiǔ lóu

주소 北京市 东城区 王府井大街 88号 银泰 in88 3층 전화 40085-27527 영업 09:00~22:00 메뉴 영어, 중국어 예산 2인 200元 가는 방법 5호선 덩스커우 灯市口역 A출구에서 도보 10분 또는 2호선 왕푸징역 B1출구에서 도보 13분 **MAP p.9-A2**

상하이·쓰촨 요리 전문점. 백화점 식당가의 레스토랑이라고는 믿어지지 않을 만큼 저렴한 가격을 무기로 왕푸징 일대에서 가장 인기있는 집으로 등극했다. 기본적인 요리 베이스는 상하이 요리에 기반을 두지만, 대중적으로 알려진 요리들은 거의 취급하고 있다. 중국식 누룽지탕 쏀셴궈빠 三鲜锅巴, 닭고기 견과류 볶음인 궁바오지딩 宮保鸡丁이 인기메뉴. 매콤함을 더하고 싶다면 작은 종지에 나오는 매운 면인 딴딴멘 担担面 정도를 추가하면 된다.
밥 때에 가면 대기시간이 상당히 긴 집이다.

간편 메뉴
东坡肉 동파육 72元
宮保鸡丁 꿍바오지딩(닭고기 견과류 볶음) 80元
三鲜锅巴 해물누룽지탕 48元
担担面 딴딴면 13元

중국 서북 요리. 정확히 말하면 시안 西安부터 저멀리 신장 新疆 위구르 자치구 지역의 요리를 캐주얼하게 만들었다. 이질적이지 않은 맛, 그리고 독특한 비주얼로 인해 중국의 젊은 층, 그리고 외국인에게 꽤 강력하게 어필중이다.

다양한 서북지역 만두와 벌집국수라 불리는 쟈오지요우멘 浇汁莜面, 서북지방의 상징이랄수 있는 양꼬치와 수제 요구르트가 핵심 메뉴. 오픈 키친에서는 만두, 그리고 쟈오지요우멘 등 주요 요리를 만드는 과정을 볼 수 있다. 꽤 인기있는 집이라 밥때에는 줄을 서야할 수도 있다. 여태까지 보아오던 중국요리와 여러모로 다르기 때문에 문화체험(?)의 용도로도 이용해 볼만하다.

샤브샤브 呷哺呷哺
시아뿌시아뿌 | xiā bǔ xiā bǔ

 주소 北京市 东城区 王府井大街 218号 王府井书店 B1层 홈페이지 www.xiabu.com 영업 10:00~22:00 메뉴 중국어, 사진 예산 2인 120元~ 가는 방법 지하철 2호선 왕푸징역 A 출구에서 도보 10분 왕푸징 서점 왼쪽 골목으로 들어가면 건물 옆쪽에 지하로 내려가는 입구가 있다. **MAP p.9-A2**

베이징 젊은이들에게 가장 큰 인기를 얻고 있는 훠궈 전문점으로 훠궈를 패스트푸드처럼 간편하고 빨리 먹을 수 있게 만들었다. 다양한 1인 세트 메뉴(25~28元)를 선보이며, 베이징 신세대의 라이프 스타일에 딱 어울린다는 평을 얻고 있다. 무엇보다 복잡한 훠궈 메뉴판과 씨름하지 않아도 된다는 점이 편리하다. 세트 메뉴는 총 6가지로, 소고기 훠궈 세트 肥牛套餐, 정품 소고기 훠궈 세트 精品牛套餐, 양고기 세트 羊肉套餐, 닭고기 세트 鸡肉套餐, 생새우 세트 鲜虾套餐, 소고기 & 양고기 세트 牛羊套餐 등이 있다. 세트에는 메인 격인 고기 외에 야채, 버섯, 계란, 장, 밥이 포함되어 있다. 양이 좀 부족하다 싶으면 생새우 大蝦나 모듬 오뎅 什锦丸类拼盘 등을 추가시켜보자.

주문할 때, 국물의 매운 정도, 찍어먹을 소스를 묻는데, 매운 국물을 원한다면 라탕 辣汤이라고 말하면 된다. 식사시간 때에는 발 디딜 틈조차 없으므로 20~30분은 기다릴 각오는 해야 한다.

〈샤브샤브〉 베이징 시내 주요 지점

지점	주소	위치
왕푸징백화대루	北京市 东城区 王府井大街 251-253号 王府井百货大楼 7层	MAP p.9-2
시단 조이시티	北京市 西城区 西单北大街 131号 西单大悦城 地下二层	MAP p.10-A2
베이징역 맞은편 항기중심	北京市 东城区 恒基中心 二层	MAP p.13-C1
건외 SOHO	北京市 朝阳区 东三环中路 39号 建外SOHO 4号楼 0408号	MAP p.14-A2
신광천지	北京市 朝阳区 建国路 87号 北京SKP B1楼	MAP p.14-B2
중관촌	北京市 海淀区 中关村大街 19号 新中关购物中心 B1楼	MAP p.17-C1

Central Beijing 北京 BEIJING

사우스 뷰티 South Beauty 俏江南
차오장난 | qiào jiāng nán

주소 北京市 东城区 东长安街 1号 东方广场地下1层 BB88号 **전화** (010)8518-6971 **홈페이지** www.qiaojiangnan.com **영업** 11:00~14:00, 17:00~21:30 **메뉴** 영어, 중국어 **예산** 2인 300元~ **가는 방법** 지하철 2호선 왕푸징역 A출구와 연결된 동방신천지로 들어와 Food Forum 반대방향으로 쭈욱 걸어가면 끝쪽에 위치한다. **MAP p.9-A2**

퓨전 스타일의 최고급 쓰촨 요리 레스토랑으로 상하이에 본점을 두고 있다. 물의 고장으로 유명한 강남의 이미지를 실내 인테리어에 적극 반영했다. 식당 곳곳에 배치된 수로와 물소리의 음향효과는 별천지에 와 있는 것 같은 느낌을 연출한다.
실내는 크게 두 개의 분위기로 나뉘는데, 반투명 대리석으로 장식된 바 스타일과 일본풍 주점 분위기가 물씬 나는 소형 별실이 그것. 각 별실은 수정 구슬로 장식해 로맨틱한 분위기를 풍긴다.
요리의 맛은 상당히 복합적인데, 매콤한 쓰촨 요리 베이스에 다양한 서양식 요리 기법이 가미되어 얼핏 맛을 봐서는 중국 음식 맞나 싶을 정도다.

간편 메뉴
宮爆虾球 깐풍새우 138元
海鲜锅巴 해물누룽지탕 179元
过桥排骨 궈챠오파이구(매운갈비구이) 198元
担担面 딴딴면 12元

채운지전 彩云之滇
차이윈즈덴 | cǎi yún zhī diān

주소 北京市 东城区 王府井大街 201号 **전화** (010)6513-2722 **영업** 10:00~21:00 **메뉴** 사진, 영어, 중국어 **예산** 2인 80~200원금 **가는 방법** 5호선 던스커우 灯市口역 A출구에서 도보 10분 또는 2호선 왕푸징 王府井역 C1·C2출구에서 도보 10분 **MAP p.9-A1**

왕푸징에 있는 윈난요리 전문점이다. 본격적인 윈난 요리도 선보이지만, 대부분 담백한 윈난 쌀국수인 궈치아오미센 过桥米线을 즐긴다. 참고로 궈챠오미센은 윈난지역을 대표하는 쌀국수 요리로, 우동같이 굵은 면발, 그리고 담백한 국물과 다양한 고명으로 누구나 솧아하는 내표적인 먼요리다. 일단 중식치고 속이 편하다는 건 궈챠오미센이 가진 결정적인 장점이다.
요리로 눈길을 돌린다면, 일단 윈난을 대표하는 다양한 버섯요리들을 추천하고 싶다. 특히 10월부터 시작

되는 동계에는 얼리지 않은 생 야생버섯요리도 선보이며 미식가들의 입맛을 유혹한다.

간편 메뉴
鲜虾香菇过桥米线 새우표고버섯 궈챠오미셴 28元
肥牛过桥米线 차돌박이 궈챠오미셴 28元
干椒牛肝菌 윈난 특산 소간버섯 볶음 88元

전취덕 全聚德
취안쥐더 | quán jù dé

 주소 北京市 东城区 王府井 帅府园胡同 9号 전화 (010)6525-3310 홈페이지 www.quanjude.com.cn 영업 11:00~13:30, 16:30~21:00 메뉴 중국어, 영어, 사진 예산 2인 300~450元 가는 방법 지하철 2호선 왕푸징 王府井역 B1 출구로 나와 맥도날드 건물 다음 골목으로 들어가면 왼쪽에 있다. **MAP p.9-A2**

1864년 개업한 베이징 오리구이의 명가. 전취덕이 등장하기 전만 해도 오리구이는 궁정 요리의 한 장르로 궁궐 사람들만 맛볼 수 있었다고 한다.

베이징 오리구이의 핵심은 바삭한 껍질의 식감이다. 껍질은 설탕에 찍어서, 살코기는 곁들여 나오는 밀전병에 파와 장을 찍어 싸먹는 방법이 정석이다. 껍질은 입에 들어가자마자 녹아버릴 정도로 파삭하면서 부드럽다.

이런 부드러움의 비결은 바로 사육방법, 병아리 때부터 거의 움직이지 못하게 좁은 공간에 밀폐시켜 키우기 때문이라고.

하지만 최근의 전취덕은 명성에 지나치게 기대는 모습을 보이고 있다. 다른 오리구이 레스토랑보다 가격이 2배쯤 비싼 데다 서비스까지 불친절해 최근에는 외국인 여행자의 발길이 급격히 뜸해지고 있다. 유명 식당에서의 식사를 즐기는 사람들에게 적합한 곳이다.

간편 메뉴
全聚德烤鸭套餐 전취덕카오야 세트 288元 – 옆에서 썰어줌(카오야 1마리, 밀전병, 오이, 파채, 소스 포함)
全聚德烤鸭 전취덕카오야 238元(반마리 119元) – 옆에서 썰어줌
精品烤鸭 정품카오야 198元
(카오야에 곁들이는 오이, 파채, 소스 추가 12元)
桂花糖藕 연근에 찹쌀을 넣어 달게 조림 28元
烩鸭舌乌鱼蛋汤 오리혀, 오징어 탕 19元
糖醋鱼条 생선탕수육 76元
芥末鸭掌 오리발무침 45元
小鸭酥 샤오야수 간식 19元

Central Beijing 北京 BEIJING

시단 주변

유신천채 渝信川菜
우씬촨차이 | yú xìn chuāncài

강력추천

주소 北京市 西城区 西单北大街 111号 西单国际大厦 7楼 전화 (010)6618-3918 영업 11:00~22:00 예산 2인 200元 가는 방법 지하철 4호선 링징후퉁 灵境胡同역 D출구에서 도보 7분 MAP p.10-A2

상하이에서 꾸준한 인기를 오래도록 얻자, 베이징에도 분점을 낸 대중적인 쓰촨 레스토랑. 일반적인 여행자의 동선에서는 조금 외지다고 느낄 수 있는 산리툰~공인체육관 사이에 있다.

쓰촨요리의 간판 메뉴인 마포또우푸 麻婆豆腐, 가지볶음인 위샹치에스바오 鱼香茄子煲 같은 서민적인 밥 반찬 요리들이 특히 맛있다. 꾸이와렌로우 桂花莲芽는 연근 속에 찹쌀을 넣고 달콤하게 졸여낸 요리다. 대부분 매운 쓰촨요리에서 감초같은 역할을 할 수 있다. 충칭라즈찌 重子鸡는 매운 닭볶음에 가까운 요리다. 한국의 중국집에서 파는 깐풍기와 라조기의 중간쯤이라고 보면 되는데, 치킨파라면 한번쯤 시도해 볼만한 하다. 사진메뉴판이니 책에서 추천하는 메뉴에 구애받지 말고 본인의 취향을 탐험해보자. 조금 차려먹는 여행자라면 메기 살을 잘 발려, 고추기름 탕에 익혀 나오는 수이즈난위 水煮鲶鱼 주목하자. 중국인들은 이 집에 오면 반드시 시키는 요리인데, 한국인의 입맛에는 반반. 중독됐다는 사람도 있고, 어떤 포인트를 즐겨야 할지 모르겠다는 사람도 있다. 저자들은 좋아하는 입장인데, 화한 맛과 달콤하고 부드러운 생선살맛의 조화가 핵심이다. 메기는 민물고기 특유의 비린내가 없는 고기니 냄새를 걱정할 필요는 없다. 공인 工体점(朝阳区 春秀路幸福一村西里甲5号)도 있다.

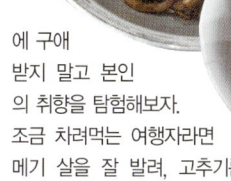

해저로훠궈 海底捞火锅
하이디라오훠궈 | hǎi dǐ lāo huǒ guō

강력추천

주소 北京市 西城区 西单北大街 109号 西西友谊商场 7层 전화 (010)6617-4063 영업 11:00~02:00 메뉴 중국어 예산 2인 250元~ 가는 방법 지하철 링징후퉁 灵境胡同역 D출구에서 도보 5분 MAP p.10-A1

서울의 명동과 강남에도 분점이 있는 21세기형 훠궈 집. 한국인이 가장 좋아하는 중국 요리 중 하나인 훠궈는 사실 위생적인 면에서는 알 수 없음의 대명사이기도 하다. 드문 예이긴 하지만, 훠궈의 본고장 충칭의 한 훠궈 명가는 40년 동안 국물을 한 번도 버린 적이 없다는 이유로 국내 TV에도 나왔을 정도. 해저로훠궈는 그 정반대라고 보면 된다. 손님 상에 올라갔던 재료는 모두 폐기한다. 전날의 폐기량을 매일 확인할 수도 있다. 훠궈 국물은 모두 파우치 포장이 되어 있어 주문을 하면 그 자리에서 뜯어 부어준다.

재료의 신선도도 빼어난 수준. 훠궈를 다 먹고 마지막에 면을 시키면, 기술자가 직접 테이블 앞에서 수타면을 뽑아준다. 일종의 퍼포먼스를 겸한 서비스로 외국인은 물론 중국인들에게도 열렬한 호응을 받고 있다.

해저라는 이름에 걸맞게 수중세계를 연출한 차원 높은 인테리어를 보고 있으면 훠궈 레스토랑으로 보이지 않는다.

영어가 통하지 않는 것이 단점이긴 하지만 상당히 친절하다. 알아들을 때까지 손짓, 발짓으로 노력하는 점원들을 보면 중국어를 못하는 여행자들이 오히려 미안할 정도. 맛, 분위기, 청결도 등 모든 점에서 강력 추천한다.

〈해저로훠궈〉 베이징 시내 주요 지점

지점	주소	위치
시단	北京市 西城区 西单北大街 109号 西单婚庆大楼 7층	MAP p.10-A1
왕징	北京市 朝阳区 望京街 9号 望京国际商业中心 4층	MAP p.15-C2

Central Beijing
北京 BEIJING

녹차찬청 绿茶餐厅
루차찬팅 | lǜ chá cān tīng

주소 西城区 西单北大街 110号 老佛爷百货 5층
전화 (010) 8787-6199 영업 11:00~22:00 예산 2인 120元 가는 방법 지하철 4호선 링징후퉁 쿳境胡同역 C출구에서 도보 5분 **MAP p.10-A1**

캐주얼한 중식 레스토랑. 중국 요리 특유의 느끼함을 녹차잎을 가미해 중화시킨 특유의 조리법 때문에 외국인이 접근하기에도 아주 좋은 편이다. 박리다매가 방침인지라 음식값이 상대적으로 저렴하다. 때문에 적은 돈으로 한상 거하게 차려보고 싶다면 이 집에서 꿈(?)을 이룰 수 있다.
굳이 추천요리에 집착하지 않아도 된다. 메뉴판은 모두 사진으로 구성되어 있고, 정말 막 깔아도 얼마 나오지 않는다. 주머니가 가벼운 여행자들에 한해, 강력 추천.

간편 메뉴
火焰虾 매콤한 새우 구이 42元
客家茄子煲 가지조림 22元
绿茶烤肉 돼지바베큐 38元
干锅包心菜 매운 양배추볶음 12元
绿茶饼 녹차떡 12元

선가어수교 船歌鱼水饺 New
추안거위쉬이지아오 | chuán gē yú shuǐ jiǎo

주소 北京市 西城区 西单北大街 176号 汉光百货 8楼 전화 (010)6607-2016 영업 11:00~21:00 메뉴 중국어, 사진 예산 2인 100元 가는 방법 지하철 1·4호선 시단 西單역 A·B출구에서 도보 7분 **MAP p.10-A2**

삼치의 어육으로 소를 만들어 빚는 어만두는 산둥 지방의 명물이다. 선가어수교는 칭다오 青岛에 본점을 둔 식당이다. 일찌기 현지인들 사이에서 명물로 통해 왔으며, 국내 TV 프로그램에까지 등장하면서 한국인 여행자에게도 높은 인지도를 자랑하는 곳이다. 삼치 소를 넣은 물만두라니, 비린 맛이 날까 걱정하는 이도 있겠지만 중국식 초간장에 곁들여 먹으면 의외로 부드럽고 담백한 맛을 느낄 수 있다. 오징어 먹물을 잔뜩 투하한 갑오징어 물만두도 빼놓으면 섭섭하다. 만두는 한 통을 주문하면 12개가 나온다.

간편 메뉴
船歌墨鱼水饺 갑오징어 먹물 물만두 36元
船歌黄花鱼水饺 조기 물만두 29元
鲅鱼水饺 삼치 물만두 26元
蒜蓉粉丝蒸夏威夷贝 마늘 가리비조개 당면찜 17元/1개
辣炒青岛小花蛤 매콤한 청도산 조개 볶음 33元

파는 만두의 두가지가 있다. 메뉴판에 량 两이라는 글자가 나오면 무게로 판다는 의미. 1량은 50그램으로 5개 정도. 얼량 二两이면 대략 한접시가 된다. 접시는 편 份이라고 메뉴에 적혀있다.
가격이 정말 참한편이라 장정 둘이 100元어치 먹기 힘들다.

구이제 주변

화가이원 花家怡园
화자이위안 | huā jiā yí yuán **강력추천**

주소 北京市 东城区 东直门内大街 235号 전화 (010)5128-3316 영업 10:00~02:00 메뉴 영어, 중국어, 사진 예산 2인 150元~ 가는 방법 지하철 5호선 베이신차오역 B출구에서 왼쪽으로 방향을 틀어 동직문외대가로 도보 5분 MAP p.7-C1

사합원을 개조한 레스토랑. 'ㅁ'자 건물인 사합원의 한가운데, 유리지붕을 씌워 동서양이 뒤섞인 독특한 분위기－어찌 보면 식물원 온실 같은－를 연출한다.
쓰촨 요리를 메인으로 광둥, 산둥, 심지어 중국식 사찰 요리인 정진 요리까지 취급하고 있는데, 전체적으로 무난한 편이다. 특히 정진 요리 몇 가지는 문화체험 차원에서라도 한 번쯤 맛볼 만하다.
구이제 簋街에 있는 식당답게 마라룽샤도 취급한다. 앞서 소개한 소산성과 동일한 가격대를 유지하는데,

천진백교원 天津百饺园
텐진바이지아위안 | Tiān jīn bǎi jiǎo yuán **강력추천**

주소 北京市 西城区 新文化街甲 12号 전화 (010)6605-9375 홈페이지 www.baijiaoyuan.com 영업 10:00~14:30, 17:30~22:00 메뉴 영어, 중국어, 사진 예산 2인 60元~ 가는 방법 지하철 1·4호선 시단역 J1출구로 나가 직진해 2번째 골목으로 들어간다. 조금 더 들어가면 왼쪽에 있다. MAP p.10-A2

텐진에 본점을 둔 빠오즈 전문점. 백교원이라는 상호는 거짓말이 아닌것이 무려 300여종의 만두를 선보이고 있다. 만두는 크게 네 가지로 찐만두(아무 표시가 안돼있다.), 군만두 煎饺, 그리고 찐만두의 일종이긴 하지 만 화려한 모양을 자랑하는 샤오마이 烧卖, 그리고 물만두 水饺로 나뉜다. 만두 이름에는 재료의 의미가 숨어있기 때문에 한자를 조금 안다면 주문이 그리 어려운 편은 아니지만, 한자를 모른다면 돼지고기 야채만두 猪肉三鲜, 게살 鲜蟹, 새우 皮皮虾. 돼지고기 부추 군만두 猪肉韭菜(煎饺), 오징어 물만두 鱿鱼水饺 정도가 적당하다. 샤오마이는 모양은 이쁘지만 만두피가 덜 익어 나오는 경우가 있어서 비추. 참고로 이 집은 무게로 달아파는 만두와 접시단위로

간편 메뉴
猪肉三鲜 돼지, 버섯, 새우가 들어간 만두 12.8元/两
皮皮虾 새우만두 15.8元/两
猪肉韭菜煎饺 돼지고기 부추 군만두 18元/份
香茄里脊 등심튀김(탕수육과 흡사) 38元

Central Beijing 北京 BEIJING

간편 메뉴
烤鸭 카오야 258元 (반마리 168元)
八旗小羊排 매운 양갈비 198元
麻辣小龙虾 마라샤오룽샤 80元
花家白菜 배추 볶음 38元

소산성에 비해 덜 맵다. 왕푸징에도 분점이 있다.

매운 양념을 끼얹어 먹는 카오위 烤鱼도 중국인들은 즐겨먹는 메뉴이긴 한데, 한국인들은 아무래도 가재, 게, 새우쪽으로 쏠리기 마련이다. 갑각류가 질릴즈음에 한번 시도해 볼 수 있겠다.

당연한 이야기겠지만, 매운 요리 전문이다보니 호대빈관에서 취급하는 디저트류는 극단적으로 달다. 연유에 찍어먹는 만토우 馒头와 함께 먹으면 매운맛을 조금은 달랠수 있다.

호대반관 胡大饭馆
후다판관 | hú dà fàn guǎn

주소 北京市 东城区 东直门内大街 233号 전화 (010)6400-3511 영업 10:30~04:00 메뉴 영어, 중국어 예산 2인 300元 가는 방법 지하철 5호선 베이신차오역 B출구에서 왼쪽으로 방향을 틀어 동직문외대가로 도보 5분 MAP p.7-C1

중국식 매운 해물요리 전문점. 고추와 화지아오로 간을 한 무조건 맵고 화한 양념이 들어가는 다양한 해물요리를 선보이고 있다. 가장 인기있는 요리는 뭐니뭐니해도 민물가재 요리인 마라롱샤 麻辣龙虾. 크기에 따라 한 마리에 5~15元까지로 꽤 다양한데, 원채 머리만 크고 살은 작은 녀석이라 마리당 8元짜리 정도는 먹어줘야 입에서 뭔가 씹히는 맛이 있다. 한때 성발 서렴한 서민 요리의 대명사였지만 최근 가격이 급등해 예전같진 않다는 점이 아쉽다.

샹라씨에 香辣蟹는 게볶음이다. 껍데기 벗기기 귀찮은 건 매 한가지지만, 게살 특유의 달콤함이 마라 양념과의 궁합이 상당하다. 충청식으로 튀긴 물고기에

Fanta Say

쉿! 귀신 나올지도 몰라요!

마라룽샤와 훠궈 레스토랑이 몰려 있는 둥즈먼네이다제 东直门内大街의 또 다른 애칭은 바로 구이제 簋街. 하지만 발음이 같은 鬼街, 즉 귀신 거리라는 뜻이지요. 구이제에서 일직선으로 연결되는 둥즈먼 东直门은 서울로 치자면 서소문 같은 곳, 즉 시신들을 내오는 문이었습니다. 게다가 사형장도 근처에 있어 시신의 행렬이 일년 내내 끊이지 않았다죠.

고대 중국에서는 시신의 피, 특히 사형수의 피는 폐병에 특효라는 믿음이 있었는데요, 그래서 이 일대에는 사형수의 피를 구하려고 각지에서 몰려든 폐병환자 가족들이 장사진을 쳤고, 급기야 이들에게 생필품을 팔기 위한 커다란 장까지 섰답니다.

이런 이유로 언제부터인가 산 자와 죽은 자가 삶을 매개로 얽혀 있는 이 거리를 구이제라는 으스스한 이름으로 부르기 시작했다는군요.

옹화궁·국자감 주변

금정헌 金鼎軒
진딩쉬안 | jīn dǐng xuān

주소 北京市 东城区 和平里西街 77号 전화 (010) 6429-6699 영업 24시간 메뉴 영어, 중국어, 사진 예산 2인 100元~ 가는 방법 지하철 2·5호선 융허궁 雍和宮역 A출구에서 오른쪽으로 방향을 틀어 다리를 건너면 왼쪽 길건너편에 있다. MAP p.7-C1

베이징을 대표하는 광둥식 딤섬 명가. 홍콩에서도 최근에야 볼 수 있는 영업시간내 언제든 딤섬을 즐길 수 있는 정책때문에 낮밤없이 붐비는 집이다. 특히 주말에는 야식파까지 몰려들며 밤 10시가 넘어도 대기줄이 존재하는, 그야말로 모두에게 사랑받는 집이다.

최근 메뉴판이 대거 확장되며 딤섬외에 다양한 광둥요리도 선보이고 있는데, 아무리 그래도 이 집의 정체성은 딤섬이다. 예전에는 홍콩딤섬에 비해 투박하다 평가했으나, 최근 재취재한 바에 의하면 홍콩의 유행을 1년 미만의 격차로 따르고 있으며 맛이나 딤섬을 빚는 기법에 있어서도 홍콩의 딤섬 전문 레스토랑 수준은 된다.

24시간 영업이라는 파격적인 정책은 이른 아침에도, 문득 잠자리에 누웠다 딤섬 생각이 날 때도, 언제든지 이 집으로 내달릴 수 있는 명분을 제공한다. 주문은 테이블 앞에 놓인 주문지에 기입하는 방식, 메뉴판을 보면 각 요리마다 고유번호가 있는데 그걸 적으면 된다. 결코 어렵지 않다.

간편 메뉴

鲍汁腐皮卷 전복소스, 두부껍질 야채말이 12.8元
招牌虾饺皇 새우딤섬, 샤쟈오 29.8元
鲜虾烧麦 새우 샤오마이 25.8元
鲜虾蒸肠粉 새우 창펀 26元
芒果布丁 망고푸딩 12元

〈금정헌〉 베이징 시내 주요 지점

지점	주소	위치
단결호	北京市 朝阳区 团结湖南里 15号	MAP p.14-B2
건외 SOHO	北京市 朝阳区 东三环中路 39号 建外SOHO 东区A座24楼2楼	MAP p.14-A2

Central Beijing

北京
BEIJING

쓰촨반점 四川饭店
쓰촨판뎬 | sì chuān fàn diàn

강력추천

 주소 北京市 西城区 新街口北大街 3号 星街坊 购物中心 1층 전화 (010)8322-5559 영업 11:00~14:00, 17:00~21:00 메뉴 영어, 중국어, 사진 예산 2인 300元~ 가는 방법 지하철 2호선 지수이탄 积水潭역 B·C출구에서 도보 5분 MAP p.6-A1

베이징 쓰촨요리의 명가. 1959년 8월 4일 개업했는데, 개업식에 당시 총리였던 저우언라이 周恩来를 비롯해 당대의 대문호 궈모루 郭沫若, 덩샤오핑 邓小平 등 기라성 같은 인사들이 총출동 했다. 참고로 쓰촨반점이라는 이름도 저우언라이의 작명, 현판의 글씨는 궈모루의 작품이다.

당시만해도 국영식당외에 개인식당의 영업이 엄격히 제한되던 시대라, 쓰촨반점의 탄생은 꽤나 획기적인 사건중 하나였다. 후난 출신으로 매운 맛 마니아였던 마오쩌둥도 이 집의 단골이었다고.

엄청난 유명세에 비해서는 가격이 상당히 합리적인 편이고, 개업식날 '맛에 있어서 만큼은 변치말라.' 는 저우언라이의 유지를 받들어, 오늘날에도 큰 타협없이 전통의 맛을 고수하고 있다.

원래는 베이징 후통 한복판, 공왕부옆에 있었는데, 2010년 현재의 자리로 이전하며, 상대적인 교통의 불리함때문에 예전의 엄청난 인기에서는 한 발 비켜선 듯 하다.

참고로 타협하지 않는 전통의 맛이라는 원고때문에 엄청나게 매울거라 생각하는데, 1950년대의 쓰촨요리는 지금처럼 맵진 않았다. 외려 최근의 불짬뽕 느낌의 쓰촨요리에 비해서는 순하고 부드럽다.

간편 메뉴
鱼香肉丝 위샹로우쓰 52元
麻婆豆腐 마파두부 46元
锅巴三鲜 누룽지 탕 58元
担担面 딴딴면 12元
四川汤圆 한 뜸 끓인 달콤한 찹쌀경단(디저트) 12元

삼원매원 三元梅园
쌴위안마이위안 | sān yuán méi yuán

 주소 北京市 东城区 国子监街 14号 홈페이지 www.sanyuan.com.cn 영업 10:00~18:00 메뉴 영어, 중국어 예산 2인 30元 가는 방법 지하철 2·5호선 옹화궁 雍和宫역 G출구에서 도보 5분 MAP p.7-C1

중국을 대표하는 유제품 기업인 쌴위안에서 직영하는 요거트 디저트 전문점이다. 우유 문화가 아예 없던 한국과 달리 중국에서는 예전부터 궁중을 중심으로 요거트를 만들어 먹는 식습관이 있었고, 최근 갑자기 요거트=궁중간식 개념으로 재포장되며 전국적인 인기를 누리고 있는 상황이다. 오다가 분점이 보이면 잠시 앉아 요거트를 먹으며 휴식을 취하는 용도쯤으로 활용할 수 있다.

플레인 요거트 原味酸奶가 15元, 단팥이 든 우유푸딩 红豆双皮奶은 16元이다.

스차하이·고루·난뤄구샹 주변

추율향 秋栗香
츄리샹 | qiū lì xiāng

주소 京市 东城区 地安门西大街 2号(地安门十字路口) 전화 (010)6401-6838 영업 09:20~21:00 메뉴 중국어, 실물 예산 2인 40元~ 가는 방법 지하철 6·8호선 난뤄구샹 南锣鼓巷역 A출구에서 도보 7분 MAP p.8-A2

베이징 군밤명가. 무슨 군밤하나 먹겠다고 아침부터 이리 긴 줄이 늘어서나 의아할 정도지만, 이 집의 밤 맛을 잊지 못하는 베이징 시민들, 그리고 지방에서 온 김에 왕창 구입하려는 중국인 현지 요우커들로 인해 추율향 앞은 언제나 북작거린다.

군밤 외에 해바라기씨, 아몬드, 마카다미아 너트등 온갖 견과류를 함께 취급한다. 군밤의 경우 한 근 (500g)에 18元.

Central Beijing 　　　北京
　　　　　　　　　　BEIJING

청두의 미쓰 푸 付小姐在成都
Miss Fu in Chengdu
푸샤오졔짜이쳥두 | fù xiǎo jiě zài chéng dōu　**New**

주소 北京市 东城区 地安门东大街 5号楼1-2层 전화 전화 (010)8409-9610 영업 화~일 11:00~02:00, 월 11:00~14:00, 16:30~02:00 메뉴 중국어 예산 2인 150元 가는 방법 지하철 6·8호선 난뤄궈샹 南锣鼓巷역 A출구에서 도보 2분

MAP p.7-B1

간편 메뉴
高汤锅底 소스 국물 선택
안매운 不辣 연한 매운 微辣 중간 매운 中辣 무지 매운 重辣 8元
꼬치 선택
蟹黄包 게살 소룡포 5元
麻辣五花肉 매콤 삼겹살 / 蝦丸 새우 오뎅 3元
蟹肉棒 게맛살 / 鱼豆腐 어두부 / 腐竹 말린 두부 /
野生小木耳 목이버섯 2元
香菇 표고버섯 / 土豆 감자 / 年糕 흰 떡 1元
사이드디시
红糖糍粑 흑설탕 인절미 16元
火锅粉 매콤하고 화한 넙적 당면국수 15元

쓰촨식 꼬치 전문점이다. 맵고 화한 쓰촨식 탕에 꼬치를 데쳐 먹는 방식으로, 언뜻 훠궈와도 비슷한 이 요리는 촨촨 串串이란 이름으로도 불린다. 간편한 방식 덕에 젊은 여행자들에게 인기 만점이다. 주문 시 국물의 맵기를 조절할 수도 있다. 매운 요리가 주를 이루는 식당이라, 달콤한 디저트 메뉴가 부록처럼 따라온다. 우리식으로 표현하면 '흑설탕 인절미'쯤 되는 달다구리 훙탕츠바 红糖糍粑는 얼얼한 입술과 혀를 달래는데 부족함이 없다.

르 리틀 사이공 le Little Saigon
西贡在巴黎 xī gòng zài bālí

 주소 北北京市 东城区 旧鼓楼大街乙 141号 전화 (010)6401-8465 영업 12:00~22:00 메뉴 사진, 영어, 중국어 예산 2인 120~300元 가는 방법 지하철 2·8호선 고루대가 鼓楼大街역 G출구에서 도보 7분 MAP p.8-A1

베트남요리 전문점이다. 상당히 깔끔한 맛을 내는 집으로 중식이 지겹거나, 속을 풀기위한 따끈한 국물이 그립다면 거부할 수 없는 대체품이다. 베트남 쌀국수인 퍼 Pho나 짜조같은 주식은 가격도 저렴한 편이라, 중식과 비교해도 별 부담이 느껴지지 않는다. 다만 국수를 담는 그릇이 작은 편이라 뭔가 모양이 나지 않는다는게 유일한 흠이라면 흠이다.

직수입한 333, 비아 사이공, 비아 하노이 같은 베트남 맥주도 마실 수 있다.

영어 상호는 리틀 사이공이지만, 한자 이름은 파리의 사이공이라는 뜻이다. 즉 프렌치 인도차이나 요리도 취급한단 이야기. 적포도주 끓인 소고기 감자 스튜 같은 요리는 꽤 그럴듯한 맛을 낸다.

간편 메뉴
河内牛肉汤粉 하노이풍 소고기 쌀국수 39元
越南春卷 베트남 스프링롤 36元
猪肉鲜虾春卷 돼지고기 새우 월남쌈 38元
勃艮地红酒牛肉配土豆泥 적포도주로 끓인 소고기 감자 스튜 88元

이융재 伊隆斋
이용짜이 | yī lóng zhāi

 주소 北京市 东城区 地安门外大街 帽儿胡同 43号 전화 (010)6406-2511 영업 11:00~00:30 메뉴 사진, 중국어 예산 2인 60元~ 가는 방법 지하철 8호선 스치하이 什刹海역 C출구에서 도보 8분 MAP p.7-B1

스차하이에서 멀지 않은 곳에 있는 청진요리, 즉 신장 위구르 자치구의 이슬람요리 전문점. 쉽게말해 정통 양꼬치 전문점이다. 요즘 한국에서도 조선족들에 의해 양꼬치집이 유행인데, 사실 중국으로 넘어오면 조선족이 거주하는 둥베이 东北 스타일은 변종에 가깝고, 신장 위구르 자치구쪽의 양꼬치를 정통으로 친다. 요즘 들어 본토 양꼬치를 먹겠다며 중국여행을 오는 경우도 많은데 그런 사람들에게 추천하고 싶은 집이다.

양꼬치의 성격상 이 집도 서민식당에 가깝다. 다만 위치탓에 서양인들에게도 꽤 알려졌고 이 때문에 점원들이 외국인 손님에게 그나마 익숙하다는게 장점. 근처 후통에 사는 중국인들도 오가며 양꼬치와 맥주를 즐기기에 여념이 없다.

양꼬치 외에 근위, 닭날개, 감자까지 온갖걸 다 구워

Central Beijing

北京
BEIJING

준다. 신장을 대표하는 닭요리인 따판지 大盘鸡도 먹을 수 있다. 저녁대용으로도, 양꼬치를 곁들인 알콜 충전소로도 모두 추천할만하다.

간편 메뉴
羊肉串 양꼬치 5元
羊肉串 큰 양꼬치 10元
烤羊腿 구운 양다리 25元
烤羊排 양갈비 꼬치 25元
大盘鸡 따판지, 일종의 신장식 닭도리탕 小 65元, 大 98元
老虎菜 고수, 파 무침 12元

화제조산사과죽 火齐潮汕砂锅粥
후오지차오산사궈저우 |
huǒ jì cháo shàn shā guō zhōu

 New

주소 北京市 东城区 鼓楼东大街 206号 전화 (010)6406-0800 영업 11:00~22:30 메뉴 영어, 중국어 예산 2인 100元 가는 방법 지하철 8호선 스차하이 什刹海역 도보 10분

MAP p.7-B1

한국에 돌솥비빔밥이 있다면, 중국엔 돌솥에 끓이는 죽, 그러니까 '샤궈 죽'이 있다. 한국의 죽이 환자 보양식에 가깝게 발달한 것에 비해 중국에서의 죽은 일상적인 아침 메뉴 중 하나로, 우리에겐 끓이는 방법부터 색다르게 느껴진다. 별 기대 없이 먹었다가 빠져들게 될 만큼 만듦새며 풍미가 빼어나다. 전복이나 가리비 등 고급 식재료를 넣은 죽도 있는데 가격은 한국의 그것과 비교 할 수 없을 정도로 저렴한 편. 반드시 시도해 볼만하다.

간편 메뉴
蚝仔粥 굴 죽 28元
青菜香菇粥 야채 표고버섯 죽 22元
干贝虾粥 조개 새우죽 38元
鲍鱼干贝蟹粥 전복 조개 게 죽 118元
养生杂菌粥 건강 모둠 야생버섯 죽 68元

일창찬관 日昌餐馆
르창찬관 | rì chāng cān guǎn

주소 北京市 西城区 地安门西大街 14号 전화 (010)6405-8205 영업 10:00~03:00 메뉴 영어, 중국어, 사진 예산 2인 50~100元 가는 방법 북해공원 후문으로 나와 오른쪽으로 방향을 잡고 5분 정도 걸으면 나온다. MAP p.8-A2

스차하이 입구 맞은편에 있는 대중적인 중국 요리 레스토랑으로 베이징 각지에 5개의 분점을 거느리고 있다. 스차하이가 개발되기 전, 마땅히 먹을 만한 곳이 없을 때는 거의 독보적이었던 집으로 오늘날에도 가격 경쟁력을 무기로 꿋꿋이 살아남아 있다.

메뉴가 엄청나게 다양한데, 가급적 『베이징 프렌즈』 요리 편(P.54)에서 소개하는 한국인 입맛에 맞는 요리 위주로 주문하라고 권하고 싶다. 요리마다 맛의 편차가 심하기 때문에 멋모르고 시켰다가는 한 점

간편 메뉴
纸包鸡翅 닭날개 58元
避风塘虾 비펑탕스타일 새우 튀김 48元
干炒牛河 소고기 볶음면 30元
水果捞 코코넛, 과일 화채맛 음료 42元

집어먹고 영영 손 댈 일 없는 참극이 발생한다. 사실 맛이 없는 집은 아닌데, 한국인이 싫어하는 맛의 요리가 많다는 게 문제라면 문제. 가격 면에서는 이 주변에서 따라올 곳이 없다.

고육계 烤肉季
카오러우지 | kǎo ròu jì

주소 北京市 西城区 前海东沿 14号 전화 (010)6404-2554 영업 11:00~23:00 메뉴 영어, 중국어 예산 2인 120~200元 가는 방법 스차하이의 은정교 맞은편 MAP p.8-A2

160년의 역사를 자랑하는 몽골식 불고기 전문점으로 하화시장 맞은편 호숫가에 자리 잡고 있다. 양고기 불고기 烤羊肉는 이 집의 자랑거리. 양념이 한국의 불고기와 별 차이가 없기 때문에 향신료 문제로 고통을 겪는 여행자라면 안심해도 좋다.

한국에서 양고기를 먹어보지 않았거나 양고기 냄새가 거슬린다면, 일찌감치 다른 레스토랑을 찾는 것도 한 방법이다. 양고기 특유의 냄새로 인한 호불호가 확연히 갈리는 요리이기 때문이다. 하지만 다른 곳을

Central Beijing 北京 BEIJING

의 스킨십, 혹은 소탈함을 과시하기 위해 로컬식당 방문을 하곤 한다. 이곳은 문재인 대통령 내외가 방문에 중국식 아침을 먹었던 집으로 알려지면서 인기를 얻었고, 이후 러시아의 푸틴 대통령도 방문해 재차 화제를 모았다. 한국인 방문객에게는 대통령 내외가 앉았던 자리로 안내하는 등 친절한 서비스를 베푼다. 대통령이 주문했던 메뉴는 다음의 간편 메뉴를 참고할 것.

간편 메뉴

- 永和鲜热浆 뜨거운 두유 5元
- 蛋饼油条 계란 요우티아오 6元
- 鲜肉小笼包 고기 소롱포 18元
- 鲜虾猪肉烧麦 새우 돼지고기 샤오마이 8元
- 虾仁鲜肉馄 새우 만둣국 15元

가지 않아도 소꼬리찜쯤 되는 红烧牛尾나 소갈비구이쯤 되는 特色中式烤排는 양고기구이를 대체할 만한 대안이다.

간편 메뉴

- 烤羊肉 양고기 불고기 118元(500g)
- 羊肉串 양꼬치 12元(한개)
- 炸烹虾 새우튀김 92元
- 麻豆腐 비지 두부 25元

영화선장 永和鲜浆
융허셴장 | Yǒng hé xiān jiāng New

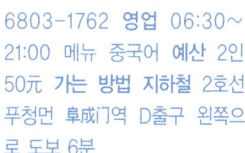

주소 北京市 西城区 阜成门外大街 3号楼底商(近国宾酒店) 전화 (010) 6803-1762 영업 06:30~21:00 메뉴 중국어 예산 2인 50元 가는 방법 지하철 2호선 푸청먼 阜成门역 D출구 왼쪽으로 도보 6분

MAP p.6-A2 / MAP p.17-C2

중국에 국빈으로 초대된 정치인들이 주로 머무는 조어대 钓鱼台 인근의 서민식당이다. 오바마 전 미국 대통령이 베트남을 방문하면서 로컬 식당을 방문해 큰 화제가 되었는데, 이후 수많은 나라 국가원수들이 해당국 국민들과

Central Beijing

Shopping

베이징 중심부의 쇼핑

베이징에 있는 백화점 중 70%가량이 이 일대에 몰려 있다. 전통의 쇼핑거리인 왕푸징다제를 비롯해, 베이징 청년들이 가장 사랑하는 시단 상업가 西单商业街 등 백화점 밀집 구역이 두 군데나 된다. 중국 민예품에서 세계적인 명품까지 중국에서 구할 수 있는 거의 모든 물건들을 만날 수 있다. 그간 쇼퍼들에게 외면당하던 베이징이지만, 지금은 질러볼 만한 물건들이 속속들이 눈에 띈다. 가슴 설레는 쇼핑의 천국으로 뛰어들어보자.

동방신천지 | 东方新天地 | 둥팡신톈디 | dōng fāng xīn tiān dì

주소 北京市 东城区 东长安街 1号 전화 (010)8518-6267, 6363 홈페이지 www.orientalplaza.com 영업 09:30~22:00 가는 방법 지하철 1호선 왕푸징 王府井역 A출구로 나오면 바로 연결된다. MAP p.9-A2

천안문 광장과 천안문을 가로지르는 베이징 최대의 번화가 창안다제 長安大街와 왕푸징다제 교차로에 있는 쇼핑몰. 아시아에서 가장 큰 쇼핑몰 중 하나로 총 3층, 연면적 약 120,000㎡의 엄청난 넓이를 자랑한다. 한국의 코엑스 몰과 여러모로 비슷하다. 내부는 마켓 스퀘어, 메트로시티, 가든 코트 등 총 5개의 구역으로 나뉘어 있는데, 테마별로 뒤섞여 있기 때문에 큰 의미는 없고 1층인 Lower Ground, 2층인 Upper Ground, 3층인 Sky Avenue로 구분하는 것이 크게 무리는 없을 것 같다. 젊은 층을 대상으로 한 쇼핑 아케이드라서 명품이 몰려 있는 구역은 극히 한정돼 있다. 주요 입점 브랜드는 Burberry, MaxMara, Sisley, Cerruti 1881, Shanghai Tang, Anna Sui, Hugo Boss, MAX&CO, DKNY, Coach 등을 꼽을 수 있다.

고급 브랜드 편집 매장으로 유명한 i.t도 있는데 베이징에서 가장 규모가 크다. 40여 곳에 달하는 레스토랑도 커다란 인기 요소다. 마땅히 먹을 만한 곳을 찾지 못했다면 무조건 직행해도 후회하지 않는다.

Central Beijing
北京
BEIJING

왕푸징서점 王府井书店
왕푸징수뎬 | wáng fǔ jǐng shū diàn

주소 北京市 东城区 王府井大街 218号 전화 (010)6513-2842 홈페이지 www.wfjsd.com 영업 09:00~21:00 가는 방법 동방신천지에서 왕푸징다제로 조금만 내려가면 바로 옆에 있다.
MAP p.9-A2

17,525㎡의 넓이를 자랑하는 초대형 서점으로 지하 2층, 지상 8층으로 이루어져 있는데, 이중 서점은 지하 1~6층까지다. 현재 중국의 도서문화를 한눈에 살펴볼 수 있는 곳으로, 1/F의 사진집이나 여행서적, 지도, 3/F의 외국서적 코너는 여행자들이 자주 찾는 구역이다. 특히 중국의 여행서적 코너는 사진을 구경하는 것만으로도 발품을 들인 값어치를 톡톡히 한다.

천복 天福
톈푸 | tiān fú

주소 北京市 东城区 王府井大街 176号 丹耀大厦 1층 전화 (010)6524-0958 홈페이지 www.tenfu.com 영업 10:00~21:00 가는 방법 왕푸징서점에서 왕푸징다제길로 조금 더 내려가면 오른쪽에 있다.
MAP p.9-A2

타이완에 본점을 두고 있는 전국적인 차 체인섬. 중국 전역에 793개, 베이징에만 60개의 분점이 있을 정도로 대규모. 어지간한 백화점이나 주요 여행자 거리에는 한두 개씩 분점이 있다고 보면 된다. 심지어 왕푸징에는 분점이 4곳이나 된다.
중국 차는 유통구조가 불투명하기로 유명하다. 즉 잘 모르면 바가지를 뒤집어쓰기 십상이다. 중국에 비해 상대적으로 차 산업이 현대화된 타이완 계열이니만큼 유통구조가 상대적으로 투명하고, 찻잎 관리도 현대적이라는 것이 천복의 장점이다. 차에 대해 전문가급인 사람은 품질에 비해 비싸다고 불만을 표시하지만, 아직 견문이 짧다면 천복은 가장 안심하고 중국 차를 구입할 수 있는 곳임은 분명하다. 타이완의 차까지 포함, 취급하는 차의 종류만도 중국에서 단연 최고다. 차를 시음할 수 있는 코너도 있다. 담소를 나누며 중국 차에 대한 견문을 넓히고 싶다면 한두 잔 마시면서 중국 차의 진가를 느껴보는 것도 좋은 일. 예나 지금이나 중국 차는 어르신들에게 아주 괜찮은 선물이다.

오유태 찻집 吴裕泰
우위타이 | wú yù tái

주소 北京市 东城区 王府井大街 186号 전화 (010)6525-4961 홈페이지 www.wuyutai.com 영업 08:30~21:00 가는 방법 천복에서 조금만 더 내려가면 왼쪽에 있다. MAP p.9-A2

1887년 개업한 베이징 차 업계의 명문. 중화인민공화국이 수립된 직후 많은 사기업이 철퇴를 맞을 때도 정부와 공동 경영하는 방식으로 끝까지 살아남아 중국 차의 우수성을 세계에 알린 명가 중의 명가다.

보기에도 예쁜 화차

한국인도 좋아하는 재스민차 茉莉花茶가 유명하다. 이 외에도 중국 10대 명차에 드는 안후이성의 명차인 황산모봉 黄山毛峰, 기문홍차 祁门红茶도 오유태의 것이 최고라는 평을 듣는다. 차는 품질에 따라 100배까지 가격차가 나는 관계로 같은 황산모봉이라도 등급에 따라 그야말로 극적으로 가격이 뛰는 것을 볼 수 있다. 한 통에 200元 정도만 해도 일반 중국인들은 꿈도 못 꾸는 고급품이라는 점을 염두에 두고 쇼핑에 임하자. 2층은 차를 마실 수 있는 찻집이다. 오유태 모아놓은 다기들이 박물관처럼 진열되어 중국 차를 접하기 좋은 곳이다. 소프트 아이스크림도 유명하다.

국 회화, 골동품 등 문구들을 전문으로 판매한다. 100년 넘는 역사를 자랑하는데, 20세기 초 계몽잡지 《신청년》의 발행인이었던 진독수 陈独秀의 사촌이 운영하던 곳이라고 한다.
윈도 쇼핑만 즐기더라도 만족스러운 곳으로 박물관에 들어온 것 같은 착각을 불러일으킨다. 홍교시장 红桥市场이나 수수시장 秀水市场 등 외국인이 즐겨 찾는 시장보다는 비싼 편이다. 하지만 그만큼 물건의 질이 뛰어나니 믿고 찾아도 될 듯. 사용 목적이 아니라 단지 소품용이라면 이 집에서 문방사우를 살 필요는 없다.

승고재 承古斋
청구자이 | chéng gǔ zhāi

 주소 北京市 东城区 王府井大街 194号 전화 (010)6525-1108 영업 10:00~20:00 가는 방법 성석복 옆에 있다. MAP p.9-A2

왕푸징에서 만나는 작은 유리창 琉璃厂. 붓, 벼루, 먹, 화선지 같은 문방사우를 비롯해, 인장, 자기, 중

성석복 盛锡福
성시푸 | shèng xì fú

주소 北京市 东城区 王府井大街 196号 전화 (010)6513-0620 영업 09:00~22:00 가는 방법 왕푸징서점에서 도보 3분 MAP p.9-A2

중국에서 가장 오래된 중절모 전문점으로 1911년 최초 개업한 전통의 명가 중 하나다. 마오쩌둥, 저우언

Central Beijing

北京
BEIJING

라이를 비롯해 전 중국 주석 장쩌민까지 국가원수급 지도자들의 단골 매장이기도 하다. 현지 고객들의 자랑에 따르면 30년을 써도 실오라기 하나 비어져나오지 않을 정도라고. 중절모와 중국 전통의 천 모자들도 구입할 수 있다.

사실 요즘 유행과는 크게 동떨어지지만 나만의 패션 소품을 원한다면 한 번쯤 들러보는 것도 나쁘지 않을 듯. 가게 앞에는 창업주 성석복을 기리는 청동상이 있다.

플스토어와 4개 층에 입점해 있는 대규모의 포에버 21, 세포라, 갭 등이다. 5층과 6층은 주로 식당가. 몽골식 양고기 훠궈로 유명한 동래순이 바로 이곳에 있다. 1층 중앙 홀에 있는 초대형 스크린은 베이징 올림픽 기간에 야외 응원장으로 쓰였다고 한다.

베이징 apm 北京 apm
베이징 apm | běi jìng apm

주소 北京市 东城区 王府井大街 138号 **전화** (010)6528-1788 **영업** 월~목, 일 09:00~21:00, 금~토 09:00~22:00 **가는 방법** 지하철 2호선 왕푸징 王府井역 A출구로 나와 10분 정도 걷다 보면 신동안시장 건물 사거리가 나온다. **MAP p.9-A2**

왕푸징의 터줏대감인 동안시장과 홍콩의 백화점 체인인 apm이 제휴해 만든 백화점으로 2008년 4월 기존의 신동안시장을 리뉴얼해 개장했다. 신세대 쇼핑의 본령이라는 캐치프레이즈 아래 우중충했던 신동안시장이 밝고 활기찬 아케이드로 탈바꿈했다. 총 면적 43,000㎡에 지하 1층 지상 6층으로 구성되어 있는데, 전체적으로 중국 토종 브랜드와 스포츠웨어, 캐주얼웨어가 강세를 보이고 있다.

대표적인 입점 브랜드는 아시아에서 가장 크다는 애

비청향 美珍香

 주소 北京市 东城区 东长安街 1号 东方新天地 1区 地铁层 食通天大街 LG Level CC06 영업 09:30~22:00 가는 방법 동방신천지 지하로 食通天大街에 위치한다. **MAP p.9-A2**

고급 육포 전문점. 본점은 싱가포르에 두고 있고 베이징 전역에 17곳의 분점을 거느리고 있다. 우리가 알고 있는 딱딱한 육포는 미국식이다. 비청향의 육포는 그에 비해 훨씬 말캉, 쫀득, 부드럽다. 치아가 약한 어르신들도 문제없이 먹을 수 있는 수준. 시식을 할 수 있으므로 맛을 보고 구입하도록 하자. 쇠고기 육포 외에 돼지고기, 매운맛 고기, 베이컨 등 다양한 맛이 있다.

비청향의 모든 육포는 종이에 싸는 방식과 진공 포장 방식의 두 가지 방식으로 판매한다. 그 자리에서 싸준 것이 더 맛있다. 단, 육포는 한국으로의 반입 금지품목이므로 베이징에 머무는 동안이라도 맛나게 즐기도록 하자.

서부상 瑞蚨祥
루이푸샹 | ruì fú xiáng

 주소 北京市 东城区 王府井大街 190号 전화 (010)6523-4147 영업 09:00~19:30 가는 방법 승고재 옆에 있다. **MAP p.9-A2**

110년의 역사를 자랑하는 비단집. 비단집 하면 왕서방부터 떠오르겠지만, 이곳은 신용과 정찰 판매로 꾸준한 명성을 얻어온 집이다.

중국 건국 당시 사용된 최초의 중국 국기를 만드는 데 쓰인 비단도 이 점포 것이었다는 사실도 이름값을 높이는 데 기여했다. 현재는 옆이 트인 치파오 旗袍 전문점으로 각광받고 있는데, 나름 명품 맞춤옷임을 감안하면 가격도 나쁘지 않은 편이다. 주문에서 제작까지 최소 3일가량이 걸리므로 약간의 여유를 갖고 주문해야 한다.

〈비청향〉 베이징 시내의 주요 지점

지점	주소	위치
시단 西单점	北京市 西城区 西单北大街 130号 华威大厦 1楼	MAP p.10-A2
우다오커우 五道口점	北京市 海淀区 成府路 28号 五道口购物中心 5楼 12号	MAP p.17-C1

조이 시티 Joy City 西单大悦城
시단다웨청

주소 北京市 西城区 西单北大街 131号 전화 (010)5956-6688 홈페이지 www.xdjoycity.com 영업 09:30~21:00 가는 방법 지하철 1·4호선 시단 西单역 A·F1출구로 나가 번화가 쪽으로 걷다 보면 왼쪽 길 건너편에 커다란 조이 시티 백화점이 보인다. **MAP p.10-A2**

2007년 말에 개업한 핫한 쇼핑센터로 젊은이들의 거리 시단의 대표적인 랜드마크다. 홍콩에서 명성을 떨치는 주요 패션 브랜드들이 집중적으로 입점해 있어서 10대 후반에서 20대 초반의 젊은 여성들의 폭발적인 인기를 끌고 있다.

홍콩 20대 언니들의 교복이라 불릴 정도로 인기를 얻고 있는 b+ab와 http://www.izzue.com, 고품질 중저가 브랜드의 상징과도 같은 Zara, Mango, Bossini, UNICLO, 루이뷔통 계열의 화장품 브랜드로 아직 한국에 들어오지 않은 SEPHORA 등이 조이 시티의 대표적인 메인 스토어. 여성들을 위한 캐릭터 숍인 Hello Kitty도 은근히 찾는 사람이 많은 곳 중 하나다. 일본계 저가 잡화점인 MUJI도 있는데, 한국보다 가격이 저렴해서 한국인 여행자들에게도 큰 인기를 누리고 있다.

시단을 평정하려는 야심이 엿보이는 곳으로 베이징 1호점이라는 타이틀을 붙인 매장들이 많이 있다. 시단을 방문했다면 반드시 들러볼 만한 백화점.

어식원 御食园
위스위안 | yù shí yuán

주소 北京市 东城区 王府井步行街 영업 10:30~04:00 가는 방법 지하철 1호선 왕푸징역 A출구에서 도보 7분
MAP p.9-A2

중국식 전통과자 전문점. 천안 호두과자, 경주 황남빵처럼 중국도 전통 스타일의 간식류가 있다. 가장 대표적인 것이 타이완이나 홍콩에서 많이 사오는 파인애플 케이크 鳳梨酥인데, 어식원은 이런 중국 전통 간식만을 취급하는 일종의 전문 브랜드. 앞서 언급한 파인애플 케이크를 비롯해 월병 月饼, 베이징식 꽈배기 麻花, 심지어 삥탕후루 泳糖葫芦도 판매한다. 개별포장이라 하나씩 재미삼아 맛보기 좋다. 물론 입맛이 달라 실패 확률도 상당하다.

조이시티는 최신유행을 선도한다.

Central Beijing

Entertainment

베이징 중심부의 엔터테인먼트

최근 베이징의 핫플레이스는 크래프트 비어 전문점들이다. 흥미로 운건 잘나가는 크래프트 비어 집들이 오래된 사합원을 개조해 사용하고 있다는 것. 이런 사합원은 베이징 중심부, 미로를 방불케 하는 좁은 골목 즉 후통에 자리 잡고 있어 찾아가는 것만으로도 고도인 베이징을 함빡 느끼게 한다.

비어 가이스 Beer Guys 啤酒帮 피저우방 | pí jiǔ bāng

 주소 北京市 东城区 旧鼓楼大街 91号 영업 16:00~02:00 메뉴 영어 예산 2인 100元~ 가는 방법 지하철 2·8호선 고루대가 鼓楼大街역 G출구에서 도보 5분 MAP p.8-A1

크래프트 비어 전문점. 중국 전역에서 공급되는 다양한 크래프트 비어를 취급하는 집으로, 뜨고있는 카페거리인 쥬구러우다제 旧鼓楼大街에 있다. 비교적 최근인 2016년 9월에 개업했다.

자그마한 단층 건물 하나를 통채로 쓰고 있는데, 옥상 자리도 있다. 아무래도 1층보다 조용한 분위기라 어울리는 쪽에 취미가 없다면 주문하고 곧장 옥상으로 올라가는 것도 방법이다.

비어 가이스에는 베이징, 상하이, 난징, 우한 등 중국에서 만드는 크래프트 비어의 대표선수들이 모두 셀렉션되있다. 탭은 16개. 냉장고에는 수입 병맥주도 판매한다. 기본으로 제공되는 땅콩 외에 별도의 안주 메뉴는 없다.

우한 武漢 크래프트 비어의 대표주자인 JUMP IT IPA 跳东湖 35元 강력추천. 미국 오레곤주의 대표 IPA중 하나인 Rogue 4 Hop 60元도 비싼 것 빼고는 훌륭한 맥주다.

대약비어 Great Leap Brewing
大跃啤酒 다웨피저우 | dà yuè pí jiǔ

주소 北京市 东城区 豆角胡同 6号 전화 (010) 5717-1399 홈페이지 www.greatleap brewing.com 영업 월~목·일 12:00~23:00, 금·토 12:00~00:00 메뉴 영어, 중국어 예산 2인 100元~ 가는 방법 지하철 8호선 스치하이 什刹海역 C 출구에서 도보 8분 **MAP p.7-B1**

베이징을 대표하는 양대 브루어리 중 하나. 독일출신 맥주 마스터 손자이자 오하이오에서 나고 자란 미국인과 그의 중국인 부인이 함께 만든 베이징 최초의 마이크로 브루어리다.

상호인 대약은 1960년대 마오쩌둥이 벌였다 실패한 대약진운동에서 따온 말인데, 대약비어는 성공한 것으로 보인다. 실제로 대약비어가 생긴 이래 베이징 크래프트 비어는 몇 단계 도약한 게 사실이기도.

마지막으로 이 집은 세계에서 가장 찾기 힘든 맥주 집으로 정평이 나있다. 《프렌즈 베이징》의 큐알코드 앱이 없다면 찾아가기 힘든 수준이다. 맥주 애호가라면 반드시 방문해 볼 만한 가치가 있다.

추천 맥주

Little General IPA 少帅IPA(6.5%, IBU75)
중국산 홉, 중국산 몰트 85%에 독일 홉 15%를 배합해 만든 중국 스타일의 IPA. 달콤하고 쌉쌀한 맛. 뒤로 붙는 육즙이 많은 과일 향.

Edmund Backhouse Pilsner 北京隐士(4.9%, IBU19)
2014년 아시아 맥주 컵 은메달 그리고 2015 국제 맥주 컵 은메달 수상작. 체코와 독일 필스너의 유산을 계승했다는 슬로건의 맥주.

Iron Buddha Blonde 金色铁观音(6.3%, IBU30)
100% 중국산 호프와 맥아로 만든 맥주. 가장 큰 특징은 푸젠성의 철관음이 가미됐다. 경쾌한 식감, 그리고 달콤한 끝 맛.

Hop God 120 Imperial IPA 啤酒花仙(7.8%, IBU100)
한자명은 홉의 신선이라는 뜻. 4:6비율로 맞춰진 중국/미국산 홉. 상당히 복잡한 아로마를 자랑하는데, 몇 가지 맛을 느낄 수 있는지는 사람마다 다른 느낌. 늘 마실 순 없지만, 보인다면 언제나 반드시 한 잔은 주문해야 하는 대약 비어의 자랑중 하나.

베이핑지치 北平机器
Peiping machine brewery

주소 北京市 东城区 方家胡同 46号 전화 (010) 6401-1572 영업 16:00~02:00 메뉴 영어, 중국어 예산 2인 100元 가는 방법 지하철 5호선 베이신차오 北新桥역 A출구 또는 융허궁 雍和宫역 C출구에서 도보 10분 **MAP p.7-C1**

베이징에서 지금 가장 뜨거운 수제 맥줏집.《프렌즈 베이징》에 새롭게 수록된 장소 중에서도 특히 주목할 만한 곳이다. '맥주 덕후'들의 성지로, 매주 시음을 겸한 스터디 모임도 개최할 정도다. 자체 양조장에서 만든 맥주는 물론 중국 각지의 수제 맥주를 판매한다. 탭은 30여 개. 어지간한 주당이라 해도 사흘 밤낮을 쉬지 못해야 모든 맥주를 마셔볼 수 있다.

중국의 수제 맥주는 또렷한 지역색을 띠고자 노력을 아끼지 않는다. 이를테면 '대약맥주'는 중국에서 나고 자란 재료로 독특한 풍미를 자아내고, '베이징지치'는 중국 요리가 맥주의 매칭 포인트를 찾는데 골몰한 느낌이다. 베이징 카오야 랩은 IPA와, 중국인들이 아침 식사로 즐겨 먹는 찌엔빙 传统煎饼(전병)은 라거와 잘 어울린다. '맥덕'이라면, 무조건 방문해야겠다.

추천 맥주

Monkey's Fist IPA(5.75%, IBU45)
이 집의 간판. 가장 먼저 떨어지는 맥주중 하나다. 다섯 종류의 맥아, 두 종류의 홉을 섞어 독특한 아로마를 만들어냈다. 망고향이 특징. IPA치고 정말 부드러운 맛이다. 개인적으로는 베이징 최고의 맥주중 하나.

Captain's Pale Ale(5.5%, IBU70)
강렬한 자몽맛이 특징인 이 집의 간판 페일 에일. 밀도있는 거품과 바디감. 끝에 감도는 미묘한 달콤함이 특징이다.

The First Immortal Double India Pale Ale(8.0%, IBU65)
가끔 등장하는 강렬한 맛의 더블 IPA. 더블 IPA치고는 덜 쓰고, 더 달콤한 맛이 감돈다. 오렌지 향이 중심을 잡고 있다. 상당히 단단한 맛. 도수때문에 조금 망설여 질지도.

팬더 브루어리 熊猫精酿
슝마오징니양 | **xióng māo jīng niàng**

 주소 北京市 东城区 东四北大街 14号 전화 (010)6408-7922 홈페이지 pandabrew.tumblr.com 영업 10:00~01:00 메뉴 사진, 영어, 중국어 예산 2인 100元~ 가는 방법 지하철 5호선 베이신차오 北新桥역 C출구에서 도보 2분 **MAP p.7-C1**

베이징의 3대 로컬 브루어리중 막내에 속한다. 앞의 두 집이 맥주 그 자체에 몰입하는 분위기라면 팬더 브루어리는 좀 더 대중적. '서양요리를 즐기면서 한 잔 해봐. 맛있으면 더 마셔도 좋고'정도의 분위기랄까? 일찌감치 팬더라는 이미지를 선점하고, 마치 한

Central Beijing

北京
BEIJING

메탈 핸즈 커피
Metal Hands Coffee

 주소 北京市 东城区 五道营胡同 61号 영업 09:00~21:00 메뉴 영어, 중국어 가는 방법 지하철 2·5호선 옹화궁 雍和宫역 G출구에서 도보 6분 MAP p.7-C1

최근 뜨는 핫한 후통거리인 우다오잉에 있는 커피전문점으로, 요즘은 보기 힘든 프레스 샷 에스프레소 머신을 가지고 있는 집이다. 보기드문 고전풍의 장비에 비해 다양한 싱글 오리진을 구비하고 있진 않다. 커피맛도 대중적인 기호에 충실한 편. 케이크를 곁들여 잠시 쉬었다 가기 좋다. 프레스 샷 머신이 있다는 이유가 어쩌면 이 집을 소개하는 팔할일지도. 에스프레소 20元, 플랫 화이트 30元선.

국의 주커피처럼 팬더 인형을 곳곳에 배치한 인테리어만 봐도 여기는 확실히 문턱이 낮고 캐주얼하다.
이런 기조는 이 집의 양조맥주에서도 느껴지는데, 생산되는 거의 모든 맥주가 쓴맛을 나타내는 지표인 IBU기준 40이하로 가볍고 플로럴한 크래프트 비어 위주다. 한국에서 노크게 크래프트 비어를 즐겨보지 않은 입문자들에게 적당한 곳이며, 레스토랑 메뉴도 꽤나 다양해 식사를 겸할 수도 있다.
페일 에일 계열의 To Naive Pale Ale 天眞淡艾, 달착한 맛의 Pure Red Honey Ale 正红蜂蜜 등이 드래프트로 판매되며, 예쁘장한 팬더 그림이 있는 보틀은 맥주병 소장용으로서의 가치도 있다. 당연히 자체 브루어리 외의 수입 크래프트 비어도 판매한다.

北京 南部
Southern Beijing

첸먼다제와 베이징 남부

광장의 정남쪽. 한국으로 치자면 종로통에 해당하는 첸먼다제 前门大街부터 황제가 매년 제천의식을 거행하던 천단공원까지 이어지는 구간. 청나라 시절 도시 구획으로 본다면 베이징 외성에 속하는 지역이다. 이 일대는 왕조시대의 성터와 거리를 기반으로 도시계획을 수립한 탓에 촘촘한 뒷골목이 미로처럼 얽혀 있는 후통을 아직까지 볼 수 있는 몇 안 되는 지역 중 하나. 관광지로 개발된 베이징 중심부의 후통과는 전혀 다른 분위기로, 서민들의 땀 냄새가 거리 곳곳에 배어 있다. 즉 예나 지금이나 변함없는 '실제'의 후통이 남아 있다는 이야기다. 중국 최대 규모의 고문화 거리인 유리창, 1920년대 베이징 번화가를 그대로 재현한 첸먼다제, 골동품 시장인 판자위안시장까지 볼거리들 또한 고풍스러운 느낌이 완연하다. 베이징 중심부가 황제와 귀족의 안마당이었다면, 남부 일대는 말 그대로 저잣거리 그 자체. '하늘 天의 제단 坛' 주변에서 바라보는 사람들의 사는 모습은 어떤 느낌일까?

주말이면 붐벼대기는 판자위안 골동품시장

시대를 가능하기 힘든 전문대가

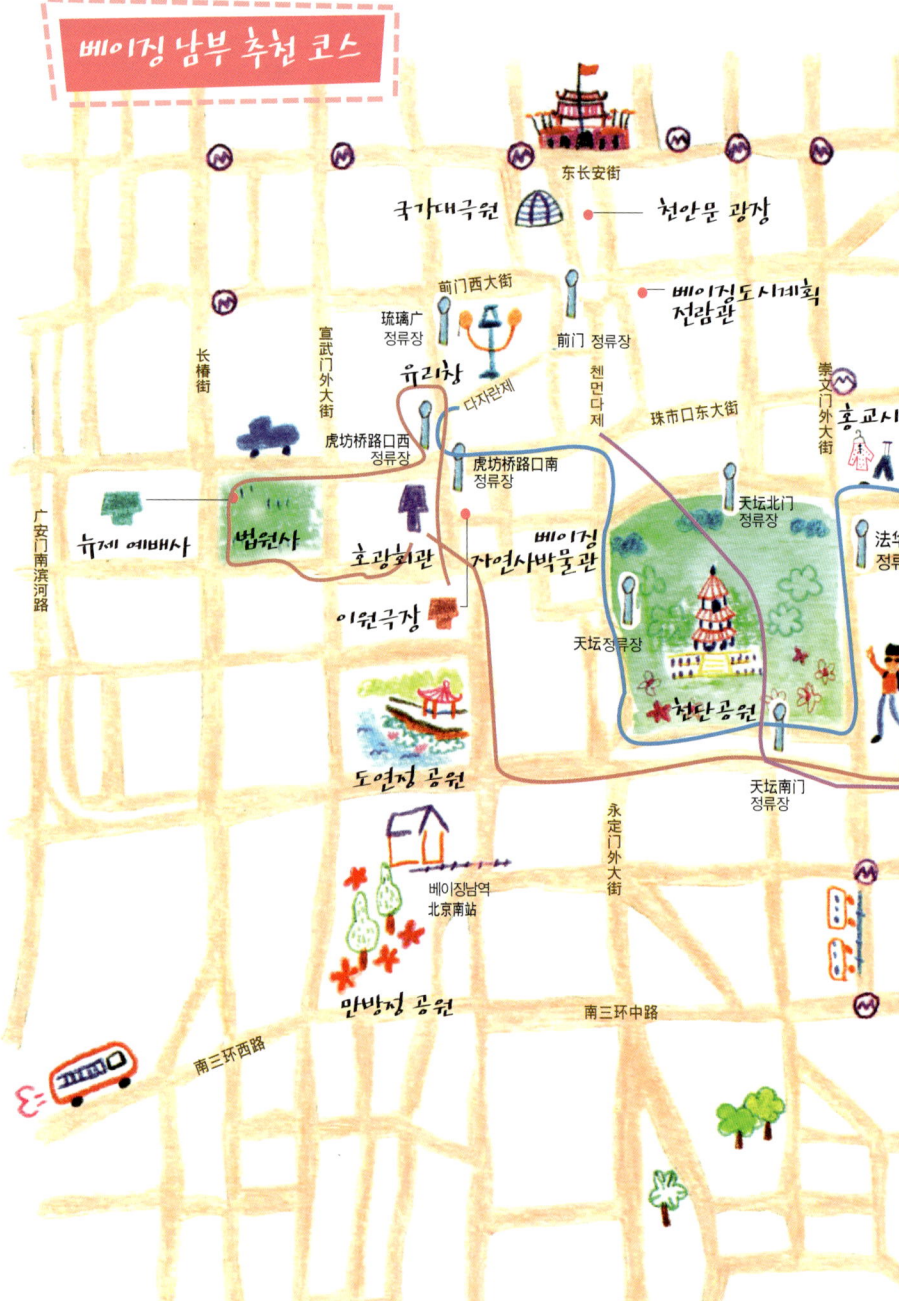

Southern Beijing 北京 BEIJING

Just Follow Fanta

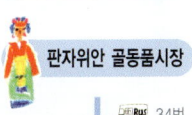 모범 코스

판자위안 골동품시장
↓ Bus 34번
홍교시장
↓ Taxi 기본요금
천단공원
↓ 🚶 10~15분
베이징자연사박물관
↓ Bus 7번
유리창
↓ 🚶 15~20분
다자란제

 컬처 코스

판자위안 골동품시장
↓ Bus 34번
호광회관
↓ Taxi 10~15분
유리창
↓ Taxi 기본요금
뉴제 예배사
↓ 🚶 15분
법원사
↓ Taxi 기본요금
이원극장

 베짱이 코스

판자위안 골동품시장
↓ Bus 36번
천단공원
↓ Bus 120번
첸먼다제

Southern Beijing

Attraction

첸먼다제와 베이징 남부의 볼거리

많은 사람들이 천단공원, 혹은 판자위안 골동품시장만 둘러보고 지나쳐버린다. 큰 번화가가 없을 뿐만 아니라 지하철이 개통된 구간도 적어 버스로만 연결해야 하는 부담감 때문. 하지만 상대적으로 개발의 손길이 덜 미친 곳이다 보니, 뚜렷하게 눈에 띄는 화려함보다는 오래 두고 살펴볼 진득함이 배어나는 곳. 조금만 더 살펴보자. 전혀 다른 베이징이 보인다.

첸먼다제 前门大街
qián mén dà jiē

주소 北京市 东城区 前门大街 개방 24시간 요금 무료(전차 4元) 가는 방법 지하철 2호선 첸먼 前门역 B·C출구에서 도보 3분 MAP p.11, 12-B1

정양문 남쪽으로 이어진 대로. 황제가 중국을 다스리던 시절에는 황제가 황궁 밖을 나설 때 공식적으로 사용하는 어도 御道의 역할을 겸했다. 황궁과 마주보고 있는 거대한 대로로 인파와 돈이 몰리는 것은 당연한 일. 특히 황실 물건을 독점적으로 납품하는 공방과 상점들이 들어서며 이 일대는 당시 중국에서 제일가는 번화가였다고 한다.

19세기말 서양 세력이 중국에 들어오며 첸먼다제는 한차례 격동을 맞는다. 고전적인 중국풍의 상점가가 식민지풍의 근대적 거리로 탈바꿈하게 된 것이다. 서양식 가스등, 전차가 가설되었고 심지어 첸먼다제의 동북각에는 베이징역(현재의 베이징 철도박물관)까지 건설됐다. 첸먼다제는 근대의 상징이라는 밝음과 사방에 널려 있는 아편 및 매음굴의 본거지라는 어두움을 함께 안고 발전해왔다.

1948년, 중화인민공화국이 성립됨과 함께 첸먼다제

의 활기는 수면 아래로 숨어들었다. 중국 정부는 첸먼다제의 어두운 면과 함께 밝은 면까지 모두 날려버렸다. 상점은 모두 국영화되었고, 주택이 마구잡이로 건설되며 난개발되었다. 첸먼다제 일대는 전취덕과 같은 전통 레스토랑 몇 곳이 있는 혼잡한 시장통으로 이미지가 퇴락해버리게 된다.

2008년 첸먼다제는 다시 과거로 돌아갔다

2007년, 베이징 올림픽을 앞둔 베이징 시 당국은 첸먼다제의 대대적인 보수공사를 시작했다. 말이 보수공사지 실질적인 재개발이었는데, 목표는 반세기 전 첸먼다제의 풍경을 재현하는 것이었다.

그리고 2008년 8월 첸먼다제가 7개월의 공사 끝에 다시 개방되었다. 도로 한복판으로는 궤도전차가 다니는 근대풍의, 솔직히 말하면 야인시대 세트장 같은 느낌의 보행자천국으로 탈바꿈했다. 최대 100명이 탈 수 있는 궤도전차는 첸먼 1호와 2호라고 불리는데, 과거와 똑같은 시속 8km의 한가한 속도로 840m의 보행자천국 사이를 운행한다. 가장 드라마틱하게 바뀐 지역 중 하나이면서 가장 뜨는 지역으로 급부상하고 있다.

다자란제 大栅栏街
dá zhà lán jiē
★★★★★

주소 北京市 西城区 大栅栏街 개방 매장들은 09:00~21:00 요금 무료 가는 방법 지하철 2호선 첸먼 前门역 C출구로 나와 첸먼다제로 걷다 보면 오른쪽으로 다자란제를 만나게 된다.
MAP p.11, 12-B1

첸먼다제와 연결되는 또 다른 시장통. 지금은 외국인 여행자와 베이징 서민들이 뒤섞여 다니지만, 과거에는 베이징에서도 내로라하는 부자 상인들이 집중적으로 모여 있던 이른바 로데오 거리였다. 다자란이란 이름은 바로 강도들의 침입을 막기 위해 길 입구에 있는 거대한 나무로 만든 울타리, 책란에서 나온 이름이었다고. 이 주변에서 가장 큰 책란을 쌓았기 때문에 '큰 대 大'자가 붙었다.

지금도 이 일대엔 수백 년 된 상점들이 있다. 혼잡한 시장통에 불과한 다자란 거리가 가이드북에 당당히 볼거리로 등재된 이유도 바로 이 때문. 오래된 가게들에 대한 정보는 쇼핑(p.166~168) 편을 참고하자.

의성후 宜诚厚 ★★★
이청허우 | yí chéng hóu

주소 北京市 崇文区 大栅栏街 1号 전화 (010)8316-7635 개방 08:30~21:30 요금 무료 가는 방법 다자란제 초입 오른쪽에 있다. **MAP p.11**

다자란제 1호 大栅栏街 1号라는 주소에서 알 수 있듯이 이 일대의 터줏대감이다. 서태후의 척신이었던 샤오더장 小德张이 개업한 비단가게로 청말, 베이징 내 팔대상 중 하나로 손꼽히던 곳이다. 현재는 중국 서민들을 위한 싸구려 의류점으로 전락한 상태라 굳이 들어가서 살펴볼 필요는 없다. 다자란제에서 한때 명성을 날리던, 지금 봐도 그럴듯한 건물 외관만 살펴보고 빠져나오면 그만이다.

대관루 大观楼 ★★★
다관러우 | dà guān lóu

주소 北京市 崇文区 大栅栏街 36号 전화 (010)6303-0878 가는 방법 의성후를 지나 조금만 가면 동인당이 나오고 조금 더 올라가면 왼쪽에 있다. **MAP p.11**

중국 영화의 요람. 1905년 최초의 중국 영화 〈정군산 定军山〉이 상영된 곳으로 당시 최고의 랜드마크였다고. 정군산은 삼국지의 한 대목으로 경극의 주요 소재이기도 했다. 대관루는 오늘날에도 극장으로 사용되고 있는데, 과거의 영화는 간데없이 동네 삼류 영화관 분위기. 최근 중국 영화에 대한 재조명이 이루어지며 국가 차원의 관리가 이루어지고 있다. 역시 건물 외관만 보고 스치면 그만이다.

유리창 琉璃厂 ★★★★
류리창 | liú lí chǎng

주소 北京市 西城区 琉璃厂 개방 매장들은 09:00~20:00 요금 무료 가는 방법 지하철 2호선 허핑먼 和平门역 C2·D2출구로 나와 난신화제 南新华街를 따라 7분 정도 걸으면 작은 육교가 나오고 좌우로 유리창 골목이 펼쳐진다. **MAP p.11, 12-A1**

500년의 역사를 자랑하는 고거리로 원래 이 일대에는 유리기와를 구워내는 공방이 몰려 있었다고 한다.

Southern Beijing

北京
BEIJING

베이징시도시계획전람관 北京市规划展览馆
베이징스구이화잔관관 |
běi jīng shì guì huà zhǎn lǎn guǎn

주소 北京市 东城区 前门东大街 20号 전화 (010) 6701-7074 홈페이지 www.bjghzl.com.cn 개관 화~일 09:00~17:00 요금 30元(3차원 극장, 4차원 극장 각 10元) 가는 방법 지하철 2호선 첸먼 前门역 B출구에서 도보 3분 MAP p.12-B1

주거공간과 도시로서의 베이징을 일목요연하게 보여주는 전시관. 베이징에 건설된 전시관 중 가장 최근의 것으로 디지털 기술을 활용한 다채로운 볼거리들이 많다.

1~4층까지 총 28개의 크고 작은 테마 전시관으로 구성되어 있는데, 특히 베이징 시내를 1/750로 압축 재현한 성시규획사반 城市规划沙盘, 1940년대 베이징 시가지의 지도를 초대형 동판에 새긴 북경구성동조 北京旧城铜雕가 최고의 볼거리다. 그밖에 자금성을 축소해 모형으로 제작한 고궁모형전구 故宫模型展区, 종루에서 영정문에 이르는 구간을 무려 53m의 화폭에 표현한 〈천가단결 天街丹蚀〉이라는 작품도 볼만하다.

그밖에 베이징의 역사와 3차원 그래픽으로 구성한 베이징 시가지의 모습을 보여주는 3차원 극장 3D 多媒体厅과 4차원 극장 4D 动感电影도 가볼 만한 곳이다. 각각 10분과 6분짜리 디지털 애니메이션을 상영하는데, 아이를 동반한 가족여행자라면 제법 괜찮은 볼거리를 제공한다.

유리기와는 자금성의 지붕을 덮고 있는 금색 기와를 일컫는다. 당시 유리기와는 황제의 전유물에나 쓰이는 귀한 물건이었다.

성대에 들어서 궁전의 증축이 눈에 띄게 줄어드는데, 이때의 불황을 계기로 유리창은 서점과 문방사우를 전문으로 취급하는 문화 거리로 탈바꿈하게 된다. 당시 유리창에는 중국 각지의 서적들이 몰려들었다. 매년 중국을 방문하는 조선 사신들도 베이징에 도착하면 제일 먼저 유리창으로 달려갔을 정도로 신문화 교류의 중심지였다고 한다.

오늘날, 외국인 여행자들에게 유리창 일대는 공예품 거리나 청대 가옥을 재현한 볼거리 정도로 알려져 있다. 수백 년 된 문방구와 서점 등 유리창의 진짜배기 보물들을 살펴볼 마음이 없다면 유리창은 방문하지 않아도 무방한 곳이다. 유리창의 오래된 가게들에 대한 정보는 쇼핑편을 참고하자.

천단공원 天坛公园
톈탄궁위안 | tiān tán gōng yuǎn

★★★★★

주소 北京市 东城区 天坛路 **전화** (010)6702-8866 **홈페이지** www.tiantanpark.com **개방** 4~10월 08:00~17:00, 11~3월 08:00~16:30 **요금** 입장료 15元, 통표 34元(입장료+기년전+회음벽+원구단) **가는 방법** 지하철 5호선 톈탄둥먼 天坛东门역 A2출구로 나와 뒤돌아 조금만 가면 된다. 또는 버스 36·53·120·122·208·610·958·特3路 톈탄난먼 天坛南门정류장에서 도보 5분 **MAP p.13-B1**

역대 황제가 하늘에 제사를 올리던 곳. 현존하는 중국 최대 규모의 제단으로 명 영락제 18년인 1420년 건설되었다. 부지는 천안문 광장의 6.8배인 273만㎡로, 천단공원이 속해 있는 총원구 崇文区의 1/4을 차지한다. 참고로 제천의식이란 황제만이 할 수 있는 일종의 추수감사제, 한나라 이후 모든 황제들의 필수 의무 중 하나로 황제는 매년 그해 거둔 오곡을 하늘에 바치며 감사와 함께 다음 해의 풍작을 기원했다. 중국인들은 전통적으로 하늘은 둥글고, 땅은 네모지다라는 관념을 가지고 있었다. 그래서 땅의 영역인 황제의 궁전이나 땅의 신을 모신 지단 地坛 등 인간사 혹은 땅과 관련된 모든 구조물은 네모가 원칙이다. 반대로, 하늘신의 영역인 천단이 원형을 기본으로 하는 것은 당연한 일. 천단공원의 원구단 圜丘坛과 황궁우 皇穹宇 등 주요 건물이 모두 원형 또는 담장 안에 있는 이유가 바로 이 때문이다.

원구단 圜丘坛 ★★★
위안추탄 | yuán qiū tán

황제가 하늘에 기도를 올리던 곳으로, 하늘을 형상화한 거대한 원과 황제만의 공간이라는 뜻의 3층 기단으로 이루어져 있다. 기단의 각 층은 중국인들의 관념 속 절대수이자 하늘을 상징하는 숫자인 '9' 개의 계단으로 이루어져 있다. 각 단에는 난간이 있는데, 1단부터 각각 108, 72, 36개다. 이 또한 고대 중국인들의 숫자배열 방식. 모두 9의 배수임을 알 수 있다.

3층 제단에 올랐을 때 가장 먼저 눈에 띄는 것은 제단 한가운데 볼록 솟은 천심석 天心石으로 황제가 하늘에 고하는 제문을 읽던 자리다. 황제가 제문을 다 읽으면 그 자리에서 불태웠는데, 재가 하늘로 오르면 상서로운 징조로 여겼다고 한다. 천심석을 보러 온 사람들은 다들 하늘을 향해 꽥꽥 소리를 질러댄다. 천심석 위에서 소리를 낼 때 생기는 공명현상을 확인하기 위해서인데, 과거에는 하늘이 황제의 음성을 받아들여 소리가 울린다고 믿었다.

천싱석을 밟고 한 컷!

한편 천심석을 가운데 두고 석판들이 원형을 그리며 방사형으로 뻗어나가 있는 것을 볼 수 있다. 1열, 즉 천심석과 마주하고 있는 석판의 수는 9개, 2열은 18개, 3열은 27개 등 총 9열까지 9의 배수에 해당하는 석판이 깔려 있다. 앞서 언급했듯이 9는 절대수, 절대수끼리 곱한 9X9=81은 절대값의 최상위 표현이다. 정리하자면, 원구단에 올라 하늘에 제사를 올릴 수 있는 사람은 단 한 명, 9의 값을 가진 황제밖에 없다는 의미를 건축학적으로도 표현해 놓은 셈이다.

황궁우 皇穹宇
황충위 | huáng qióng yǔ ★★★★

하늘신, 즉 상제 上帝의 위패를 모신 일종의 사당. 단층 원형의 목조건물로 하늘에 제사를 지낼 때에는 역대 황제들의 위패도 이곳으로 옮겨졌다고 한다.

일반인들에게는 황궁우 건물 자체보다는 회음벽 回音壁과 삼음석 三音石이 더 인기 있다. 회음벽은 황궁우 외곽을 감싸고 있는 원형 담장이다. 벽에다 대고 소리를 지르면 소리가 원형벽을 타고 돌아 반대편까지 또렷하게 들리기 때문에 붙은 이름. 어린 시절 만들었던 실 전화와 비슷한 원리라고 보면 된다. 삼음석은 황궁우 앞바닥에 깔린 3개의 돌을 가리킨다. 돌을 두드리면 소리가 반사돼 울리기 때문에 수많은 사람들이 바닥에 주저앉아 땅바닥을 두드려대는 모습을 볼 수 있다.

황궁우 좌우에는 동배전 東配殿과 서배전 西配殿이 있다. 동배전은 황제의 별인 북두칠성을 비롯해, 해신, 수성, 금성, 화성 등 태양계의 별신들을 모신 곳. 서배전은 달신·비신·바람신·천둥신·구름신 등 자연현상을 신격화해 모시고 있다. 지구의 위성인 달의 경우, 우주가 주인인 동배전이 아니라 지구가 주인인 서배전에 모셔졌다는 점에서 고대인들의 우수한 과학적 지식을 엿볼 수 있다.

皇穹宇

기년전 祈年殿　★★★★★
치녠뎬 | qí nián diàn

천단공원의 상징. 황제가 매년 곡식을 바치며 이듬해의 풍년을 기원하던 곳으로 제단인 기곡단 祈谷坛 위에 사당인 기년전이 올라와 있는 형태. 쉽게 말해 원구단+황궁우라고 보면 된다. 원구단의 제사가 지극히 형이상학적이고 정치적인 의미, 즉 하늘의 뜻을 받아 인간계를 대리통치하는 황제의 역할을 강조했다면, 기년전의 제사는 만백성의 어버이이자 현실의 통치자로서의 역할을 강조했다.

높이 38m, 직경 30m의 3층 원형 목조건물인 기년전은 건물 그 자체의 아름다움으로도 유명하다. 남색 유리기와는 황색 위주의 고궁박물원의 유리기와와는 달리 한층 정갈하고 엄숙한 느낌을 준다.

내부의 화려함은 많은 사람들의 입에 오르내릴 정도로 유명하다. 안쪽부터 바깥쪽까지 총 52개의 기둥이 3열에 걸쳐 원형을 그리며 배치되어 있다. 가장 안쪽에 있는 4개의 기둥이 가장 굵은데, 금박 처리까지 되어 있어 웅장함을 더한다. 4라는 숫자는 4계절, 두 번째 열의 12개 기둥은 12달을 상징하며, 세 번째 열의 가느다란 36개의 기둥은 농사의 필수 요소인 24절기와 우주 생성의 원리 12가 더해진 숫자라고 한다.

하늘에서 바라보면 기년전의 건축 철학은 더욱 확고해진다. 즉 네모(땅)진 담장 안의 원형(하늘)인 기년전, 그리고 그 안에 절기와 1년 12달, 계절이 모두 응축된 하나의 소우주가 펼쳐진다는 의미를 담고 있다. 고대 인도와 티베트 불교에서 생각하는 우주의 도형적 표현인 만다라와 거의 흡사한 모습이라는 점도 눈에 띄는 대목이다.

재궁 斋宫　★★
자이궁 | zhāi gōng

황제가 제사를 올리기 3일 전부터 숙식을 하며 몸과 마음을 정결히 하던 장소. 이 기간 동안 황제는 육식은 물론 극단적 금욕을 수행하며 깨끗한 몸을 만들었다고 한다. 면적은 약 4만㎡. 황제의 침실로도 쓰이던 무량전 无梁殿이 핵심 건물이다. 재궁 남서쪽에 있는 신락서 神乐署는 황제가 제사를 올릴 때 음악을 담당했던 곳. 청대에는 국립음악학교의 역할을 겸하던 곳이다. 전성기 때에는 3,000명에 이르는 많은 학생들이 음악을 배우며, 제천의식 때 투입되었다고 한다. 내부에는 궁중음악용 악기가 전시되어 있다.

Southern Beijing 北京 BEIJING
158 159

판자위안 골동품시장 潘家园旧货市场
판자위안주훠스창 | pān jiā yuán jiù huò shì chǎng

주소 北京市 朝阳区 潘家园路 华威里 18号 전화 (010)5120-4671 홈페이지 www.panjiayuan.com 개방 월~금 08:30~18:00, 토·일 04:30~18:00 요금 무료 가는 방법 지하철 10호선 潘家园역 B출구로 나와 왼쪽 계단을 조금 올라가 왼쪽으로 도보 5분 또는 버스 34·99·674路 판자위안차오시 潘家园桥西정류장 바로 앞 MAP p.13-C2

베이징 최대 규모의 골동품 시장. 80년대 초반, 집안에서 쓸모없는 물건을 처분하던 벼룩시장에서 출발했는데, 이후 입소문을 타기 시작하며 베이징 여행의 필수 방문지로 떠올랐다. 얼마 전만 해도 주말시장의 성격을 띠고 있었지만 현재는 상설화되었다.

파는 물건들은 정말 다양하다. 말이 골동품이지, 철제 병따개, 대패, 작두, 월병틀, 문화혁명 시절 청소년의 필수도서였던 마오쩌둥 어록까지 온갖 잡동사니들이 모두 모여 있다. 빛바래고 철지난 물건들이 이처럼 대량 유통된다는 사실이 경이로울 정도다.

골동품 시장이니만큼 이런 소소한 소품들만 있으란 법은 없다. 부잣집 고택에서 훔쳐왔을 법한 수백 년 된 목조 대문이나 청대 고가구, 뉘 집 무덤 상석으로 쓰였는지 알 수도 없는 석조 부조들도 시장 한켠을 차지하고 있다. 사실 이런 물건들은 부르는 게 값인데, 문제는 짝퉁 천국답게 공장에서 만들어져 나오는 짝퉁 골동품들이 대다수라는 사실이다. 100년 이상 된 물건은 중국 바깥으로 반출 자체가 안 된다. 즉 비싼 돈 늘여 진품을 구입했다 해도 가져올 방법이 요원하다는 것. 그저 기념품이 될 만한, 행여 가짜여도 돈이 아깝지 않을 저가 물건들을 노려보는 것이 현명한 쇼핑방법이다. 물론 둘러보는 것만으로도 재미있는 공간이다. 둘러보기에 가장 좋은 시간은 주말, 이른 아침 시간이다.

베이징자연박물관 北京自然博物馆
베이징쯔란보우관 | běi jīng zì rán bó wù guǎn

주소 北京市 东城区 天桥南大街 126号 전화 (010)6702-4431 홈페이지 www.bmnh.org.cn 개방 09:00~17:00(월요일 휴무) 요금 무료(여권지참), 특별전시시 요금 부가 가는 방법 천단공원에서 도보 10분 또는 버스 7·17·35·36·69·105·106·110·120·203·707路 톈차오 天桥정류장에서 도보 5분 MAP p.12-B1

중국 최초의 자연사박물관으로 1951년 4월 최초 개관했다. 개관 당시의 이름은 중앙자연박물관 中央自然博物馆. 1962년 현재의 이름으로 바뀌었다. 2007

법원사의 스님들

유명한 소수민족 벽화

년 대대적인 내부수리를 마치고 재개관했는데, 과거에 비해 훨씬 깨끗해졌다는 평. 면적은 12,000㎡이고, 내부는 고생물진열실 古生物陈列室, 식물진열실 植物陈列室, 동물진열실 动物陈列室, 인류진열실 人类陈列室 등 4개의 대형 테마 전시실로 이루어져 있다. 약 20여 만 건의 표본을 소장하고 있으며, 특히 26m에 달하는 공룡화석과 시조새의 알 화석 등 공룡 좋아하는 아이들이 흥미있어 할 볼거리가 가득하다. 박물관 내 사진 촬영은 원칙적으로 금지되지만 엄격하게 제재하지는 않는 편이다.

뉴제 예배사 牛街礼拜寺
뉴제리바이쓰 | niú Jiē lǐ bài sì ★★

 주소 北京市 西城区 牛街88号 전화 (010)6363-2564 개방 08:00~19:00 요금 10元 가는 방법 지하철 4호선 차이스커우 菜市口역 D출구에서 도보 15분 버스 10·48·717路 뉴제 리바이쓰 牛街礼拜寺정류장에서 도보 5분 MAP p.12-A1

송대에 건설된 이슬람 사원. 중국 내 이슬람 사원 중 가장 오래된 곳 가운데 하나. 중국 궁전 건축 양식을 도입한 탓에 우리가 기존에 알고 있는 이슬람 사원과는 확연하게 다른 분위기. 이슬람 사원 양식이 확립되지 않은 시기에 지어진 것도 있지만, 무엇보다 외래 종교를 주체적으로 수용하는 중국적 사고도 한 이유가 될 것이다. 대성전 격인 예배대전 礼拜大殿을 비롯해 망월루 望月楼, 선예루 宣礼楼 등 부속건물 이름도 하나같이 중국식이다.

이 사원이 있는 뉴제 牛街는 베이징 최대의 소수민족 밀집 지역이다. 회족, 위구르족을 비롯해 티베트 인도 집단으로 거주하고 있다. 뉴제 초입에 있는 56개 소수민족 벽화는 이 일대의 분위기를 상징적으로 보여주는 랜드마크 중 하나이다. 이슬람교 신자들이 모여 사는 만큼, 양꼬치 맛이 기가 막히기로도 유명하다. 시간 여유가 된다면 빼놓지 말고 들러보자.

법원사 法源寺
파위안쓰 | fǎ yuán sì ★★

주소 北京市 西城区 法源寺前街 7号 전화 (010)6353-4171 개방 08:30~15:30 요금 5元 가는 방법 지하철 4호선 菜市口역 D출구에서 도보 15분 MAP p.12-A1

중국판 야스쿠니 신사. 베이징에서 가장 오래된 고찰로 당 측천무후 때인 696년 건립됐다. 건립 당시의 이름은 민충사 悯忠寺. 충성스러운 백성을 애달파한다는 뜻이다. 이런 묘한 이름이 붙은 이유는 645년으로 거슬러올라간다. 당시 만리장성 이북은 고구려 영토였다. 중국을 통일한 수와 당은 북방의 강자 고구려를 점령하기 위해 갖은 애를 썼고, 이 와중에 수

Southern Beijing

北京
BEIJING
160
161

나라는 멸망하기에 이른다. 645년은 20만 대군을 동원한 당 태종에 의한 본격적인 고구려 정벌이 시작되던 해다. 그해 당 태종은 겨우 4만 명의 생존자를 거느리고 군사적 전략기지인 유주(오늘날의 베이징)로 돌아오게 된다. 엄청난 군사적 패배로 이반되는 민심을 달래고자 당 태종은 전사자의 넋을 위로하는 작은 사당을 짓게 했다.

알다시피 668년 고구려는 멸망했다. 우리는 만주를 잃었지만 당나라도 그 와중에 수십만의 사망자가 발생했다. 당시의 중국 황실은 대고구려전에서 죽은 군사들의 넋을 위로하는 불교사원을 지어 당 태종 때 지어진 사당과 합사하게 된다.

이후 법원사는 1,400년 동안 수많은 왕조를 거치며, 고향으로 돌아가지 못한 군사들의 영혼들을 보듬는 역할을 했다. 지빙 출신으로 베이징에서 죽게 된 많은 사람들이 법원사에 자신의 위패가 안치되기를 바랐기 때문이다.

민충사라는 이름은 명 정통제 때 숭복사 崇福寺로 개명된 후, 청 옹정제 때 법원사로 바뀌었다.

사원 안의 유적들은 거의 국보급이다. 6세기인 북제 北齊 때 만들어진 석상을 비롯해, 당대의 석불상, 송대의 목조 나한상 등이 안치되어 있다. 특히 당 말기 대반란의 주인공인 사사명 史思明이 봉헌했다는 돌비석도 있어 역사 애호가들을 기쁘게 한다. 현재의 주요 사원 건물들은 모두 명ㆍ청대에 재건된 것들이지만, 1,400년의 역사가 주는 아우라를 한 몸에 품고 있는 느낌이다. 관광지가 아닌 실제 예불이 치러지는 절이기 때문에라도 꼭 한 번 방문해볼 만하다. 베이징의 숨은 보석 중 하나.

도연정공원 陶然亭公园
타오란팅궁위안 | táo rán tíng gōng yuán

주소 北京市 西城区 太平街 19号 전화 (010) 6353-4718 홈페이지 www.trtpark.com 개방 06:00~21:00 요금 2元(학생 1元) 가는 방법 버스 지하철 4호선 도연정 陶然亭역 C출구에서 도보 10분

MAP p.12-A2

160,000㎡의 면적을 자랑하는 문화ㆍ위락공원. 중국 4대 정자로 손꼽히는 도연정 陶然亭과 중국 내 유명 정자 36곳을 재현한 화하명정원 华夏名亭园이 최고의 볼거리로 손꼽힌다.

공원의 주인공 격인 도연정이 최초 건립된 것은 청 강희제 때인 1695년, 조정의 관리였던 강조 江藻에 의해서다. 당대의 시인 백거이의 시 중 한 대목인 '아! 기다리던 잘 익은 국화주 更待菊黄酿熟, 그대와 나 거하게 취하니 즐겁기만 하다 擧君一醉一陶然'에서 정자의 이름을 따왔다고 한다. '도연 陶然'은 느긋하고 즐겁다는 뜻.

오늘날의 공원은 역사적 의미만큼 진중하지는 않다. 동호, 남호, 서호로 이루어진 세 개의 호수를 중심으로 위락지 분위기가 역력하기 때문이다. 주말이면 삼삼오오 나들이 나온 사람들로 인산인해를 이룬다. 매년 4~5월이 되면 목련축제가 열리는데 이때야말로 도연정공원을 방문하기 좋은 최적의 시기다.

Southern Beijing
Restaurant

첸먼다제와 베이징 남부의 레스토랑

전체적으로 구시가의 느낌이 강하다. 추천할 만한 레스토랑 또한 대부분 중국 요리 전문점이다. 첸먼다제 일대에 모여 있는 수백 년의 역사를 자랑하는 중국 요리 레스토랑들은 베이징 미식가들의 자존심과도 같은 곳들이다. 천단공원 일대는 전형적인 주민 거주 지역으로, 마땅한 레스토랑들은 손에 꼽을 정도로 적다. 가급적 책에 나온 곳 위주로 일정을 짜는 것이 편리하다.

국기 局气 쥐치 | jú qi **New**

 주소 北京市 西城区 前门煤市街 北京坊 东区E14号楼 **전화** (010)6808-6818 **영업** 11:00~14:30, 17:00~21:30 **메뉴** 중국어 **예산** 2인 200元 **가는 방법** 지하철 2호선 첸먼 前门역 C출구에서 도보 8분, 스타벅스 리저브 건물 뒤쪽에 있는 엘리베이터를 타고 3층으로 올라가면 된다. **MAP p.11**

베이징은 중국의 수도이긴 하지만, 이름난 왕실 요리 몇 가지를 제외하곤 도시를 대표할 만한 음식이 변변치 않다. 북방의 건조 지대인 탓에 물산이 척박하고, 쓸 수 있는 식재도 제한적이었기 때문이다. 자연히 상하이나 광둥처럼 다채로운 식재를 기반한 화려함도, 쓰촨처럼 확고한 개성도 없다. '베이징엔 카오야 뿐'이란 고정관념이 베이징 시민들의 오랜 콤플렉스로 여겨질 즈음, 천대받는(!) 베이징 요리로 일가를 이뤄보겠다고 작정한 식당이 등장했다. 국기는 베이징 카오야를 비롯, 짭짤하게 볶은 베이징식 고기볶음인 징장로우쓰 京酱肉丝와 볶음밥 局气炒饭 등 맛깔스러운 베이징 요리를 선보이는 공간이다. 반드시 시도해 봐야 할 것은 달콤한 새우튀김. 남녀노소 모두가 좋아할 맛이다.

간편 메뉴
局气焖炉烤鸭 베이징 카오야 98元
兔爷土豆泥 토끼모양 감튀 32元
局气酥皮虾 베이징식 새우튀김 48元
京酱肉丝 베이징식 고기볶음 38元

Southern Beijing

北京
BEIJING

162
163

모던 1906 马迭尔
마이디얼 | mǎdiéěr

주소 北京市 东城区 前门大街 64号 홈페이지 www.madieer.cn 영업 10:00~22:00 메뉴 영어, 중국어 예산 2인 20元~ 가는 방법 지하철 2호선 첸먼 前门역 B·C출구에서 도보 15분 **MAP p.11**

1906년 하얼빈에서 문을 연, 중국 최초의 아이스크림 가게. 그저 하얼빈의 명물 정도로 알려진 브랜드였는데, 최근 오래된 상점 재평가 붐이 불며 전국적 프랜차이즈로 거듭나고 있다.

모던 1906이 전국적으로 뜨게 된 요인 중에 하나는 중국인들의 뿌리깊은 중국 내 먹거리에 대한 깊은 불신이 한 몫을 했다. 모던 1906은 화학 첨가제와 방부제 사용을 제한하기 때문에 유통기한이 짧은 편인데다, 100년이상 이런 전통을 유지한 탓에 기업 이미지가 좋고, 오랜시간 검증됐다는 믿음이 크게 작용하고 있다.

화려한 맛은 아니다. 달지 않은 소박한 맛이라 사람에 따라 호불호가 갈릴 수 있다. 어쨌든 100년의 역사를 자랑하는 아이스케키집이 현재까지 건재하다는 건 부러운 일. 어쩌면 이 집의 아이스크림은 노스탤지어, 그 자체일지도 모른다.

목조가옥, 좁지만 일본 정원 느낌이 나는 기다란 뜰. 널찍한 식당은, 이 혼란스러운 첸먼다제에서 유일하게 평화로운 공간이라고 해도 과언이 아니다.

메뉴는 단출하다. 함박스테이크가 핵심, 비프 커리나 닭고기 미소 전골같은 일본 요리 몇가지가 추가된다. 베이징에서 웬 일본요리냐고 할지 모르겠으나 베이징 중식은 싫고 한식이 지겹다면 괜찮은 일식은 아주 좋은 대안 중 하나. 왜 베이징내 한식당은 죄다 고깃집인데, 이 사람들은 이렇게 자신들의 색을 극대화하면서 장사할 수 있는지까지 생각이 미치면 씁쓸해지기도 한다.

간편 메뉴

Beef Curry 소고기 커리 라이스 세트 50元
Suzuki Hamburger Steak 스즈키 햄버거 스테이크 52元
Garlic Sauce Hamburger Steak 갈릭소스 햄버거 스테이크 52元
Stewed Hamburger Steak 스튜 함박 스테이크 69元

스즈키 식당 铃木食堂
Suzuki Kitchen

주소 北京市 西城区 杨梅竹斜街 11-14(近大栅栏商业区) 전화 (010)6313-5409 영업 11:30~14:30, 17:30~21:00 메뉴 사진, 영어, 일본어, 중국어 예산 2인 150元 가는 방법 지하철 2호선 첸먼 前门역 C출구에서 도보 10분 **MAP p.11**

베이징에 정착한 일본인의 함박 스테이크 전문점. 난뤄꾸샹에서 최초 개업한 이래, 베이징의 젊은 여성들에게는 압도적인 지지를 받고 있고, 그 덕에 현재는 총 5개의 분점이 있다.

여기 소개하는 첸먼점은 아예 일본식 독립 가옥을 지어서 영업하는 일종의 플래그쉽 스토어. 일본풍

솔로이스트 커피
SOLOIST COFFEE New

 주소 北京市 西城区 杨梅竹斜街 39号 2층 전화 (010)571-1717 영업 11:00~14:30, 17:00~21:30 메뉴 영어, 중국어 예산 2인 200元 가는 방법 지하철 2호선 첸먼 前门역 C출구에서 도보 10분

MAP p.11

대책란가 바로 윗길인 양메이주시지에 杨梅竹斜街의 사합원 건물을 개조한 빈티지 카페다. 앤티크 수집가로 꽤 유명한 이곳의 주인장은 카페 곳곳에 1920년대 미국 램프부터 1980년대 영국 피아노에 이르는 세계 각지의 소품을 들여 놓았다. 2층으로 올라가면 후통 일대가 훤히 내려다 보이는 테라스가 펼쳐지는데, 이곳을 배경으로 근사한 셀피를 촬영하는 게 통과의례쯤으로 여겨질 만큼 인기 많은 포토 스폿이다. 베이징 젊은이들에게 입소문 자자한 이 집에도 치명적인 단점이 하나 있다. 아메리카노 한 잔 당 40元에 이르는 사치스러운 가격. 신사동 가로수길이 울고 갈 지경이다. 싼리툰에 있는 분점은 이곳 전문점에 비해 인테리어가 더 화려하다는 평. 베이징의 이태원이라 불리는 싼리툰인 만큼, 지구 방방곡곡에서 날아온 손님들을 만날 수 있다.

간편 메뉴

FAT AMERICANO 팻 아메리카노 40元
SIGNATURE COLD BREW 시그니처 콜드브루 50元
CAFFE LATTE 카페 라테 40元
CAFFE AMERICANO 카페 아메리카노 30元
ESPRESSO MARTINI 에스프레소 마티니 70元
RED VELVET CAKE 레드벨벳 케이크 50元

강사부사방우육면 康師傅私房牛肉面
강스푸스팡니우로우멘 |
kāng shī fù sī fáng niú ròu miàn

 주소 北京市 东城区 前门大街 大栅栏东街 1-1号 전화 (010)8315-0275 영업 10:00~22:00 메뉴 영어, 중국어 예산 2인 100元 가는 방법 지하철 2호선 첸먼역 B·C출구로 나와 첸먼다제로 걷다 보면 오른쪽에 있는 골목 다자란제로 들어가 조금 더 걸으면 오른쪽에 식당이 보인다. **MAP p.11**

타이완 계열의 우육면 전문점이다. 사람들은 몰리지만 막상 외국인입장에서는 그다지 먹을게 없는 첸먼 일대에서 가장 만만하게 들이댈(?) 수 있는 집중 하나다.
체인점중에서도 직영점으로 분류되는 곳이라 꽤 관리가 되는 편이다. 10:00경에 문을 열기 때문에 늦은 아침 포인트로 활용할 수도 있다. 가장 유명한 홍사오 우육면 세트 金牌红烧牛肉面套餐가 50元. 면과 함께 반찬이 포함된다. 반찬이 필요없다면 단품 单点(42元)을 주문하자.

Southern Beijing

北京 BEIJING

굉원남문쇄육 宏源南门涮肉
홍위안난먼솬러우 | hóng yuán nán mén shuàn ròu

주소 北京市 东城区 永内东街东里 13号楼-1-2号(近天坛公园南门) **전화** (010)6701-7030 **영업** 11:00~22:00 **메뉴** 영어, 중국어 **예산** 2인 150~200元 **가는 방법** 천단공원 남문 조금 못 미쳐 오른쪽에 있다. **MAP p.13-B2**

서민풍의 양고기 샤브샤브 전문점. 천단공원 남문에서 엎어지면 코 닿을 만한 거리에 있다. 외국인보다는 현지인들에게 인기 있는 곳인데, 전체적으로 친절한 분위기다. 오래된 그릇과 냄비에서는 세월의 때와 정겨움이 느껴진다.

주문 방법이 다른 샤브샤브 집과 약간 다르다. 우선 1인용 탕(独立小锅)과 여럿이 먹을 수 있는 탕(大锅底) 가운데 하나를 고른다. 탕에는 배추 白菜, 당면 粉丝, 얼린 두부 冻豆腐 등 고기를 제외한 데쳐 먹는 재료들이 포함되어 있다. 훠궈와 달리 양고기 샤브샤브 국물은 약간의 간만 되어 있어 재료 본래의 맛을 즐길 수 있다. 소스는 땅콩장 花生酱을 고르면 무난하다.

그 다음에 육류를 고른다. 가장 대중적인 것은 양고기 羊肉片. 양고기를 먹을 수 있다면 문제가 없겠으나 반절가량의 한국인은 양고기 냄새를 즐기지 않는다. 양고기를 즐기지 않는 취향이라면 약간의 비용이 더 든다. 중국의 일반 소고기는 질기고 맛이 없기로 유명하다. 때문에 약간 고급 부위를 시키는 것이 요령. 소갈빗살만 발라낸 牛小排는 굉원남문쇄육에서 판매하는 육류 중 최고급 부위로 여유가 된다면 한 번쯤 즐겨볼 만하다. 여행자들의 필수 방문지인 스차하이(MAP p.8-2)에도 분점이 있다.

편의방카오야 便宜坊烤鸭
| piàn yí fāng kǎo yā

주소 北京市 东城区 鲜鱼口街 65-77号 **전화** (010)6713-2535 **영업** 11:00~21:00 **메뉴** 한자 **예산** 2인 250元 **가는 방법** 지하철 2호선 전문 前门역에서 도보 10분 **MAP p.11**

전취덕 全聚德과 함께 가장 오래된 역사를 자랑하는 베이징 카오야의 명가중 하나이다. 전취덕이 국가의 보호를 받으며 마오쩌둥 시절에도 건재했던데 비해, 편의방은 같은기간 단절의 역사를 거쳤다. 유명세로는 전취덕에 비해 밀리는 편이지만, 대신 전취덕에 비해 덜 붐비고, 저렴하며, 친절한 편이다.

하여 전취덕이 외국인, 시골에서 올라온 중국내 관광객들이 절대적으로 많은 반면 편의방은 베이징 토박이들에게 더 인기있는 집이다.

한국에서는 상상도 못했을 정도로 식당이 넓은데, 그럼에도 밥때에는 꽉차니 30분 정도 일찍 입장하는게 좋다. 오리구이의 종류가 많은데 기본인 밀전병과 함께 싸먹는 꽃잎이 함께 나오는 花香과 상추가 나오는 蔬香으로 나뉜다. 상추버전은 일종의 퓨전, 특별히 상추가 그립지 않다면 꽃잎이 나오는 버전을 주문하는게 옳다.

서너명이라면 오리 한마리와 함께 요리를 시키는게 좋다. 요리기풍은 베이징 요리 특유의 투박한(좋게 말하면 강건한) 느낌이 완연하다. 가격은 나쁘지 않은 편으로 오리와 함께 베이징 요리를 훑는다는 식으로 접근하자.

간편 메뉴

花香酥烤鸭 베이징 카오야 꽃향 188元
小料 카오야에 곁들이는 오이, 파채, 소스 추가 10元
白饼 밀전병 추가 8元
老醋蜇头 해파리 초무침 52元
宫保鲜菌虾球 새우 버섯 볶음 128元
八珍豆腐煲 팔진두부 66元
豌豆黄 완두콩으로 만든 베이징 전통 간식 19元

Southern Beijing

Shopping

첸먼다제와 베이징 남부의 쇼핑

중국의 향기가 물씬 나는 기념품을 원한다면 첸먼다제와 베이징 남부는 최고의 쇼핑 포인트다. 특히 다자란제와 유리창, 그리고 판자위안 골동품시장으로 이어지는 라인은 쇼핑과 볼거리 등 두 마리의 토끼를 잡을 수 있어 여행자들이 필수코스로 손꼽는다. 한마디로 눈은 즐겁고, 두 손은 무겁다는 이야기. 전통의 향기가 피어나는 골목 골목을 누벼보자.

동인당 同仁堂 퉁런탕 | tóng rén táng

 주소 北京市 西城区 大栅栏街 24号 전화 (010)6303-1155 영업 09:00~20:00 가는 방법 지하철 2호선 첸먼 前门역 C출구로 나와 첸먼다제로 걷다 보면 오른쪽으로 다자란제와 만나게 된다. 골목으로 3분 정도 걸어 들어가면 왼쪽에 동인당 건물이 보인다. MAP p.11

중국 제일의 한약방으로, 역사가 무려 340여 년. 청 옹정제 때부터 황실에 환약을 공급하는 어약방 御藥房으로 명성을 날렸다. 세간에서 "중국의 약은 베이징의 약이며, 베이징의 약은 곧 동인당 약"이라고 할 정도였다니 그 명성을 짐작하고도 남을 것이다. 한국인들에게는 진품 우황청심환의 구입처로 알려진 곳. 10개들이 한 갑에 120元 정도로 가격도 놀랄 만큼 저렴하다. 중국인들의 체질에 맞췄기 때문에 한국인 체질에는 맞지 않는다는 소수의견도 있다는 것을 참고로 알아두자.

중국인들은 우황청심환보다 안궁우황환 安宮牛黃丸이라는 약을 더 친다. 중풍이나 뇌출혈이 있을 때 응급용으로 사용한다는 이 약은 우황청심환보다 약 5배 더 강하다고 한다. 소량의 수은이 함유되어 있기 때문에 장복하면 수은 중독에 걸릴 수도 있다는 사실을 꼭 기억하자.

Southern Beijing

北京
BEIJING

166
167

전통의 방법을 아직까지도 고수하고 있다고 한다. 중국집에서나 쓰는 네모난 요리 칼에서부터 재단사들이 쓸법한 우아한 금장 가위까지 의외로 흥미로운 것들이 많다. 가격도 저렴한 편이니 중국스러운 기념품을 찾는 다면 꼭 체크해야할 곳.

장일원차장 张一元茶庄
장이위안차장 | zhāng yī yuán chá zhuāng

주소 北京市 西城区 大栅栏街 22号 전화 (010) 6303-4001 영업 08:30~20:30 가는 방법 동인당 바로 옆에 있다. MAP p.11

1901년 개업한 중국차의 명가. 중국 최초로 차밭을 직영하기 시작했고, 재배·유통의 전 과정을 직접 관리한다. 믿을 수 있는 품질과 적당한 가격 수준으로 100년이 지난 오늘날까지 차 좀 마신다는 유명인들을 단골로 거느리고 있다.

싸구려는 아예 취급하지도 않지만, 이곳의 고급차는 값이 정말 호된 편이다. 그러나 품질만큼은 화북지방 최고라는 평이다.

2층에서는 전통적인 방법에 따라 윈난의 보이차를 만드는 과정을 보여주고 있다. 한국에서 다이어트 차로 소개되었던 보이차는 귀하고 유명한 값을 하느라 그런지 진품을 구하기가 힘들다. 중국에서조차 유통량의 80%가 가짜라는 말이 돌 정도니까 말이다. 차에 대한 관심이 있다면 꽤 흥미있는 이벤트임에는 분명하다.

상하이장소천도전총점 上海张小泉刀剪总店
상하이장샤오취안다오젠쭝뎬 |
Sháng hǎi zhāng xiǎo quán dāo jiǎn zǒng diàn

주소 北京市 西城区 大栅栏街 37号 영업 10:00~22:00 가는 방법 지하철 2호선 첸먼역 B·C출구에서 첸먼다제로 걷다 보면 오른쪽에 다자란제가 나오고 쭈욱 걸어 들어오면 왼쪽에 동인당이 보이고 조금더 걷다보면 왼쪽에 있다. MAP p.11

1901년 개업한 중국차의 명가. 중국 최초로 차밭을 직영하기 시작했고, 재배·유통의 전 과정을 직접 관리한다. 믿을 수 있는 품질과 적당한 가격 수준으로 100년의 역사를 자랑하는 칼, 가위 전문점. 무쇠를 담금질해서 만드는

영보재 荣宝斋
룽바오자이 | róng bǎo zhāi

주소 北京市 西城区 琉璃厂西街 19号 전화 (010) 6303-3352 영업 09:00~18:00 가는 방법 유리창 입구에서 중국서점 中国书店이 있는 골목으로 한참 가다 보면 오른쪽에 있다. MAP p.11

자타가 공인하는 중국 최대·최고 最古의 문방구로 무려 330년의 역사를 가지고 있다.

창립 당시의 이름은 송죽재 松竹斋. 영보재라는 이름은 1894년부터 쓰기 시작했다. 붓·벼루·먹·종이를 뜻하는 문방사우는 현대인의 삶에는 고루하기 짝이 없는 과거의 유물일 뿐이다. 특별히 서예나 중국화를 취미로 하지 않는다면 관심을 갖지 않는 게 당연할지도 모른다. 하지만 이곳은 시시콜콜 따지지 말고 한 번쯤 들어가볼 만한 가치가 있다. 50元짜리에서부터 수천 元을 호가하는 공예 벼루 등 다양한

아이템들이 흥미를 자아낸다. 가치를 알 수 없는 박물관 물건과 달리 가격표가 붙어 있다는 점이 의외의 재미를 더한다.

참고로 영보재가 중국 문인, 화가들에게 가지는 권위는 엄청나다. 붓 같은 소모품의 경우 평생 A/S정책을 펴고 있는데, 실제로 백발이 성성한 노인들이 곱게 간직한 오래된 붓을 들고 와 수리를 맡기는 모습도 볼 수 있다. 2층은 동양화를 판매하는 매장이다. 전통 예술이 인기 없기는 중국이나 한국 모두 매한가지. 판매와 상관없이 꾸준히 젊은 작가들의 그림을 매입해 소개하는 역할을 하고 있다. 영보재를 둘러보며 문방사우에 관심이 생겼다면 100~200元 안쪽의 저렴한 문방사우 세트를 구입해보자. 예쁘장한 나무 박스에 담겨 있는데, 인테리어 소품으로도 그만. 1층 입구 오른편에 매대가 있다.

가 의류·옥·이미테이션 명품 등을 취급한다. 심지어 일부 단체관광팀은 홍교시장에 여행자들을 풀어놓을 정도로 인기를 누리고 있다.

외국인이 즐겨 찾는 물건을 파는 상점들은 기본적으로 영어 소통이 가능하다. 주인들이 어차피 반 이상 깎을 걸 예상하고 가격을 부르기 때문에 부끄러워 입이 떨어지지 않을 만큼 황당한 가격부터 시작해서 적절한 선이 될 때까지 끈질기게 흥정해야 한다. 바가지를 피하는 요령은 몇 군데 돌면서 최저가를 파악해두는 것이다. 눈도장을 찍은 물건이 있다면 시간 여유를 가지고 꼼꼼히 둘러보자.

마지막으로 이미테이션 제품 구입은 엄연히 불법임을 알아두자. 한 개쯤은 애교로 봐준다 쳐도 대량 구매하면 입국 때 세관에 볼일이 생길지도 모른다.

홍교시장 红桥市场
훙차오스창 | hóng qiáo shì cháng

주소 北京市 东城区 天坛东路 46号 전화 (010) 6711-9130 영업 09:00~19:00 가는 방법 지하철 5호선 톈탄둥먼 天坛东门역 A2출구에서 도보 10분 또는 천단공원 동문에서 도보 10분 MAP p.13-B1

외국인 여행자들에게 이미테이션 천국으로 알려진 상가형 시장. 지하 1층의 진주 전시관을 비롯해, 저

Southern Beijing

Entertainment

첸먼다제와 베이징 남부의 엔터테인먼트

베이징 동부와 함께 공연이 활발하게 열리는 지역이다. 중국어 한 마디 못해도 유쾌하게 분위기에 취할 수 있다. 중국식 만담이나 쓰촨의 변검, 경극, 중국 뮤지컬 공연들이 이 일대 여러 공연장에서 매일같이 펼쳐진다. 대부분 외국인 관광객을 상대로 한 공연으로 중국 문화의 한 자락이라도 스쳐보려는 독자들에게 아래 극장들을 추천한다.

라오서차관 老舍茶馆 라오서차관 | lǎo shě chá guǎn

주소 北京市 西城区 前门西大街 3号 전화 (010)6301-7529 홈페이지 www.laosheteahouse.com 영업 14:00~22:00(공연 19:50~21:20) 요금 180~580元 가는 방법 지하철 2호선 첸먼 前门역 C출구에서 도보 7분 MAP p.11

비운의 소설가 라오서의 이름을 딴 다관 겸 민속 공연장. 3층은 공연장, 2층은 찻집이다. 대부분의 여행자들에게는 민속공연장으로 더 잘 알려져 있다. 1시간 30분가량 만담·서커스·경극·변검 등 다채로운 공연이 펼쳐진다. 각각의 프로그램은 10~15분 정도로 시간은 짧은 편이지만, 오히려 다이내믹해서 좋다는 사람이 더 많다. 좌석 요금은 위치와 차, 다과의 질에 따라 다르다. 현장에서 표를 사면 좌석을 선택할 수 있다. 원하는 날짜에 관람하려면 예약은 필수. 홈페이지와 전화로 가능한데 저렴한 표가 제일 먼저 동이 난다.
공연이 벌어지는 3층과 달리 2층은 전형적인 중국 찻집이다. 새가 지저귀는 우아한 분위기에서 차를 마실 수 있다. 주문할 때 조선족 스태프의 도움을 받을 수 있다.

호광회관 湖广会馆
후광후이관 | hú guǎng huì guǎn

 주소 北京市 西城区 虎坊路 3号 전화 (010) 8355-1680 홈페이지 www.beijinghuguang.com 운영 09:00~16:00 요금 180~680元(경극 박물관 10元) 가는 방법 지하철 7호선 호팡차오 虎坊桥역 D출구에서 도보 3분 또는 버스 5·特5·6· 48·57·102·105·201·603·687·715路 후팡차오루커우시 虎坊桥路口西정류장에서 도보 5분

MAP p.12-A1

1807년 개업한 경극 전문 극장. 전설적인 경극 배우 메이란팡(p.107)의 주무대였던 극장으로, 중국 노년층에게는 말 그대로 향수 그 자체인 장소다. 200년 전과 다를 바 없는 중국 전통 무대에서 경극을 관람할 수 있는데, 그 자체로 오래된 다큐멘터리의 한 장면이다. 무술 쇼를 위주로 한 외국인 대상 극장과 달리 이곳의 공연은 소리와 음악이 주를 이룬다.

전통 경극으로만 따진다면 베이징에서도 최고 수준. 공연 주제도 매일 바뀐다. 화려한 액션이 없기 때문에 밋밋한 느낌이 들 수도 있지만 순도 100%의 오리지널 목조 무대와 감흥에 젖은 노인 팬들을 보면서 중국 전통 문화를 경험하는 것도 나름 수확이 될 수 있다. 낮에는 경극 박물관으로 운영한다. 시간 혹은 예산 때문에 경극을 보기 힘들다면 박물관을 둘러보는 것으로 위안을 삼자.

이원극장 梨园剧场
리위안쥐창 | lí yuán jù chǎng

 주소 北京市 西城区 永安路 175号 前门建国饭店内 전화 (010)6301-6688 홈페이지 www.liyuantheatreopera.com/zh/ 영업 19:30~20:40 요금 200~580元 가는 방법 호광회관에서 도보 7분 또는 지하철 7호선 후팡차오역 D출구에서 도보 10분

MAP p.12-A1

외국인 여행자들, 특히 서양인들이 가장 좋아하는 경극 극장으로 단체관광팀으로부터 절대적인 지지를 받는 곳이다. 약 1시간 10분의 공연 동안 정극과 무술 쇼 ─ 정확히는 액션이 강한 경극 대목 ─ 등 두 가지 공연을 선보인다. 이해하기 쉬운 내용을 발췌해서 공연하기 때문에 중국어를 몰라도 즐겁게 감상할 수 있다. 자녀를 동반한 가족 여행자들에게 추천할 만하다. 다만 무술 쇼의 비중이 너무 높기 때문에 경극만을 즐기려는 사람에게는 불만족스러울 수도 있다. 무대와 가까운 비싼 좌석은 다과가 함께 제공된다.

Southern Beijing
北京
BEIJING

홍극장 红剧场
훙쥐창 | hóng jù chǎng

주소 北京市 东城区 幸福大街 44号 전화 (010) 6714-2473 홈페이지 redtheatrekungfushow.com 영업 19:30~20:50 요금 280~ 680元 가는 방법 버스 6·34·35·36·41·116·686·707·827路 베이징티위관시 北京体育馆西정류장에서 도보 7분 또는 지하철 5호선 톈탄둥먼 天坛东门역에서 택시로 기본 요금 MAP p.13-C1

충원구 공인체육관 안에 있는 공연장으로, 이름 그대로 공연장 전체가 붉은 조명에 싸여 있다. 쿵푸전기 工夫传奇라는 무술을 테마로 한 뮤지컬을 상영하는데, 한국인들에게는 소림사 무술 쇼로 알려져 있다. 브로드웨이의 명연출가 레이 로드릭이 참여했다는 이유로 한동안 뉴욕에서 공연되기도 했다고.
한 동자승이 성장 과정에서 부닥치는 속세의 온갖 유혹을 물리치고, 마침내 진정한 해탈의 길에 들어선다는 전기적(?) 내용이다. 쿵푸 기술에 바탕을 둔 화려한 안무와 무대 조명으로 인해 최근 들어 베이징을 대표하는 공연으로 떠올랐다. 아예 외국인들에게 어필하기로 작정한 듯, 대사도 영어로 하기 때문에 이해도 쉬운 편. 뮤지컬이면서 쿵푸 쇼이고 경극적 요소까지 가미되어 있어 볼거리로서 충분한 가치가 있다. 베이징에서 한 차례밖에 공연을 볼 기회가 없다면 훙극장을 떠올려볼 것. 공연 중 사진 촬영은 엄격히 금지된다.

급고각다원 汲古阁茶苑
지구거차위안 | jí gǔ gé chá yuàn

 주소 北京市 西城区 琉璃厂东街 136号 전화 (010)6303-7849 영업 09:00~23:00 요금 25~100元 가는 방법 지하철 2호선 허핑먼 和平门역 C2출구로 나와 난신화제 南新华街를 따라 7분 정도 걸으면 작은 육교가 나온다. 육교 왼쪽에 건물이 있다. MAP p.11

국영 문방구인 급고각에서 운영하는 찻집. 유리창의 동서를 나누는 대로변에 위치한 데다 커다란 찻주전자 조형물이 있어 금세 눈에 띈다. 이 조형물은 차를 우리는 데 쓰는 자사호라는 도구를 본뜬 것이다. 마땅한 요깃거리를 찾기 힘든 유리창에서 차 한 잔에 간식을 곁들일 수 있는 곳으로 외국인들도 심심찮게 찾는다. 중국식 만두인 바오쯔나 면 같은 분식도 취급한다. 간단한 기념품도 판매하는데, 차를 주문하고 기다리는 동안 둘러보기에 적당하다. 2층 테라스에 앉아 유리창 일대를 오가는 사람들을 바라보는 것도 꽤 재미있는 소일거리다.

北京 東部
Eastern Beijing

베이징 동부와 외곽

천년 고도의 문화적 향기에 취할 수 있는 사람에게 베이징은 파도 파도 마르지 않는 우물과도 같은 다양함을 가지고 있다. 하지만 상하이 같은 현대풍의 안락함을 원하던 사람들에겐 뭔가 불친절하고, 고루하며, 촌스러웠던 것도 사실이다. 텐진으로 연결되는 산업도로가 놓여 있던 황량한 땅에서 신흥부촌으로, 미래를 상징하는 베이징의 뉴 타운으로, 베이징 동부지역은 그간 생각했던 전통의 베이징은 잊어도 좋을 만큼의 화려함으로 중무장하고 우리 앞에 나타났다. 하늘 높은 줄 모르고 솟아오르는 초현대적 빌딩의 마천루와 명품 브랜드의 쇼핑백을 메고 당당하게 거리를 활보하는 OL들의 행렬이 있다. 이 때문에 역사 애호가들에게는 천년고도의 모습을 모두 없앴다는 비판을, 좀 더 나은 편의시설을 바랐던 사람들에게는 1,000년의 역사를 딛고 새로 써내는 베이징 역사의 현장이라는 평을 얻고 있다. 이 논쟁은 단기간 끝날 것처럼 보이지 않는다. 중요한 것은 덕분에 좀 더 다양한 먹을거리와 쇼핑 아이템, 그리고 엔터테인먼트들이 생겼다는 점이다. 어찌 판단하건 이곳은 새로운 형태의 베이징이다.

금일미술관과 베이징 동부

조양극장 서커스의 하이라이트 자전거 곡예쇼~

싼리툰 빌리지의 어마어마한 규모

Eastern Beijing 北京 BEIJING

174
175

Just Follow Fanta

모범 코스

다산쯔 789 예술구
↓ 15분
중앙미술학원
↓ 10~15분
 IKEA
↓ 855路
8정거장
 수수가
↓ 2정거장
5분
 CCTV
↓ 2정거상
10분
 싼리툰

컬처 코스

다산쯔 789 예술구
↓ 15분
중앙미술학원
↓ 25분
 CCTV
↓ 10분
 금일미술관
↓ 15분
 싼리툰

베짱이 코스

금일미술관
↓ 4정거장
동악묘
↓ 2정거장
10~15분
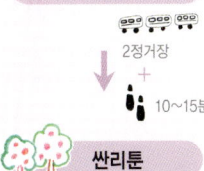 싼리툰

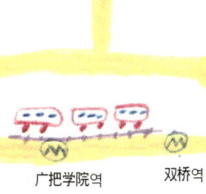
广把学院역   双桥역

Eastern Beijing

Attraction

베이징 동부의 볼거리

베이징을 여행하며 넓이에 진저리를 쳤겠지만, 동부는 다른 지역과 달리 볼거리 또한 촘촘히 배치되어 있지 않은 탓에 더더욱 광활하다. 다산쯔 798 예술구만 보고 베이징 동부를 빠져나가곤 하는데, 시선을 조금만 돌리면 동부는 제법 볼거리들이 넘쳐나는 곳이다. 중앙미술학원과 금일미술관은 중국 최강의 예술을 접할 수 있게 하고 싼리툰 빌리지와 건외소호는 베이징 동부를 가장 화려한 지역으로 거듭나게 한다.

싼리툰 빌리지 三里屯 Village
싼리툰 빌리지 | sān lǐ tún Village

 주소 北京市 朝阳区 三里屯 19号 전화 (010) 6417-6110 홈페이지 www.sanlitunvillage.com 영업 10:00~22:00 가는 방법 지하철 10호선 퇀제후 团结湖역 A출구로 나와 뒤돌아 조금 걸어가면 큰도로가 나오고 오른쪽으로 도보 8분 MAP p.14-A2

싼리툰 최고의 명소로 급부상하는 곳으로 서울의 인사동에 있는 쌈지길의 초대형 버전에 가깝다. 홍콩 최고의 부동산 그룹인 스와이어 그룹의 자본과 일본의 건축가 켄조 쿠마가 결합해 화려한 건축물들을 만들어 냈다.

오픈 레저, 쇼핑, 엔터테인먼트 몰인 싼리툰 빌리지에는 아시아 최대규모라는 애플 Apple Inc매장을 비롯해, 홍콩의 로컬 패션 브랜드와 명품 등 규모면으로나 브랜드 셀렉팅 면으로나 자타공인 베이징 제일의 쇼핑 명소다.

연면적 135,000㎡의 공간속에 남싼리툰과 북싼리툰으로 나뉜 두개의 구역에 베이징의 후통을 현대적으로 재해석한 19개의 건물들이 중앙 정원을 중심으로 들어서있다. 솔직히 쇼핑을 하기에는 가격적인 매리트는 적지만 쇼핑센터 안의 맛집과 화려한 건물들만으로도 볼거리로서의 볼거리는 충분하다. 조명이 켜지는 저녁의 싼리툰 빌리지가 더 화려하다.

금일미술관 今日美术馆
진르메이수관 | Today Art Museum

주소 北京市 朝阳区 百子湾路 32号 전화 (010) 5876-0600 홈페이지 www.todayartmuseum.com 개방 10:00~17:00 요금 전시에 따라 다름 가는 방법 지하철 7·10호선 쌍징 双井역 B1·B2출구에서 도보 10분 MAP p.14-B2

중국 최초의 비영리 개인 미술관으로 중국 제일의 부동산 개발업자인 장바오쳰 张宝全에 의해 설립됐다. 장바오쳰은 베이징 영화 아카데미를 졸업한 특이한 이력을 가진 사업가인데, 이른바 '문화가 있는 개발'이라는 슬로건을 내세우는 사람이다. 미술 자체가 부자들의 투기대상으로 전락해버린 중국에서 부동산 개발업자가 만든 비영리 미술관이라는 타이틀은 한 번 쯤 의외라는 생각을 하기에 충분하다.

하지만 금일미술관은 추천해 마지않을 정도로 훌륭한 공간이다. 젊은 현대 미술가들에게 제공되는 충분한 전시 기회와 인재육성을 위한 아카데미 프로그램이 단단히 연결되어 있다. 또한 상업적인 전시는 꾸준히 지양해 왔다.

독특한 박물관 외관도 인상적인데, 원래 보일러 공장이었던 곳을 매입해 개조했다. 공공건물 프로젝트를 여럿 수행한 건축가 왕 후이는 애초에 공장이었던 건물의 외관을 그대로 보존하려고 했었다고 한다. 하지만 금일 미술관이 속해있던 중앙 비지니스 구역 CBD의 성격상, 오래된 느낌의 외관유지에 거센 반발이 있었다.

결국 타협점이 오늘날의 모습. 압축적인 느낌을 주는 사다리꼴 모양의 철제 입구가 건설된 것이다. 현재 박물관은 상설 전시 없이 작가전만 꾸준히 진행 중인데 대략 2~4주마다 전시가 바뀐다. 공간 특성상 설치 미술의 비중이 높은 편이지만, 그림이나 판화같은 전시회도 꾸준한 편. 층마다 주제가 다른 경우가 많기 때문에 한번 방문하면 최소 3개의 전시회는 보게된다. 현재 벌어지는 전시일정을 알고 싶다면 박물관 홈페이지를 참조하자.

> **파크뷰 그린** 侨福芳草地购物中心
> 차오푸팡차오디고우중신 |
> qiáo fú fāng cǎo dì gòu wù zhōng xīn
> ★★

주소 北京市 朝阳区 东大桥 9号 侨福芳草地购物中心 전화 (010)5690-7000 영업 10:00~22:00 가는 방법 지하철 6호선 둥다차오 东大桥역에서 도보 10분 **MAP p.14-A2**

중국이 선보이는 쇼핑몰의 미래. 방문 가치는 만리장성급. 전세계의 트렌드를 선도하는 중국이란 이미지를 선사하는 극히 드문 스폿 중 하나다.

유리 피라미드를 연상케 하는 남다른 외관을 지닌 이곳의 정체는 쇼핑몰이다. 중국 최초로 미국 친환경 건축물 인증제도인 LEED에서 플래티넘 등급을 받았고, 같은 규모의 빌딩과 비교해 전시 사용량 44%, 물 사용량 47%를 절감했다는, 아니, 공사 중 생겨난 쓰레기조차 81%를 재활용했다는 어마어마한 데이터를 뽑아낸 곳이기도 하다.

사실, 어떤 건물이 이토록 친환경적이라는 내용은, 우리가 극단적인 환경론자가 아닌 바에야 그저 '아 그래?' 라고 말하며 지나칠 만한 그저 미담일 뿐이다. 일반인의 눈으로 봤을 때 팡차오디의 가장 놀라운 점은 백화점 주위, 그리고 내부를 가득 메운 수많은 예술작품들이다. 백화점 입구에 있는 어떤 동물을 타고 있는 사람의 조소는 초현실주의 화가로 잘 알려진 살바도르 달리의 1974년 작품이다. 모조품 아니냐고. 아니다, 진품이다. 미술관 한켠에 고이 모셔져야 할 달리의 진품이 그냥 백화점 입구에, 마치 법적 의무조항에 따라 반드시 세워야 하는 설치예술인 양 덜렁 방치되어 있다.

안으로 들어가면 더 화려해진다. 그냥 쇼핑몰 한 켠에 세워진 평범한 설치예술이겠거니 하는 것들이 천원링이나 류궈왕같은 중국 현대 미술 대가들의 진품들이다. 즉 여기서 무심히 바라볼 부조는 하나도 없다.

특히 미술 애호가들이 주목할만한 공간은 LG2층이다. 팡차오디 내에서 가장 많은 예술작품들이 진열된 곳으로 달리의 연인인 갈라 그라비다 조각상을 비롯해, 중국의 화가 화칭의 The Fantastic World 혹은 창환의 최후의 만찬 같은 작품들을 볼 수 있다.

이런 예술작품의 바다속에서 잊지 말아야 할 것은 여기는 사실 쇼핑몰이라는 점이다. 사실 중국에서의 브랜드 제품 쇼핑은 중국이 부여하는 높은 관세 때문에 그리 매력적이지만은 않다. 하지만, 팡차오디는 꽤 괜찮은 스토어 셀렉션으로 이런 중국 쇼핑의 한계를 어느 정도 극복하고 있고, 입점해 있는 식당은 더더욱 매력적이다.

건물값 1조, 그리고 건물 안의 예술작품의 총 가치 3조. 누가봐도 무모해보이는 이런 개발방식에 당신은 동의할 것인가? 그걸 판단하기 위해서라도 여기는 가볼만 하다.

단언컨대 요즘 베이징 여행에서 팡차오디는 만리장성급의 가치를 지니고 있다.

Eastern Beijing

北京
BEIJING

로 중국글자 대 大의 이미지를 구현하고 싶었다고 말했지만, 어떤 사람들은 이 건물은 변기에 앉아있는 사람의 엉거주춤한 자세를 형상화 시켰을 뿐이라는 비난을 쏟아내기도 했다.

갑론을박의 와중에 개관 1년도 안된 2009년 2월 9일 본사 건물 옆에 있는 159m짜리 부속 건물이 정월대보름날 폭죽을 터트리다 화재가 발생. 아예 소실되어 버리고 만다. 결국 2012년 5월 16일이 되서야 화재 보수가 끝나고 재 완공을 하게 되니 짧은 역사의 건물치고는 상당히 사건 사고가 많은 편이라고 할 수 있다.

외부인은 내부상업 구역만 들어 갈 수 있다. 상업구역에는 꽤 많은 프랜차이즈 레스토랑및 카페가 있어 식사와 휴식을 겸할 수도 있는데, 문제는 너무 넓어서 한참 걸어야 한다는 것. 때문에 대부분의 여행자들은 궈마오상성 国贸商城이나 케리 센터 北京嘉里中心을 들리면서 슬쩍 외관만 쳐다 볼 뿐이다.

CCTV 본사 中央电视台总部大楼
쫑양뎬시타이쫑부 따루 |
zhōng yāng diàn shì tái zǒng bù dà lóu

주소 北京市 朝阳区 光华路 개방 내부상업 구역만 출입가능 요금 무료 가는 방법 지하철 1호선 궈마오 国贸역 F출구 하차, 오른쪽으로 도보 6분 또는 지하철 10호선 진타이씨자오 金台夕照역 C출구로 나가면 바로 CCTV 본사 앞이다.

MAP p.14-A2

총 54층 230m의 높이를 자랑하는 중국의 국영TV 채널인 CCTV 본사. 미국의 펜타곤에 이은 세계에서 두번 째로 큰 단일 오피스 건물이기도 하다. 중국인들은 신사옥이라고 하는데, 2008년 베이징 올림픽에 맞춰서 개관했기 때문이다.

현대 건축의 거장중 하나인 네팔란드 출신의 렘 콜하스와 독일 출신인 올레 스히렌의 작품으로 개관도 하기 전인 2006년 타임 Time지에 의해 세계 10대 현대 건축물에 선정되었을 정도로 완공 전부터 대내외적인 조명을 받았다.

한번에 봐서 이해하기 힘든 구조이기도 한데, 쉽게 말해 두 개의 타워를 비스듬하게 올린 후, 두 타워 사이를 연결했다고 보면 된다. 때문에 공사 초기에는 현재 짓고 있는 건물이 기울었다는 민원이 매일같이 제기될 정도였다고.

가장 자유로운 사고를 하는 덕에 비난도 많이 받는 건축가 렘 콜하스는 두 건물을 이어 붙여 긍국적으

중앙미술학원 中央美术学院
쫑양메이수쉐위엔 |
zhōng yāng měi siù shé xué yuàn

주소 北京市 朝阳区 花家地南街 8号 전화 (010)6477-1575 개방 화~일 09:30~17:30 요금 15元 가는 방법 지하철 13호선 왕징시 望京西역 B출구쪽에 있는 城铁望京西站정류장에서 버스 471路를 타고 花家地南街정류장에서 하차 **MAP p.15-C2**

명칭때문에 오해(?)가 많은데, 중국 교육부에 직속된 중국 최고의 미술교육기관이다. 한국으로 치자면 한예종 미술원 정도의 권위를 가지고 있다고 보면 된다. 다른 점이라면 중국 미술계에 끼치는 압도적인 영향력인데, 중국 현대 미술에 관심이 있다면 한 두번쯤은 들어봤을법한 스타급 작가, 전시 기획자들의 대부분이 중앙미술학원 출신이다.

자. 마치 그리스의 신전을 방불케 하는 곳으로 데생의 소재로 쓰이는 거대한 입상이 건물 바깥 벽을 따라 진열되어 있고, 그 안에서 자유롭게 스케치하는 학생들을 볼 수 있다. 복잡하게 세워진 이젤과 열정적인 손놀림을 볼 수 있다. 사진 촬영은 신중하게 하자.

동악묘 东岳庙
둥웨먀오 | dōng yùe mìao

주소 北京市 朝阳区 朝阳门外大街 141号 전화 (010)6527-0151 개방 08:30~18:00 요금 10元 가는 방법 지하철 2호선 차오양먼 朝阳门역 A출구에서 도보 7분 또는 지하철 6호선 东大桥역 A출구에서 도보 10분 **MAP p.14-A2**

역사도 유구한 편으로 전신은 1918년 당대의 사회개혁가 채원배가 세운 북평예술전문학원까지 거슬러 올라간다. 이후 현재의 중국이 성립된 1950년 화북대학 제삼부 미술계와 합병되며 중앙미술학원 시대가 열린 것이라고. 건립당시 중국 정부의 기대를 반영하듯, 학교의 이름도 마오저뚱이 직접지어 하사했다고 한다.

겉으로 보는 교내는 신관 건설 붐이 불기 전, 한국의 여느 대학과 별 다를바 없다. 예술대학임을 보여주는 수많은 조소 작품들이 군데 군데 배치된 것 정도가 특이할 뿐이지만 이 걸로 끝이 아니다.

중앙미술학원의 최종병기는 바로 중앙미술학원 미술관 中央美术学园 美术馆 CAFA Art Museum이다. LA미술관 등 수많은 공공건축을 설계한 당대 최고의 일본인 건축가 아라타 이소자키가 디자인했는데, 날렵한 곡선이 인상적인 지상 4층, 지하 2층, 연면적 14,777㎡를 자랑 하지만, 미술관 자체도 중국미술관, 금일미술관과 함께 베이징 3대 미술관으로 손꼽힌다. 재학생부터 졸업생, 유명 작가까지를 아우르는 폭넓은 전시로 인해 미술 애호가들의 호평을 받고 있다. 특히 학기말에 벌어지는 재학생 전시회는 기성작가와는 또 다른 특유의 개성넘치는 발랄함으로 인해 중국 미술계의 거상들도 반드시 방문하는 일종의 루키 선발전이라고.

방문하는 시기 벌어지는 전시회는 미술관 홈페이지를 통해 안내 받을 수 있다. 어지간해서는 실망하지 않는 미술관 중 하나다.

참고로 미술관 옆에 있는 거대한 돔이 인상적인 데생실도 잊지말고 방문해보

타이산 泰山을 모시는 거대한 도교 사원으로 현재는 민속박물관을 겸하고 있다. 중국인들은 전통적으로 화산 华山, 쑹산 嵩山 등 5개의 주요 산을 오악이라 하여 신성시하고 있다. 이중 가장 신성한 산은 동악인 타이산.

타이산은 황제 중에서도 선택된 자들만 거행할 수 있다는 봉선 封禅 의식을 치르던 곳이다. 봉선의식을 거행한 중국 황제는 역사상 72인에 불과하다.

이런 중요성 때문에 어느 왕조나 수도에 반드시 동악, 즉 타이산을 모시는 동악묘를 세웠다. 베이징의 동악묘가 처음 건설된 때는 1322년인데, 난징의 동악묘와 함께 중국에서 가장 큰 규모.

도교가 인도의 힌두교만큼 신이 많은 관계로 사원의 모든 건물에는 각각의 독립적인 신이 모셔져 있다.

개중에는 단군신화에 등장해 우리에게도 익숙한 바람의 신 풍백 風伯, 물고기 신하 사이에 있어서 웃음을 자아내는 용왕도 있어 어쩐지 인형극 무대를 거니는 듯한 느낌이 들기도 한다. 동악묘에서 놓치지 말아야할 부분은 오래된 목조건물이 주는 아우라다. 관람객이 많지 않아서 관리가 부실한데, 오히려 그런 이유로 원목의 나뭇결 하나하나까지 고스란히 남아 있다. 민속박물관으로서의 가치는 떨어져 보이지만, 작은 규모나마 다양한 전시를 자주 여는 것은 어쨌건 전통을 소중히 여기는 문화 사랑의 일면이 아닐까 싶다. 의외의 수확을 얻을 수 있는 곳 중 하나.

건외소호 建外 SOHO
젠와이 SOHO | jiàn wài SOHO

주소 北京市 东三环中路 39号 전화 (010)5869-6668 홈페이지 www.sohochina.com 가는 방법 지하철 1·10호선 궈마오 国贸역 C출구에서 도보 7분 MAP p.14-A2

베이징 당국이 야심차게 진행하고 있는 중앙 비즈니스 구역 C·B·D개발의 신호탄. 전체 18동의 초대형 오피스텔 단지다. 쇼핑 센터 겸 레스토랑, 부티크 거리 등 복합적인 쇼핑 공간이 각 동의 1·2층, 그리고 별노의 싱가동을 중심으로 형성되고 있다. 이곳에 브랜드 매장들이 꾸준히 입점하고 있는데, 올림픽 이전부터 베이징에서 몇 손가락 안에 드는 쇼핑 스폿으로 큰 기대를 받아왔다. 도회의 세련된 느낌을 얻을 수 있는 몇 안 되는 곳 중 하나다.

다산쯔 798 예술구 大山子 798 艺术区
다산쯔치주바이수취 | dà shān zǐ qī jiǔ bā yì shù qū

주소 北京市 朝阳区 酒仙桥路 4号 大山子艺术区 개방 10:00~19:00 요금 대부분 무료. 특별전이 열리는 갤러리에 따라 입장료를 부과할 수 있음 가는 방법 버스 401·402·405·445·955·973·909·991路, 다산쯔루커우난 大山子路口南정류장에서 내려 육교를 건너면 된다. MAP p.14-B1

여태껏 보지 못한 기묘한 갤러리 및 공방이 모여 있는 예술단지. 중국의 소호 Soho라는 극찬을 받고 있는 곳이다.

원래 이 일대는 동독의 기술 제휴로 건설되고 인민해방군이 직영하던 라디오, 군수물자 공장이었다. 1990년대말, 차오양구 朝阳区 일대가 재개발되면서 공장들이 이전한 후, 작업장이 필요한 예술가들이 하나둘 몰려오기 시작해 집단 창작단지로 변신한다.

2001년 중국의 화가 황루이 黄锐는 재생 프로젝트 '베이징 798 예술구'라는 전시를 개최하는데, 이 기획이 해외 언론의 폭발적인 조명을 받게 된다. 2001년 최고의 예술기획전으로 평가받은 이 행사를 계기로 다산쯔 일대가 베이징 현대 예술의 메카로 떠오르자 중국 정부는 본래의 철거 계획을 백지화하고 예술구로 육성, 보호하기에 이른다.

예술구 전체는 상당히 보한 분위기다. 군수공장 특유의 삭막함, 콘크리트 괴물 같은 육중한 건물들이 예술 전체를 지배하고, 예술가들은 이런 삭막함을 자신만의 방식으로 재창조했다.

벽화는 뉴욕의 흑인 거주지를 연상케 하고, 일부 갤

러리는 도쿄에서 갓 뽑아낸 것 같은 산뜻함으로 무장했다. 무엇보다 무겁지 않은 주제를 다룬다는 점은 다산쯔의 최대 특징이다.

중국이기에 보이는 한계

다산쯔의 상업화는 예술구가 생긴 이래 지금까지도 지속되고 있는 논란거리다. 무엇보다 사전 검열과 소재의 한계는 다산쯔의 최대 약점. 순수예술로서의 가치는 인정할 만하지만, 현실을 바라보는 날카로운 시선들은 찾아보기 힘들다. 맑고 투명함만 강조하다 보니 무미건조하다는 평도 있다.

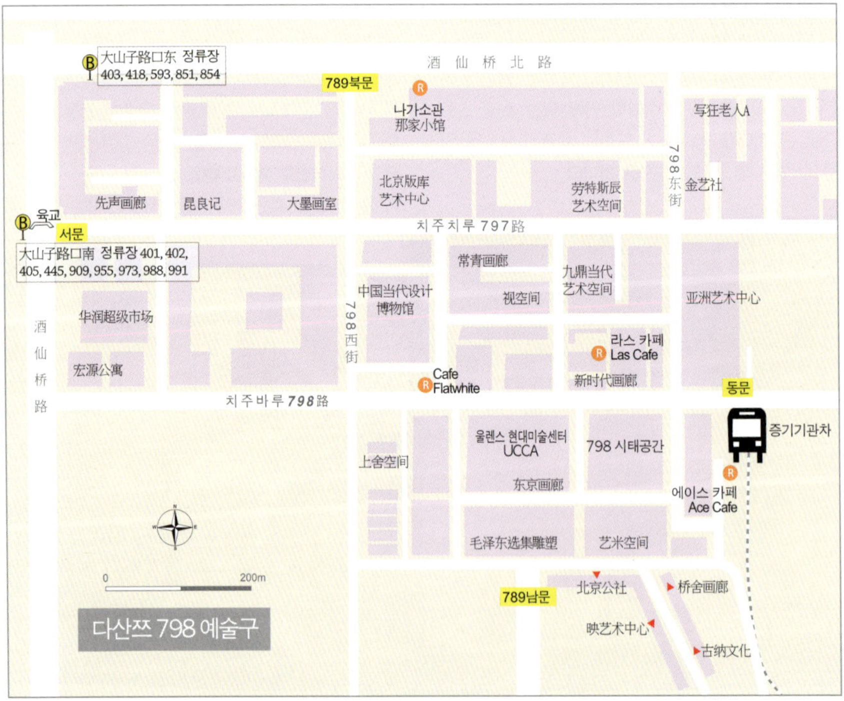

Eastern Beijing

北京
BEIJING

울렌스 현대미술센터 UCCA
尤伦斯当代艺术中心 ★★★

전화 (010)8459-9269 요금 15元 홈페이지 www.ucca.org.cn 개관 10:00~19:00 본문 p.182

다산쯔 798 예술구에서 단연 돋보이는 곳은 울렌스 현대미술센터 UCCA(Ullens Center for Contemporary Art)다. 벨기에 미술 컬렉터가 운영하는 대형 갤러리로 중국 현대미술에 관한 전시가 줄을 잇는다. 특히나 신진 작가들을 발굴, 육성하는데 큰 의의를 두는 곳이라 그 의미가 특별하다.

798 시태공간 798 Space 798 时态空间 ★★★
치주바스타이쿵젠 | qī jiǔ bā shí tài kōng jiān

전화 (010)6437-6248 홈페이지 www.798space.com 개관 11:00~19:30 본문 p.182

다산쯔의 모든 것이라고도 표현할 수 있는 인상적인 공간이자 다산쯔에서 가장 큰 갤러리. 조립 공장이 있던 곳으로 아치형 천장에 쓰여 있는 '마오쩌둥 주석 만세 毛泽东主席万岁'라는 표어가 인상적이다. 모 스포츠 의료 광고를 촬영해서 공간 자체도 유명해졌고 최근에는 모터쇼와 같은 상업적인 행사를 유치하기도 한다. 내부에 'Old Factory Bar'라는 카페와 작은 서점도 있어 지친 다리를 쉬기에도 그만이다

알아두세요

다산쯔 798 예술구에서의 먹거리

라스 카페 Las Cafe

위치 D-09-2호 영업 09:00~22:00 예산 2인 100元

다산쯔 798을 대표하는 카페중 하나로 베이징에서 에스프레소를 먹을만한 곳 15곳중 하나로 선정된 바 있다. 자연채광에 신경쓴 인테리어로 인해 전체적으로 밝고 화사한 느낌이다. 커피 외에 김치볶음밥같은 한식 몇가지가 있는데, 맛의 디테일은 떨어진다. 중식을 아예 못 먹겠다면 이용하는 정도.

에이스 카페 Ace Cafe

위치 火车头广场旁 영업 11:00~22:00 예산 2인 100元

런던에 본점을 둔 카페. 런던 본점은 레이서들을 위한 공간으로 마초 향기가 풀풀나는데, 베이징은 정반대의 분위기. 에이스 카페가 원래 도로 휴게소에 가까웠다는 걸 느낄 수 있는 부분은 가게 바깥에 있는 커다란 증기 기관차뿐이다. 커피 그리고 수제 버거과 같은 가벼운 스낵들을 판매한다.

일단공원 日坛公园
르탄궁위안 | rì tán gōng yuán

 주소 北京市 朝阳区 日坛公园 전화 (010)8563-5038 개방 06:00~22:00 요금 무료 가는 방법 지하철 1・2호선 젠궈먼 建国门역 B출구에서 도보 10분 **MAP p.14-A2**

명・청대 태양신을 모시던 제단이 있던 곳으로 중화인민공화국 성립 이후 시민공원으로 탈바꿈했다. 현재는 인근 주민들의 산소탱크 역할을 톡톡히 하고 있다. 스쳐 지나가도 무방한 공원이지만, 굳이 추천하는 것은 공원 안에서 느껴지는 평화로움과 시민들의 일상을 훔쳐보는 재미가 쏠쏠하기 때문이다.
대부분의 베이징 공원들은 도시개발을 하면서 인공적으로 조성한 숲이 아니라 왕조시대부터 내려오던 공간을 개조한 탓에 수령이 수백 년이 된 나무들이 즐비하다. 특히 곳곳에 우뚝 솟은 정자는 마치 동양화의 한 장면 같은 풍경을 연출한다. 애써 찾아갈 필요는 없어도 주변에 지나갈 일이 있다면 반드시 들러보자.

부국해저세계 富国海底世界
푸궈하이디스제 | fù guó hǎi dǐ shì jiè

 주소 北京市 朝阳区 工人体育场 南门 전화 (010)6591-3397 개방 4~11월 08:00~19:30, 12~3월 08:30~18:30 요금 110元(어린이 60元) 가는 방법 지하철 6호선 东大桥역 A출구에서 도보 15분 **MAP p.14-A2**

뉴질랜드의 기술로 건설한 곳으로, 베이징 해양관과 함께 베이징 최대 규모를 자랑하는 수족관이다. 교육・오락・환경 보호라는 세 가지 모토를 주제로 운영된다. 실제로 하천, 강과 바다 등 수생생물이 살 수 있는 환경별로 별도의 수족관을 조성, 교육적인 효과를 높이고 있다.

하이라이트는 바로 120m에 달하는 최대 규모의 수중 터널. 워킹 보드를 따라 구불구불한 터널을 지나가보자. 머리 위로 유영하는 상어의 매혹적인 모습은 최고의 감상 포인트. 간간이 인어로 분장한 스태프들을 보는 것도 즐겁다. 공인체육장 工人体育场 일대에 맛집과 카페 거리인 싼리툰 三里屯이 있어 연계해서 둘러보기에 동선상 좋지만 볼거리에 비해 가격이 많이 비싼 느낌이다.

고관상대 古观象台
구관샹타이 | gǔ guān xiàng tái

주소 北京市 朝阳区 建国门内大街 东裱褙胡同 2号 전화 (010)6525-0614 개방 09:00~11:30, 13:00~16:30 요금 20元 가는 방법 지하철 1・2호선 젠궈먼 建国门역 C출구에서 도보 5분 **MAP p.14-A2**

1279년 건설된, 현존하는 세계 최고 最古의 천문대. 원대의 탁월한 천문학자 왕순 王恂과 곽수경 郭守敬이 천문대 및 천문관측기구의 설계를 감독했다.
당시의 천문학은 오늘날 우리가 알고 있는 별을 연구하는 학문이 아닌 백성들을 지배하는 수단이자 첨단 과학 기술의 총체였다. 황제의 주요 권한 중 하나가 바로 달력 반포. 농업국가인 중국에서 달력은 한 해 농사에 절대적으로 필요한 도구였다. 즉 천문학은 국가의 가장 주요한 기밀이었고, 천문대의 출입은 황제와 담당자들만 가능했다고 한다.
명말 이후 유럽 선교사들이 중국의 최고권력층과 관계를 맺을 수 있었던 가장 중요한 이유 또한 그들이 앞선 천문학 지식을 가지고 있었기 때문이다.
현재의 건물은 명나라 정통제 때인 1442년에 지어졌다. 17.79m 높이에 있는 관상대 정상에는 8개의 천문관측기구가 전시되어 있다.

Eastern Beijing

Restaurant

베이징 동부의 레스토랑

최고의 번화가답게, 본토 요리보다는 서양을 비롯한 세계 각국의 요리들이 강세를 보이고 있다. 캐릭터를 이용한 앙증맞은 카페에서부터 북한 식당까지 선택의 폭이 너무 넓은 것이 문제일 정도. 중국 음식에 적응하기 어려웠다면 이곳에서만큼은 내 몸이 원하는 레스토랑을 마음대로 고를 수 있다.

대동카오야 大董烤鸭 따동카오야 | dà dǒng kǎo yā

강력 추천

주소 北京市 朝阳区 团结湖北门3号楼(长虹桥南侧) 전화 (010)6582-2892 홈페이지 www.dadong dadong.com 영업 11:00~22:00 메뉴 영어, 중국어 사진 예산 2인 300~500元 가는 방법 지하철 10호선 퇀제후 团结湖역 C출구로 나와 반대방향으로 도보 2분 MAP p.14-A2

베이징 카오야를 세계적인 수준으로 올려놓은 식당이다. 2000년 처음 문을 열었을때는 외국인 레지던시들에게 환호받는 식당이었지만, 지금은 베이징 현지 주민들도 열광하는 분위기.
중화요리에서는 드물었던 플레이팅과 데코레이션의 개념을 도입했고, 오리를 굽는 과정 전체를 오픈해 일종의 쇼 엔터테인먼트로 만들었다.
하지만 이런 노력에 대해 서 비판하는 시각도 있다. 주로 베이징 토박이들의 평인데, 중식이란게 요리를 산처럼 담는게 매력인데, 예쁘장한 대동카오야의 플레이팅 탓에 요리의 양이 적은, 한마디로 예쁘지만 실속이 없다는 시각도 일부 존재한다.
하지만 2~4명의 소수로 이루어진 한국인 여행자들의 입장이라면 적은 양의 요리를 여러 개 시키려는 욕구가 크기 때문에 대가족 위주의 베이징 토박이들과는 입장이 다른 편.
이 집의 전설적인 카오야는 기존의 전통 강호들의 카오야에 비해 수준을 한 층 높였다고 하는데, 그 진가는 처음에 썰어주는 오리 껍질에서 알 수 있다. 오리집에서 오리만

〈대동카오야〉 베이징 시내 주요 지점

지점	주소	위치
둥쓰스타오	北京市 东城区 东四十条 甲22号 南新仓商务大厦 1-2층	MAP p.7-C1
진바오제	北京市 东城区 金宝街 88号 金宝汇购物中心 5층	MAP p.9-A2

먹고 나오는 경우도 많은데, 이 집은 요리를 빼고 설명하기 힘들정도로 다양하고 독특하며, 어떤 면에서는 탁월하다.

일단 요리책이 백과사전 수준인데가 한 장 한 장 사진이 박물관의 양장본 도록같은 느낌이다. 직접 취재했지만 그럼에도 취재의 한계가 느껴지는 몇 안되는 집이다.

간편 메뉴
大董酥不腻烤鸭 다퉁 카오야 298元
炸烹虾段 S/M/L 중식 새우튀김 128/192/256元
樱桃鹅肝 S/M/L 체리 푸아그라 98/147/196元
北京少吃 4/6/8종 베이징 전통간식(디저트용) 60/90/120元

나가소관 那家小馆
나쟈샤오관 | nà jiā xiǎo gūn

 주소 北京市 朝阳区 酒仙桥北路 2号(798예술구 북문 근처) 전화 (010)5978-9333 영업 11:00~22:00 메뉴 사진, 영어, 중국어 예산 2인 300元 가는 방법 지하철 14호선 왕징남 望京南역 B1출구에서 택시로 기본요금 **MAP p.14-B1 본문 p.182**

황실요리 전문점이다. 소위 반장 饭庄이라 불리는 황실요리 전문점들은 일종의 맛뵈기식 세트를 내놓는 게 일반적인데, 나가소관은 이런 구습(?)에서 과감하게 탈피. 궁중요리의 아라카르트시대를 열었다.

사실 여행자입장에서도 그전의 세트요리 위주의 궁중요리 전문점은 낙타 혹같은 특이한 식재에 집착하고 맛은 별로인데, 세트에 포함되기 때문이다.

단품위주의 나가소관은 한결 세련되고, 메뉴의 선택

간편 메뉴
秘制酥皮虾 궁중식 새우튀김 88元
皇坛子 샛노란 스프, 치킨, 도가니 베이스다. 48元
那家自制豆腐 수제두부튀김 48元
八旗茄子 만주족 스타일의 가지 볶음 46元

Eastern Beijing 北京 BEIJING

폭도 넓다. 무엇보다 전통과 현대적 편의가 조화된 화려한 인테리어, 그리고 샛노란 황실 느낌의 고급스러운 식기들도 다른 집들과는 차별된 느낌이다.
요리 훌륭하고, 궁중요리라는 어마어마한 타이틀에 비해서는 저렴한 편이다. 추천한다.

중8루 中8楼
중빠로우 | zhōng bā lóu

수소 北京市 朝阳区 二里屯路 10号 院三里屯太古里南区 8号楼 S8-40单元 전화 (010)6415-8858
홈페이지 www.middle8th.com 영업 11:30~23:30
메뉴 사진, 영어, 중국어 예산 2인 250元 가는 방법 지하철 10호선 퇀제후 团结湖역 A출구에서 도보 10~15분 MAP p.14-A2

싼리툰을 대표하는 윈난요리 전문점이다. 기름기가 적고 담백한데다 식재나 조리법도 중국요리보다는 동남아 요리가 가까운 윈난요리는 최근들어 건강식으로 각광을 받으며 전국 요리의 반열에 이름을 올리고 있다.
중국인들에 윈난하면 일단 샹그릴라와 설산의 이미지가 강한 탓인지, 인테리어가 상당히 이국적이다. 전반적으로 카페풍, 목재를 주로 쓴 테이블이나 각종 키친웨어들도 눈길을 잡아 끈다.

일반적으로 윈난요리했을때 가장 먼저 떠오르는 건 각종 버섯 볶음들. 윈난의 야생 버섯은 한국에서 보지도 못했던 종류들이 가득하다. 일단 야생버섯볶음류는 일단 시키고 시작. 담백한 윈난식 탕이나 속이 편한 쌀국수등으로 옮겨가면 된다.
대부분의 윈난요리가 그렇듯, 요리 자체의 기법보다는 식재의 맛으로 먹게 된다. 윈난식당치고는 좀 비싼 편이지만, 그만큼의 고급스러운 분위기가 있다.

도소웸 度小月
두싸오예 | dù xiǎo yuè

수소 北京市 朝阳区 东大桥 9号 侨福芳草地购物中心 B2层 전화 (010)8563-1105 영업 11:00~21:30 메뉴 한자 예산 2인 100元 가는 방법 지하철 6호선 둥다차오 东大桥역에서 도보 10분
MAP p.14-A2

타이완 전통국수인 딴즈면 担仔面 전문점으로 타이완에 있는 본점은 4대째 대를 잇고 있다고. 참고로 딴즈면은 120년전 처음 등장했는데, 새우 머리로 국물을 냈다는게 특징. 면위에 돼지고기와 새우 한마리를 얹어낸다. 국물은 꽤 담백한 편으로, 특유의 향 때문에 타이완 우육면을 못먹는 사람이라해도 딴즈면은 충분히 소화가 가능하다.

〈나가소관〉 베이징 시내 주요 지점

지점	주소	위치
중관촌	北京市 海淀区 丹棱街甲1号 互联网金融中心 B1层	MAP p.17-C1
융안리	北京市 朝阳区 建国门外永安里 10号	MAP p.14-A2
왕푸징	北京市 东城区 建国门内大街 26号 新闻大厦 24层	MAP p.9-A2

후쿠오카 福冈 에서 건너온 하카타 라멘의 명가. 쉽게 말해 돼지뼈를 우려낸 돈코츠라멘 전문점으로 일본 14곳, 해외에는 7개국, 34곳의 분점을 거느리고 있다. 베이징에는 딱 세 곳뿐인 분점 중 하나.

오랜시간 깊이 우려낸 진한 국물맛이 일품인데, 일반적인 돈코츠 라멘에 비해서도 돼지고기 특유의 잡내가 거의 제거돼, 깔끔한 맛을 좋아하는 여행자들에게 어울리는 집이다. 라멘은 딱 다섯가지. 진한 맛, 맑은 맛, 검은깨맛, 명란맛, 매운맛으로 나뉘고 여기에 염도, 면의 삶기, 어떤 고명을 추가해야 하는지 등을 정해야 한다. 주문지에 체크하는 방식인데, 중국어와 일본어 뿐이라, 한국인에게는 약간 고역이다. 하단에 큐알코드를 찍으면 주문지의 해석본을 스마트폰을 통해 볼 수 있게 해놨으니 참고하도록 하자.

이 집의 한입교자는 일본여행 간 한국인들에게도 명물로 손꼽히니 꼭 먹어보도록 하자. 한국에 우후죽순처럼 생겨나는 라멘집에 비해서는 확실히 한 수 위다. 주문방법이 좀 복잡하니, 하단의 큐알코드를 태그해 번역본(?)을 받아보자.

타이완에서는 대표적인 서민식당중 하나지만, 중국으로 건너와 최고급 백화점 안에 입점, 물건너 온 아이템이 누리는 일종의 부가가치 같은 것. 가격 나쁘지 않고, 면에 곁들여 먹을만한 사이드도 다양한 편이다. 딴즈면 외에 쌀국수가 들어가는 딴즈미셴 担仔米粉도 있다. 밥이 필요하다면, 돼지고기와 표고버섯을 장에 볶아 밥에 얹어먹는 로우자오판 肉燥饭을 시도해보자.

간편 메뉴

度小月担仔面 딴즈면 20元
度小月担仔米粉 딴즈미셴(쌀국수) 20元
肉燥饭 로우자오판 20元
黄金芙蓉豆腐 황금부용두부 32元
黑糖红豆粉粿脆冰 흑당과 팥을 곁들인 타이완식 빙수 26元

하카타 잇코우샤 라멘 博多 一幸舍
보터 이씽셔 | bó duō yī xìng shè

주소 北京市 朝阳区 东大桥 9号 侨福芳草地购物中心 B2层 LG210单元 전화 (010)8561 9618 홈페이지 www.ikkousha.com 영업 11:00~21:30 메뉴 중국어, 일본어 예산 2인 100元 가는 방법 지하철 6호선 둥다치오 东大桥역에서 도보 10분 MAP p.14-A2

Eastern Beijing

北京
BEIJING

188
189

날소방 辣小邦
라샤오방 | là xiǎo bāng

주소 北京市 朝阳区 光华路 9号 世贸天阶 北街B1层 전화 (010)5206-1068 영업 11:00~22:00 메뉴 중국어 예산 2인 82元 가는 방법 지하철 1호선 용안리 永安里역 B출구 또는 10호선 진타이시자오 金台夕照역 D출구에서 도보 15분 **MAP p.14-A2**

더 플레이스 백화점에 자리한 밥집이다. 주변 직장인들을 겨냥해 저렴하고 푸짐한 요리를 선보인다. 덕분에 밥때엔 매장이 미어터진다. 가격에 비해 맛도 꽤 훌륭한 편. 다만 애로사항이 하나 있다면, 주문과 결제 모두 모바일 결제 시스템인 위챗/알리페이를 통해 이뤄진다는 것. 즉 실물 메뉴판 같은 것이 따로 없다. 탁자에 있는 큐알코드를 찍으면 스마트폰 화면에 메뉴가 뜨고, 주문과 결제 모두 모바일로 진행해야 한다. 현금은 받지 않는 이곳을 이용하기 위해선 사전에 중국 간편결제 시스템에 가입해야 한다. 따라서 신문물에 구미가 당기는 여행자라면 시도해 볼 만하다. 중국엔 이런 곳들이 꽤 많이 늘어나는 추세다.

간편 메뉴
酸菜鱼 후나식 새콤한 생선 찌개 38元
酸汤肥牛 화한 맛의 차돌박이 전골 46元
小盘鸡 쓰촨식 닭 볶음탕 32元

와가스 Wagas

주소 北京市 朝阳区 三里屯路 19号 三里屯太古里 南区S8-33 전화 (010)6416-5829 홈페이지 www.wagas.com.cn 영업 08:00~22:00 메뉴 영어, 중국어 예산 2인 100元~ 가는 방법 지하철 10호선 团结湖역 A출구로 나와 뒤돌아 조금 걸어가면 큰도로가 나오고 오른쪽으로 도보 8분 **MAP p.14-A2**

상하이에서 시작된 와가스는 급속도로 중국 전역에 체인을 만들어나가고 있다. 싼리툰점은 싼리툰 빌리지 스타벅스 위, 3층에 위치. 옆에 프레쉬 레스토랑도 있어 주변에 골라갈 수 있는 재미가 있다.

문득 부드러운 빵에 향기로운 커피를 곁들인 서양식 아침을 원한다면 가장 추천하고 싶은 곳 중 하나. 진하게 내린 일리커피와 케이크 한 조각, 샌드위치 등을 곁들여 맞이하는 아침은 그야말로 해피 데이 그 자체.

크리스탈 제이드 라멘샤우롱바오
Crystal Jade 翡翠拉面小笼包
페이추이라멘샤오롱빠오 |
fěi cuì lā miàn xiǎo lóng bāo

주소 北京市 朝阳区 酒仙桥路 18号 颐堤港 전화 (010)6184-1627 영업 11:00~22:00 메뉴 영어, 중국어, 일본어 예산 2인 점심 200元~, 저녁 450元~ 가는 방법 지하철 장타이 将台역 C출구에서 도보 3분 **MAP p.14-B1**

싱가포르 굴지의 요식업 재벌인 크리스탈 제이드 그룹에서 운영하는 광둥 요리 레스토랑. 점심에는 딤섬, 저녁에는 광둥 요리를 주로 선보이는데, 어느 것을 선택해도 후회하지 않는다. 홍콩식과 상하이식 딤섬 등 크게 두 종류로 나눌 수 있는데, 해물을 좋아한다면 홍콩식, 고기를 좋아한다면 상하이식을 선택하면 좋다.

큼직한 새우가 두 마리나 들어 있는 새우만두 翡翠虾饺皇 Steamed Shrimp Dumpling, 야채와 새우, 조개관자, 돼지고기가 맛깔스럽게 배합된 소에 계란 노른자를 입힌 후에 게알을 얹어주는 蟹子烧卖皇 Steamed Pork Dumpling with Crab Roe은 둘이 먹다 하나가 죽어도 모를 정도로 뛰어난 맛을 자랑하는 홍콩식 딤섬 중 하나.

상하이식의 대표라면 역시 南翔小龙包 Steamed Soupy Pork Dumpling를 뺄 수 없다. 얇은 만두피 속에 담겨 있는 담백한 육즙은 그야말로 일품. 단, 너무 서둘러 먹으면 입천장이 모두 데는 참극을 맞이할 수도 있으니 1분 정도는 기다려주는 센스를 발휘할 것.

간편 메뉴
小笼包 샤오롱바오 26元
红油抄手 고추기름만두 30元
生煎包 성젠바오 28元
担担面 딴딴면 36元

딘타이펑 鼎泰丰   **강력 추천**

주소 北京市 朝阳区 新源西里 中街 24号 전화 (010)6462-4502 홈페이지 www.dintaifung.com.cn 영업 월~금 11:30~14:30, 17:00~22:00, 토~일・공휴일 11:30~22:00 메뉴 한글, 영어, 중국어, 사진 예산 100~130元 가는 방법 해당화에서 도보 10분 **MAP p.14-A2**

타이완에 본점을 가지고 있는 바오쯔(중국식 만두) 전문점으로 이 계통으로는 세계 최고 수준. 1993년

〈딘타이펑〉 베이징 시내 주요 지점

지점	주소	위치
시단	北京市 西城区 西单北大街 133号 君太百货 B1층	MAP p.10-A2
왕푸징	北京市 东城区 王府井大街 138号 北京apm B区6层 609B	MAP p.9-A2
베이징 SKP	北京市 朝阳区 建国路 87号 beijing SKP 5층	MAP p.14-B2
진바오제	北京市 朝阳区 东大桥路 9号 侨福芳草地大厦 LG2층	MAP p.14-A2

Eastern Beijing 北京 BEIJING

〈뉴욕 타임즈〉지에 의해 세계 10대 레스토랑으로 선정되기도 했다. 현재 전 세계 대도시 31곳에 분점이 있다. 이곳은 베이징 둥즈먼점.

딘타이펑의 바오쯔는 엄밀히 말해 상하이 스타일에 가깝다. 종잇장처럼 얇은 피와 그 안의 담백한 육즙이 일품인 샤오룽바오 小龙包는 딘타이펑의 꽃. 고기 소가 들어간 特色小龙包, 해물 소가 들어간 特色海鲜小龙包, 게살 소가 들어간 特色蟹粉小龙包로 나뉜다. 새우와 게알이 올라간 虾肉烧麦도 반드시 맛봐야 할 바오쯔다.

바오쯔는 대개 10개들이나 5개들이로 주문한다. 다양한 비오프를 맛보고 싶다면 5개들이를 여러 개 시키는 것이 요령이다.

느낌의 인테리어는 자연광을 최대한 활용할 수 있게끔 설계되어 분위기가 몹시 밝다.

메뉴판이 책처럼 두툼할 정도로 요리가 다양하다. 대만식, 퓨전 일식, 중국풍 면 요리처럼 간단한 분식, 화끈한 훠궈 요리 등도 물론 빼놓지 않았다.

벨라지오의 디저트는 중국 최고 수준. 심지어 디저트만을 맛보기 위해 벨라지오를 방문하는 사람도 있다. 가장 인기 있는 메뉴는 '빙사 冰沙'라는 빙수다. 땅콩이나 망고 등의 재료를 갈아 만든 빙수가 특히 맛있다. 타이완 브랜드답게 버블티인 진주차 珍環茶 맛도 훌륭하다. 인기에 힘입어 최근 베이징에 16곳의 분점이 생겼다.

간편 메뉴
蟹粉小笼 게살 샤오룽바오 78元
小笼包 샤오룽바오 49元
虾仁炒饭 새우볶음밥 48元
酸辣汤 산라탕 28元

벨라지오 Bellagio 鹿港小镇
루강샤오전 | lù gǎng xiǎo zhèn

주소 北京市 朝阳区 三里屯路 19号 三里屯太古里 3楼S2-31号(果专卖店) 전화 (010)6417-7040 영업 11:00~22:00 메뉴 영어, 중국어, 사진 예산 2인 150元~ 가는 방법 지하철 10호선 团结湖역 A출구로 나와 뒤돌아 조금 걸어가면 큰도로가 나오고 오른쪽으로 도보 8분 MAP p.14-A2

베이징의 젊은이들, 특히 OL들이 가장 선호하는 대만식 레스토랑 겸 디저트 전문점. 심플하고 모던한

간편 메뉴
菠萝油条虾 파인애플과 새우튀김 59元
宮保腰果鸡丁 궁바오지딩, 땅콩매운 닭요리 45元
三杯鸡 싼베이지, 간장양념 닭요리 60元
花生冰沙 땅콩빙수 33元

모모가춘병점 姥姥家春饼店
라오라오춘빙뎬 | lǎo laojiā chūn bǐng diàn

주소 北京市 朝阳区 广顺南大街 1号 娜丽莎大厦 一层 전화 15501196162 영업 10:00~22:00 메뉴 중국어 예산 2인 100元 가는 방법 지하철 14호선 푸퉁 阜通역에서 도보 3분 **MAP p.15-C2**

베이징을 위시한 중국 북방지역에서 주로 먹는 춘병(춘빙)은 두툼한 밀전병에 고기와 파, 볶음 야채를 올린 뒤 춘장 계열의 달콤하고 짭짤한 소스를 발라 둥글게 싸서 먹는 간식을 이른다. 언뜻 월남쌈과 비슷하게 보이는데, 다른 점이 있다면 피를 밀가루로 빚는다는 것. 모모가춘병점은 춘병 전문점이다. 밀가루 떡인 춘병, 그리고 춘병에 들어가는 식재를 별도 주문해 먹는 방식으로 운영된다. 밀가루 떡은 두꺼운 것과 얇은 것, 2가지로 나뉘는데 계산해보면 뭐든 1장에 1元꼴이다. 식당 한 편에는 손님들이 직접 떠먹을 수 있도록 마련해 놓은 옥수수죽이 있다. 한 술 뜨면 속이 편안해지고, 무엇보다 무료로 즐길 수 있으니 효자 메뉴라 할 만하다. 춘병에 곁들이는 소는 아래의 간편 메뉴를 참고할 것.

간편 메뉴
春饼 춘병, 두꺼운 밀가루 전병 3元
筋饼 절병, 반투명 밀가루 전병 3元
忽+黄瓜+圆忽 전병에 싸먹는 파, 오이등… 5元
甜蜜酱 전병에 바르는 달콤한 장 3元
嫩炒鸡蛋 중국식 계란볶음 28元
酸辣土豆丝 새콤 매콤한 감자볶음 18元

연길 명태나라 延吉明太鱼馆

주소 北京市 朝阳区 广顺北大街 30号 전화 (010)6472-3333 영업 11:30~00:00 메뉴 한글, 중국어 예산 2인 100元 가는 방법 지하철 15호선 왕징역 A출구로 나와 시장 쪽으로 가는데, 왼쪽 길로 쭉 가다 보면 간판이 보인다. 여기가 맞나 싶은 생각이 들 즈음, 조금 더 가면 나타난다. **MAP p.15-C2**

왕징에 있는 조선족/북한요리 전문점. 특히 북한식 명태요리를 중심으로 다양한 북한 요리를 맛볼 수 있는 집이다. 일대에서는 맛집으로 소문난 식당인데다 가격도 나쁘지 않은 편이다. 가장 추천할만한 요리는 명태껍질순대다. 찹쌀을 명태껍질로 싸서 쪄낸 요리인데, '담백함' 만으로 승부할 때 둘째 가라면 서러울 수준이다. 여기에 새콤한 두부피오이무침 같은 사이드 메뉴에 중국식 빠이주 한 잔까지 곁들이면, 세상 부러울 게 없을 것이다.

간편 메뉴
연길냉면 20元 　　　　명태알탕 35元
명태껍질순대 30元 　　명태머리순대 30元
명태껍질튀김 20元

송자 松子 MATSUKO
쏭쯔 | sōng zi

주소 北京市 朝阳区 东三环 白家庄乙 22号 전화 (010)6582-5208 홈페이지 www.matsuko.com.cn 영업 11:30~14:00, 17:00~22:30 메뉴 영어, 중국어, 사진 예산 2인 300元~ 가는 방법 지하철 10호선 団结湖역 C출구에서 도보 10분 MAP p.14-A2

꽤 오래된 집으로 1992년 창업, 현재는 베이징에만 8곳의 분점을 거느리고 있다. 요즘이야 괜찮은 일식집이 베이징도에 많지만 10년전만해도 접근 가능한 가격대에서 먹을만한 일식은 이 집이 유일했다.

점심 뷔페가 가장 유명한데 가성비면에서 동일 가격 대비 한국보다 낫다. 저녁에는 단품요리를 겸한 이자까야 분위기로 변한다. 가격은 높다 생각되지만, 식재, 그리고 조리 실력이 상당하기 때문에 신뢰할 수 있다. 다다미 주위로 물이 흐르는 등, 대륙의 호방한 인테리어가 인상적이다. 시내 중심에는 없지만 교민들이 많이 사는 왕징점(기린신천지 麒麟新天地 2층 MAP p.15-C2)과 지하철 후자러우 呼家楼역과 가까운 조양북로점(징롱다싸 京龙大厦 2층 MAP p.14-A2) 등 분점이 많이 생겼다.

힝 외에 9개의 분점이 있다. 의외로 베이징 공항에시 한식을 찾는 수요가 있어서 소개한다. 김치찌개의 경우 국물은 좋지만, 김치와 돼지고기 같은 건더기가 물러있는 것으로 보아 파우치를 조리해주는 것으로 보인다. 김치찌개가 75元, 비비고의 자랑인 비빔밥이 58元이다. 메뉴 자체는 꽤 버라이어티 하다.

간편 메뉴
自助牛膳 점심뷔페 138元(평일)/ 158元(토·일·공휴일)
烤鳗鱼盖饭 우나기동 108元

비비고 必品阁
비핀거 | bì pīn gé

주소 北京市 朝阳区 首都国际机场 3号航站楼 A5W1至A5W5 전화 (010)6455-8785 홈페이지 www.bibigo.com/index?lang=zh 영업 06:30~22:30 메뉴 사진, 한국어, 영어, 중국어 예산 2인 200元 가는 방법 베이징 공항 3터미널 출국장 A5W1~5

베이징 공항 3터미널 출국장에 있는 한식당이다. 이름에서 알 수 있듯 한국 CJ 그룹의 프랜차이즈. 공

Eastern Beijing

Shopping

베이징 동부의 쇼핑

몇 년 전까지만 해도 대형 백화점 몇 곳 빼고는 쇼핑과는 거리가 멀었던 곳이었지만, 최근 들어 명품 백화점에서 이미테이션 명품 상가, 가벼운 기념품 및 액세서리 전문 매장까지 모든 취향의 여행자들을 커버하는 상점들이 속속 들어서고 있다. 이런 추세대로라면 전통 공예품을 제외한 모든 아이템의 구입이 가능할 정도다.

데카트론 Decathlon 迪卡依

 주소 北京市 朝阳区 宜居南路 2号楼一层1-38, 地下一层B-07 전화 (010)8476-5188 영업 10:00~22:00
가는 방법 지하철 10호선 타이양궁 太阳宫역 B출구에서 택시로 8분, 이케아 뒤쪽에 위치 MAP p.15-C2

철인 10종 경기라는 뜻을 가진 종합 스포츠 용품전문점으로, 1976년 프랑스에서 첫 문을 연 이래 현재에는 21개국, 606곳에 매장을 가지고 있다. 중국에는 약 41개의 매장이 영업중이다.
상호만큼 다양한, 지구상에 존재하는 모든 스포츠·레저 용품을 취급한다고 보면 된다. 종류나 양에 있어서 비교불허. 조깅, 등산은 물론 낚시, 자전거, 실내 운동기구, 오토바이 헬멧까지 취급한다.
우리나라에서는 비싼 축에 끼는 자전거 용품이나 요가복을 데카트론에서는 저렴하게 구입할 수 있다. 때문에 데카트론 덕분에 중국에서 아웃도어 쇼핑은 해볼만 하다는 이야기가 나올 정도다. 엄격한 품질 관리를 시행하는 탓에 짝퉁이 스며들 염려는 걱정하지 않아도 된다. 세계의 공장이라는 중국 덕을 볼 수 있는 드문 기회임에는 분명하다. 베이징에 13곳의 체인이 있다.

Eastern Beijing

北京 BEIJING

수수가 Silk Street 秀水街
슈수이제 | xiù shuǐ jiē

주소 北京市 朝阳区 秀水东街 8号 영업 09:30 ~21:00 가는 방법 지하철 1호선 용안리 永安 里역 A출구와 연결된다. MAP p.14-A2

외국인 여행자들에게 가장 인기 있는 베이징의 쇼핑 명소. 원래 이 일대는 비단 가게들이 모여 있었는데, 베이징 시 당국이 거리 정비를 본격화하면서 난전들이 철거되고 그 자리에 7층 건물의 대형 상가가 들어서게 되었다고.

의류와 진주를 위주로 하는 4~5층에는 이미테이션 명품들이 가득하다. 특히 수수가의 이미테이션들은 베이징 내 최고 품질을 자랑한다. 루이뷔통이나 코치, 롤렉스 같은 명품은 물론 나이키, 아디다스와 같은 스포츠 웨어도 가짜가 있다. 젊은이들에게 인기 있는 나이키 에어는 비록 짝퉁이나마 실제 대리점에서도 구할 수 없는 희귀 모델까지 나오기 때문에 마니아들의 발길도 잦은 편.

올림픽 개최 도시인 베이징 시내 안에서 이런 일들이 버젓이 이루어지는 사실만큼이나 놀라운 것은 정품과 쏙 빼어닮은 완성도. 유명 브랜드 운동화도 150元을 넘지 않는 수준. 물론 처음에는 600~700 元부터 흥정이 시작된다. 발품, 끈기, 눈치는 알뜰 쇼핑의 3대 필수요소. 너무 과한 쇼핑은 입국 때 상표법 위반으로 문제가 될 수 있다는 것을 명심하자.

스핀 Spin 旋

주소 北京市 朝阳区 定福庄西里 2号 24H齿轮场2 号楼108 전화 (010)6437-8649 영업 11:00~ 20:00 가는 방법 지하철 6호선 다렌포 褡裢坡역 D출구에서 택시로 10분, 24H齿轮场구역 입구로 조금 더 들어가면 된다. MAP p.5-C2

중국 명품 생활자기 전문샵으로 중국 로컬 브랜드다. 홍콩출신으로 뉴욕에서 디자인을 공부한 게리 왕 Gary Wang이 수석 디자이너로 일하고 있다.

일상생활에서 흔히 접할 수 있는 머그컵이나 접시, 다구 등을 중국적인 색채를 넣어 감각적으로 재해석해내고 있다. 실생활에 쓸모 있는 그러면서도 화려함을 최대한 절제하면서 핵심을 표현해내는 능력은 그야말로 탁월하다.

판매되는 거의 모든 자기들은 중국 최고의 명품 가마인 징더전에서 구워내고 있다. 참고로 징더전은 송대 이후 중국 가마의 대명사처럼 굳어진 곳으로 전 세계 자기의 고향이라고 볼 수 있는 곳.

매장은 그 자체로 갤러리다. 간간이 실용성과 무관한 인테리어용 채색 자기들도 전시되고 있는데, 이런 것들은 가격 자체가 천정위에 붙어있다. 한국과 비교해도 상당한 가격경쟁력이 있는 집이다. 왕징 쪽에 있던 매장이 시 외곽의 공장지대로 이전해 버렸다. 공장 지대를 문화공간으로 바꾸는 중이라, 조금 휑한 분위기이기는 하지만 생각보다 이곳까지 찾아오는 이들이 적지 않다. 단, 짧은 일정이라면 오가는 시간을 충분히 고려해 방문을 결정해야겠다.

더 플레이스 The Place 世贸天阶
스마오텐제 | shì mào tiān jiè

주소 北京市 朝阳区 光华路 9号 전화 (010) 6587-1188 홈페이지 www.theplace.cn 영업 10:00~22:00 가는 방법 지하철 1호선 융안리 永安里역 B출구에서 도보 10분 또는 10호선 진타이시자오 金台夕照역 A출구에서 도보 15분 **MAP p.14-A2**

중앙의 커다란 광장을 사이에 두고, 쇼핑몰이 남북으로 길게 뻗어 있다. 특히 중앙광장에 있는 초대형 디지털 스크린이 인상적이다. 길이 250m, 폭 30m에 달하는 이 어마어마한 디지털 스크린을 만드는 데만 무려 2억 5,000만 元(한화 약 400억 원)을 쏟아부었다고 한다. 참고로 더 플레이스의 디지털 스크린은 세계에서 두 번째로 큰 것이라고.

유럽의 저택을 연상시키는 쇼핑몰의 외관도 인상적이다. 주요 입점 브랜드로는 샤오미지가 小米之家, FCUK, www.izzue.com, Staccato, Folli Follie, MAC, Zara, 명품 편집 매장인 i.t 등이 있는데, 최고급 명품보다는 중고급 브랜드가 더 눈에 띈다.

홍콩이나 싱가포르에서나 봤음직한 서점 'Chater House'도 여행자들의 눈길을 끄는 매장 중 하나다. 마땅히 먹을 만한 곳이 없는 이 일대에서 더 플레이스의 식당가는 눈물이 날 정도로 반가운 곳이다. CJ 계열의 면 전문점 Czen을 비롯해, 인도 식당 Ganges, 홍콩식 딤섬이 특기인 Crystal Jade Dining In(p.190), 뷔페 레스토랑인 Golden Jaguar, 비청향 美珍香(p.142) 등이 입점해 있다.

클럽으로 유명한 Cigar Jazz Wine도 있으니 몸 풀고 싶은 클러버들은 더 플레이스를 기억해두자.

베이징 SKP Beijing SKP

주소 北京市 朝阳区 建国路 87号 전화 (010) 6530-5888 홈페이지 www.skp-being.com 영업 10:00~22:00 가는 방법 지하철 1호선 다왕루 大望路역과 연결된다. **MAP p.14-B2**

한국으로 치자면 갤러리아 명품관. 베이징에서 명품 쇼핑을 원한다면 가장 먼저 체크할 곳이다.
약 450개의 매장이 들어서 있는데, 주요 입점 브랜드로는 Hugo Boss, Chloe, Burberry, Chanel, Gucci, Marc Jacobs, Prada, Bally, Fendi, Max Mara, Salvatore Ferragamo, Anya Hindmarch, Jil Sander 등을 꼽을 수 있다. 명품 매장들은 1~2층에 몰려 있으니 명품을 원한다면 이곳만 공략해도 된다.

지하에 있는 수입 식료품 전문 매장인 BHG 마켓 플레이스도 체크 대상. Illy Coffee 같은 것들은 한국에서보다 저렴한 가격에 구입할 수 있다. 같은 층에 있는 푸드 코트와 6층에 있는 전문식당가도 인기 만점. 쇼핑과 맛집 기행까지 더할 수 있다. 백화점은 화려하지만 상대적으로 다양한 식당들이 배치되어 있어 가볍게 들러도 부담이 없다.

상하이 탕 上海滩

주소 北京市 朝阳区 建国门外大街 1号 国贸商城 B1 NB141 전화 (010)6505-1217 홈페이지 www.shanghaitang.com 영업 10:00~21:30 가는 방법 지하철 1·10호선 国贸역 **MAP p.14-A2**

홍콩의 천재적인 의상디자이너 데이비드 탕의 브랜드. 실크 치파오의 우아함을 극대화 시켜 할리우드 스타들이 입기 시작해 더 유명해졌다. 상하이에서 시작된 상하이 탕은 상하이와 홍콩, 베이징은 물론 미국과 영국에도 분점을 오픈하며 공격적인 마케팅을 하고 있다.

고급 중국 아이템을 원한다면 가장 먼저 체크해야할 숍이다. 치파오 같은 의류뿐만 아니라 스카프, 쿠션 같은 소품도 다양하다.

Beijing SKP

Eastern Beijing

Entertainment

베이징 동부의 엔터테인먼트

베이징 동부는 공연이 활발하게 열리는 지역이다. 현재 가장 인기있는 공연인 금면왕조를 비롯해 베이징을 대표하는 서커스 공연이 열리는 조양극장까지 단체여행객들이라면 반드시 거치는 필수 코스처럼 되어 있다. 금면왕조는 화려함의 극치를, 조양극장의 서커스는 전통을 중시한 소박함을 특징으로 하고 있다.

조양극장 朝阳剧场 자오양쥐창 | zhāo yáng jù chǎng

주소 北京市 朝阳区 东三环北路 36号 전화 (010)6507-2421 홈페이지 www.chaoyangacrobaticshow.com 공연 15:50, 17:30, 19:00 요금 200~700元 가는 방법 지하철 6·10호선 후자러우 呼家楼역 C1출구에서 도보 2분 MAP p.14-A2

최근 오페라나 뮤지컬 형식을 띤 창작 공연들이 주요 레퍼토리인데요, 이곳은 전통을 고수하는 편. 단, 화려한 의상과 다이내믹한 조명 등 무대 연출은 날로 발전을 거듭하고 있어 볼거리로서는 다른 공연에 뒤지지 않는답니다.
공연시간은 1시간 15분가량으로 비교적 짧지만 전개가 빠르고 볼 수 있는 기예의 수는 15가지가 넘습니다. 그중에는 중국 서커스의 대명사인 접시 돌리기를 비롯해 외줄 타기, 텀블링, 인간탑 쌓기 등도 포함되어 있답니다. 대단원의 마지막은 자전거 묘기. 자전거 위에 사람이 몇 겹으로 포개진 상태에서 운전이 가능하다니, 입이 떡 벌어질 뿐입니다. 자전거의 나라답다고 해야 하나요? 참고로 조양극장의 공식요금은 살벌합니다. 인터넷 할인 사이트나 민박집을 통해 입장권을 구입하면 요금이 1/2에서 1/3 수준까지도 떨어진다는 사실도 알아두세요.

동부에선 공연 관람은 필수!

슬로우 보트 브루어리 悠航鲜啤
Slow Boat Brewery

주소 北京市 朝阳区 南三里屯路 6号 白家庄小学 西门北行80米路东 전화 (010)6592-5388 홈페이지 www.slowboatbrewery.com 영업 월~목 17:00~00:00, 금 17:00~01:00, 토 14:00~01:00, 일 11:30~22:00 메뉴 영어, 중국어 예산 2인 120元~ 가는 방법 지하철 10호선 탄제후 团结湖역 D출구에서 도보 12분 MAP p.14-A2

대약비어와 함께 베이징 2대 브루어리중 하나. 베이징에서 맥주 좀 마신다는 사람들은 늘 대약파와 슬로우 보트파로 갈려 논쟁을 벌이기에 여념이 없다. 상호인 슬로우 보트는 가수 프랭크 로저가 1948년에 발표한 노래 'Slow Boat to China'에서 따왔다. 창업자는 오레곤 출신의 미국인 다니엘 허버트와 챈들러 주린카로 개업 초기부터 미국식 크래프트 맥주를 지향하고 있다.

영업 시간이 꽤 복잡한데, 주말에는 브런치 메뉴도 선보이기 때문이다. 안주를 겸할 수 있는 버거도 꽤 유명하고 따로 파는 피클은 수준급이다.

경제적인 여행자라면 그날의 요일 맥주 Weelky Special를 주문해 볼 만하다. 6.2도의 Monkey's Fist IPA는 IPA를 좋아한다면 꼭 한번 마셔 볼 만하며, The Helmsman's Honey Ale은 쓴 맥주를 싫어하는 이들에게, 반대로 쌉쌀한 맥주를 좋아한다면 The First Immortal Double IPA를 추천할 만하다.

추천 맥주

Monkey's Fist IPA(5.75%, IBU45)
이 집의 간판. 가장 먼저 떨어지는 맥주 중 하나. 다섯 종류의 맥아, 두 종류의 홉을 섞어 독특한 아로마를 만들어냈다. 망고향이 특징. IPA치고 정말 부드러운 맛이다. 개인적으로는 베이징 최고의 맥주 중 하나.

Captain's Pale Ale(5.5%, IBU70)
강렬한 자몽맛이 특징인 이 집의 간판 페일 에일, 밀도있는 거품과 바디감. 끝에 감도는 미묘한 달콤함이 특징이다.

The First Immortal Double India Pale Ale(8.0%, IBU65)
가끔 등장하는 강렬한 맛의 더블 IPA, 더블 IPA치고는 덜 쓰고, 더 달콤한 맛이 감돈다. 오렌지 향이 중심을 잡고 있다. 상당히 단단한 맛. 도수 때문에 조금 망설여 질지도.

금면왕조 金面王朝
진미엔왕차오 | jīn miàn wáng cháo

주소 北京市 朝阳区 东四环厚俸桥 华侨城大剧院内 (近欢乐谷) 전화 (010)5166-2527 홈페이지 www.jinmianwangchao.com 공연시간 17:30~18:30, 19:30~20:30 요금 180~680元 가는 방법 지하철 7호선 환러구경구 欢乐谷景区역 B출구로 나오면 바로 뒤에 있다. **MAP p.5-B2**

현재, 가장 인기있는 여행자 타겟의 뮤지컬이다. 원래 베이징 공연계의 핵심은 서커스와 경극이었는데, 2008년 베이징 올림픽을 전후해 쿵후 전기와 같은 무술결합 뮤지컬이 선을 보이더니, 이제는 아예 초대형 쇼 엔터테인먼트로 진화한 모양새다.

스토리가 좀 재미있는데, 쓰촨성에서 발굴된 삼성퇴의 유적에서 이야기의 실마리를 찾고 있다. 참고로 삼성퇴의 유적은 중국에서 나온 유물이라기 보다는 잉카나 마야 문명 느낌이 물씬 풍긴다. 때문에 발굴 당시, 황하문명을 중국 문명의 요람으로 삼던 중국의 고고학자들이 모두 깜짝 놀랐다고.

현재도 황금 가면 등, 아시아에서는 유래를 찾아볼 수 없는 이 문명에 대한 연구가 꾸준히 진행되고는 있으나 별 진척은 없는 상황.

외려 신난 건 중국의 드라마, 영화, 뮤지컬 제작자들이다. 근원을 알 수 없는 특이한 유물이 무더기로 나왔는데, 학자들은 어찌 된 건지조차 밝혀내지 못하니, '수수께끼', '신비로운' 등의 수식어를 붙여 환타지물로 만들기 이보다 좋은게 없는 상황.

보다 보면, 인도, 타이 등 아시아쪽의 온갖 무용을 비롯해 중국식 기예, 그리고 쿵후 연기까지 눈요깃거리로 삼을 만한 모든 걸 다 끌어 모았다는 느낌이다.

무엇보다 중국스러운 물량공세는 스토리와 상관없이 이 공연을 볼 만하게 만든다. 특히 후반부의 홍수신은 중국식 무대 장치예술과 어마어마한 물량의 두가지 스케일을 동시에 느낄 수 있다.

내용은? 전혀 모르고 봐도 대략 파악이 가능한 수준. 원채 화려하기 때문에 머리로 생각할 새 없이 엄청난 연출들이 한 눈 팔 새없이 빠르게 펼쳐진다.

유일한 단점이라면, 좌석 간격과 좌석 상태. 좁은 공간에 무작정 많은 사람을 앉히는 위주로만 좌석 설계를 한 탓에 비좁고 불편하다.

北京 西部
Western Beijing

베이징 서부

끝없는 평원. 지루하게 펼쳐진 지평선의 도시 베이징의 유일한 산간지대인 베이징 서부는 오랜 기간 황제들의 피서지이자 별장으로 각광받던 지역이다. 세계 최대의 황실 별궁 원명원 圓明園과 이화원 頤和園을 비롯해, 아름다운 단풍이 인상적인 향산 香山과 팔대처 八大处 같은 산림공원들이 베이징의 밋밋한 스카이라인을 보충하고 있다. 근대 이후 이 일대는 베이징 교육의 중심지라는 새로운 별명을 얻게 되는데, 미국의 전쟁배상금 환원으로 지어진 칭화대학, 베이징 지식인의 요람 베이징대학 등, 베이징 내 대학의 절반가량이 모두 서부에 몰려 있기 때문이다. 특히 중국의 대표적인 실리콘 밸리인 중관촌 中关村의 대대적인 개발은 이 일대야말로 21세기 베이징의 성장을 견인하는 핵심기지임을 재확인시켜주고 있다. 베이징을 용에 비유한다면 일대는 바로 날개에 속한다. 어디까지 오를지, 베이징 그리고 중국의 미래를 가늠해보일 바로미터인 셈이다.

옥연담공원 쪽에서 바라본 중앙 TV 송신탑

Just Follow Fanta

모범 코스
- 베이징동물원
  ↓ 7정거장
- 원명원
  ↓ 2정거장
- 이화원

베짱이 코스
- 국가도서관
  ↓ 1정거장
- 베이징 동물원

컬처 코스
- 수도박물관
  ↓ 기본요금
- 백운관
  ↓ 20元
- 군사박물관
  ↓ 3정거장
- 국가도서관

Western Beijing

北京
BEIJING

Western Beijing

Attraction
베이징 서부의 볼거리

대부분의 여행자들이 서부에서 이화원만 둘러보고 빠져나가는 사실이 안타깝다. 베이징 서부는 중심부와 함께 가장 볼거리가 다채로운 구역으로 이화원 외에도 중국에서 두 번째로 큰 판다 사육실이 있는 베이징 동물원, 현재 가장 볼만한 박물관으로 손꼽히는 수도 박물관 등이 있다. 연인이라면 중앙 TV 송신탑에서의 로맨틱한 야경 감상도 빼놓지 말 것.

국가도서관 国家图书馆 궈자투슈관 | guó jiā tú shū guǎn

주소 北京市 海淀区 中关村南大街 33号 전화 (010)8854-5426 홈페이지 www.nlc.gov.cn 서가 검색 opac.nlc.gov.cn 개관 월~금 09:00~21:00, 토~일 09:00~17:00 요금 무료 가는 방법 지하철 4·9호선 국가도서관 国家图书馆역 A출구 앞 MAP p.17-C2

중국에서 가장 큰 국립도서관. 무려 2,500만권의 도서를 소장하고 있는(이중 200만권이 신해혁명 이전에 씌어진 고서, 그리고 35,000본 이상의 갑골문) 아시아에서는 가장 크고, 세계적으로는 가장 많은 장서를 소장한 도서관 중 하나다. 시작은 1909년, 즉 청나라 시대로 거슬러 올라가는데, 당시의 이름은 경사도서관 京师图书馆이었다고. 이후 신해혁명을 거치며 베이징 도서관 北京图书馆으로 불리다, 1998년 이후 국가도서관이라고 부르게 되었다.

현재는 구관과 신관의 두 건물로 나뉘어 있는데, 구관은 주로 고서적을 보관하는 서고의 역할이 더 큰 편이고, 일반 열람실은 신관에 집중되어 있다. 내외국인 모두 신관 2층에있는 회원가입처 新办卡填表处 Reader Registration Forms에서 회원등록을 하고 열람 카드를 만들면(여권이 필요하다.) 자유롭게 도서관을 출입할 수 있다. 한국 책도 무려 3만권이나 있지만 보는 사람이 별로 없어 거의 새 책이다.

사실, 여행자들이 국가 도서관에서 보고싶어 하는 풍경은 바로 책에 실린 열람실 전체를 내려다보는 이미지다. 이 중앙 홀은 독서카드가 없어도 볼수 있다. 그저 에스컬레이터를 타고 끝까지 올라가면 중앙홀이 내려다보이는 테라스로 연결된다. 여기까지가 공공구역이고, 건물 안쪽의 주제 열람실은 열람 카드가 없으면 출입이 제한된다.

수도박물관 首都博物馆
서우두보우관 | shǒu dū bó wù guǎn

주소 北京市 西城区 复兴门外大街 16号 전화 (010)6337-0491 홈페이지 www.capitalmuseum.org.cn 개방 화~일 08:30~16:00(월요일 휴관) 요금 무료(여권지참) 가는 방법 지하철 1호선 무시디 木樨地역 C1출구에서 도보 5분 MAP p.17-C2

공묘에 있었던 수도박물관은 2000년대 들어 공자에 대한 재조명과 공묘 성역화가 이뤄지면서 현재의 자리로 옮겨 2006년 개관했다. 약 24,800㎡의 부지에 건설된 초현대식 건물 내부에 약 20만 점의 역사 · 종교 · 고미술품을 소장하고 있다. 하루에 4,000명 무료로 입장할 수 있다. 예약한다면 사람이 많아 허탕 칠 일은 없다.

고도 베이징 역사문화 전시실 古都北京历史文化篇
구두베이징-리스원화펜 | gǔ dū běi jīng-lì shǐ wén huà piān

수도 박물관의 역사 파트. 베이징에서 출토된 유물을 시간순으로 배열해 전시하고 있다. 2,000년의 고도이면서 1,000년에 가까운 수도로서의 역사를 지닌 베이징의 위상을 남김없이 보여준다. 종교용품부터 황실 생활소품, 선사시대 출토물까지 베이징에서 발굴된 뉴물에 합성했으에노 그 너장함이 이루 말할 수 없다.

가장 여행자들의 눈길을 끄는 소장품 중 하나는 19세기 초반 제작된 황후의 의상. 한 땀 한 땀 수를 놓아 창조한 바다의 풍경과 파도, 그 위를 유영하는 용의 자태는 인상적이라는 표현으로는 턱없이 부족하다. 18세기 말 달라이 라마를 위해 제작했다는 법왕의 모자도 눈여겨볼 만한 작품이다. 팔각형의 모자 끝을 장식한 진주와 촘촘하게 짜인 금실의 광택이 감탄을 자아낸다. 이 외에 명 13릉에서 발굴된 금실로 짠 황제의 금관이나 티베트 불교 불상도 빼놓을 수 없는 보물이다.

5 · 4운동 영상기록관 · 중국 건국기록관
五四运动幻影成像演示厅.开国大典
우쓰윈둥환잉청샹옌스팅 · 카이궈다뎬 | wǔ sì yùn dòng huàn yǐng chéng xiàng yǎn shì tīng · kāi guó dà diǎn

베이징의 현대사 파트. 근대 민족주의의 발산인 5 · 4운동은 한국으로 치면 3 · 1운동에 해당되는 중요한 사건이다. 심지어 중국은 현대사를 양분할 때 5 · 4운동을 기점으로 나누고 있을 정도.

5 · 4운동 영상기록관은 1919년으로 되돌아가 당시의 자료와 영상물을 보여준다. 중국 현대사에 관심이 있다면 제법 흥미 있는 공간일 수밖에 없는 곳.

중국 건국기록관은 1948년 중국 건국 당시로 거슬러올라간다. 전시관 한가운데 놓인 마이크는 마오쩌둥이 건국 선포식 당일, 실제로 사용했던 것이라고. 마이크 뒤편의 스크린에서는 당시의 비디오를 엄청난 환호성과 함께 보여주고 있다. 현장감이 무척 뛰어나므로 당시의

느낌을 상상해보는 데 부족함이 없어 보인다.
건국 선포식 당일의 재미있는 비화로 마오쩌둥은 현대 중국 표준어인 푸통화를 구사할 줄 몰랐다고 한다. 그의 고향 말인 후난 湖南 사투리로 건국선언문을 읽었는데, 당시에는 이를 언급하는 것 자체로 목숨이 왔다 갔다 했다고.
중국어를 이해할 수 있다면 마오쩌둥의 건국선언문 낭독 대목을 유심히 들어보자. 격한 사투리로 대 국민 연설을 한다는 사실을 알 수 있다.

수도의 옛 이야기, 오래된 베이징의 민속문화전
京城旧事-老北京民俗展

징청주스-라오베이징민쑤잔 |
jīng chéng jiù shì-lǎo běi jīng mín sú zhǎn

민속학적으로 접근한 베이징의 모습들이 모여 있는 곳. 가장 인상적인 부분은 인형으로 재현한 옛 베이징의 풍경들이다. 결혼 행렬에서는 따스함이, 서커스단의 등장으로 난리가 난 동네 풍경에서는 익숙한 향수가 느껴진다. 장터에서는 흥정이 벌어지고, 군것질거리를 사달라고 조르는 아이의 표정에서는 정겨운 인간미가 배어난다.
인형극이 펼쳐지는 야외 전시실을 지나 실내 전시실로 들어가면 당시 베이징 중산층이 입었을 법한 의상과 장난감, 축제 때 사용되던 폭죽과 사자춤 인형이 관람객들을 맞이한다. 신중국 이후 제사가 사라지다시피 한 현대의 중국을 반영한 제사 상 차림 모형에서는 제국주의로부터 문화적 침략을 경험한 아시아인으로서 묘한 씁쓸함이 느껴진다. 전체적으로는 밝은 분위기. 가볍게 시간 여행하듯 둘러보기 좋은 공간이다.

고대 불상 전시실 古代佛像艺术精品展
구다이포샹이수징핀잔 |
gǔ dài fó xiàng yì shù jīng pǐn zhǎn

600여 점의 엄선된 고대 불상들이 전시된 수도박물관의 보물창고. 멀리는 북위시대에서부터 청말, 황실에서 조성한 불상까지, 또 선불교와 티베트 불교까지

다양한 전시물 관람으로 지식과 감성이 업 되었어요.

京城旧事-老北京民俗展

古代佛像艺术精品展

시대와 장르를 망라한 아름다운 불상들이 가득하다. 목조불상과 석불 외에 유리를 구워 만든 화려한 색상의 불상도 눈길을 잡아끈다.
육감적이면서 파격적인 티베트 불상, 특히 보기에 좀 민망해지는 다양한 남녀교합상은 고대 불상예술 전시실의 하이라이트 중 하나. 하지만 이 남녀교합상은 남성의 상징인 자비와 여성의 상징인 지혜가 합일된 경지, 즉 궁극적인 깨달음의 세계를 알기 쉽게 표현했을 뿐이니 괜한 상상은 하지 말자.

고대 도자기 전시실 古代瓷器艺术精品展
구다이츠치이수징핀잔 | gǔ dài cí qì yì shù jīng pǐn zhǎn

도자기 왕국을 자부하는 중국 예술의 자존심. 시대와 왕조에 따라 유행을 달리했던 중국 도자기의 역사를 한눈에 보여준다. 약 1,400㎡의 전시실을 가득 메운 총 600점의 명품 자기가 방문객들을 기다리고 있다.
특히 자애로움이 넘쳐나는 인체 크기의 보살 자기 상은 우리가 그전까지 생각했던 '그릇'으로 한정된 도자기에 대한 이미지를 단번에 깨버린다.
송대 자기의 창백하다시피 한 투명함, 채색자기의 현란한 원색은 한국의 전통 자기가 가져보지 못

한 새로운 세계임이 분명해 보인다. 고대 불상 전시실과 함께 수도박물관 2대 전시실에 드는 곳이니 만큼 꼼꼼히 둘러보자.

경극 문물관 馆藏京剧文物展
관창징쥐원우잔 | guǎn cáng jīng jù wén wù zhǎn

중국의 전통적인 경극장을 재현한 전시실. 무대에서는 과거의 경극 장면이 상영되고 벽면과 2층 테라스에는 경극에 등장하는 주인공들의 마스크가 전시되어 있다. 테라스에 배치된 의자에 앉아 경극장을 내려다보며 지친 다리를 쉬어보자.

馆藏京剧文物展

군사박물관 军事博物馆
쥔스보우관 | jūn shì bó wù guǎn

 주소 北京市 海淀区 复兴路 9号 전화 (010) 6857-3317 개관 화~일 08:30~17:00(월요일 휴관) 요금 무료 가는 방법 지하철 1·9호선 쥔스보우관 军事博物馆역 A출구에서 도보 3분 **MAP p.17-C2**

중국에서 가장 큰 군사박물관으로 서울의 전쟁기념관과 비슷한 곳이다. 군사력을 중시하는 사회주의 정권의 특성상, 그리고 지난 100여 년간 외세에 시달린 경험이 있는 관계로 박물관 자체의 중요성은 상당한 편.

내부는 크게 1~4층의 자료전시실과 거대한 홀인 병기전시실, 둘로 나뉜다. 입장하자마자 만나는 자료전시실은 군사적 관점에서 접근한 일종의 역사박물관이다. 아편전쟁 당시의 군사 배치도를 비롯해 중국이 자랑하는 인민해방군 창건과 관련한 자료들이 전시실 한 켠을 가득 채우고 있다.

한국인들에게 주목을 받는 구역은 3층의 항미원조전시실 抗美援助战争厅이다. 항미원조란 1950년 한국전쟁을 일컫는 중국식 표현. 미국에 맞서 조선(북한)을 원조했다는 뜻이다. 대한민국 입장에서는 통한의 사건이지만, 중국에서는 제국주의자들의 약소국 침략을 물리친 쾌거로 해석된다.

병기전시실은 이제는 박물관 신세가 된 현대무기들이 전시되는 거대한 공간이다. 실제 전장에 투입되었던 전투기, 탱크, 미사일들이 전시되고 있는데, 밀리터리 마니아라면 상당히 흥미 있어 할 공간이다.

중앙 TV 송신탑 中央广播电视塔
중앙광보뎬스타 | zhōng yāng guǎng bō diàn shì tǎ

 주소 北京市 海淀区 西三环中路 11号 전화 (010)6845-0715 홈페이지 www.ctvt.com.cn 개방 08:30~22:00 요금 전망대 90元, 수족관 75元, 점심 뷔페 패키지 268元, 저녁 뷔페 패키지 328元 가는 방법 지하철 1·9호선 쥔스보우관 军事博物馆역 A출구에서 택시로 5~10분 **MAP p.17-C2**

서울의 남산타워와 같은 역할을 하는 405m의 높이를 자랑하는 방송 송신탑. 탑 높이로 따져 세계 8위, 중국 기준으로는 상하이, 텐진에 이어 세 번째로 높다.

총 8개의 TV 채널을 관장한다. 국가기밀기관으로 분류되어오다가, 시대가 바뀌며 19층의 실내전망대(225m)와 22층의 야외전망대(238m)가 일반에 개방되었다. 특히 야외전망대는 해발 238m의 맞바람을 맞으며 베이징 시내의 스카이라인을 감상할 수 있어 연인들이 주로 찾는 편. 실내전망대에는 매점과 작은 우체국이 있어 야외전망대로 가기 전 쉼터 역할을 한다. 또한 야외전망대에서의 엄청난 바람을 피해 정신을 가다듬기에도 제격. 2층에 있는 CCTV 앵커 체험실에서의 기념사진은 최근 중앙 TV 송신탑의 필

Western Beijing
北京
BEIJING

서 말한 네 제단의 전통을 계승함은 물론, 침략과 오욕으로 점철된 20세기 중국의 이미지를 벗어던지고 다시금 세계로 웅비하는 중국의 이상을 표현하는 일종의 국가 이데올로그로서의 기능이라 하겠다.
효율적으로 관람하기 위해서는 남문 앞에 있는 매표소에서 표를 구입하는 것이 요령. 대로변에 있는 남문을 통해 들어가면 가장 먼저 960개의 평평한 화강암을 깔아놓은 성화광장 圣火广场을 맞이하게 된다. 960은 960㎢인 현재 중국의 영토를, 성화 좌우의 분수는 각각 중국의 젖줄인 황허 강과 창장 강을 상징한다. 성화광장에서 본 건물로 방향을 잡으면 청동을 씌운 청동용도 青铜甬道 길이 나온다. 청동 길의 바닥에 아로새긴 빽빽한 글자는 바로 300만 년 전 현생인류의 출현을 시작으로 하는 인간의 역사를 새겨놓은 것. 약 18만 자로 구성되어 있는데, 다분히 중국적인 시각에서 바라본 세계사를 반영하고 있다. 동판 위로 흐르는 물길은 끊어지지 않고 영원히 흐르는 중국의 역사라고 한다.
천단과 지단의 역할을 하는 세기단 본체는 각각 하늘인 건 乾과 땅인 곤 坤의 두 개의 조형물이 연결되

수코스가 됐다. 보다 더 인상적인 관람을 원한다면, 점심·저녁 뷔페 패키지를 선택하는 것도 좋은 방법이다. 패키지에는 전망대와 수족관 입장료까지 포함되어 있다. 아무래도 야경을 감상할 수 있는 저녁이 훨씬 비싼데, 안타깝게도 중앙 TV 송신탑 주변에 고층빌딩이 없어 야경은 기대에 못 미치는 편이다. 조금 더 도회적인 풍경을 원한다면 젠궈먼와이다제 주변의 스카이라운지를 찾는 것이 훨씬 현명한 선택이다. 수족관은 구색 갖추기 정도여서 따로 입장권을 구입할 필요는 없어 보인다.

중화세기단 中华世纪坛
중화스지탄 | zhōng huá shì jì tán

주소 北京市 海淀区 复兴路 甲 9号 전화 (010) 6852-7108 홈페이지 www.worldartmuseum.cn 개관 화~일 09:00~17:30(월요일 휴관) 요금 30元(학생 20元) 가는 방법 지하철 1·9호선 쥔스보우관 军事博物馆역 A출구에서 도보 10분
MAP p.17-C2

21세기를 맞이하는 중국의 포부를 드러낸 국가 상징물. 2001년 확정되는 올림픽 개최를 염원하는 마음을 담아 새로운 밀레니엄이 시작되는 2000년 1월 1일 건립됐다. 과거 중국 황실은 자금성의 동·서·남·북에 각각 해·달·하늘·땅 신을 모신 일단·월단·천단·지단을 세우고 매년 제사를 지냈다. 이 제사는 1912년 청나라가 멸망하며 중단되었는데, 최근 중국 내 민족주의와 중화주의의 발호에 발맞추어 전통을 잇는 명목의 국가 행사가 필요했던 것.
중화세기단의 의미는 다양하다. 간단히 정리하면 앞

어 하나의 건물을 구성하고 있다. 받침대 역할이 기도 한 곳은 직경만 무려 85m로 땅의 상징인 네모를, 상단이자 공연장으로도 쓰이는 건은 직경 47m로 하늘의 상징인 원형의 모습을 하고 있다. 건의 상단에 설치된 뾰족탑은 중화세기시공탐침 中华世纪时空探针이라고 하는데, 건과 함께 보면 해시계와 흡사한 것을 발견할 수 있다. 태양이 존재하는 한 영원할 중국을 상징하는 것이라고 한다. 정리하자면, 세기단은 우주의 역사, 청동용도는 인류의 역사, 성화광장은 중국 그 자체를 나타낸다. 우주 또한 중국과 연계시켜 세상만물은 중국인을 위해 존재한다는 극단적 민족주의의 상징물인 셈이다.
외국인 입장에서는 제단 내부에 있는 세계예술관 世界艺术馆에 관심이 가는 것이 사실. 중화세기단의 홍보 탓인지 각종 미술 대가들의 전시가 끊이지 않는다. 방문하는 시기에 어떤 전시회가 있는지 웹 페이지를 통해 미리 확인해두면 의외의 수확을 얻을 수 있다.

옥연담공원 玉渊潭公园
위위안탄궁위안 | yù yuān tán gōng yuán

 주소 北京市 海淀区 玉渊潭公园 전화 (010) 8865-3711 개방 06:00~21:00 요금 2元 가는 방법 중화세기단 바로 뒤 MAP p.17-C2

124만m²의 넓이를 자랑하는 베이징 서부 도심 최대의 근린공원. 12세기 금나라 황제가 처음 공원으로 만든 이래 800년이 지난 오늘날까지 베이징 서부의 산소탱크 역할을 톡톡히 하고 있다. 역대 중국 황제 중 최고의 풍류가객으로 꼽히는 건륭제는 옥연담공원의 아름다움에 반해 황실의 별장격인 행궁을 건설해 한동안 이 일대에 머물기도 했다.
공원 안에 동호 东湖, 서호 西湖와 운하의 물을 가둬 만든 팔일호 八一湖 등 3개의 호수가 있어 물놀이를 즐기는 수원지의 느낌이 완연하다. 특히 이들 호수는 여름마다 천연 수영장으로 개방되고 있어 베이징 개구쟁이들에게는 무척 유명한 편.
공원 북쪽 앵화원 櫻花园에는 3,500여 그루의 벚나무가 집중적으로 몰려 있어 유명한 곳이다. 매년 4월에는 벚꽃을 감상하려는 가족 단위 행락객들로 발 디딜 틈이 없을 정도로 붐빈다. 이 시기 베이징에 머문다면 꼭 한 번 방문해보자.

백운관 白云观
바이윈관 | bái yún guān

주소 北京市 宣武区 白云路 白云观 전화 (010) 6346-3531 개방 08:30~16:30 요금 10元 가는 방법 지하철 1호선 무시디 木樨地역 C1출구에서 택시로 기본요금 MAP p.17-C2

중국 도교의 2대 분파 중 하나인 전진교 全眞教의 총본산. 동악묘와 함께 베이징에서 가장 큰 도교 사원이다. 도교는 한국 사람들에게는 다소 낯선데, 다신교적 성격 때문에 인도의 힌두교와 비교되곤 한다. 시조는 춘추시대의 철학자였던 노자 老子로 알려져 있다. 노자의 사상인 무위 无爲와 종교로서 도교의 기복적인 신앙은 상당히 배치되는 편이어서 학자들은 철학으로서의 도교와 종교로서의 도교를 나눠서 생각하기도 한다.
『삼국지』를 읽었던 독자라면 초반에 등장하는 황건적을 기억할 터. 이들이 가장 원시적인 형태의 도교 신자라고 보는 것이 학계의 정설이다. 종교로서 도교의 가장 큰 목적은 껍데기로서의 육신을 훌훌 털고 무병불사의 신비적인 존재인 신선이 되는 것이다. 이 신선이 되는 법을 가지고 종파가 갈린다. 백운관의 주류인 전진교는 부적이나 날리던 기존의 도교와는 달리 윤리와 수행을 강조한다. 그리고 불교와 유교를 한 형제로 보는 입장이다.

北京
BEIJING
210
211

白云观

天宁寺塔

백운관이 최초로 건립된 것은 당나라 현종 때인 739년, 건립 당시의 이름은 천장관 天长观이었다. 이후 전진교의 창시자인 왕중양 王重阳의 7대 제자 가운데 가장 탁월했던 장춘진인 長春真人 구처기 丘処机의 거처로 사용되면서 전진교 사원으로 탈바꿈했다.

무협지깨나 본 사람들은 왕중양, 구처기라는 이름에서 약간 아리송해질 수 있는데, 지금 생각하는 내용이 맞다. 이들은 실존 인물이고, 특히 구처기는 칭기즈 칸의 국사로 중국 도교사에서도 손꼽히는 인물이다.

현재의 건물은 청대에 마지막 중건한 것을 바탕으로 1980년대 복구한 것이다. 현재 중국도교협회 본부로도 쓰이고 있다. 해마다 장춘진인 구처기의 탄생일인 음력 1월 19일에는 도사 道士들이 펼치는 퍼레이드를 비롯해 백운관 최대 규모의 종교 축제가 벌어진다.

천녕사탑 天宁寺塔
텐닝쓰타 | tiān níng sì tǎ

주소 北京市 宣武区 西便门外 天宁寺前街 甲 3号
개방 09:00~16:00 요금 무료 가는 방법 지하철 1호선 무시디 木樨地역 C1출구에서 택시로 5~10분 또는 버스 19·40·42·46·运通102·390·456·741·697路 광안먼베이 广安门北정류장에서 도보 5분 MAP p.17-C2

북위 北魏 때 건설된 고찰 古刹 천녕사의 상징과도 같은 8각 13층의 밀첨식 密檐式 전탑으로 높이가 57.8m에 이른다. 전탑이란 벽돌을 쌓아 만든 탑을 말하는데, 크게 누각식과 밀첨식으로 나뉜다. 누각식은 말 그대로 탑이 곧 건물인 건축방식을 뜻한다. 누각처럼 탑 내부에 구조물을 이어서 사람이 들어가서

활동할 수 있다는 의미. 밀첨식은 레고 블록을 층층이 쌓아올리듯 지은 것으로 사람이 들어갈 수 없는 구조다. 그래서 탑 안에 불단이 마련된 누각식과 달리 밀첨식은 탑 외부, 즉 기단에 불단이 꾸며져 있다. 오랜 기간 방치되다시피 한 천녕사탑이 주목을 받게 된 것은 불과 몇 년 전. 2006년 탑을 대대적으로 보수한 데 이어 흔적조차 없는 천녕사의 재건 계획까지 세워진 상태다. 앞으로 천녕사탑이 어찌 변할지 흥미있게 지켜볼 일이다.

베이징동물원 北京动物园
베이징동우위안 | běi jīng dòng wù yuán

주소 北京市 西城区 西直门外大街 137号 전화 (010)6839-0294 홈페이지 www.bjzoo.com 개방 4~10월 07:30~18:00, 11~3월 07:30~17:00 요금 성수기 40元(판다관 포함) 가는 방법 지하철 4호선 둥우위안 动物园역 A출구, 또는 버스 特4·运104·运105·运106·运205·7·15·19·65·102·103·332·334·632·685·697·714路 둥우위안 动物园정류장에서 도보 5~10분
MAP p.17-C2

50만㎡의 엄청난 부지를 자랑하는 중국 최대, 아시아에서 가장 오래된 동물원 중 하나다. 청대인 1907년 최초 개관했는데, 홍콩·도쿄의 동물원과 함께 아시아에 3개뿐이었던 동물원이었다고.

총 560종, 7,000여 마리의 각종 동물들이 사육되고 있는데, 가장 인기 있는 코너는 초대형 판다·래서 판다 사육장 熊猫馆. 하루의 대부분을 쿨쿨 자는 것으로 때우지만, 어슬렁거리거나 특유의 자세로 대나무라도 뜯어먹으면 우리 주변은 온통 난리가 난다. 물론 판다는 이런 환호성을 아는지 모르는지 게으름을 피우며 수면을 취할 뿐이다. 판다의 미동이라도 보고 싶다면 가급적 이른 아침에 방문해야 한다.

중국 고대소설 『서유기』의 주인공으로 등장하는 손오공의 모델인 노란털 원숭이 금사후 金丝猴도 베이징동물원의 명물이다. 소설 속 손오공과 마찬가지로 모양새로 보나 하는 짓으로 보나 여간내기는 아니다. 먹을거리를 들고 온 사람만 보면 소리를 지르며 깡패짓을 하려고 하는데, 우리 속에 갇혀 있는 것이 정말 다행이라는 생각이 들 정도다.

이들 외에도 베이징동물원의 볼거리들은 풍부하다. 사육장이 아주 널찍해서 우리에 갇혀 있는 듯 보이지 않는다. 꼼꼼히 살펴보면 반나절은 족히 걸리니 시간을 잘 안배하자.

베이징해양관 北京海洋馆
베이징하이양관 | běi jīng hǎi yáng guǎn

주소 北京市 西城区 西直门外大街 137号 전화 (010)6217-6655 개방 4~10월 09:00~17:30, 11~3월 09:00~17:00 돌고래 쇼 11:00/15:00 요금 130元(동물원 입장권 포함) 가는 방법 베이징동물원에서 도보 10분 **MAP p.17-C2**

베이징동물원 내 북동쪽에 있는 중국에서 가장 큰 수족관으로 약 80,000㎡의 넓이를 자랑한다. 건물이 초대형 소라고둥 모양이어서 멀리서도 금세 찾을 수 있다.

열대어 관람관 雨林奇观, 수생생물 체험관 触摸池, 해저 탐방 海底环游, 상어 관람관 鲨鱼码头, 중

국 철갑상어관 国宝中华鲟鱼馆 해양극장 鲸豚湾 등 크게 7개의 전시실로 나뉘어 있다.
이중 열대어 관람관은 형형색색의 열대어뿐만 아니라, 아마존 강에 서식한다는 식인물고기 피라니어가 가득한 수조가 있어 큰 인기를 누리고 있다.
수생생물체험관은 길이 48m의 인공 해변에서 각종 수생생물을 만져볼 수 있는 곳. 교육적인 효과 때문에 가족 단위 여행객들이 장시간 머무는 곳이다.
가장 인기 있는 구역은 해저 탐방 코너. 초대형 수중 터널로, 에스컬레이터를 타고 바다 속 다양한 풍경을 감상할 수 있다. 단, 터널의 길이가 베이징 동부의 부국해저세계에 비해 짧다.
마지막으로 130元이나 주고 들어온 관람객들이 놓치지 말아야 할 것은 바로 돌고래 쇼가 펼쳐지는 해양극장이다. 하루 2회, 30분가량 공연한다.

자죽원공원 紫竹院公园
쯔주위안궁위안 | zǐ zhú yuàn gōng yuán ★

주소 北京市 海淀区 中关村南大街 35号 전화 (010)8841-2800 개방 4~10월 06:00~22:00, 11~3월 06:00~21:00 요금 무료 가는 방법 지하철 4호선 国家图书馆역 D출구, 베이징동물원에서 택시로 기본 요금 MAP p.17-C2

자줏빛 대나무로 유명한 호수공원. 최초 건립된 것은 원대인 12세기다. 원래 용도는 농업과 대운하의 수량을 보조하기 위한 인공 저수지였다. 하지만 인공 저수지로만 쓰이기에는 경치가 몹시 아름다운지라 명대에 만수사 万寿寺라는 황실 사찰이 들어서고, 청대에는 황제의 별장인 행궁이 들어서기에 이른다.
자죽원공원을 사랑한 이 중에는 서태후도 있었다. 서태후는 거액을 들여 재건한 이화원으로 행차할 때 늘 자죽원에 들러 점심을 먹었다고 한다.
자죽은 중국보다는 한국의 제주도와 일본에서 흔히 볼 수 있는 식물이다. 어릴 때는 여느 대나무와 같이 녹색을 띠지만, 3년 정도 자라면 줄기 전체가 짙은 자주색을 띠게 되기 때문에 붙은 이름. 자죽원의 대나무숲은 화북지방에서 가장 큰 인공 대나무숲으로도 유명하다. 매년 7~8월경에는 대나무 축제를 벌이는데, 전국의 죽제품 상인들이 몰려와 야시장을 방불케 한다.
공원 북쪽 지역에 사는 주민들과 국가도서관에 다니러 온 이들도 자죽원의 상시 고객이다. 이들이 삶의 일부가 되어버린 자죽원에서 편안함을 느끼는 것은 너무나 당연한 일인지도 모르겠다.

北京大学

베이징대학 北京大学
베이징다쉐 | běi jīng dà xué

주소 北京市 海淀区 颐和园路 5号 전화 (010) 6275-2114 홈페이지 www.pku.edu.cn 요금 무료 가는 방법 지하철 4호선 베이징다쉐둥먼 北京大学东门역 A · D출구 MAP p.17-C1

중국 최고의 명문대학. 베이징 사람들은 베이다 北大라는 애칭으로 베이징대학에 대한 애정을 표현한다. 무려 110년의 역사를 자랑하는 베이징대학의 전신은 최초의 근대 교육기관인 경사대학당 京师大学堂이다.

베이징대학이 건립될 당시 중국은 암울 그 자체였다. 서양세력은 시시각각 밀려들어와 중국을 분할하기 시작했고, 청 황실은 구태의연한 대처로 인해 점점 민심을 잃어갔다. 이 시기 캉유웨이를 비롯한 이른바 유신학파들은 일본의 메이지 유신과 같은 국가 개혁을 주장하기 시작했는데, 그 성과물의 하나가 바로 경사대학당의 설립이었다.

1912년 신해혁명의 성공은 중국 전역에 근대 문물을 도입하는 계기를 마련한다. 경사대학당이 베이징대학으로 개명한 것도 이때의 일. 《신청년 新青年》이라는 계몽잡지의 발행인인 진독수와 현대 중국 최고의 문호인 루쉰, 마오쩌둥 등이 이 시기 베이징대학을 중심으로 활동하던 지식인들이었다.

특히 베이징대학은 중국 현대사의 격동기마다 제 목소리를 내며 중국을 이끌었던 빛나는 역사를 가지고 있다. 근대적 민족주의 운동인 5·4운동을 비롯해, 1948년 내전 종식 촉구 시위, 1989년 제2차 천안문 민주화운동까지 베이징대는 그것이 실패하건 성공하건 언제나 사회변혁의 선봉에 섰다.

최근 이공계 위주인 칭화대가 베이징대의 아성을 위협하는 형국이지만, 그건 단지 대학 순위일 뿐, 중국 사람들의 머릿속에는 언제나 베이징대가 최고의 대학이다.

학교부지가 약 270만㎡에 달할 정도로 어마어마하고, 중국의 고대 정원을 연상시킬 만큼 아름다워 꽤 많은 외국인들에게 베이징대학은 이미 관광 명소가 되었다.

특히 이름조차 붙일 수 없다는 뜻의 아름다운 호수 미명호 未名湖나 고대 중국풍의 불탑을 연상케 하는 수탑 水塔, 학문적 사회주의의 발생지로 손꼽히는 근대 건축물 훙루 红楼 등이 특히 유명한 볼거리들이다. 젊은 시절의 마오쩌둥이 바로 이 훙루에서 도서관 사서 일을 했는데, 이러한 이유로 열혈 공산주의자들에게는 일종의 성지.

마지막으로 베이징대학 남문 근처에 있는 대학 구내식당은 싸고 저렴하게 한 끼를 해결하려는 배낭여행자들에게도 인기 있는 곳 중 하나다. 길을 잃지 않으려면 학교 곳곳에 지도와 이정표를 반드시 체크하자.

Western Beijing | 北京 BEIJING

칭화대학 清华大学
칭화다쉐 | qing huá dà xué

주소 北京市 海淀区 清华大学 전화 (010) 6278-5001 홈페이지 www.tsinghua.edu.cn 요금 무료 가는 방법 버스 지하철 4호선 베이징다쉐둥먼 北京大学东门역·위안밍위안 圆明园역에서 택시로 기본요금 또는 버스 331·562·579·601·614·681·696·697·699·717·982·特18·特19·特4·特6로·运通10路 칭화다쉐시먼 清华大学西门 정류장에서 도보 5분 MAP p.17-C1

문과의 베이징대, 이과의 칭화대로 손꼽히는 명문 대학. 1911년 의화단의 항쟁이 7개국 연합군의 힘으로 진압된 후 청나라 황실은 막대한 전쟁배상금을 물어야 했다. 배상금을 받은 나라 중 하나인 미국이 학교를 세우는 조건으로 배상금을 돌려주었는데, 그 돈으로 지은 학교가 바로 칭화대학이다.

자의건 타의건 외국 자본에 의해 세워진 탓에 중국풍이 완연한 베이징대와는 정반대의 분위기다.

현재 칭화대학은 중국에서도 손꼽히는 이공계 수재들이 모여 있는 곳으로 32학과 46연구소, 15개의 국책 연구기관이 있다.

최근 몇 년간의 대학평가에서는 베이징대를 앞지르며 중국 최고의 학부로 명성을 드높였는데, 2007년에는 다시 베이징대가 역전, 원래의 2인자 위치로 돌아왔다.

베이징대에 미명호가 있다면 칭화대학에는 청화원이라는 호수공원이 있다. 다행히 대학 구내를 셔틀버스가 운행한다. 1시간에 3대 꼴이지만 기다리는 것이 걷는 것보다 낫다.

셔틀버스
운행 07:30~19:30, 매시 10·30·50분에 출발
코스 서문 → 수영장 → 주차장 → 자동차 학부 → 동문 → 디자인 학부 → 대학본부 → 실내수영장 → 동북문 → 기숙사 → 청화호 → 도서관 → 대학병원 → 수영장 → 서문

원명원 圆明园
위안밍위안 | yuán míng yuán

주소 北京市 海淀区 清华西路 28号 전화 (010) 6265-8207 홈페이지 www.yuanmingyuanpark.cn 개방 5~8월 07:00~19:00, 4·9~10월 07:00~18:00, 1~3·11~12월 07:00~17:30 요금 통표 25元(서양루 포함), 문표 10元, 서양루 15元 가는 방법 지하철 4호선 위안밍위안 圆明园역 B출구에서 도보 3분 MAP p.17-C1

'세상 모든 정원의 으뜸 园中之园'이라는 황실 정원. 1725년 청 옹정제 때 조경을 시작해 무려 150년에 걸쳐 건설된 중국 최대의 황실 유원지로 면적만 320만㎡. 천안문 광장의 8배에 해당한다.

清华大学

원래 원명원은 1709년, 강희제가 차기 황제감으로 점찍은 넷째아들 옹정제 윤진에게 하사한 여름 별장이었다. 옹정제는 황위에 오르자마자 대대적으로 개수하여 본격적인 황실정원 원명원의 시대를 연다. 원명원의 규모를 오늘날로 키운 이는 중국 황제 중 최고의 풍류남아로 손꼽히는 건륭제다. 건륭제는 원명원의 주변에 장춘원 长春园과 만춘원 万春园을 추가해 규모를 세 배로 늘린다. 최고의 전성기를 구가하던 청나라는 저 먼 유럽에서까지 장인을 불러들여 유럽풍 정원을 만들기도 하는데, 이곳이 바로 오늘날의 서양루 西洋楼 구역이다.

당시 원명원의 위세는 전 세계 호사가들의 입소문을 자아냈다. 프랑스나 영국의 왕실이 원명원의 소문을 듣고 중국식 정원을 짓게 하는 등 중국식 정자가 온 유럽을 유행처럼 휩쓸기도 했다는 웃지 못할 이야기도 바로 이 시기의 일이다. 특히 프랑스는 중국 정자 신드롬의 선두주자였는데, 심지어 프랑스의 낭만주의 작가 빅토르 위고 Victor Hugo는 프랑스 성당의 모든 보물을 모아도 원명원 한 군데에 비할 수 없다며 탄식을 했다나.

하지만 세상에 영원한 것은 없다. 아편 전쟁 이후 청나라는 기울기 시작했고, 1860년 영프 연합군의 침략으로 원명원은 잿더미가 되어버린다.

중국 정부는 1980년대에 이어 현재 대대적인 복원 사업을 추진하고 있다. 하지만 남아 있는 기록이라곤 그림으로 남겨놓은 청대의 자료뿐인지라 복원 자체가 지지부진할 수밖에 없는데, 정문~서양루 유지구까지 이어지는 큰길 주변을 제외하고는 아직도 공사 중이다.

엄밀히 말하면 원명원, 만춘원, 장춘원을 나눠서 설명해야 하지만, 복원이 채 끝나지 않은 지금으로서는 여행자들의 동선을 따라 설명하는 것이 옳을 듯싶다.

석잔교 石栈桥
스잔차오 | shí zhàn qiáo

위태롭게 남아 있는 돌다리의 잔해로, 150년 전 끔찍했던 원명원의 밤을 지켜본 증인이다. 잔교 뒤에 새로 만들어진 다리가 대비를 이루며 그 모습이 더욱 처량해 보인다. 전성기 시절 원명원에는 약 250여 개의 크고 작은 돌다리가 있었다고 한다. 하지만 현재 남아 있는 잔해조차 몇 없으니 이나마 남아 있는 것을 다행으로 여겨야 할 지경이다.

Western Beijing | 北京 BEIJING

감벽정 鉴碧亭
젠비팅 | jiàn bì tíng

1993년 복원한 만춘원의 상징. 원명원 남문으로 들어가 왼쪽으로 방향을 잡으면 나오는 호수에 자리한 정자다. 작은 다리를 이용해 갈 수 있는데 최초 건립은 1811년이라고 한다. 삼면으로 펼쳐진 호수가 감상 포인트. 정자 안에는 각종 그림이 그려진 병풍을 전시,판매하고 있다.

선인승로대 仙人承露台
셴런청루타이 | xiān rén chéng lù tái

1986년 재건을 마쳤다. 신선이 황제의 무병장수를 위해 손수 하늘에서 내리는 이슬을 받고 있는 모양의 석상이다. 별로 인상적이진 않다.

서양루 西洋楼
시양러우 | xī yáng lóu

원명원의 핵심 볼거리. 시간이 별로 없다면 서양루 구역만 봐도 무방하다. 원명원의 입장료가 10元이고 서양루의 입장료가 15元, 처음부터 서양루의 입장료가 포함된 15元짜리 통표를 끊는 게 현명한 방법이다.

유럽의 주요 건축물을 본떠 지은 일종의 별장구역으로 전성기 때에는 그 수가 10여 채에 이르렀다고 한다. 목조가 아니고 석조여서 다행히 화재에 소실되지 않고 오늘날까지 흔적이 남아 있다. 최근 보수공사가 진행되어 전체적인 모양새를 갖추기에 이르렀다.

서양루 입구를 들어서면 바로 오른쪽에 보이는 해기취 谐奇趣는 서양식 연못이 있었던 곳. 이곳을 파괴하려고 다이너마이트까지 동원되었다고 하니 침략자들의 잔인함에 혀가 내둘릴 뿐이다. 그럼에도 불구하고 섬세한 조각들이 새겨진 백옥들의 잔해에서 당시의 규모와 아름다움을 상상할 수 있다.

해기취 맞은편에 있는 황화진 黄花阵은 서양루 안에서 유일하게 원형을 보존하고 있는 곳으로 미궁 迷宫이라는 별명을 가지고 있다. 가운데 정자로 가기 위해서는 담장으로 된 미로를 통과해야 하기 때문인데, 실제로 황제는 후궁들과 함께 이곳에서 술래잡기를 했다고 한다. 이런 사연 탓인지 오늘날에도 중국인 커플들이 나 잡아봐라 놀이를 벌이곤 한다. 사진도 제법 잘 나오는 곳이니만큼 커플 여행자라면 행복한(?) 시간을 보내보자.

황화진을 나와 입구 반대편 방향으로 방외관 方外观, 해안당 海晏堂, 원영관 远瀛观이 이어지는데 모두 해기취와 같은 이탈리아 화가 주세페 카스틸리오네 Giuseppe Castiglione의 작품.

진행 방향에서 왼쪽으로 가장 많은 사람이 몰려 있는 아치 기둥이 대수법 大水法. 150년 전에는 서양식 분수가 시원하게 물을 뿜던 곳이다. 원명원을 찾은 대부분의 투어 팀이 단체사진을 찍는 포토 포인트기도 하나.

대수법 맞은편에 가지런히 놓인 돌기둥은 첨단의 서양 문물인 분수를 신기하게 바라보던 황제의 관람석인 관수법 观水法이다.

중국에서 유럽의 정취를 느낄 수 있는 곳. 거기에 서구열강의 잔혹함마저 볼 수 있는 역사의 현장, 원명원은 꼭 방문하도록 하자.

이화원 颐和园
이허위안 | yí hé yuán

주소 北京市 海淀区 新建宫门路 19号 전화 (010)6288-1144 홈페이지 www.yiheyuan.com 개방 4~10월 06:30~18:00, 11~3월 07:00~17:00 요금 입장료 30元(11~3월 20元), 통표 60元(11~3월 50元), 한국어 오디오 가이드 40元 가는 방법 지하철 4호선 베이궁먼 北宫门역 D출구에서 도보 5분 버스 209·330·331·332·346·394·508·579·584·601·608·696路 이허위안 颐和园정류장에서 도보 5~10분 MAP p.17-B1

약 290만㎡의 엄청난 부지에 건설된 현존하는 중국 최대 규모의 황실정원. 금나라 시대인 13세기 금산행궁 金山行宫이라는 이름으로 최초 건설된 이래, 근 750년 동안 역대 황제들의 꾸준한 사랑을 받아온 곳이다.

이화원이 오늘과 같은 대규모로 발전한 데에는 건륭제와 서태후라는 두 사람의 공이 크다. 특히 서태후는 1860년 영·프 연합군에 의해 소실된 이화원을 정부의 군비까지 빼돌리는 무리수를 두며 재건했다. 막대한 군비 유용은 그렇지 않아도 약한 청나라의 군사력에 결정타를 가했다. 곧 이어 벌어진 청·일 전쟁에서 청은 그간 나라로도 치지 않던 일본에 대패하여 이빨 빠진 호랑이임을 만천하에 공표하게 된다. 결과적으로 이화원의 재건은 청나라의 멸망을 가속화시키는 결과를 낳았다.

경국지색 倾国之色이라 했던가. 나라를 기울일 정도의 미인이라는 뜻인데, 봄·가을의 찬란한 이화원을 거닐다 보면 경국지색이라는 말이 새삼스레 떠오른다. 나라를 망하게 한 아름다움의 세계. 이화원 속으로 들어가보자.

동궁문 东宫门
둥궁먼 | dōng gōng mén

이화원의 실질적인 정문. 이화원이라는 현판이 문의 정중앙에 걸려 있다. 서태후에게 정권을 빼앗긴 채 우울한 일생을 보낸 광서제의 친필이다. 현재는 입장권 검사를 하는 출입구로서의 의미밖에는 없다.

인수전 仁寿殿
런서우뎬 | rén shòu diàn

원래 이름은 근정전 勤政殿 황제가 행궁에 머물 때 정사를 돌본 곳으로 이화원에서 가장 정치적인 건물이다. 비운의 황제 광서제에게 인수전은 비극의 장소다. 어린 시절에는 수렴청정을 한 서태후가 뒤에서 하는 말을 앵무새처럼 읊조렸을 뿐이었고, 서태후에 의해 유폐되고 나서는 인수전에 발걸음조차 못했다고 한다.

Fanta Say

불타버린 원명원의 비극

1860년 홍콩 해안에서 발생한 애로호 사건은 제2차 아편 전쟁의 도화선이 됩니다. 청나라 정부는 체면과 격식에 집착, 상황을 오판하고, 영프 연합군은 청나라가 자신들을 기만한다고 생각하게 되죠.

1860년 4월, 광둥에서 개전을 선언한 16,000명의 연합군은 6개월 만에 베이징까지 도달합니다. 항복을 해야 하는 상황인데도 청나라 정부는 또 상황을 오판했고, 거꾸로 연합군이 철수하지 않으면 40명가량의 연합군 포로를 죽이겠다고 협박했습니다. 10월 6일 다시 전투가 개시되었고, 하필이면 청군은 원명원을 지나 북쪽으로 패주했습니다. 여기서 원명원 비극이 시작됩니다. 뒤쫓던 연합군은 뜻밖의 지역인 원명원에서 막대한 보물을 발견하고 너나없이 미쳐 약탈을 자행하죠. 그리고 나서 원명원에 불을 놓습니다. 1860년 10월 18일입니다. 원명원이 타는 불빛은 자금성에서도 훤히 보였다고 합니다. 청나라 군사들이 이곳으로 도망가지만 않았어도 원명원은 제대로의 모양을 갖추었을지 모르는 일입니다!

Western Beijing | 北京 BEIJING

알아두세요

이화원으로 통하는 출입구

이화원의 입구는 크게 두 곳으로 동쪽의 동궁문과 북쪽의 북궁문이 그것이다. 〈프렌즈 베이징〉에서는 동궁문으로 입장하는 기준으로 볼거리들을 따라간다.

참고로 인수전이라는 이름도 서태후의 환갑날을 기해 바뀐 것인데, 서태후의 만수무강을 바란다는 뜻이다. 인수전 앞에 있는 네 마리의 길상 吉祥들도 마찬가지 의미다.

■ 옥란당 玉瀾堂
■ 위란탕 | yù lán táng

광서제가 10년간 유폐되었던 곳. 100일간의 개혁운동에서 패배한 광서제는 여름에는 이곳 옥란당에, 겨울에는 중남해 中南海를 전전하며 명목뿐인 황제의 설움을 견뎌야만 했다.

약 10년 동안 유폐생활을 한 그를 기다리는 것은 죽음이었다. 한편 자신의 죽음을 직감한 서태후는 광서제가 다시 실권을 차지해 자신의 정치활동을 부정하는 것을 두려워했다. 광서제는 의문의 죽음을 당한다. 그리고 공교롭게도 그 다음날 중국의 악녀로 명성을 떨쳤던 서태후 또한 사망한다. 청나라의 운명은 이제 세 살배기 황제 푸이에게 넘어간다.

외견상 옥란당은 상당히 아름다운 사합원 건물이다. 옥란당 맞은편에는 새파란 곤명호의 물이 넘실대고, 저 멀리 향산의 아름다운 풍경이 손에 잡힐 듯 다가온다. 옥란당 동쪽에 있는 부속 건물인 동난각 东暖阁은 유폐 중이던 광서제가 늘 수라를 들던 곳이고, 서난각 西暖阁은 불행한 황제의 침실이었다. 옥란당 옆의 작은 건물 선예관 宣艺馆은 광서제만큼이나 불행했던 황후의 거처였다.

Fanta Say

좀 복잡한 이야기긴 하지만, 이화원을 즐기기 위해서는 이 사건을 이해해야 합니다. 표에서 보다시피 서태후는 원래 청나라의 9대 황제인 함풍제의 후궁 출신입니다. 문제는 후궁이지만 황제의 아들을 낳았다는 것. 얼마 전에 끝난 드라마 〈이산〉을 빗대보면 이해가 쉽겠죠? 정실부인인 황후가 버티고 있지만 아들이 없다면 봉건적인 동양사회에서 아무 소용 없다는 거죠.

함풍제가 재위 11년 만인 1860년에 사망하자, 서태후의 여섯 살짜리 친아들 동치제가 황위를 잇습니다. 때를 기다리던 서태후는 함풍제의 정식 황후인 동태후와 연합, 대리통치인 수렴청정에 들어갑니다. 중국에서는 황제가 16살쯤 되면 친정 親政을 하게 되는데요, 이미 권력의 단맛을 본 서태후는 친아들인 동치제의 친정을 결사코 저지하며 모자 사이의 갈등국면이 조성됩니다. 설상가상으로 동치제는 딱 20살 되던 해에 사창가를 출입하다 천연두에 옮아 얼마 안 가 죽고 맙니다.

동치제가 사망하던 당시 동치제의 황후는 임신 중이었습니다. 황후가 아들을 낳으면 당연히 그가 후사를 잇게 되고, 수렴청정의 권한도 황제의 생모에게 돌아가게 됩니다.

서태후는 군사령관 영록과 한족 관리의 실세 이홍장을 끌어들여 쿠데타를 도모합니다. 그리고 뜻밖의 인물, 친여동생 -그녀의 남편은 함풍제의 동생 -의 아들인 세 살배기 광서제를 황제의 자리에 올려놓습니다. 서태후의 친며느리인 동치제의 황후는 광서제가 재위에 오른 지 두 달 만에 의문의 죽음을 당합니다. 이제 서태후의 앞을 가로막는 것은 아무것도 없습니다.

중국이 변할 수 있었던 마지막 기회
다시 세월이 흐릅니다. 1887년, 광서제가 16세가 되었을 때 서태후는 2년만 더 수렴청정을 하겠다고 발표합니다. 그리고는 광서제가 친정을 하더라도 자신의 권력을 유지하기 위해 남동생의 딸, 즉 광서제의 사촌을 황

덕화원 德和园
더허위안 | dé hé yuán

원래의 이름은 이춘당 怡春堂. 건륭제에 의해 최초로 지어졌는데, 풍류를 즐기던 건륭제는 이곳에 신하들을 모아놓고 연회를 베풀곤 했다. 하지만 서태후가 이화원을 복원한 뒤로 중국 최대의 경극장으로 재탄생한다.

오늘날 중국의 국가 예술인 경극은 경극광이었던 서태후 시절 만개하기 시작하는데, 그 중심에 바로 덕화원이 있었다. 'ㅁ'형 모양인 덕화원 뜰 한가운데 있는 3층짜리 건물이 무대로 쓰이던 대희루 大戏楼. 무려 71만 냥의 돈이 건설비로 들어간 중국 최대 규모의 전통 경극장이다.

현재에도 당시에 사용하던 특수효과(?) 시설이 일부 남아 있는데, 물을 분사해 비 오는 효과를 연출하는 인공강우 시스템도 있었다고 한다.

대희루 맞은편에 있는 현락전 贤乐殿은 일종의 객석이다. 서태후를 비롯해 총 40명의 관객만을 수용할 수 있는 작은 크기. 물론 이 자리에는 서태후의 측근만 올 수 있었다.

비운의 광서제 유폐 사건

후로 삼아버립니다. 당시 중국의 운명은 그야말로 풍전등화. 특히 1895년 청일전쟁 패배는 전 중국을 비통에 빠지게 하기에 충분했죠.

이 시기, 중국의 지식인들 중에는 유신파라고 불리는 사람들이 있었습니다. 일본처럼 서구문물을 전격적으로 받아들여야 중국이 살아남을 수 있다는 이론을 주장했던 사람들인데요. 비교적 젊은 서생들로 구성된 유신파들은 1895년 '공거상서 公車上書'라는 일종의 상소문을 광서제에게 보냅니다.

그리고 1898년 6월 11일 비밀리에 이들을 독대한 광서제는 이른바 유신을 단행합니다. 신문사의 설립, 언론 및 출판의 자유 보장, 발명 장려, 베이징대학의 전신인 경사대학당의 설립, 근대 우편 업무를 다루는 우정총국 신설 등 약 100일에 걸쳐 광서제는 쉬지 않고 법안을 가결합니다.

하지만 당시 청에는 이런 근대적 법률을 시행할 관료가 아무도 없었죠. 광서제는 끊임없이 법령을 개정하고 뭔가를 만들었지만 행정조직은 묵묵부답. 복지부동으로 일관했습니다.

유신이 발효되자마자 서태후를 정점으로 하는 황실 보수 세력들은 격렬히 반발했습니다. 그들에게 나라의 안위보다는 자신의 특권이 더 중요했던 것이죠.

9월, 서태후의 쿠데타 소문이 분분할 때 광서제는 당시의 군벌인 위안스카이에게 보호를 요청합니다. 하지만 위안스카이는 향후 정세를 저울질하다 서태후 편에 붙습니다.

1898년 9월 21일 서태후는 쿠데타를 감행합니다. 100일간의 개혁운동은 실패로 끝났고, 광서제는 옥란당에 유폐되어 비참한 하루하루를 보내게 됩니다.

'어느 나라건 개혁을 할 때 피를 흘리지 않고 성공한 경우가 없다. 중국에서 개혁으로 피를 흘린 사람이 있단 말을 아직 듣지 못했는데, 이 때문에 중국이 번영하지 못하는 것이다. 만약 피를 흘린다면 나부터 시작하리라.'

-유신 실패 후 처형당한 담사동 譚嗣同의 마지막 말

서태후는 경극을 볼 때 늘 광서제와 그의 황후를 배석시켜, 맨 끝 임시의자에 앉게 했다고 한다. 경극 공연이 없을 때에도 늘 음악을 연주하게 했다고 하는데, 유폐되어 있던 광서제는 대체 어떤 기분이었을까? 옥란당과 덕화원은 채 40m 거리도 안 된다.

▌낙수당 乐寿堂
러서우탕 | lè shòu táng

건륭제가 최초로 건립했고, 서태후 때에 이르러 그녀의 침실로 사용되었다. 낙수라는 말은 논어에 기원을 두고 있다. 총 네 칸으로 각각 침실, 정무, 식사, 옷 갈아입는 방으로 쓰였다고 한다.
이화원에서 가장 호사스러운 건물로 유명하며, 중국 최초로 전기등이 가설된 곳이기도 하다. 하지만 과도한 신비주의 전략일까? 많은 이들의 궁금증에도 불구하고 결코 내부 공개를 하지 않고 있다. 때문에 비싼 입장료를 낸 많은 관람객들이 엉덩이를 쏙 뺀 채 창문 틈으로 엿보는 것으로 아쉬움을 달래고 있다. 낙수당이 속히 개방되기를 희망한다.

▌장랑 长廊
창랑 | cháng láng

흔히 천간낭하 天间廊下, 천 칸의 긴 회랑이라고 불리는 곳으로 서태후의 거처였던 낙수당에서 불향각이 우뚝 솟은 만수산 입구까지 이어지는 728m 길이의 초대형 회랑이다. 장랑의 칸수를 세어본 학자들의 기록에 의하면 실제는 273칸이라고 한다. 천 千은 단지 많다는 의미.
불교신자로도 유명한 서태후는 불향각으로 불공을 드리러 갈 때를 비롯해, 개인적인 산보를 위해서도 장랑을 애용했다고 한다. 매 200m꼴로 등장하는 작은 정자들은 늙은 서태후가 중간 중간 쉬었던 포인트다.
회랑의 대들보에 그려진 다양한 풍경·민속·신화 속 이야기들은 장랑을 하나의 작은 갤러리로 탈바꿈시키기에 충분한데, 그림이 그려진 대들보의 수는 무려 14,000개에 이른다. 때문에 호사가들은 중국 최대의 야외미술관이라며 감탄을 금치 못한다. 우리가 알고 있는 『삼국지』나 『서유기』의 풍경들도 간간이 눈에 띄기 때문에 자세히 살펴보면 제법 흥미를 느낄 수 있다.

▌청안방 清晏舫
칭옌팡 | qīng yàn fǎng

곤명호 동쪽 끝 만수산 万寿山 맞은편에 떠 있는 길

장랑에서 즐기는 달콤한 휴식시간

이 36m의 돌로 만든 배. 석방 石舫이라고도 한다. 청나라가 한창 전성기를 구가하던 18세기에 건륭제에 의해 건설되었다. 애초에는 선체만 돌이고, 배 위의 누각은 목조였다고 한다. 그러나 1860년 제2차 아편 전쟁의 여파로 영·프 연합군에 의해 누각이 전소된 후, 복원하는 과정에서 누각까지 돌로 만들게 되었다고 한다.

돌배가 호수 위에 건설된 데 대해서는 다음과 같은 이야기가 내려온다. 춘추시대 사상가였던 순자가 했던 말, '군자주야 서인자수야 君者舟也 庶人者水也'에서 유래한다는 설이 있다. 즉, '임금은 배고, 백성은 그 배를 받치는 물'이라는 뜻으로 백성들은 배를 받치기도 하지만, 때에 따라서는 그 배를 엎기도 한다는 말로 백성 무서운 줄 알라는 경고가 담겨 있다. 청나라 최대의 전성기를 구가했던 건륭제는 오만했다. 그는 중국 역사상 가장 넓은 땅을 점령한 군주였고, 심지어 넘치는 국부로 인해 더 이상 세금 인상은 없을 것이라고 단언하기까지 했다. 그는 앞으로 물 따위는 결코 배를 엎을 수 없으리라 믿었다. 행궁이던 이화원에 돌배를 만든 것은 그러한 이유에서였다. 돌배는 뜨지 않는다. 그래서 그는 자신의 강력한 힘을 상징하는 4개의 지지대를 만들어 돌배를 받쳤다. 지면에 뿌리내린 돌배는 어떠한 풍랑, 물의 움직임에도 결코 가라앉지 않는다는 자신감의 발로였다.

이미 기울고 있었지만, 뒤집히지는 않을 거라 믿는 이 중에는 서태후도 있었다. 청이 사방에서 쥐어뜯기던 19세기말, 서태후는 이화원과 함께 청안방도 복원했다. 그녀는 보름달이 뜨는 밤에는 서양식으로 재건한 청안방 누각에 올라 시를 읊고 가무를 즐겼다. 그러는 사이 청은 멸망으로 치닫고 있었다. 단지 잘못된 위정자 한두 명이 쥐처럼 청안방의 지지대를 갉아먹고, 끝끝내 배를 침몰시켰다는 이야기다.

배운전 排云殿
파이윈뎬 | pái yún diàn

만수산 중턱에 건설된 배운전은 실질적인 이화원의 정전 正殿. 18세기 중반 건륭제가 최초 건설한 당시에는 대보은연수사 大报恩延寿寺라는 황실 사찰의 대웅전이었다.

1860년 전소된 것을 서태후가 궁전 용도로 재건했다. 당시 중국은 서태후의 것이나 다름없었다. 그 때문일까? 정전임에도 황제는 배운전을 이용하지 않고 아니 못했고, 오히려 서태후의 생일 때마다 문무백관과 황족들의 축하인사를 받는 곳으로만 쓰였을 뿐이다. 배운전 안에 모셔진 그럴듯한 물건들은 모두 서태후의 70세 생일날, 각지로부터 받은 선물들이라고 한다. 배운전 오른쪽에 있는 유화 속의 인물이 바로 서태후다.

보운각 宝云阁
바오윈거 | bǎo yún gé

불향각 서쪽에 있는 작은 건물로 건륭제 재위 시절인 1755년 건설되었다. 높이는 7.5m, 무려 41만 4천 근(약 207t)의 동을 녹여 제조했다 하여 동정 銅亭이라고도 불린다. 전무후무한 건축물인 관계로 전체적인 건축 기법은 목조 건축에서 따왔다.
1860년 영프 연합군에 의한 이화원의 소실로 인해, 현재 이화원의 건물은 대부분 서태후 때 재건되었는데, 보운각만은 동으로 만든 탓에 불에 타지 않았다. 이화원에서 거의 유일하다시피 한 건륭제 당시의 건물이다.

중향계패방 众香界牌坊
중샹제파이팡 | zhòng xiāng jiè pái fāng

불향각 뒤편에 있는 유리 패방 牌坊. 패방 안에 '중향계 众香界' 라는 한자가 새겨져 있다. 티베트 건축 양식을 대폭 반영되어 있어 흔히 보아오던 패방과는 전혀 다른 분위기. 이국적인 느낌이 물씬 풍긴다.
중향계 패방 뒤에 있는 유리로 된 건물은 지혜해 知慧海. 아미타불과 관세음보살을 모시고 있어 무량전이라고도 불린다. 건물 외벽에 1,000여 개에 달하는 자그마한 불상들이 새겨져 있는데 놀랍게도 하나하나의 모습이 다 다르다. 햇볕에 반사되면 영롱한 빛을 띠는데, 이때 가장 아름다운 모습을 감상할 수 있다.

불향각 佛香阁
포샹거 | fó xiāng gé

이화원의 상징과도 같은 건물로, 만수산 중턱에서 웅장한 모습을 과시하고 있다. 배운전과 마찬가지로 대보은연수사라는 황실 사원의 일부였다. 건립 당시에는 9층 석탑을 건설하려 했는데, 8층까지 건설했을 때 건륭제의 마음이 변해 석탑을 헐고 지금과 같은 불당을 건설하게 되었다고 한다. 물론 당시의 건물은 1860년 소실되고, 지금의 건물은 서태후에 의해 재건된 것이다. 누각의 높이는 약 41m. 20m 높이의 석조 기단 위에 지어져서 만수산 아래에서 볼 때는 실제 높이보다 두 배는 높아 보인다. 가파른 계단을 통해 올라가면 바다처럼 넓게 퍼져 있는 곤명호와 베이징 시내의 스카이라인이 한눈에 들어온다.

불향각에서 바라본 풍경

곤명호 昆明湖
쿤밍후 | kūn míng hú

면적만 210만㎡. 20세기 이전에 건설된 관상용 인공 호수 중 가장 크다. 이화원 전체 넓이가 290만㎡니 약 70%를 점유하고 있는 셈이다.

최초 건설은 원대인 1292년으로 거슬러올라간다. 당대의 수리학자인 곽수경 郭守敬에 의해 관개용 저수지로 건설된 것이 그 시초.

명대에 이르러 호수 주변에 나무와 꽃을 배치하여 전형적인 황실정원으로서의 모습을 갖추게 된다. 건륭제는 이화원의 전신인 청수원을 이 일대에 조성하고 인공 저수지를 대대적으로 개조, 서호 西湖라는 이름을 붙였다. 서호는 저장성 항저우에 있는 호수로 중국 호수 공원의 대명사다.

전쟁놀이를 위해 호수를 파다

이화원의 모든 비극(?)이 그렇듯 오늘날의 모습을 제공한 이는 서태후다. 서태후는 1860년 서양세력에 의해 쑥대밭이 된 황실정원을 복원하는 것이 국위선양이라고 생각했다. 하지만 나라가 망해가는 판에 황실 놀이터를 건설하겠다는 데 찬성하고 나선 중신은 별로 없었다.

이때 서태후의 머릿속에 떠오른 것은 바로 한나라 시절 무제의 옛 이야기. 중국 사서에 의하면 부세는 당시의 수도였던 장안(오늘날의 시안 西安)에 곤명지 昆明池라는 인공 호수를 만들어 수군을 조련했다. 서태후는 이에 착안해 황실정원 복원 계획은 중신들의 오해고, 사실은 수군 훈련지를 포함한 황실정원 선진화 계획(?)이라고 주장하며 공사를 밀어붙인다.

과거의 서호는 무려 두 배나 확장되고 곤명호라는 이름이 붙는다. 인공 호수라는 말에서 눈치 챘겠지만, 사람이 일일이 땅을 파서 조성한 것이다. 파낸 흙은 만수산을 더 높이 쌓는 데 쓰였다.

중국인들이 이상향으로 삼는 강남 풍경을 그대로 빼닮은 곤명호는 이렇게 건설되었다. 이 과정에서 해군 군비로 책정된 은 3,000냥이 군사비라는 명목으로 실제 집행되었다. 사서에 의하면 곤명호에서는 실제 해군 훈련이 이루어졌다고 한다.

그러나 막상 청일전쟁이 터졌을 때 내륙인 베이징에서 전함을 끌고 80㎞나 떨어진 텐진까지 가는 사이에 정여창 丁汝昌 제독의 해군이 궤멸되었다는 이야기는 곤명호를 이야기할 때 양념처럼 따라오는 웃지 못할 이야기 중 하나다.

십칠공교 十七孔桥
스치쿵차오 | shí qī kǒng qiáo

곤명호 한가운데 떠 있는 작은 섬 남호도 南湖岛를 연결하는 돌다리로 약 150m의 길이를 자랑한다. 17개의 아름다운 아치형 교각이 인상적인 십칠공교는 사진작가들에게도 인기 있는 촬영 포인트 중 하나다. 난간 기둥에 있는 544마리의 사자상도 눈여겨보자. 똑같은 모습이 하나도 없기 때문에 여행객마다 가장 마음에 드는 사자상 앞에서 기념사진 찍기 놀이가 일종의 유행처럼 퍼져나가고 있다.

다리의 동쪽 끝자락에 있는 거대한 정자, 낭여정 廊如亭은 현존하는 중국 정자 중 가장 크다고 한다.

도 전해진다. 동우는 그런 사실을 아는지 모르는지 오늘도 멍한 표정으로 십칠공교만을 바라보고 있을 뿐이다.

쑤저우제 苏州街
sū zhōu jiē

강남의 수향 쑤저우를 본떠 만든 거리로 1751년 건륭제의 기획으로 만들어졌다고 한다. 쑤저우는 중국인들이 지상낙원이라 부르는 유명한 물의 도시. 거리 곳곳이 거미줄처럼 운하로 연결된 데다 기후가 벼농사에 적합해 예로부터 유명한 곡창지대였다. 물산이 풍부하다 보니 자연스레 사치스런 문화가 발달했다.

건륭제는 강남지방의 아름다움에 매료돼 재위기간에 3번에 걸쳐 쑤저우를 방문했다. 쑤저우를 잊을 수 없었던 그는 베이징 북쪽 청더 承德에 여름 별장을 꾸밀 때 쑤저우의 풍경을 그대로 모방했는데, 이화원에도 쑤저우의 저잣거리를 모방한 쑤저우제를 만들게 했다. 황제들은 이 꾸며진 저잣거리에 행인 행색을 하고 나타나 물건을 사고 값을 깎으며 서민들의 생활을 즐겼다. 궁궐에서 태어나 서민들의 삶을 모르는 황제는 쑤저우제를 거닐며 그저 잘 짜인 연극 속에서 살았던 셈이다.

현재도 쑤저우가는 성업 중이다. 이화원에서 유일하게 상업 시설들이 들어온 구역으로 인공 운하 가에 있는 주루에 앉아 한 끼를 때울 수도, 누각에 앉아 차를 마실 수도 있다. 쑤저우제에서 100m만 북쪽으로 향하면 이화원 북문이 나온다.

더운 여름철 땡볕 속에 다리를 건너다 보면 으레 지치기 마련. 정자에 앉아 호수에 비친 불향각의 모습을 감상하는 것도 여행의 좋은 추억이 될 듯하다.

동우 铜牛
퉁뉴 | tóng niú

1755년 주조된 동으로 만든 소. 풍수지리에 근거, 큰비가 내려 호수가 넘치는 것을 막기 위해 제작했다고 한다. 이는 우 황제가 철로 소의 형상을 만들어 홍수를 막았다는 역사 기록에 기인한다.

한때 중국인들의 과장에 의해 금으로 만든 소라는 소문이 돌았고, 이 때문에 1860년 이화원에 침입한 서양 군인들이 금송아지를 찾기 위해 온통 난리법석을 떨었다는 웃지 못할 이야기

Western Beijing

北京 BEIJING

향산공원 香山公园
샹산궁위안 | xiāng shān gōng yuán
★★★

주소 北京市 海淀区 香山公园 전화 (010) 6259-1155 개방 4~10월 06:00~19:00, 11~3월 06:00~18:00 요금 4~10월 10元, 11~3월 5元(벽운사 10元 별도) 가는 방법 버스 318·331·360·563·696·698·714路 샹산 香山정류장에서 도보 10~15분 MAP p.16-A1

베이징 근교에서 가장 인상적인 산림공원으로 특히 가을의 단풍과 겨울의 설경이 빼어나, 예로부터 연경 8경의 하나로 손꼽혀왔다. 총면적은 약 160만㎡. 최고봉은 해발 557m의 향로봉 香炉峰이다.

금나라 시절 황제의 사냥터로 명성을 떨친 것을 시초로 이후 황실정원이 들어섰다. 청의 역대 황제 가운데 가장 많은 돈을 뿌렸다는 건륭제는 이곳에 황실 정원인 정의원 静宜园을 건설하기도 했다.

한때 원명원, 이화원과 함께 베이징 서부 3대 황실정원으로 꼽히기도 했지만, 1860년 제2차 아편 전쟁 와중에 모두 소실되고 현재는 흔적만 남아 있다.

주말이 되면 꽤 많은 베이징 시민들이 등산을 겸해 향산을 찾는다. 산세가 제법 훌륭하니 2시간가량 트래킹 삼아 오르는 것도 좋은 방법. 등산이 귀찮다면 정상 부근까지 운행하는 케이블카 索道를 이용해보는 것도 고려해보자. 손쉽게 정상에 올라 주변을 둘러보고 쉬엄쉬엄 내려오면 된다.

벽운사 碧云寺
비윈쓰 | bì yún sì

개방 08:00~16:30 요금 10元

향산 서쪽에 위치한 불교사원으로 원 초기의 개국공신인 야율초재 耶律楚材 집안의 가문 사찰로 건립되었다. 이후 명·청대를 거치며 대규모 증축된다. 특히 1748년 건립된 인도 스타일의 불탑인 금강보좌탑 金刚宝座塔은 벽운사의 상징과도 같은 건물. 34.7m의 높이를 자랑하는 이 대리석 탑의 벽면에 새겨진 부조들이 특히 인상적이다.

금강보좌탑의 가장 큰 매력은 뭐니 뭐니 해도 탑 아래로 펼쳐진 베이징 서부의 황량한 풍경이다. 멀리 보이는 팔대처와 아기자기하게 뻗어가는 산맥의 시원스러움은 그야말로 일품.

1925년 사망한 신해혁명의 주인공 쑨원의 유해가 잠시 머물렀던 이유로 역사 애호가들도 즐겨 찾는다.

유리탑 琉璃塔
류리타 | liú lí tǎ

1780년 건설된 유리벽돌 소재의 불탑. 약 30m의 높이를 자랑한다. 티베트 불교의 2인자인 판첸 라마의 중국 방문을 기념하여 쌓은 것으로, 누각 위에 탑을 올리는 건축기법을 사용했다. 석양이나 일출 때 햇볕을 받으면 영롱한 빛을 띠기 때문에 사진작가들이 사랑하는 피사체 중 하나이기도 하다. 벽운사에서 향로봉으로 오르는 길이라면 도중에 만나볼 수 있다.

금강보좌탑에서 내려다보는 풍경

베이징식물원 北京植物园
베이징즈우위안 | běi jīng zhí wù yuán

주소 北京市 海淀区 北京植物園 전화 (010) 6259-1561 개방 4~10월 06:00~19:00, 11~3월 07:00~17:00 요금 공표 10元, 통표 55元(온실 50元, 와불사 5元, 조설근기념관 曹雪芹纪念馆 10元) 가는 방법 버스 331·505·563·696路 베이징즈우위안난먼·워푸쓰 北京植物園南门·卧佛寺정류장에서 도보 5~10분 MAP p.16-A1

은 삼나무 하나로 유명해진 베이징 최대 규모의 식물원. 은 삼나무는 신생대 3기를 거치며 멸종된 것으로 알려져 있었다. 한마디로 화석 속에서나 존재하던 나무였다. 그런데 이 나무가 1950년 쓰촨의 삼림지대에서 발견됨으로써 전 세계 식물학계를 깜짝 놀라게 했다. 어류인 시일라칸스와 함께 현존하는 대표적인 화석 생물 중 하나로 손꼽히는데 베이징식물원에 몇 그루가 자라고 있어 눈길을 끈다.

베이징식물원에는 식물원만 있는 것이 아니다. 아시아 최대 규모를 자랑하는 온실, 『홍루몽』의 작가 조설근 기념관, 천년사찰 와불사가 있어 모두를 둘러보자면 4시간 이상이 걸린다.

베이징식물원은 남산식물원을 몇 배로 키운 느낌이다. 사철 꽃이 피어나 연인, 가족 단위의 방문객이 많이 찾아온다.

한편, 식물원 한가운데 있는 묘한 분위기의 불교사원이 와불사 卧佛寺이다. 원대에 조성된 동제 와불이 있는 곳으로 사원의 최초 건립은 지금으로부터 1,200년 전인 당나라 시대의 일이다. 약 54t의 동을 녹여 만든 와불은 편안함을 선사하는 것으로 유명하다. 석가모니불이 누워 있는 상은 열반상이라고 하는데, 석가모니가 사망할 당시를 묘사했기 때문이다. 불상 주변에 모여 있는 12개의 작은 불상은 붓다의 12대 제자를 묘사한 것이다.

팔대처 八大处
바다추 | bā dà chǔ

주소 北京市 海淀区 八大处公园 전화 (010)8896-5012 개방 4~10월 05:30~18:30, 11~3월 06:00~18:00 요금 입장료 10元, 케이블카 편도 30元, 슬라이딩 웨이 40元 가는 방법 버스 347·389·598·958·972路 바다추 八大处정류장에서 도보 5분 MAP p.16-A1

붓다의 사리를 봉안하고 있는 베이징 불교 최대의 성지. 8개의 고찰, 즉 장안사 长安寺, 영광사 灵光寺, 삼산사 三山寺, 대비사 大悲寺, 용천사 龙泉寺, 향계사 香界寺, 증과사 证果寺, 암자인 보주동 宝珠洞이 있어 여덟 곳의 장소, 즉 팔대처라고 부른다.

붓다의 사리를 모신 영광사에는 매년 석가탄신일과 대열반일 등 불교의 성일 聖日이 되면 전국 각지에서 순례객들이 몰려든다. 특히 사리가 봉안된 높이 51m, 8각 13층의 사리탑 舍利塔은 고탑 특유의 웅장함과 신비로움이 뒤섞인 최고의 볼거리. 산 정상 부근까지 리프트가 운행하기 때문에 애써 올라가야 하는 수고를 덜 수도 있다. 놀이기구 타는 걸 좋아한다면 슬라이딩 웨이를 타고 내려오는 것도 재미있을 듯.

베이징식물원 내에 있는 온실

Western Beijing

Restaurant

베이징 서부의 레스토랑

크게 베이징 서역 부근과 한인촌인 우다오커우 五道口 부근으로 레스토랑 밀집 구역이 나뉜다. 특히 우다오커우 지역은 한국인 밀집 구역이자 베이징대 주변에서 가장 큰 대학로의 역할을 하고 있다. 저렴한 한식을 비롯 이자카야 같은 일본풍 선술집, 중저가 체인점 등이 집중적으로 몰려 있다. 엄청나게 확대되고 있는 베이징의 실리콘 밸리 중관촌 일대도 최근 맛집들이 속속 들어서는 추세다.

마소마라유혹 麻辣麻辣诱惑 마샤오마라요우훠 | má xiǎo má là yòu huò

주소 海淀区 成府路 28号 五道口购物中心 6楼 전화 (010)6266-6788 홈페이지 www.spicespirit.com
영업 11:00~22:00 예산 2인 100元～ 가는 방법 지하철 13호선 우다커우역 B출구 길 건너편   MAP p.17-C1

젊은 층을 겨냥한 퓨전 쓰촨요리 전문점. 현대화된 중국 레스토랑의 효시중 하나다. 현대인 인테리어, 어찌 보면 파티장소 같은 현란함으로 중국 젊은이들의 시각을, 매콤함으로 미각을 사로잡았다.
고기와 야채를 넣고, 화하면서도 매운 쓰촨식 양념에 자작하게 졸여낸 마라샹궈 麻辣香锅나 영원한 베스트셀러인 마파두부 麻婆豆腐, 주식보다는 입가심으로 적당한 양의 딴딴면 担担面 모두 추천할 만하다.

간편 메뉴
水煮鱼 수자어, 쓰촨식 매운탕(기름에 담긴 생선요리) 108元
麻辣香锅 마라샹궈, 매운볶음 130元
麻辣小龙虾 마라샤오룽샤 109/208元(소/대)
蟹黄豆腐 게살순두부 29/39元(소/대)

동래쇤 东来顺
동라이슌 | dōng lái shùn

 주소 北京市 海淀区 成府路 28号 五道口购物中心 5楼 13号 전화 (010)6266-6198 영업 10:00 ~22:00 메뉴 영어, 중국어, 사진 예산 2인 300元~ 가는 방법 지하철 13호선 우다오커우 五道口역 B출구 길 건너편 MAP p.17-C1

청나라 광서 연간인 1903년에 개업한 식당으로 무려 110여년의 역사를 자랑하는 집이자, 베이징에서 최초로 성공한 이슬람 요리집이다. 주특기는 몽골식 샤브샤브. 냉장기술이 없던 당시, 고기 한 점당 3g으로 정확하게 잘라내는 기술로 인해 베이징에서 산다하는 사람들에게 선풍적인 인기를 끌었다.

원래 몽골식 샤브샤브는 약간 간을 한 육수에 양고기를 살짝 데쳐서 소스에 찍어먹는 방식인데, 1980년대 중후반 이후 쓰촨식 훠궈가 중국 샤브샤브계를 평정하며 한동안 할랄요리에 집중하는 모습을 보이기도 했다.

유행이 참 야속한게, 현재 동래쇤은 정통 몽골식 샤브샤브외에 쓰촨, 타이완 등 유행하는 온갖 종류의 샤브샤브를 신선로 냄비에 끓여먹는 퓨전 형식으로 바꼈다. 물론 다른 훠궈집에 비해 보양의 성격이 좀 강하기 때문에 탕 자체가 꽤 고급스럽고 그에 걸맞게 가격도 비싸다. 탕은 크기에 따라 1인 탕 景泰蓝小锅와 여러명이 한데 먹는 커다란 탕 锅底로 나뉜다. 내몽골에서 사육되는 이 집 농장의 양고기는 여전히 탁월하며, 중국식 이슬람 요리인 청진요리도 아직까지는 적수가 없다.

간편 메뉴

川香麻辣锅底 쓰촨식 마라탕 48元 / 景泰蓝小锅 1인탕 25元
牛骨汤野生鲜菌锅内底 소뼈 야생버섯탕 198元 / 景泰蓝小锅 1인탕 48元
美味香菌锅底 야생 버섯탕 178元 / 景泰蓝小锅 1인탕 52元
钻石级羊泊 다이아몬드 등급 양고기 78元
东来顺羊肉片 동래쇤 양고기 42元
鲜冰虾 데쳐먹는 새우꼬치 38元
鲜松茸 송이버섯 98元
港顺水晶粉 가는 당면 12元

곽림 郭林家常菜
궈린 | guō lín

주소 北京市 海淀区 王庄路 15号 전화 (010) 8238-9996 영업 10:30~13:30, 17:00~21:00 메뉴 영어, 중국어, 사진 예산 2인 120元~ 가는 방법 지하철 13호선 우다오커우 五道口역 A출구에서 도보 10분 **MAP p.17-C1**

가정식 요리를 표방하는 프랜차이즈 레스토랑. 가정식 요리치고는 꽤 고급에 속하는 편으로 담백하고 깔끔한 맛을 내는 산동 요리를 베이스로 하고 있다. 개업 당시와 비교해 유행에 따라 점점 가짓수가 많아져 현재는 거의 전 중국의 모든 요리를 다 취급한다고 생각하면 된다.

주요 요리는 메뉴에 사진이 함께 제공되므로 대략적인 요리의 모양새를 가늠할 수 있다는 점도 손꼽히는 장점이다.

간편 메뉴

烤鸭 카오야 128元
宫保腰果鸡丁 궁바오지딩, 땅콩매운 닭요리 22元
糖醋里脊 탕추리지(탕수육 종류) 30元
黄金大饼 황진따빙(팥이 든 튀긴빵) 12元

선종림 仙踪林
셴쭝린 | xiān zōng lín

주소 北京市 西城区 西直门外大街 丁137号 전화 (010) 8836-4552 홈페이지 www.rbt.com.cn 영업 10:00~22:00 메뉴 중국어, 영어, 사진 예산 2인 90元~ 가는 방법 동물원 정문을 바로 보고 오른쪽으로 도보 5분 **MAP p.17-C2**

플레이 보이사의 로고와 흡사한 토끼 마크가 돋보이는 프랜차이즈 레스토랑 체인. 젊은 연인들에게서 선풍적인 인기를 끌고 있는 곳으로 타이완 계열이다. 인테리어가 약간 닭살 분위기로 심지어 실내에 그네도 있다. 선종림의 대표 메뉴이자 타이완식 디저트의 꽃인 진주차 珍珠茶는 꼭 마셔보길 권한다. 말캉하게 씹히는 떡의 쫀득함과 우유의 고소함이 잘 어우러진다는 평이 많다.

음료 메뉴가 주를 이루지만 주린 배를 채울 만한 음식들도 많다. 타이완식 덮밥 세트 套餐과 샌드위치

〈선종림〉 베이징 시내 주요 지점

지점	주소	위치
둥단	北京市 东城区 东单北大街 69号	MAP p.7-C2
시단문화광장	北京市 西城区 西单文化广场 下室 LG05号	MAP p.6-A2, 10-A2
왕징	朝阳区 望京街 9号 望京国际商业中心 109号	MAP p.15-C2
신세계	北京市 崇文区 崇文门 外大街 3-5号 新世界百货 春馆 B1층	MAP p.13-B1

三明治 그리고 중국 면 面愛族이 그것. 타이완식 덮밥은 말이 타이완식이지 일식, 홍콩식의 요리법들이 모두 섞여 있다.

또한 베이징 관광으로 지친 몸을 쉬며 진주차로 목을 축이기에도 그만이다. 다행히 시내에 많은 분점이 성업 중이어서 쉽게 찾을 수 있다.

간편 메뉴
香喷喷台式卤肉饭 대만식 돼지고기 덮밥 34元
rbt红烧牛肉面 우육면 38元
炸豆腐 튀긴두부 18元
珍珠奶茶 진자나이챠(버블밀크티) 28元

요시노야 吉野家
지에지아 | jí yě jiā

주소 北京市 海淀区 成府路 28号 五道口购物中心 B1층 **영업** 10:00~22:00 **메뉴** 영어, 중국어 **예산** 2인 70元~ **가는 방법** 지하철 13호선 우다커우역 B출구 길건너편 MAP p.17-C1

꼭 밥을 먹어야 하는데, 중국음식은 죽어도 못 먹겠고, 예산마저 넉넉지 않은 사람이라면, 요시노야가 최고의 정답이다. 일본·중국·홍콩·타이완·미국 등에 분점을 두고 있는 일본식 덮밥 집인데, 한국식 소불고기 덮밥과 별반 다르지 않은 맛으로 인해 누구라도 만족스럽게 한 끼를 해결할 수 있다.

일식 계란찜 등의 사이드 메뉴도 한국인들이 좋아할 만한 것들이다. 무엇보다 너무나도 착한 가격으로 인해 한두 번 찾다 보면 마니아가 될지도 모른다. 베이징 시내 곳곳에 매장이 있다.

간편 메뉴
吉味双拼饭 소고기와 닭고기 그리고 야채 덮밥 27元
招牌牛肉饭 소고기덮밥 24元
香鸡咖喱饭 치킨카레 덮밥 18元
茶碗蒸 계란찜 7.5元

아지센 라멘 味千拉面
웨이치엔라멘 | wèi qiān lā miàn

주소 北京市 海淀区 中关村大街 19号 新中关大厦 B127号 **영업** 10:00~22:00 **메뉴** 영어, 중국어 **예산** 2인 100元~ **가는 방법** 지하철 4·10호선 하이뎬황장 海淀黄庄역 A2출구 MAP p.17-C1

중국에 있는 일본 라면집 중 가장 크게 성공한 체인점. 시내 중심에선 점심때면 아지센 라멘 앞에 길게 늘어선 사람들의 모습도 볼 수 있다. 중국 음식치고는 덜 기름지지만 한국인이 먹기엔 조금 느끼한 게 사실. 하지만 매운 라면이나 냉면 등 입에 맞는 메뉴도 찾아 볼 수 있다. 요시노야와 마찬가지로 시내 곳곳에 매장이 있다는게 장점.

간편 메뉴
味千拉面 아지센 라멘 26元
石锅烤牛肉饭 소고기 철판볶음밥 28元
猪扒盖砯浇饭 돼지고기 덮밥 33元

Western Beijing

Shopping

베이징 서부의 쇼핑

발전하고는 있다지만, 아직까지 베이징 서부는 외곽이란 느낌이 많이 남아 있다. 잘나가는 백화점이나 쇼핑센터보다는 동대문 밀레오레 분위기의 옷시장이나 차시장같이 구식의 느낌이 물씬 풍기는 장소들이 대부분. 베이징대학에서 중관촌으로 이어지는 쇼핑 밀집 구역은 실속을 따지는 젊은 세대의 눈높이를 겨냥한 상품들이 집중적으로 몰려 있다. 그나마 최근에 생긴 나이키 아웃렛이 서부의 쇼핑 욕구를 살짝 메워줄 뿐이다.

마렌다오 차시장 马连道茶城 마렌다오차청 | mǎ lián dào chá chéng

주소 北京市 宣武区 马连道 11号 **영업** 10:00~19:00 **가는 방법** 지하철 9호선 육리교동 六里桥东역 C출구에서 도보 15~20분 또는 버스 46 · 414路 마렌다오후퉁 马连道胡同 정류장에서 도보 2분   MAP p.17-C2

베이징 최대의 찻잎 도매시장. 차를 볼 줄 안다는 전제하에 베이징에서 찻잎을 구입하기 가장 좋은 곳이다. 중국 차의 세계는 무궁무진하다. 우리네 녹차와 비슷한 용정차, 강렬한 향으로 사람을 매혹시키는 오룡차와 철관음. 훈제한 스모크향이 일품인 무이암차, 다이어트차로 한국에 알려진 보이차 등. 중국의 차는 분류하는 사람에 따라 최대 300가지로 나뉠 정도. 그럭저럭 정찰제가 적용되는 분위기로 차의 이름, 품질에 따라 가격표를 붙여놓고 있다. 가격표에서 30%까지는 할인이 가능. 중국어에 능통하다면 할인 폭은 더 커진다. 한국에 가져와 선물할 거라면 1급 이상을 선택하자. 등급간의 차이가 확실한 편이므로 예산에 여유가 있다면 특급 特级이나 정급 顶级 등 최상급을 선택해도 좋을 것이다.

용정차 龙井茶나 보이차 普洱茶, 철관음 铁观音, 대홍포 大红袍와 같이 부르는 게 값인 고가차들은 상대적으로 가짜가 많다는 점도 명심할 것. 홍차나 진정한 다이어트 차의 지존으로 불리는 고정차 苦丁茶 같은 중가의 차들이 오히려 가격대비 성능이 높다. 차방에 앉아 이런저런 차를 음미하며 입에 맞는 차를 고를 수 있다면 금상첨화.

같은 건물에는 마렌다오 카메라 상가인 마렌다오촬영기재상성 马连道摄影器才商城이 있다. 저렴한 카메라를 구한다면 한 번쯤 둘러볼 만하다. 중고제품을 새것으로 속여 파는 악덕상인이 많으니 카메라에 대한 기초적인 지식은 필수!

나이키 팩토리 아웃렛 Nike 北京马连道换季优惠店
베이징마롄다오환지유후이뎬 |
běi jīng mǎ lián dào huàn jì yōu huì diàn

 주소 北京市 宣武区 马连道 10号 店铺 전화 (010)6331-1708 영업 10:00~20:00 가는 방법 마롄다오차시장에서 길 건너편 MAP p.17-C2

베이징에서 가장 큰 나이키 아웃렛 중 하나. 맞은편에 있는 마롄다오 차시장과 까르푸가 있어 이래저래 많은 사람들이 찾는 곳이다. 매장 규모도 크고 찾는 이들도 많으니 물건의 종류와 회전율이 좋은 것은 당연한 일. 베이징의 나이키 아웃렛 여러 곳 가운데 마롄다오가 물건의 양과 질에 있어서 가장 실속이 있다. 팩토리 아웃렛이 다 그렇듯 이월상품 위주로 판매가 이루어지는데, 할인 폭이 높은 것도 있다. 하지만 득템을 목적으로 방문하기에는 아웃렛이라는 특성상 무리. 차시장과 함께 둘러보기에 적당하다.

까르푸 Carrefour 家乐福
자러푸 | jiā lè fú

 주소 北京市 海淀区 中关村广场 전화 (010)5172-1516 홈페이지 www.carrefour.com.cn 영업 10:00~22:00 가는 방법 지하철 4호선 중관촌 中关村역 D 출구에서 도보 5분 또는 4·10호선 하이뎬황좡 海淀黄庄역 A2출구에서 도보 10분
MAP p.17-C1

프랑스계 대형 할인 마트로 중국에서 가장 많은 체인점을 가지고 있다. 특히 중관촌광장 지하에 있는 이곳은 중국 내 까르푸 중 최대 규모이고 찾는 이들도 엄청나다. 요즘도 꽤 많은 사람들이 깨와 같은 농산물을 구입하기 위해 훙차오시장 등을 배회하는데, 차라리 까르푸와 같은 믿을 만한 마트에서 참기름 芝麻油을 사가는 것도 좋은 방법이

〈까르푸〉 베이징 시내 주요 지점

지점	주소	위치
마롄다오	北京市 宣武区 马连道 11号	MAP p.17-C2
동물원	北京市 西城区 白石桥 甲18号	MAP p.17-C2
왕징	北京市 朝阳区 广顺北大街 16号	MAP p.5-B1

다. 고급품의 경우 검은깨로 만든 제품도 있는데, 정말로 향이 다르다. 유리병이 거슬린다면 커다란 락엔락을 준비해 그 안에 기름을 담아오는 것도 좋은 방법이다.

기름뿐 아니라 공산품 사정을 엿볼 수 있는 좋은 공간이기도 하다. 물론 프랑스계 마트라서 수입품의 종류도 다양하고 커피나 베이커리 제품들은 한국보다 저렴하다.

개해야하는지도 약간의 의구심이 들긴 하지만, 그럼에도 한국의 샤오미 마니아들에게 여기는 여전히 성지다.

물건을 판매하는 스토어보다는 쇼룸의 성격이 강하기 때문에, 보조 배터리등 몇가지 기초 아이템을 제외하고는 물건이 없을지도 모른다. 즉, 구경삼아 갈 만한 곳에 가깝다. 어차피 성지 순례는 덕후들의 영역 아닌가?

최근 동부, 스마오 世贸(MAP p.14-A2)에도 분점이 생겼다.

샤오미지가 Xiaomi Inc 小米之家

주소 北京市 海淀区 中关村大街 40号 当代商城 6层 전화 (010)6269-6608 영업 10:00~21:30 가는 방법 지하철 4호선 인민대학 人民大学역 A2출구에서 도보 5분 MAP p.17-C1

요즘의 샤오미는 중국보다 외려 한국인들에게 더 인기있는 모양새. 특히 샤오미 신형 충전기 같은 경우는 인터넷 홈쇼핑을 넘어 이제는 한국의 마트에도 매대를 가지고 있다.

최근에는 중국원가와 한국 판매가 사이에 큰 금액차도 없기 때문에 사실 중국의 샤오미 매장을 굳이 소

家乐福

中关村

중관춘 전자상가 中关村
중관춘 | zhōng guān cūn

 주소 北京市 海淀区 中关村 영업 10:00~22:00 가는 방법 지하철 4호선 중관춘 中关村역 A출구 MAP p.17-C1

중국 최대의 전자상가 단지. 산학협동 연구소들이 이곳에 밀집해 있어 중국의 실리콘 밸리로 불린다. 한국의 용산, 테크노마트와 거의 비슷한 분위기. 끈질긴 호객 행위까지 그대로 빼닮았다. 몇몇 전자제품 가격은 한국에 비해 놀랄 정도로 저렴하다. 중국제, 중국 브랜드에 대한 거부감이 없다면 구입할 만한 물건들은 정말 많다. 하지만 USB 케이블 같은 간단한 것조차 작동이 안 되는 경우가 있을 정도로 저질 제품들이 뒤섞여 있어 옥석을 가려내기란 쉽지 않다.

레노보와 같은 중국산 랩톱, 휴대용 하드디스크, PMP 등이 경쟁력 있어 보인다. 애플의 아이팟이나 아이폰을 구입해가는 사람이 있는데 워낙 정교한 짝퉁이 판을 치는 관계로 주의할 필요가 있다.

카메라 상점들도 컴퓨터 상점들 틈에 섞여 있는데, 한국의 내수용 최저가 카메라보다 싼 물건들이 종종 눈에 띈다. 렌즈의 경우는 현재 환율사정이 안 좋아 한국보다 저렴하다는 느낌은 받을 수 없다.

무엇보다 중고 렌즈를 새것으로 위장해 파는 곳이 너무 많다. 렌즈는 마운트하는 순간 중고제품으로 분류되므로 마운트 부분을 눈여겨보도록 하자.

Travel Plus

피로가 쏴악~ 풀리는 발마사지의 세계

중국여행을 하면서 초저가에 발 마사지를 받는다는 말도 이젠 옛말이다. 위안화의 환율이 몇 년 사이 가파르게 상승세를 탄데다, 중국도 중국대로 경제가 성장하며 생활수준이 그만큼 높아졌고 물가가 올랐기 때문이다. 하지만 그럼에도, 아직까지는 한국보다 저렴한 가격에 더 나은 서비스를 받을 수 있다. 즉 미친 듯이 싸진 않지만 여전히 경쟁력은 충분하다는 이야기. 최근 뜨고 있는 핫한 마사지숍 몇 곳을 골라봤다.

추천 마사지 숍

이윤당 颐润堂
이룬탕 | yī rùn táng

주소 北京市 东城区 南河沿大街 甲69号 홈페이지 www.yiruntang.cn 전화 18910096229 영업 10:00~24:00 가는 방법 지하철 灯市口역 A출구에서 도보 15분. Citytel Inn맞은편 **MAP p.7-B2**

오랜 기간 한국인들의 밀집지역인 우다커우와 왕징에서 세를 불려가던 발 마사지 체인으로 베이징의 노른자위인 왕푸징까지 진출했다. 접근성이 좋아진 건 분명 환영할만한 일이긴 한데, 가격 또한 많이 올라버렸다. 여전히 한국어 메뉴판이 있어 그나마 의사소통이 훨씬 나은 편이다. 중의전신(198元/60분), 발 마사지(198元/70분).

청화지 清华池

주소 北京市 西城区 虎坊路大街 17号 전화 (010)6354-6662 홈페이지 www.xdqhc.com 영업 12:00~24:00 가는 방법 지하철 4호선 菜市口역 C출구에서 도보 20분 **MAP p.12-A1**

청나라 말기, 광서제 시절인 1905년에 개업한 중국에서 가장 오래된 발 마사지 집이다. 청화지는 의학에 가까웠던 발 관리를 피로회복의 개념으로 전문화한 최초의 집이다. 근무하는 발 마사지사가 무려 2,000명. 엄청나게 넓은 홀에 구역이 나눠진 개인 공간이 있고 수많은 사람들이 열심히 발을 문지르는 모습은 그 자체로 장관이자, 가장 중국적인 모습이기도 하다.
유명세에 비해 가격은 일반 적인 수준인데, 다른 집에 비해 발 마사지사의 실력 편차가 적은 편이라 청화지만을 선호하는 사람들도 많다.

구적족도 OD WELLNESS 鸥迪足道

주소 北京市 朝阳区 广顺北大街 31号 复都家园北门 1-2楼 전화 (010)6473-7353 홈페이지 www.odlz.com.cn 영업 11:00~02:00 가는 방법 지하철 15호선 望京역 C출구에서 도보 7분 **MAP p.15-C2**

왕징에 있는 발 마사지집중에서는 상대적으로 저렴한 편이다. 선전에서 성장해 베이징까지 상경한 입지전적인 집인데, 선전에서는 일본인들이 상당히 애용하는 집이었다고 한다. 기술에 있어 특출난 장점이 있다고 보기는 두루두루 무난한 편으로, 발마사지 초심자들에게 권할만한 집이다. 발 마사지(99元/70분), 전신마사지(169元/100분), 종합마사지(299元/150분).

화하양자 LIANGTSE WELLNESS 华复良子

주소 北京市 东城区 东直门南大街 4号 전화 (010)6416-2226 홈페이지 huaxialiangzi.com 영업 12:00~24:00 가는 방법 공항철도 · 지하철 东直门역 C출구에서 도보 5분 **MAP p.14-A2**

산둥성 지난에서 처음 시작한 마사지 체인. 중국 상무부의 지원하에 2007년 독일에 지점을 낸 이래, 현재는 영국, 핀란드 등 유럽 각국에 지사를 내며, 중국 발마사지 세계화의 첨병으로 활약하고 있다. 베이징에만 체인이 무려 40곳에 이르는데다 각 매장별 편차가 적은 편이라 어디서든 안심하고 발 마사지를 받을 수 있다. 발 마사지(90분/128元), 중식 전신마사지(60분/168元)

北京 北部
Northern Beijing

베이징 북부와 시외곽

대평원을 뒤로하고 북쪽으로 내달리면 옌산산맥 燕山山脈의 웅대한 모습이 마치 베이징의 수문장이라도 되는 듯 당당하게 버티고 있다. 청나라 이전, 즉 명대까지만 해도 옌산산맥 너머는 이른바 세상의 끄트머리를 뜻하는 새외변경 塞外邊境 드넓은 만주의 평원과 몽골의 초원으로 대표되는 기마민족의 땅이었다.

중국, 아니 한족들은 이들을 막기 위해 각고의 노력을 했다. 전 세계인이 경탄해 마지않는 만리장성은 한족 왕조가 수세에 몰렸던 증거물이고, 놀랄 만큼 거대한 위용을 자랑하는 황제들의 무덤은 북방으로부터 침입을 보호해달라는 기원의 상징이었다. 과거의 거대한 유물은 현대를 지나며 신화가 된다. 우리가 볼 수 있는 북부의 유적들은 어떤 면에서 지나치게 각색된 면이 없지 않다. 문제는 어떤 시각으로 보건 중국인들의 위대한 건축학적 금자탑은 현재 진행형이라는 것이다. 북부는 아무리 시간이 없는 여행자라 해도 최소 하루를 충분히 투자할 만하다. 느껴보라, 압도적인 규모의 위대함을!

가뭄의 따가운 햇살 아래 옥수수가 말라가고 있다.

소박한 시골풍경을 만끽할 수 있는 천저하촌

베이징 북부·시외곽 추천 코스

Northern Beijing 北京 BEIJING
240
241

Just Follow Fanta

모범 코스

동직문
 전용버스 2시간

구북수진
 도보 40분

사마대 장성

컬처 코스

옹화궁
 7정거장

올림픽그린
 2정거장

중화민족원

베짱이 코스

1호선 苹果园역
 892번+M15路

천저하촌

Northern Beijing

Attraction

베이징 북부와 시외곽의 볼거리

2008년 이후 여행의 테마로 떠오른 지역, 한편에는 웅장한 올림픽 시설물, 또 한편에는 만리장성이라는, 어찌 보면 고대와 현대에 걸쳐 중국인들이 만들어낸 가장 웅장한 건축물들이 여행자들의 눈에 들기 위해 경쟁을 하고 있다는 느낌이 들 정도로. 어쨌거나 이들이야말로 13억의 인구대국 중국의 힘임에는 분명해 보인다.

올림픽 그린 奥林匹克公园
아오린피커궁위안 | áo lín pǐ kè gòng yuán

 주소 北京市 朝阳区 奥林匹克公路 가는 방법 지하철 8호선 아오티중신 奥体中心역에서 도보 5분 MAP p.18-B2

29개의 올림픽 경기장 중 메인 스타디움 격인 국가 체육장을 비롯해 수영, 양궁, 핸드볼, 체조, 하키, 테니스 등 10개의 주요 경기장이 올림픽 그린에 몰려 있다. 베이징 그린의 핵심 구역이었던 관계로, 올림픽 기간 내내 입장권을 소지하지 않은 일반인들의 출입은 물론 인근 전철역 출입구까지 막아 원성을 사기도 했다.
올림픽 그린 외의 개별 경기장은 베이징 각지에 흩어져 있는데, 이들 개별 경기장은 올림픽이 끝난 지금, 주목해야 할 이유는 없어 보인다.
올림픽 메인스타디움인 국가 체육장과 국가 수영센터 정도만 둘러보면 된다.

국가 체육장 国家体育场
궈자티위창 | guó jiā yù chǎng

요금 50元
258,000㎡의 넓이를 자랑하는 곳으로 베이징 올림픽 개회식 및 폐회식, 육상과 축구 결승전이 열렸던 명실상부한 핵심 경기장. 철근을 얼기설기 쌓아올린 특이한 모습으로 인해 냐오차오 Bird Nest 鸟巢, 즉 새둥지라는 애칭으로 더 유명하다. 총 91,000명의 관객을 수용할 수 있는 규모로 전 세계에서 가장 큰 경기장 중 하나이자 2008년 세계 10대 건축물 중 하나로 선정됐다. 약 US$5억(한화 5,000억 원)이 소요된 건물로 완공 후 기념행사 때의 폭우를 이기지 못하고 빗물이 새는 수모를 겪기도 했다.

국가 수영센터 国家游泳中心
궈자유융중신 | guó jiā tǐ yǒu ong zhōng xin

요금 30元
65,000㎡의 인상적인 건축물로 베니스 비엔날레 건

Northern Beijing

北京
BEIJING

축부문 수상작. 워터 큐브 Water Cube라는 애칭으로 더 유명하다. 직육면체 외벽의 물방울무늬와 야간의 몽환적인 조명이 일품. 수영, 다이빙, 수중 발레 등이 이곳에서 벌어진다. 박태환 선수가 한국 수영역사상 최초의 금메달을 선사했던 곳이기도 하다. 국가 체육장과 함께 베이징 올림픽 경기장 건물 중 가장 돋보이는 곳으로 환성적인 야경은 이미 모르는 사람이 없을 정도다. 베이징의 경기장 중 단연 돋보이는 곳이다.

국가 체육관 国家体育馆
궈자티위관 | guó jiā tǐ yú guǎn ★★★★★

총면적 80,900㎡. 베이징 올림픽 기간 동안 가장 중요한 실내 경기장 중 하나로, 역시 올림픽 그린 안에 있다. 체조 전 종목과 핸드볼 경기가 펼쳐진 곳이다. 역시 한국의 강세종목 중 하나인 핸드볼 때문에 한국인 방문객이 많았다. 약 19,000명을 수용할 수 있다.

컨벤션 센터 国家会议中心击剑馆
궈자후이이중신지젠관 | guó jiā huì yì zhōng xīn jī jiàn yǔ ★★★★★

올림픽 기간 내내 메인 프레스 센터 역할을 했던 곳으로 펜싱 경기장 및 근대 5종 경기장을 겸하고 있다. 2008년 베이징 올림픽 때, 신축한 건물 중 제일 큰 규모로 약 270,000㎡의 부지를 점유하고 있다. 올림픽이 끝난 이후 컨벤션 센터의 역할을 하고 있다.

올림픽 그린

올림픽 기간 내내 가장 인상적인 건물이라는 찬사를 받았던 주인공. 워터 큐브와 냐오차오

中华民族园

중화민족원 中华民族园
중화민쭈위안 | zhōng huá mín zú yuán

주소 北京市 朝阳区 中华民族园路 1号 전화 (010)6206-3646~7 홈페이지 www.emuseum.org.cn 개방 4~10월 08:00~19:00, 11~3월 09:00~17:00 요금 90元(학생 65元) 가는 방법 지하철 8호선 아오티중신 奥体中心역 D출구에서 도보 7분 북원, 남원쪽은 지하철 8·10호선 北土城역 A·D2 출구에서 도보 5분 MAP p.18-B2

중국 내 56개 소수민족 중 약 48개 주요 소수민족의 민간풍속을 살펴볼 수 있게 꾸며놓은 일종의 소수민족 민속촌. 각 민족마다 풍습·복장·건축 양식들이 제각각이어서 중국의 광대함과 다양함을 몸으로 체감할 수 있다.

길 하나를 사이에 두고 남원과 북원의 두 구역으로 나뉘는데, 북원의 티베트족 藏族, 타이족 傣族, 동족 族, 조선족 朝鲜族 관람구와 남원의 바이족 白族, 몽골족 蒙古族, 위구르족 维吾尔族 관람구가 특히 인기 있다.

관람구마다 해당 민족을 대표할 만한 주요 건축물을 축소, 재현해놓았다. 티베트족 구역의 조캉 사원 大昭寺, 동족 구역의 풍우교 风雨桥, 위구르족 구역의 소공탑 苏公塔 등이 그것이다.

일부 구역의 경우 반룡폭포 盘龙瀑布나 아리산 신목 神木 등 자연경관도 재현해놓았기 때문에 소풍 장소로도 제격이다. 사진 찍기도 좋고, 민속공연과 같은 다채로운 볼거리가 끊이지 않는다. 시간 여유가 있다면 반나절쯤 할애하는 것을 권하고 싶다. 올림픽 그린과 마주보고 있으니 연계해서 둘러보도록 하자.

하지만 한국인의 입장에선 조선족이 중국의 소수민족 중 하나로 대우되며, 떡하니 중화민족원의 한 코너를 채우고 있다는 사실은 여러모로 답답해 보인다.

노구교 卢沟桥
루거차오 | lú gōu qiáo

주소 北京市 丰台区 卢沟桥 전화 (010)8389-4614 개방 07:00~21:00 요금 20元 가는 방법 지하철 14호선 大瓦窯역 D출구에서 5분정도 걸어가면 나오는 버스 西道口정류장에서 309·458·459·624·661·952路를 타고 2정거장후인 卢沟新桥정류장에서 하차 후, 도보 10분 MAP p.18-A2

베이징 서남쪽, 영정하 永定河 강가에 놓여 있는 다리. 베이징에서 가장 오래된 돌다리로, 금나라 시기인 12세기에 최초로 건립되었다. 길이 260m, 폭 7.5m로 900년 전에 건설되었다는 사실을 감안한다면 그야말로 놀라운 수준. 당시에는 세계에서 가장 긴 다리였다.

원나라 시대, 당대 최고의 여행가로 손꼽히던 마르코 폴로조차 "세계에서 보기 드문, 가장 아름다운 다리"라는 극찬을 남긴 바 있다. 참고로 마르코 폴로 덕분에 노구교의 영문 이름은 Marco Polo Bridge다. 외국인들에게 노구교는 상당히 낭만적인 곳임에 분명하지만, 중국인들에게는 상처받은 민족적 자존심을 상징하는 곳이다. 이른바 노구교 사건은 1937년 7월 7일로 거슬러올라간다.

당시 일본은 한반도와 만주(지금의 랴오닝성, 헤이룽장성, 지린성) 일대를 지배하고 있었고, 일본과 중국의 국경이 바로 노구교가 있는 작은 강 영정하였다. 당시 일본은 그들의 국기이름처럼 욱일승천하는 중이었다. 당시 일본 육군은 관동군 병력 100만으로 1~2년이면 중국 전역을 지배할 수 있다고 믿었다. 7월 7일 야간 훈련을 하던 일본군 1명이 행방불명되는 사건이 발생하고, 일본군은 이 일을 중국의 소행이라 주장하며 중국측 관할 구역에 대한 수색을 요청한다. 자기 영내에 적군을 들일 얼빠진 군인은 세상에 없다. 중국군은 당연히 이를 거부했고, 일본군은 이를 핑계로 노구교로 진격, 1945년 8월까지 이어지는 8년간의 중·일 전쟁의 서막이 오르게 된다. 물론 행방불명 사건은 일본의 조작극이었다는 것이 역사학계의 중론이다. 노구교의 양 끝에 있는 성벽에는 당시 일본군의 소행으로 보이는 대포 자국이 있어 치열했던 당시의 상황을 짐작케 한다.

마지막으로, 노구교 돌난간에 있는 501개의 우아한 돌사자상은 반드시 감상하자. 모양이 다 다른 데다 익살스러운 포즈를 하고 있어 살펴보는 재미가 제법 쏠쏠하다.

완평성 宛平城
완핑청 | Wǎn píng chéng

노구교 안쪽에 있는 꽤 커다란 성이다. 명대 베이징 수비를 위해 건설된 이래, 중화민국 시절까지 베이징 서쪽변경의 방어를 담당했다. 앞서 노구교에서도 기술했듯, 노구교를 사이에 두고 베이징 쪽에는 완평성이 일종의 중국측 방어기지였고, 노구교 건너편엔 일본군 진영이 있었다. 참고로 이때만해도 만주(현재의 동북3성) 일대는 만주국이라는 괴뢰정부가 수립된 상태다.

1937년 7월 7일 노구교 사건인 중일 교전이 벌어졌고, 완평성은 거의 반파될 정도로 궤멸적 피해를 입는다.

당연히 이후 역사는 일본군의 연전 연승, 그리고 1945년 8월 15일까지 지리한 중일전쟁 국면으로 이어진다.

이후 현재의 중화인민공화국 건국기까지도 방치되던 완평성이 현재의 모습으로 단장한 건 2002년의 일이다.

중국인민항일전쟁기념관 中国人民抗日战争纪念馆
중궈런민캉르잔정지녠관 |
zhōng guó rén mín kàng rì zhàn zhēng jì niàn guǎn

주소 北京市 丰台区 宛平城内街 101号 전화 (010)8389-2355 개관 화~일 09:00~16:00 요금 무료(여권지참) 가는 방법 노구교 맞은편에 있는 위엄문 威严门을 통과해 도보 5분 정도 걸으면 왼쪽에 있다. MAP p.18-B2

중일전쟁을 테마로 한 국립 박물관으로, 일본군의 만행을 폭로하려는 목적으로 만들어졌다. 박물관의 시작은 만주사변. 이 사건을 계기로 만주 일대를 점령한 일본이, 괴뢰국인 만주국을 세운 후, 다시 중국 대

륙을 침략했던 전 과정이 다양한 자료들에 의해 서술된다.

중국인들을 위한 애국교육의 기지라, 한국인 기준에서는 좀 불편한 서술이 있기도 하지만, 누구라도 난징대학살 전시관과 인간을 대상으로 생체실험을 감행한 731부대 전시관에서는 분노를 느낄 수 밖에 없다. 참고로 일본은 난징대학살 조차, 중국측의 과장이라는 입장을 고수하고 있다. 일본은 한국의 정신대 문제를 비롯해 그 어떤 전쟁 범죄도 인정하지 않는 상황인지라, 난징대학살 전시관에서만큼은 중국인과 같은 마음이 된 자신을 발견할 수도 있다.

박물관의 한 코너는 일본과 맞서싸운 대한민국 임시정부를 위한 공간이 있다. 그리고 한국에서는 제대로 평가받지 못하는 좌파 독립운동가들의 무장투쟁도 역시 한자리를 차지하고 있으니, 우리가 외려 알 수 없는 반쪽의 역사를 남의 나라에서나마 살펴볼 수 있다.

박물관의 마지막은 일종의 전승관인데, 중일전쟁에서 승리한 중국의 자부심이 가득한 공간이다. 투명한 바닥에 전시된 총과 일장기는 항복한 일본군으로부터 뺏은 물품들이다.

사실 중일전쟁의 전개과정을 본다면, 중국이 과연 이긴 전쟁일까라는 의구심이 드는 것도 사실이지만, 어쨌건 나라를 송두리채 빼앗기지 않고 버텨낸 것만으로도, 우리로서는 부러운 대목. 우리가 경험하지 못한 승리라는건, 적어도 이 안에서는 참 대단해 보인다.

운거사 云居寺
윈쥐쓰 | yún jū sì

주소 北京市 房山区 南尚乐 전화 (010)6138-9101 개방 08:30~17:00 요금 40元 가는 방법 하단 〈알아두세요〉 참고   MAP p.18-A2

베이징에서 남서쪽으로 약 70km 거리에 있는 운거사는 흔히 베이징의 둔황이라는 애칭으로 더 유명하다. 무려 1,400년의 역사를 자랑하는 고찰로 약 6만㎡의 부지에 인상적인 두 개의 불탑과 14,278개에 달하는 석조 대장경판이 최고의 자랑거리다.

알아두세요

운거사 가는 방법

첫 번째 가는 방법 버스 天桥汽车站정류장(MAP p.12-B1)에서 836路·917路快车를 타고 南正东정류장에서 하차. 房31路로 갈아타고 云居寺정류장에서 내리면 된다. 房31路 버스를 타고 굽이굽이 마을과 산을 돌아 40~60분 후 운거사에 도착. 운거사 표시가 되어 있는 길로 5분 정도 들어가면 왼쪽에 사원이 있습니다.

두 번째 가는 방법 미니버스 房31路는 오후 4~5시면 더 이상 다니지 않습니다. 베이징 시로 돌아올 길이 막막해질 것 같지만 너무 걱정할 필요는 없습니다. 처음 미니버스를 내렸던 큰길까지만 가면 개인영업을 하는 자가용·오토바이를 쉽게 만날 수 있거든요. 장팡 张坊에 있는 버스 917路 정류장까지 20元이면 충분합니다. 917路 버스는 오후 7시까지 운행되니 그나마 안심.

그래도 운거사를 가겠다면 아침 일찍부터 서두르는 게 좋습니다. 꽤나 외진 곳이라 찾는 이가 드물어 해가 질 무렵이면 섬뜩함마저 느껴집니다.

석경 외에도 약 77,000개의 목조경판과 22,000권의 필사본 불경이 보존되어 있다. 이 분량은 남방불교와 선불교, 티베트 불교 경전의 1/3에 해당하는 양이라고 한다.

요나라 시대의 전탑 砖塔 6개는 유적의 고독이라는 표현이 걸맞을 정도로 황량한 느낌마저 준다. 1,000년의 풍상이 고스란히 느껴지는 곳으로 꼭 한 번 둘러볼 만하다.

한편, 1980년 운거사를 재정비하다 발견된 붓다의 사리는 운거사를 불교 성지로 만들었다. 별도의 입장료를 징수하긴 하지만, 불교신자라면 관심을 가져볼 만하다.

운치 있는 고찰, 볼거리로서는 강력추천할 만하지만, 불편한 교통편은 최대의 단점으로 꼽힌다.

참고로 운거사가 있는 팡산 房山은 베이징에서 가장 가까운 대리석 산지이다. 고궁박물원의 보화전 保和殿에 있는 운룡대석조의 원석이 바로 여기서 파낸 것. 해발 450m 내외로 그리 높은 편은 아니지만, 산세는 제법 빼어나다.

천저하춘 川底下村
촨디샤춘 | chuān dǐ xià cūn

주소 北京市 门头区 斋堂镇 川底下村 전화 (010)6981-9333 요금 35元 가는 방법 지하철 1호선 핑궈위안 苹果园역 A출구로 나와 큰길을 마주보고 오른쪽으로 2분 정도 걸어 올라가면 있는 地铁苹果园西 정류장에서 버스 892路를 타고 종점인 斋堂에서 내려 버스 M15路(하루 3대)로 갈아타고 종점인 爨底下村에서 내리면 된다. 버스 M15路의 운행 횟수가 적다보니 흑차(자가용으로 불법 영업)를 타기도 한다. 현지인들은 입장료없이 편법으로 35元에 흥정하곤 한다. 자이탕 斋堂까지 버스로 2시간에서 2시간 30분 소요되고 이후 천저하촌까지는 15~25분 정도 걸린다. 성비수기에 따라 버스 운행 또한 유동적이다. **MAP p.18-A2**

거칠고 황량한 산악지대에 숨은 듯한 작은 마을로 모두 76가구에 불과하다. 베이징에서 서쪽으로 약 90km 떨어진 천저하촌은 버려진 탓에 옛것이 고스란히 남아 있는, 외지인들의 발길조차 드문 곳이다.

산시 성의 가뭄을 피해 이주해온 사람들이 이 일대에 머문 것은 약 500년 전. 예나 지금이나 척박한 산간지대에서 사람들은 화전농사로 생계를 이어왔다. 500년이나 흐른 지금까지 변한 것은 그리 없어 보인다.

명·청대에 지은 최고 500년 묵은 집들이 남아 있고, 현대의 유물이라곤 마을로 연결되는 신작로, 2개 뿐인 점방, 악독하게도 이 산간마을까지 몰려들었던 문화혁명의 유산, 이를테면 '모주석 만세 毛主席万岁' 같은 정치적 표어, 그리고 마을 곳곳에 있는 안내 표지판뿐이다.

산중턱에 있는 전망대에서는 마을 전경이 한눈에 들어온다. 약간은 동화 같고 때로는 몽환적인 마을 풍경은 그 자체로 마음을 설레게 한다.

최근 개발붐이 일면서 방문객이 느는 추세라 마을 분위기는 약간 들떠 있다.

꽤 많은 집이 숙소 간판을 걸어놓고 영업을 하고 있는데, 평일이면 10元, 주말이라도 50元 정도면 피곤한 몸을 누이기에 충분하다.

사람들이 발길이 잦아질수록 옛것은 어느틈엔가 사라진다. 노스탤지어풍의 과거여행을 떠나고 싶다면 당장 길을 나서보자.

명 13릉 明十三陵
밍스싼링 | míng shí sān líng

주소 北京市 昌平区 明十三陵 전화 (010) 6075-1184 개방 08:00~18:00 요금(성수기/비수기) 신로 35/25元, 정릉 65/45元, 장릉 50/35元, 소릉 35/25元 **가는 방법** 지하철 2호선 지수이탄 积水潭역 A출구로 나와 차 진행 반대 방향으로 조금 걸으면 나오는 더성먼 德胜门정류장이 나온다. 또는 버스 872路를 타고 长陵 하차 종점이 장릉 长陵이고 그 전 정류장이 정릉 定陵이다. 또는 지하철 13호선 후이룽관 回龙观역 또는 룽쩌 龙泽역에서 버스 878路를 타고 종점인 장릉 长陵에서 하차 MAP p.18-B1

베이징에서 북서쪽으로 약 50㎞, 천수산 天寿山 자락에 명나라 황제 13인, 황후 23인의 무덤군인 명 13릉이 있다. 명나라가 베이징으로 천도한 1420년부터 1644년, 명나라가 멸망하기까지 약 220년간 꾸준하게 조성된 무덤군으로 현존하는 중국의 황릉 구역 중 가장 오랜 기간 건설되었다고 한다.

명 13릉은 약 40만㎢의 엄청난 부지를 점유하고 있는데, 모두 배산임수로 대표되는 풍수상 최고의 명당 자리를 차지하고 있다.

13개의 무덤군 중 개방되고 있는 무덤은 3개. 베이징으로 수도를 옮긴 3대 영락제의 무덤인 장릉 长陵과 무기력 황제의 대명사인 만력제의 무덤인 정릉 定陵, 그리고 융경제 隆庆帝의 무덤인 소릉 昭陵이 그것이다. 이중 가장 인기 있는 곳은 지하궁전으로 알려진 정릉. 소릉은 가장 최근에 개방했지만 규모 자체가 워낙 작아 대부분 건너뛰는 곳이다.

신로 神路
선루 | shén lù

황릉마다 마련되어 있는 일종의 참배로. 명 13릉 중 가장 먼저 건설된 장릉의 참배로이기도 하다. 명 13릉은 장릉을 중심으로 남북에 걸쳐 황릉들이 길게 도열해 있다. 때문에 장릉의 신도는 장릉뿐 아니라 다른 무덤들을 가기 위해서도 반드시 거쳐야 하는 일종의 공동 참배로의 성격을 띠게 된다.

신로 입구에서 장릉까지의 구간은 약 5㎞나 됐다고 한다. 걸어서 1시간 30분은 걸린단 이야기. 그나마 조금 다행인 것은 신로의 앞부분 2㎞를 제외하고는 소실되어 걷는 거리는 약 30분 남짓. 그러나 이마저 생략하고 신로의 일부만 둘러보고 장릉으로 이동하는 관광객들이 대부분이다.

매표소를 지나 대궁문 大宫门으로 들어서면 본격적인 신로가 시작된다. 완만한 곡선을 그리며 이어지는 신로의 바닥은 자금성에서 흔히 보았던 한백옥석. 신로의 좌우에는 무덤을 지키는 18쌍의 신물 神物이 늘어서 있다. 사자·해태·낙타·코끼리·기린·말·무관·문관·건국공신의 순으로 이어지는데, 상서로운 동물 석상이 12쌍 24개, 사람 석상이 6쌍 12개에 달한다.

석상 바깥쪽은 제법 조경이 잘된 가로수 길이 이어진다. 좋은 계절이라면 소풍 나온 기분을 낼 수도 있다.

또한 최고 수준. 영락제가 황제 노릇을 한 것이 총 22년인데, 장릉 건설에만 18년을 쏟아부었다고 하니 당대 최고의 건축 프로젝트였던 셈이다.

참관 코스는 아주 단순하다. 남쪽의 입구인 능문 陵门을 지나 실질적인 무덤의 입구, 능은문 陵恩门을 지나면 영락제의 위패를 모신 능은전 陵恩殿이 나온다. 동서 길이 70m, 약 1,956㎡ 면적의 거대한 건물로 황제의 기일 제사를 지내던 곳이다. 능은전 내부를 받치고 있는 어마어마한 크기의 나무기둥은 윈난 云南에서 베어온 것으로 베이징까지 운반하는 데만 6년이 걸렸다고 한다.

현재 능은전 내부는 장릉의 출토물과 명대의 유물들이 뒤섞인 일종의 박물관 비슷하게 꾸며져 있다.

능은전을 뒤로 돌아 나오면 다시 문들이 나온다. 두 개의 문을 지나면 무덤의 입구인 명루 明楼가 보인다. 명루는 황제의 비석을 길바닥에 방치할 수 없다 하여 비석을 보관할 목적으로 지어논 집. 명루에 모셔진 비석의 앞면에는 '대명 大明'이라는 글자와 함께 '성조문황제지릉 成祖文皇帝之陵'이라는 글자가 새겨져 있다.

명루 뒤편, 직경 340m에 달하는 원형 무덤에 영락제가 잠들어 있다. 좌우에 있는 2개의 작은 무덤의 주인공은 영락제가 사망했을 당시 순장당한 16명에 달하는 후궁들이다. 죽으면서까지 뭔가를 소유하려 했던 그 욕심의 근원은 무엇인지 생각하게 하는 대목이다.

장릉 长陵
창링 | cháng líng

명나라의 전성기를 구가한 3대 황제 영락제의 무덤으로, 명 13릉 중 최초로 조성된 무덤이기도 하다. 베이징 내 황릉 건설의 규범과도 같은 곳으로 규모

정릉 定陵
딩링 | dìng líng

명나라 14대 황제인 만력제의 무덤. 명 13릉의 다른 무덤들이 장릉을 호위하듯 날개처럼 뻗어 있는데, 정릉만은 장릉의 맞은편에 위치해 있어 의구심을 불러 일으킨다.

정릉의 특이한 위치에 대한 가장 설득력 있는 주장은 명 말기 예법의 붕괴다. 한대 이후 유학의 절대적

인 지배를 받았던 중국은 건물 하나, 무덤 하나 조성하는 데도 따져야 할 것이 많았다. 이 수많은 격식이 바로 '예 藝'라는 이름하에 하나둘 생겨난 것. 그중 후임 황제의 무덤은 선황제 무덤의 날개 역할을 해야 한다는 내용이 있었다. 정릉을 제외한 수많은 황릉이 장릉 좌우에 배치된 것도 바로 이 때문이다. 특히 무덤의 크기는 선황제에 대한 예우를 나타내는 중요한 문제였다. 모든 황제의 무덤은 장릉의 크기를 넘을 수 없다는 불문율이 그것이다.

만력제는 10살의 나이에 황제에 올라 무려 47년 동안 황위에 있었는데, 무능했고 심지어 신하들과의 권력다툼으로 일종의 정치 파업을 감행해, 어전회의조차 열지 않았다는 유명한 이야기의 주인공이다. 이쯤 되니 안하무인의 황제에게 과거로부터 내려온 예법을 간언할 신하조차 없었다. 때문에 정릉은 예법과 상관없이 13릉 중 두 번째로 큰 규모로 엉뚱한 곳에 조성되었다는 이야기.

지하궁전의 비밀

정릉은 지하궁전이라는 매혹적인 말 때문에 사람들의 발길이 잦은 곳이다. 하지만 지하궁전이라는 표현은 반은 중국인 특유의 과장이다. 명 13릉 중 유일하게 무덤 속까지 발굴된 곳은 정릉뿐이다. 무덤을 열어보니, 긴 복도를 따라 전전 前殿, 중전 中殿, 후전 後殿의 3전이 있고 중전 좌우에는 2개의 배전 拜殿이 있는데, 궁전 건축양식에 따라 묘실을 배치했기 때문에 지하궁전이라는 말이 붙었을 뿐이다.

그러니 지하에 금은보화가 쌓인 궁전을 기대했던 여행자들이 석실만 보고 돌아와서 불평을 늘어놓곤 하는 것도 무리는 아니다.

지하궁전은 1956년 처음 발굴하기 시작했는데, 발굴 도중 반절가량의 유물이 급작스런 공기와의 접촉 때문에 소실된 것으로 알려져 있다. 13릉 중 정릉 한 개만 발굴된 이유도 바로 유물 보존을 위한 기술에 대한 자신감 부족 때문이다.

당시 발굴된 유물들은 정릉 안에 있는 13릉박물관 十三陵博物馆에 전시되고 있다. 금실로 짠 황제의 관 등 제법 훌륭한 진품들이 있으니 꼭 관람하자.

만리장성 万里长城
완리창청 | wàn lǐ cháng chéng

비록 지금은 '뻥'으로 밝혀졌지만, 한때 우리는 달에서도 보이는 유일한 인류의 건축물이 만리장성이라 믿은 적이 있었다. 발해만 연안의 산해관 山海关에서 시작해 간쑤성 서부 가욕관 嘉峪关까지 무려 2,700km에 걸쳐 단일한 목적하에 건설된 위대한 건축물들의 행진.

어떤 사람들은 만리장성을 황토고원에서 몸을 뒤틀며 승천하는 황룡에 비유했고, 어떤 이는 남아로 태어나 만리장성에 오르지 않고서야 사내대장부라 할 자격이 없다고 허튼소리를 치기도 했다.

중국인들의 세계 최대 콤플렉스 혹은 자부심의 근원인 만리장성의 역사는 지금으로부터 2,200여 년 전으로 거슬러 올라간다.

전국시대의 전란을 접고 중국을 최초로 통일한 진시황에게 북부의 흉노족은 큰 골칫거리였다. 중국 대륙을 통일한 마당에 북방민족이 뭐가 두렵겠냐고 생각할지 모르지만, 당시 흉노족의 주력은 기마병이었다. 반면 중국군의 주력은 보병. 당시의 기마병은 지금의 전투기와 탱크를 더한 개념의 기동성과 타격력이 있었다. 느려터진 보병 위주의 군 편제로 기마병과는 전쟁 자체가 불가능한 일방적인 게임이었다는 이야기.

게다가 진시황이 황제에 오른 직후 친 점에서도 오랑캐 胡가 제국의 가장 큰 위협이라는 점괘를 받는다. 결국 진시황은 특단의 정책을 펼친다. 과거 7국이 북방에 쌓았던 성들을 하나의 선으로 모두 이어버리는 작업을 단행한 것. 현재 우리가 보고 있는 만리장성은 이렇게 탄생했다.

즉 우리가 보는 웅장한 장성의 모습과 달리, 장성의 본질적 의미는 북방의 기마민족을 두려워하는 수세적이고 방어적인 군사전략의 일환이었다는 것.

이후 장성은 중국을 통일한 왕조의 성격에 따라 좌우되었다. 적극적인 정벌 사업을 펼친 한 漢·당 唐·원 元·청 淸(참고로 이중에 중국 한족들이 세운 왕조는 한 나라뿐이다) 왕조하에서 장성은 별 의미가 없었다. 당시 제국의 판도는 만리장성 바깥으로 뻗어가 있었기 때문이다. 하지만 소극적인 쇄국정책을 펴던 명 明나라 같은 경우는 왕조 기간 내내 몽골과 일본에 시달렸는데, 외국의 침입에 골머리를 앓던 명나라 황실의 선택은 그 옛날 진시황이 했던 해결방식과 똑같았다. 바로 장성을 재건해버린 것이다. 현재 우리가 보고 있는 산해관에서 가욕관에 이르는 장성 구간은 우리의 '믿음'과 달리 명대에 조성된 구간이다.

만리장성은 어떻게 살아남았을까?

인간의 건축물이 오랜 기간 보존되기란 쉬운 일이 아니다. 건물이란 오묘해서 조금만 인간의 손이 미치지 않으면 순식간에 폐허로 전락한다. 장장 2,700㎞에 달하는 장성은 어떻게 살아남았을까?

결론부터 말하자면 사실 우리가 보는 장성 구간의 건립연대는 최근 몇 십 년 사이라고 보는 것이 더 올바르다.

장성은 해당 지역에서 가장 흔한 재료를 쌓아 만들었다. 베이징 일대야 인구밀도가 높고 석자재가 흔하기 때문에 벽돌을 사용했지만,—장성 전 구간이 보는 바와 같은 오밀조밀한 벽돌 구간이 아니다—서부의 황량한 지대는 그저 흙을 쌓아올린 곳도, 심지어 흙과 퇴비, 짚을 쌓아올린 곳도 있다.

문제는 약 200년마다 건국했다 망하기를 반복하는 중국 왕조의 짧은 역사다. 왕조 교체기 20~50년은 엄청난 혼란기를 겪게 되는데 이때 장성은 구간에 따라 거의 흔적도 없이 사라지기를 반복했다.

벽돌 장성은 인근에서 사는 주민들이 집을 짓기 위해 벽돌을 빼썼으며, 흙과 퇴비, 짚을 반죽한 곳은 훌륭한 비료로 인근 농민들에 의해 허물어졌다.

최근에는 고대 장성 자체의 경제적 가치가 부각되며 멀쩡한 장성을 파내 팔아먹는 일까지 비일비재하게 벌어지고 있다. 결국 장성은 지금 이 순간까지도 끊임없이 파괴되고 재생되기를 반복하는 셈이다.

居庸关长城

거용관 장성 居庸关长城
쥐용관창청 | jū yōng guān cháng chéng ★★★

주소 北京市 昌平区 居庸关长城 전화 (010) 6977-1665 개방 4~10월 08:00~17:00, 11~3월 08:30~16:30 요금 45元 가는 방법 지하철 2호선 지수이탄역 A출구로 나와 진행반대방향으로 조금 걸으면 나오는 버스 정류장 德胜门西에서 버스 345·670·快速直达专线87路를 타고 沙河정류장에서 하차, 버스 昌68路로 갈아타고 居庸关정류장에서 내리면 된다. 또는 팔달령 장성이나 장릉에서 879路 버스가 연결된다. MAP p.18-A1

베이징 시내에서 가장 가까운 만리장성 구간으로 베이징 수비의 마지막 관문. 가장 유명한 만리장성 구간인 팔달령과 함께 당일치기로 둘러볼 수 있는 곳이다. 연경팔경의 하나인 거용관은 만리장성의 최초 건설자인 진시황 때 조성된 군사요새다. 건립 당시의 이름은 서관 西关. 당대 이후 거용관이라는 이름으로 불리기 시작했다. 베이징 북부에 우뚝 서 있는 옌산산맥 사이, 유일한 험로로 자리 잡고 있어서 역대의 병법가들은 이곳을 베이징의 숨통에 비유하기도 했다. 지켜야만 하는 한족 입장에서 이곳은 최후의 방어선이었고, 중원을 노리던 북방의 기마민족들에게 거용관은 넘어가야만 하는 최후의 관문이었다. 거용관의 핵심건물은 운대 云台라고 불리는 관문이다. 지금은 관문 한 채만 덜렁 서 있지만, 명대 이전에는 운대를 중심으로 좌우에 성벽이 늘어서 웅장함을 자랑했다고 한다.

현재의 건물은 원나라 순제 順帝 때인 1335년에 지어진 것이다. 원나라의 다문화적인 시스템을 반영하듯 운대 안쪽의 벽면에는 고대 인도어인 산스크리트·위구르·티베트·서하 문자가 새겨져 있어 상당히 인상적이다.

현재의 거용관 장성은 운대 남쪽 300m 지점에 있다. 경사가 상당히 가파른 편인데, 정상에 올라보면 거용관을 난공불락의 요새라 한 이유를 한눈에 간파할 수 있다. 산 정상으로 드세게 치고 나간 모양새여서 성장 자체의 아름다움은 떨어지는 편이다.

팔달령 장성 八达岭长城
바다링창청 | bā dá lǐng cháng chéng ★★★★★

주소 北京市 昌平区 八达岭长城 전화 (010) 6912-1358 홈페이지 www.badaling.gov.cn 개방 4~10월 08:00~16:30, 11~3월 08:30~16:00 요금 입장료 40元, 케이블카 편도 100元, 왕복 140元, 슬라이딩카 편도 80元, 왕복 100元 가는 방법 지하철 2·4·13호선 시즈먼역 A출구가 나가 지상으로 올라가면 베이징 북역이 나온다. 기차역 바깥에 있는 창구에서 팔달령행 기차표를 구입한다.(p237 참고) 예매가 안되다 보니 일찍 서두르는 수밖에 없다. 또는 지하철 2호선 지수이탄 积水潭역 A출구로 나와 차 진행 반대로 방향을 잡으면 버스정류장이 보인다. 이를 지나쳐 더 걸으면 덕승문이 보인다. 덕승문 왼쪽 방향, 뒤로 가면 팔달령 八达岭행 877路 버스가 모여 있다. MAP p.18-A1

중국의 국가대표 만리장성. 흔히 만리장성이라고 하면 팔달령을 지칭할 정도로 만리장성의 대명사 격인 장성이다.

팔달령 구간은 명나라 때 재건된 만리장성 구간이다. 몽골족의 대제국 원을 북방으로 쫓아내고 건설된 한족 국가 명 明은 집권 기간 내내 강력한 쇄국정책을 폈다. 북방의 몽골족은 호시탐탐 만리장성 이남을 노렸는데 심지어 명나라 정통제 영종은 1449년 몽골족을 통합한 오이라트에 져 포로 신세가 된 적도 있었다. 명대에 만리장성이 재건된 이유를 알 수 있는 대목이다.

팔달령을 둘러보자

2019년 6월부터 매일 6만 5천명이 되면 입장제한을 실시한다. 팔달령 장성 웹페이지에서 온라인 예약이 가능하지만, 중국 전화번호가 필수라 외국인 여행자에게는 그림의 떡인 상황이다. 주말이나 중국의 휴일 팔달령 장성을 무작정 방문하면 입장제한에 걸려 빈손으로 되돌아와야 할 수도 있다. 2019년 7월 하순 현재까지도 외국인 여행자를 위한 어떠한 대책도 수립되어 있지 않다.

877路 버스에서 내리면 바로 슬라이딩카 매표소가 나온다. 도보 장성을 오르려면 쇼핑 골목으로 들어가 직진하면 팔달령으로 통하는 차도가 나온다. 차도를 마주보고 왼쪽으로 직진하면 관성 关城. 팔달령 장성은 관성의 좌우로 봉황의 날개처럼 뻗어 있다. 관성을 마주보고 오른쪽 장성 구간은 북루 北楼 코스, 왼쪽 구간은 남루 南楼 코스라고 부른다. 추천 코스는 북루 구간이다. 북루 쪽에서 바라보는 전경이 전망도 더 좋거니와 사진 촬영을 할 때도 역광을 피할 수 있어 좋다.

각 방향의 가장 높은 누각까지 오르는 일은 결코 만만치 않아 꽤 많은 여행자들이 케이블카를 이용한다. 케이블카를 타려면 관성을 통과해 직진한 후 오른쪽 길로 가면 된다. 이정표가 제법 잘 되어 있는 편이니

알아두세요

팔달령장성으로 가는 대중교통 대탐구

버스 팔달령 장성을 직행으로 연결하는 877路(12元)버스가 생겼어요. 직행버스다 보니 운행시간이 제한적이고 좌석이 다 차야 출발하는 단점이 있지만 팔달령 장성이 목적인 여행자들에겐 유용한 노선이 아닐 수 없죠. 운행시간은 덕성문에서 4월 1일~11월 15일 06:00~21:30, 11월 16일~3월 31일 06:30~12:30에서 출발하고 팔달령 장성에선 4월 1일~11월 15일 10:30~17:00, 11월 16일~3월 31일 11:00~16:30입니다.

기차 지하철 시직먼 西直门역과 연결되는 베이징 북역에서 팔달령 장성행 기차가 출발합니다. 운행이 유동적이고 원하는 시간대 표를 구하는것도 쉽지않답니다. 운이 어느정도 따라줘야 해요. 팔달령 장성을 가기위해서는 옌칭 延庆행 열차를 타고 팔달령 八达岭에서 내리면 됩니다. 용경협을 가려면 종점인 옌칭에서 하차해 택시 등을 이용하면 되구요.

요금은 푹신한 의자인 란쭈어 软座 6元로 통일되어 있는데요. 좌석이 따로 정해져 있는것이 아니다 보니 사람이 붐비는 날이면 대륙인들의 힘을 느낄 수 있는 난리통이 일어나곤 합니다. 눈칫껏 미리미리 개찰구 쪽에 줄을 서, 개찰구가 열리면 좌석을 확보하는것이 관건. 팔달령역에서 내리면 팔달령 장성 입구까지는 도보 15분이면 연결이 가능합답니다.

베이징 북역에서 출발하는 팔달령행 주요 기차

	S201	S203	S205	S207	S209	S211	S213
출발시각	06:12	07:58	08:34	09:03	10:57	12:43	13:14
도착시각	07:30	09:19	09:43	10:14	12:11	14:00	14:23
소요시간	1시간 18분	1시간 21분	1시간 9분	1시간 11분	1시간 14분	1시간 17분	1시간 9분

Northern Beijing　北京 BEIJING

古北水镇

크게 헷갈릴 일은 없다.
케이블카를 이용해서 편안하게 올라가고 싶다면 서쪽 정류장 쪽으로 가야 한다. '케이블카 어디 있나요?'라는 뜻의 '숴다오 짜이날 索道在哪儿?'이라고 물어보자. 만약 동쪽 정류장에서 넘어간다면 길을 잘 찾아야 한다. 입장권을 내고 관성 안으로 들어가면 일이 꼬여버린다. 관성을 통과하는 차도를 따라 서쪽으로 넘어가야 함을 명심하자. 케이블카를 이용하는 경우, 팔달령 입장권은 장성 위로 올라가서 구입하면 된다.

부대시설들을 이용하자

만리장성의 대표주자이니만큼 소소한 볼거리들이 상당하다. 이중 가장 추천할 만한 곳은 바로 장성 영화관 八达岭长城全周影院. 360°의 원형 스크린을 통해 만리장성의 역사, 항공에서 촬영한 만리장성의 웅장한 모습을 관람할 수 있다. 상영시간은 17분 정도로 짧지만, 장성의 웅장함을 느끼기에는 충분하다.

또 하나의 볼거리는 장성박물관 长城博物馆. 만리장성을 쌓던 사람들의 모습, 전투의 전개방식 등을 모형으로 제작해놓았는데, 고대 전쟁사나 중국사에 관심이 있다면 제법 흥미롭다.

팔달령의 식당은 서쪽 정류장 주변에 몰려 있다. 노베이징자장면을 비롯해 구불리 바오쯔, 조선족 스타일의 한식당 경복궁 등이 대표적인 레스토랑이다. 숙소도 한 곳 있으니 장성에서 하룻밤 머물 예정의 여행자라면 이용해보자.

고북수진 古北水镇
구베이수이전 | gǔ běi shuǐ zhèn

주소 北京市 密云区 古北口镇 司马台村 전화 (010)8100-9999 홈페이지 www.wtown.com 개방 09:00~17:00(주간), 17:30~22:00(야간)

요금 150元(주간문표 50元, 야간문표 80元), 고북수진+사마대 장성 170元(16:30까지 입장) 가는 방법 지하철 2·13호선 둥즈먼 东直门역 B·E출구에서 직진, 횡단보도를 건너고 다음에 만나는 횡단보도에선 건너지 않고 왼쪽으로 꺾는다. 도보 10거리에 있는 시내버스 942, 855번의 종점인 동직문외 东直门外 (MAP p.14-A2)정류장에서 고북수진행 버스 古北水镇旅游专线(48元, 평일 9:00, 12:00, 15:30/ 주말 09:00, 12:00, 14:00, 15:30 출발)를 타고 2시간 정도 가면 된다. 출발 30분전에는 도착하는게 좋다.

MAP p.19-C1

돌아가는 방법 2호주차장 二号停车场에서 평일 12:00, 16:00, 21:00/ 주말 12:00, 16:00, 19:00, 21:00에 출발한다.

※개별적으로 가기 위해서는 당일 버스 표를 구입할 수 있어야 하는데, 어느정도 리스크는 감수해야한다는 단점이 있다. 그렇다보니 투어상품을 이용하는게 안정적인게 사실. 보통 중국인들을 위한 단체투어에 끼는 형식으로 진행된다. 투어는 교통편과 입장료만 제공하는 방식이고, 지정된 시간에 버스가 정차할 곳

으로 돌아오면 된다. 자유도가 높아서 이를 이용하는 한국인 여행자도 꽤 많은 편. 한국에서도 대행하는 웹사이트가 있다.

※참고로 고북수진은 주간과 야간 문표를 구분해서 구입할 수 있다. 즉 고북수진의 야경만을 감상하고 싶다면 17:30에 맞춰 매표소로 가면 된다.

근 20년 가까이 중국이 만들어낸 수많은 테마파크 중 가장 멋지다. 수향마을의 장점에 베이징 고거와 온천을 더하고 끝자락에 위치한 사마대 장성까지, 모든 것을 갖춘 멋진 공간이 만들어 졌다.

원래 이 마을의 이름은 구베이커우즌 古北口镇으로 사마대 장성 수비를 위한 군부대 주둔지였다. 만리장성은 진대에 만들어졌다고 하지만, 현재와 같은 모습으로 지어진 것은 명나라 시절의 일이다.

만리장성의 전 구간중 특히 중요했던 곳은 협곡 지형으로 베이징 방어에 유리했던 거용관장성부터 저 멀리 만리장성의 동쪽 끝이라는 산해관까지의 구간이다.

실제로 중일 전쟁 당시 일본군은 사마대 장성을 넘어오기 시작했고, 고북수진일대에서는 만리장성이라는 거대한 방어요새가 생긴이래 몇 안되는 처절한 전투가 벌어지기도 했다.

경제개발로 근교 여행이 활성화되면서 베이징 주변의 명승지들은 개발붐을 겪게 된다. 초기에는 그저 만리장성이나 찾던 사람들이, 점점 더 멀리갔고, 급기야는 엔터테인먼트 파크를 원했다.

고북수진은 이런 요구에 맞춰 건설된 일종의 역사 문화 테마파크다. 물길을 따라 조성된 작은 마을. 얼핏 강남의 수향을 연상케 하지만, 건물들은 모두 북방식으로 지어져, 약간은 환타지 세계에 온 듯 한 느낌이다.

마을 안에는, 골목 하나 하나, 정밀하게 계산된 풍경이 펼쳐진다. 마을은 물길을 따라 조성된 산책로, 마을 광장, 언덕위의 고택등의 테마에 따라 조성됐다. 마을은 거대한 상업시설이기도 한데, 마을 안에는 네 개의 부띠끄 호텔을 비롯해, 23개의 객잔, 그리고 50여곳의 레스토랑이 성업중이다.

사마대 장성의 경우 고북수진을 거쳐야 입장할 수 있게 됐다. 초기에는 고북수진의 입장료와 사마대 장성의 입장료를 모두 내야했지만, 지금은 사전 예약자에 한해 사마대 장성만 단독으로 오를수 있다. 하지만 이곳까지 가서 고북수진을 가지않을 이유는 없어 보인다. 이래저래 입장료가 많이 든다는 경제적인 이유만 제외하고는 말이다.

사마대 장성 马台长城
쓰마타이창청 | sī mǎ tái cháng chéng

개방 11~3월 08:00~17:00, 4~10월 08:00~18:00 **요금** 입장료 40元(예약시에만 가능), 고북수진+사마대 장성 통합표 150元, 관광차(여객중심~사마대장성 입구 10:00, 12:00 14:30, 하루 3편) 10元, 케이블 카 편도 90元, 왕복 160元 **가는 방법** 고북수진과 동일 MAP p.19-C1

사마대 장성이 고북수진 안으로 포함되며 분위기가 좀 요상해졌다. 고북수진 개업 초기에는 무조건 고북수진을 통해서만 사마대 장성으로 갈 수 있게 했으나, 중국내에서도 비난여론이 거세지자, 일부 완화. 현재는 고북수진 웹페이지를 통해 사전 예약을 하면, 정해진 시간(10:00, 12:00 14:30)에 한해서 사마대

Northern Beijing 北京 BEIJING

장성으로 직행 할 수 있다. https://goo.gl/j78nvp 에서 반드시 사전예약해야한다.
참고로 사마대 장성은 1일 1,200명으로 방문객을 제한하고 있고, 악천후 시에는 220명까지 하루 방문객이 제한될 수 있다.
베이징에서 북동쪽으로 120㎞. 베이징 시내에서 가장 먼, 하지만 가장 웅장한 장성. 팔달령 장성과 함께 명대에 재건된 장성 구간이지만, 깔끔하게 정돈된 팔달령과 달리 오랜 기간 비바람에 시달린 흔적이 완연하게 느껴진다.
개방되는 전체 구간의 길이는 약 5.5㎞로 장성 중간중간 경관 포인트로도 활용할 수 있는 약 35개의 반파된 성루가 여행자들을 반기고 있다.
장성이 놓인 산세 자체가 험한 편으로 장성 투어와 트래킹을 겸할 수도 있다. 깎아지른 듯한 절벽, 발아래에 흩어진 돌무더기는 그 자체로 뛰어난 그림. 호연지기의 극치를 느낄 수 있다. 물론 엄청나게 힘들다.
하늘을 향해 뻗어 오른 사마대 장성의 산세에 질렸다면, 처음부터 케이블카에 탑승하는 것도 고려해보자. 편안하게 앉아서 산정의 7부 능선까지는 올라갈 수 있다. 케이블카 하차 지점에서 정상인 망해루 望海楼까지는 천천히 가도 1시간. 이 정도면 누구라도 시도해볼 만하다. 내리막길의 경사는 만만치 않다. 관절이 약한 사람은 케이블카를 왕복으로 끊는 것이 현명하다.

용경협 龙庆峡
룽칭샤 | lóng qìng xiá

주소 北京市 延庆县 龙庆峡 전화 (010) 6919-1020 개방 08:00~17:00 요금 40元 (빙등제 기간 100元), 유람선 100元, 번지점프 150元 가는 방법 더성먼 德胜门 버스정류장에서 体育场小区 행 버스 919路를 타고 延庆南菜园정류장에서 하차 Y15路로 갈아타면 된다. 또는 더성먼에서 버스 919路를 타고 妫水北街南정류장에서 하차해 버스 875路로 갈아타고 龙庆峡정류장에서 하차 또는 베이징 북역에서 기차를 이용하는 것도 방법이다. 延庆역에서 내려 20㎞만 더 가면 된다. MAP p.18-A1

'베이징의 작은 구이린 桂林'이라는 별명으로 더 유명한 협곡 유원지로 시내에서 약 85㎞나 떨어져 있다. 수묵화 속의 풍경을 연상시키는 수려한 산세와 협곡 아래로 맑은(?) 물이 흘러 베이징에서 자연을 만끽하며 물놀이를 즐기기 가장 좋은 곳이다.
어차피 용경협 입장권만으로 할 수 있는 일은 거의 없다. 입장할 때 문표와 함께 유람선표 船票 정도는 같이 구입하도록 하자. 용경협 안으로 들어가서 5분만 걸으면 물을 가둔 댐이 보이고 한편에 거대한 용 모양의 에스컬레이터가 나온다. 노란색의 유치찬란한 용의 입으로 들어가 끝까지 올라가자.
에스컬레이터에서 내리면 바로 유람선 선착장. 사람이 차야 출발하는데, 성수기라면 10분 이상 기다릴 일은 없다. 유람선을 타는 시간은 약 20분 남짓. 돌아오는 길에 번지점프를 할 수 있는 곳에서 내려준다. 번지점프를 할 생각이 없다면 배에서 내리지 말 것. 배는 5분가량 정박했다 유람선 선착장으로 돌아간다.
만약 번지점프를 하기 위해 내렸다면 다시 배를 타기 위해서는 번지점프대가 있는 산을 넘어가야 한다. 내려줬던 선착장에서 머뭇거려봐야 산을 넘어가라는 매몰찬 중국어만 들릴 뿐이다.
1~2월에는 중국의 내로라하는 얼음 조각가들을 모두 모아 용경협을 하나의 거대한 얼음 궁전으로 변모시킨다.
살을 엘 정도의 칼바람이 몰아치긴 하지만, 설경과 얼음, 그리고 조명이 어우러진 일대 장관을 놓치기에는 너무 아깝다. 시간 여유가 되는 여행자라면 꼭 방문해보라고 권하고 싶다.

베이징 개요

Beijing

베이징, 알고 가자 :
베이징 기초 정보 260
베이징 일기 예보 262
베이징의 역사 264

여행 준비 :
여권 만들기 266
비자 만들기 267
정보 수집 268
환전 268
항공권 예약 269
여행 가방 꾸리기 270
사건·사고 대처 요령 271

Beijing

베이징, 알고 가자

무작정 떠나는 여행이 추세라지만, 베이징 같은 역사적인 도시는 무작정 보다는 '아는 만큼 보인다'는 말이 더 어울리는 곳이다. 베이징은 어떤 곳일까? 이제 차근차근 알아보자.

베이징 기초 정보

- **면적** 스위스 면적과 거의 비슷한 크기인 16,801㎢. 605㎢인 서울의 27.7배에 해당한다.
- **인구** 도심에만 850만, 교외의 인구까지 포괄하면 2,000만가량 된다.
- **인종** 한족 96%, 만주족 2%, 회족 2%, 몽골족 0.3%
- **문자** 한자 漢字
- **통화** 元, 위안이라고 읽는다. 2018년 12월 현재 1元 ≒163원에 해당한다.
- **시차** 우리나라보다 1시간 늦다. 즉 한국이 12:00라면 베이징은 11:00다.
- **전압** 220V, 50Hz로 한국의 전자제품도 사용이 가능하다. 한국과 달리 3구 소켓이 일반적인데, 대부분의 경우 한국의 220V 2구 플러그도 연결이 가능하다. 연결이 불가능하다면 호텔의 Concierge를 통해 전환 어댑터를 빌리자.
- **비디오 방식** 한국과는 다른 PAL 방식이다. 오래된 비디오 테이프 등을 구할 일이 있다면 한국과 같은 NTSC 방식인지 여부를 확인해야 한다. 중국의 DVD 타이틀은 문제없이 재생이 가능하다.
- **근무시간** 한국과 같이 주 5일 근무제가 일반적. 법정 근무시간은 한국보다 1시간 많은 하루 9시간. 점심시간이 13:00~14:00까지라는 것도 한국과는 약간 다른 점이다.
  중국의 전통적인 연휴는 원래 설날, 5월 1일 노동절, 10월 1일 국경절이었다. 하지만 2008년부터 전통문화 부활 정책에 따라 노동절과 국경절 연휴가 종전의 일주일에서 하루로 줄어들고, 대신 한국의 추석 격인 중추절이 연휴로 바뀌었다.
- **전화·인터넷** 전화와 인터넷 사정은 전반적으로 만족할 만한 수준. 모바일 폰의 보급률은 한국과 별 차이가 없다. 인터넷의 경우 속도는 한국에 비해 떨어진다.

국제전화 거는 법

- 중국 → 한국
  일반전화 사용 예) 010-1111-1111
  00(국제전화 식별 번호)
  + 82(한국 국가 번호)
  + 10(이동통신 식별번호 '010'이 아님을 명심하자. 만약 서울이라면 그냥 '2'만 누른다.)
  + 1111-1111(전화번호)

스마트 폰으로 인터넷 사용하기

스마트폰은 여행에 있어 옵션이 아닌 필수품이 되버렸다. 그도 그렇게 스마트폰 하나면 전화, 채팅, 인터넷 접속, 디지털지도 보기까지 모든게 가능해져 버렸다. 즉, 데이터 통신을 이용할 수 있다면 여행은 한결 편리해진다. 이제 그 비법을 살펴보자.

: 통신사 데이터 로밍 가장 간단한 방법이다. 자신이 가입한 이동통신사를 통해 데이터 로밍 서비스를 신청하는 방법이다. 공항에 각 이동통신사 로밍 카운터가 있고, 이를 통해 가입 할 수 있다.

: 포켓와이파이 임대 LTE나 3G데이터를 수신해, 와이파이 신호로 전환해 발신하는 장치다. 통신사 데이터 로밍보다 속도가 빠르고, 스마트폰 3~10대까지 인터넷을 공유할 수 있다. 가격도 통신사 로밍 서비스 보다는 싸다. 유일한 단점은 배터리 시간이 짧은 포켓와이파이로 인해 충전에 신경써야 하는 기계가 하나 더 생긴다는 것.

: 현지 심카드 구입 중국의 이통사중 중국연통 **中国联通** China Unicom을 통해, 심카드 이용이 가능하다. 우선, 웹사이트 shop.chinaunicom.com에 가입, 가격대별 상품을 결제한 후, 현지의 심카드 수령 장소를 지정하면, 정해진 시간에 찾아가 받을 수 있다. 단점은 공항 수령이 불가능하다는 점과 데이터 특화 상품이 없다는 것(쓸모없는 시내 통화가 따라온다.) 하지만 저렴한 가격으로 오래머무는 여행자들에겐 유용하다.

로밍 vs 포켓와이파이, 현지 심카드 비교
중국은 정치적 이유 혹은 검열의 용이함 때문에 외국계 SNS를 차단하고 있다. 그 덕에 포켓와이파이나, 심카드를 사용하면 트위터, 페이스북, 유튜브, 구글 지도를 포함한 모든 구글 서비스를 사용할 수 없다. 즉 SNS를 자주 이용한다면, 비싸도 로밍을 이용해야 한다.

알아두세요

스마트폰 베이징 앱

여행하면 떠오르는 필수 앱, 몇가지들이 중국에서는 무용지물이다. 그래서 베이징 여행에 도움을 주는 앱에 대한 정보도 남달라야 한다.

바이두 지도 百度地图 (무료/ iOS, ANDROID) 중국판 구글지도다. 한자로 되어있다는 난관만 극복해 낸다면, 중국 내에서는 구글지도보다 더 편리하다. 대중교통 안내 능력도 탁월하지만, 특히 내장 네비게이션은 그 어떤 상용 네비보다 성능이 좋다. ANDROID는 한국 마켓에서도 다운이 되지만, iOS의 경우는 한국 아이튠즈 스토어에 없기 때문에 미국이나 중국, 일본 계정이 있어야 다운 받을 수 있다.

위챗 WeChat 微信 (무료/ iOS, ANDROID) 중국판 카카오톡, 채팅앱으로 출발했지만, 현재는 전자 결제를 위한 가장 중요한 툴중 하나로 진화했다. 현재 한국에서 위챗 머니라고 불리는 전자거래를 위한 지갑을 직접 충전할 수 있는 방법은 없다. 하지만 위챗 머니 충전을 대행해주는 사이트가 있기 때문에 베이징에서 위챗을 이용할 수도 있다. 요즘 어떤 식당은 아예 종이 메뉴판을 제공하지 않고, 위챗의 큐알코드 인식기능을 이용해 디지털 메뉴를 제공하고 주문도 한다. 페이스북처럼 다른 서비스의 계정을 만들 때 연동시킬 수 있으므로 일단 위챗 계정을 만들어야 중국내 다른 서비스 계정을 만들기도 용이하다.

디디추씽 滴滴出行 (무료/ iOS, ANDROID) 중국판 카카오 택시앱인데 위챗, 알리페이를 통해 전자결제도 가능하다. 위챗 계정이 있으면 계정 연동기능을 이용해 쉽게 가입 할 수 있다. 현재는 우버 차이나도 합병, 중국에서 거의 지존급 시장점유율을 자랑한다. 현금으로 결제하는 경우 영업용 택시만 호출 할 수 있고, 우버류의 승용차들은 중국내 전자결제가 가능해야 한다. 중국도 콜 해놓고 다른차를 타는 경우가 많아, 기사들이 전화를 해서 확인하는데, 이 때문에 중국어를 1도 못한다면 사용하기 까다롭다. 초보여행자에겐 비추.

Beijing

베이징 일기 예보

대륙성 기후에 속하는 베이징은 우리나라와 같이 4계절을 갖고 있다. 단, 여름에 더 덥고 건조하며 겨울 또한 더 춥고 건조하다. 베이징 날씨의 가장 큰 특징은 강수량이 적어 일 년 내내 건조하다는 것과 봄·가을이면 불청객 황사가 발생, 온 세상을 뿌옇게 만든다는 것이다. 산과 강이 거의 없는 분지형태의 지형인 관계로 황사나 스모그가 발생하면 순환하지 못하고 가라앉아버린다. 즉 한국에서 하루쯤 지속되는 황사가 베이징에서는 이삼일 갈 수도 있다는 이야기. 최근 들어 황사가 사계절 예고 없이 찾아온다고 하니, 방문하는 시기에 황사 여부를 인터넷을 통해 미리미리 확인해두자.

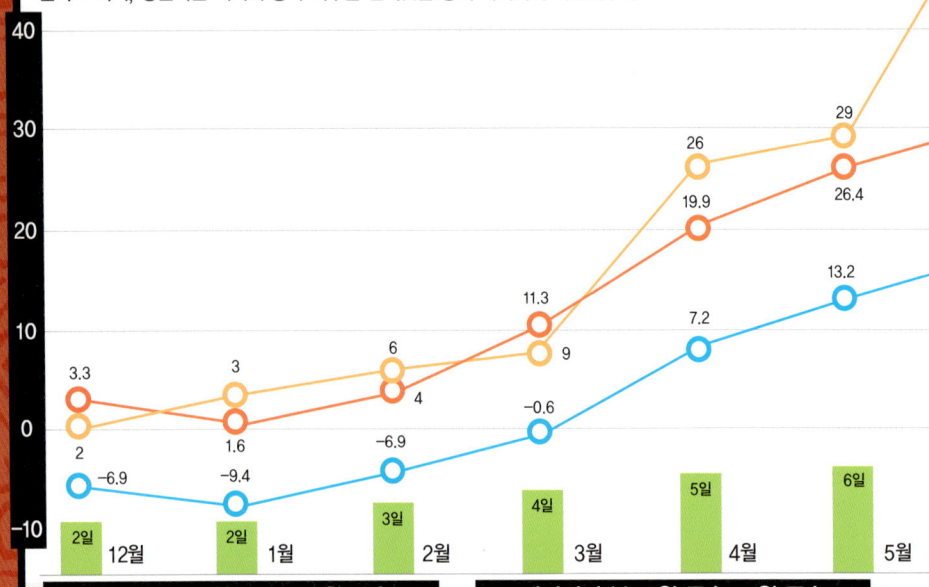

칼바람이 몰아치는 12~3월 중순

영하 10℃ 이하로 떨어지는 날이 반 이상. 서울 날씨보다 2~5℃ 정도 낮다고 보면 된다. 북해공원, 스차하이, 이화원의 곤명호 등 모든 호수들이 꽁꽁 얼어버린다. 이중 북해공원은 스케이트장으로 쓰이기도 한다. 1~2월에는 용경협에서 빙등제가 벌어지는데, 겨울철 최고의 볼거리로 손꼽힌다.

베이징의 봄, 3월 중순~5월 중순

3월 중순이 지나며 얼었던 얼음들이 녹기 시작한다. 3월말 목련을 시작으로 벚꽃, 개나리, 산수유가 연이어 피기 시작한다. 중산공원, 자죽원공원, 북해공원은 꽃들로 뒤덮이며 완연한 봄을 알린다. 하지만 베이징 여행 최고의 악당인 황사도 이때쯤 기승을 부린다. 혹시 모르니 방진 마스크 정도는 챙겨가는 것이 좋다.

베이징 축제

1월 1일 신정 元旦
음력 1월 1일부터 약 일주일간 설날 春节 축제, 불꽃놀이

4월 5일 청명절 清明节
5월 1일 노동절 劳动节
5월 31일 단오절 端午节

베이징 개요 / 北京 BEIJING

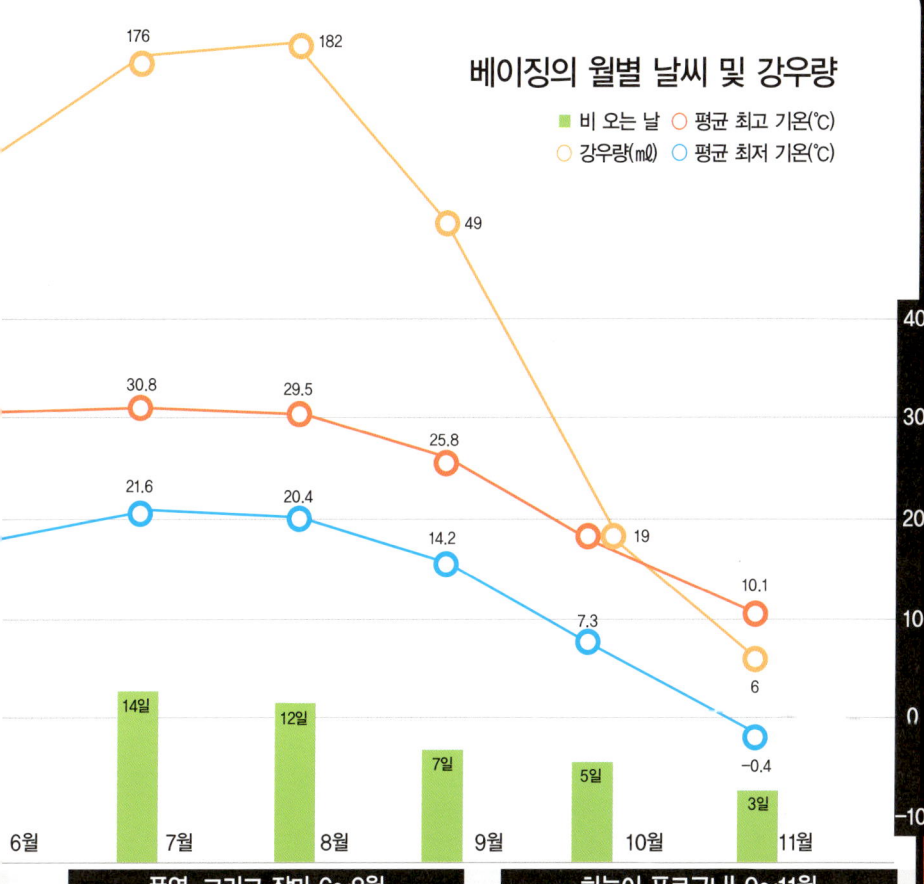

베이징의 월별 날씨 및 강우량

폭염, 그리고 장마 6~8월

6월이 시작되며 30℃를 넘는 날이 이어진다. 6월까지는 일교차가 있기 때문에 견딜 만하지만, 7~8월의 베이징은 폭염과 열대야, 그리고 눅눅한 장맛비가 어우러져 불쾌지수가 하늘 높은 줄 모르고 치솟는다. 체력적으로 가장 힘든 시기이니만큼 완급 조절에 신경을 쓰도록 하자.

하늘이 푸르구나! 9~11월

9월부터 아침 기온이 눈에 띄게 떨어지기 시작하며 완연한 가을 날씨가 시작된다. 간혹 몽골로부터 황사가 날아오긴 하지만, 전체적으로는 1년 중 가장 맑고 쾌청한 날씨, 파란 하늘을 보기 힘든 베이징에서 쨍한 날을 맞이할 수 있는 유일한 시기다. 10월이면 한국의 늦가을, 11월은 초겨울 날씨에 가깝다.

음력 8월 15일부터 약 5일간 추석 중추절 中秋节   10월 1일 국경절 国庆节

베이징의 역사

베이징원인을 시작으로 오늘날의 베이징이 있기까지의 과정을 짚어보도록 하자. 과거에서 현재를, 더 나아가 미래를 예측할 수 있기 때문이다.

'베이징에 언제부터 사람이 살았을까'라는 논쟁은 1933년 베이징원인이라는 원시 인류의 화석이 발견되면서 종지부를 찍었다. 최소한 50만 년 전부터 살았던, 이 원시인들에 대해 알려진 사실은 지극히 제한적이다. 당연하지만 그때에는 문자가 없었기 때문에 지금 우리가 알 수 있는 것은 발굴된 고고학적 유물로 당시를 유추해볼 뿐이다.

역사시대로 접어든 이후 베이징이 처음 등장하는 때는 주나라(B.C. 10세기~B.C. 256)시대. 이전 왕조였던 은을 멸망시킨 주 무왕 武王이 동생인 소공 김公을 연왕 燕王에 봉하면서부터다. 당시 연나라의 수도가 계 薊였는데, 바로 지금의 베이징이다.

연은 약 800년간 존속하다 B.C. 222년 중국의 통일을 앞둔 진나라에 의해 멸망한다. 멸망 직전 연나라의 태자 단 丹은 형가 荊軻라는 자객을 고용, 진왕정(후일의 진시황)을 암살하려 하지만 실패로 끝나고 결국 그 사건이 연나라의 명운을 재촉하게 된다. 참고로 2003년 개봉한 영화 〈영웅 英雄〉이 당시의 이야기를 모티프로 한 것이다.

진나라 이후 중국은 연이어 통일 왕조가 등장하며 계라는 명칭도 사라진다. 단지 지방 행정구역이 되어버린 베이징은 그저 변방의 군사도시로서의 역할만 수행할 뿐이었다.

하지만 755년 당나라의 절도사였던 안록산과 사사명의 난(안사의 난)이 베이징을 거점으로 발발하며 다시금 이 일대는 역사의 중심에 서게 된다. 안사의 난은 진압이 되었지만, 이후 당은 베이징 일대에 대한 지배력을 잃어버리고 중국은 다시 혼란기에 접어든다.

936년 거란족에 의해 세워진 요 遼나라가 베이징 일대를 점령하면서 베이징은 오늘날과 같은 모습의 기초를 닦는다. 요나라는 베이징을 남경 南京이라고 불렀는데, 이는 두 번째 수도였다는 의미이기도 했다. 이후 베이징에 들어서는 왕조들은 모두 베이징을 중시했다. 1125년 요를 멸망시킨 여진족의 금 金나라는 아예 수도를 오늘날의 베이징으로 옮기며 이름을 중도 中都로 고친다.

금은 다시 1215년 몽골인들이 세운 대제국 원나라에

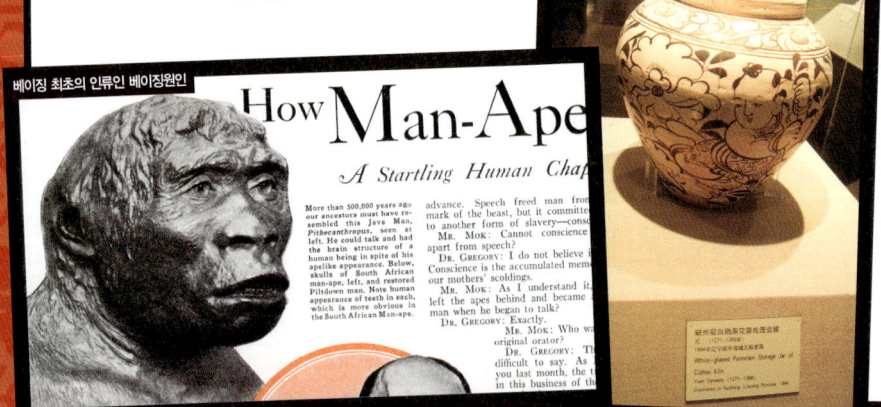

베이징 최초의 인류인 베이징원인

원나라때 만들어진 흑요 백자

의해 망하는데, 원나라 또한 베이징을 대도 大都(몽골어로는 칸발릭 Khanbaliq)라고 부르며 제국의 수도로 삼았다.

원대의 베이징 궁전 자리가 바로 오늘날 경산공원과 북해공원 일대. 즉 현재의 고궁보다 약간 북쪽에 있었다고 한다.

이 시기 위대한 여행자이자 탐험가로 불리는 마르코 폴로가 대도에 머물며 당시 도시의 모습, 궁정생활 등을 기행문 『동방견문록』에 자세히 남겨놓는다. 그의 기록에 따르면 대도의 인구는 약 120만 명. 마르코 폴로의 고향인 베네치아가 당시 인구 10만이 겨우 넘었을 시기이니 당시 대도가 얼마나 큰 도시였는지 짐작할 수 있다.

원대 이후로 베이징은 내내 수도의 위치를 구가한다. 원의 뒤를 이은 명나라는 1, 2대 황제 때 오늘날의 난징 南京에 수도를 두었을 뿐, 3대 영락제 이후 베이징으로 거점을 옮긴다. 오늘날 우리가 보고 있는 고궁 및 베이징 고성의 구획이 바로 이 시기 확립된다. 명의 뒤를 이은 청은 그저 궁정 건물 몇 개를 더했을 뿐이다.

하지만 19세기 이후 서양 세력이 본격적으로 중국에 침투하며 고도 베이징의 영광도 빛을 잃게 된다.

서양 군대는 1860년과 1900년 최소 두 차례에 걸쳐 베이징에서 군사작전을 감행했고, 세계 최대의 황실 정원으로 아름다움을 뽐내던 원명원과 이화원은 잿더미가 되기에 이른다. 당시 베이징은 악취가 진동하는 더러운 하천과 매음굴, 아편쟁이들의 소굴로 묘사되기에 이른다.

1911년 우한에서 시작된 군대의 봉기는 결국 신해혁명으로 발전하며, 2000년 역사의 황제제도가 종지부를 찍는다. 하지만 공화국 중국에 대한 민중들의 염원과는 달리 혁명파와 반혁명파의 치열한 접전이 시작된다. 베이징은 구체제의 상징처럼 여겨지게 되고, 이후 반 ¥독립적 상태에서 북방 군벌들의 경연장이 된다.

이미 중국 본토에 대한 야심을 드러내던 일본은 만주지방에 세워진 신생국가 만주국을 후원하며 남진, 베이징의 노구교에서 중화민국 정부와 국경선을 마주하게 된다.

1937년 노구교 사건을 계기로 일본군은 중국으로 침입한다. 베이징은 채 한 달도 못 버티고 일본군의 수중에 떨어지고 1945년 8월 일본이 패망하기 전까지 일제 치하의 굴욕적인 삶을 감내한다.

1945년 해방은 중국에 2차대전 승전국의 지위를 주었지만 기쁨도 잠시, 중국은 이내 국민당과 공산당간의 치열한 내전에 들어간다. 1948년 내전의 승자는 공산당이 되었고 그해 10월 베이징에서 중화인민공화국 창건을 선포, 오늘까지 공산당에 의한 지배체제가 이어지고 있다.

마지막 황제 푸이

신해혁명 당시를 그린 벽화

Beijing
여행 준비

여행의 진정한 시작은 여행을 준비하는 순간부터다. 여권 준비부터 항공권·호텔 예약, 일정 짜기, 환전 등의 과정을 거치며 베이징에 한발 다가가도록 하자. 혹자는 말한다. "여행을 준비하며 갖게 되는 설렘과 즐거움은 여행보다 더 값지다."

01_ 여권 만들기

여권이란 대한민국 정부가 외국으로 출국하는 국민들의 신분을 증명함과 동시에 외국에 여권 소지자에 대한 보호를 요청하는 공문서, 쉽게 말해 '해외용 주민등록증'이라고 보면 된다.

① 여권의 종류
사용 횟수에 따라 1회용인 단수여권, 정해진 기간 동안 무제한으로 사용할 수 있는 복수여권으로 나뉜다. 복수여권의 기한은 두 가지, 5년과 10년 기한이 있다. 10년 기한의 복수여권을 발급받는 것이 일반적이다.

② 여권 발급처
서울특별시 및 광역시 모든 구청 그리고 도청 소재지에는 모두 여권과가 설치되어 있다. 현재 한국에서 여권을 발급받을 수 있는 기관은 총 237곳에 이른다.

- 여권 발급처 확인
  http://www.0404.go.kr

③ 여권 발급 준비 서류
- **신분증 또는 운전 면허증** 학생증이나 사원증은 안 돼요!
- **여권용 컬러 사진** 찍는 법이 까다로워요. 꼭 사진관에서 찍으세요!
- **여권 발급 신청서** 여권과에 비치, passport.mofa.go.kr에서 다운로드 가능
- **국외여행 허가서** 25~30세 미만 병역 미필자만!
- **여권 인지대** 단수여권 20,000원, 10년 복수여권 53,000원, 연장할 경우 23,000원

알아두세요
25~30세의 군 미필자 여러분 여길 보세요

나라에 매인 몸인 여러분들은 민간인(?)과 달리 한 장의 서류가 더 필요합니다. 바로 병무청에서 발급해주는 국외여행허가서가 그것입니다. 예전에는 병무청을 직접 방문해야 했지만 요즘은 인터넷으로도 발급이 가능합니다.
병무청 사이트 www.mma.go.kr → 민원마당 → 민원 신청 → 국외여행·국외체재 민원으로 가서 국외여행허가서를 신청하세요. 특별한 문제가 없다면 2일 후 병무청 사이트를 통해 출력할 수 있습니다. 두 건의 서류가 발급되는데요. 이중 국외여행 허가서는 여권 발급 시, 국외여행 허가증명서는 출국 시, 인천공항 내의 병무청 출·입국 신고사무소에 제출해야 합니다.

02_ 비자 만들기

해외에서 한국인임을 증명해주는 것이 여권이라면, 비자는 해당국의 방문을 허락하는 일종의 입국 허가증이다. 많은 나라들과 비자 면제 협정이 되어 있지만 중국을 여행하기 위해서는 비자가 필요하다. 일반 비자 발급이 3박 4일, 주말등을 고려하면 1주일 이상은 소요된다. 여행떠나기전 미리 비자를 발급받는 게 좋다. 2013년 생긴 72시간 경유비자는 별도로 비자를 받을 필요 없이 공항에서 받을 수 있게 되었다.

① 비자의 종류
비자의 종류가 꽤 많은 편이다. 관광을 목적으로 하는 관광객들을 위한 관광비자(L), 유학생을 위한 유학비자(X), 그리고 거주자와 취업자들을 위한 장기체류비자(Z) 정도가 대표적이다.

② 비자 발급
최근 중국 비자 신청이 개선돼 중국 영사관에서 담당했던 중국비자 접수 및 발국처가 중국 비자 신청 서비스센터로 변경돼, 지정여행사 뿐만아니라 개인도 서비스센터에서 신청할수 있게 되었다. 여행사 수수료를 아낄수 있다. 방문전 웹사이트(http://www.visaforchina.org)를 통해 필요한 서류를 꼼꼼히 확인해야 한다. 중국 비자발급 서비스센터는 전국 4곳(서울스퀘어, 서울 남산스퀘어, 부산, 광주)에 위치해있다.

③ 비자 발급 서류(여행사에서 신청)
• 여권(유효기간 6개월 이상)
• 사진 1매(여권사진과 동일하지 않은 6개월 이내 촬영한 증명사진으로, 흰색 배경에 양쪽 귀가 모두 보여야 한다. 규정이 까다로우니 신청 전 검토 필수.)
• 비자 신청서
• 비자요금 비자수수료+여행사 대행료

④ 개인신청시 필요한 서류(비자 발급 서비스 센터에서 신청)
• 여권 & 여권사본(유효기간이 6개월 이상)
• 사진 1매(여권사진과 동일하지 않은 6개월 이내 촬영한 증명사진으로, 흰색 배경에 양쪽 귀가 모두 보여야 한다. 규정이 까다로우니 신청 전 검토 필수.)
• 비행기티켓(이티켓: 출국과 귀국 날짜, 여권상 본인 이름과 동일)
• 호텔바우처 또는 친구초청장(여권상 영문이름과 동일)
• 여행계획서(여행기간 내 일정 표시)
• 비자 신청서(비자발급 서비스 센디에 비치 또는 웹사이트에서 출력)

비자 발급 비용(비자발급 서비스 센터)

비자의 종류	보통 수수료(3박 4일)	급행 수수료(1박 2일)
단수 비자	55,000원	89,000원
더블 비자	73,000원	107,000원
6개월 복수비자	90,000원	124,000원
1년 복수비자	120,000원	154,000원
단체비자	25,000원	42,000원

Beijing

03_ 정보 수집

어떤 여행을 하느냐에 따라 정보의 종류나 양의 차이는 있겠지만 좋은 정보를 많이 가지고 있을수록 알찬 여행을 만들 수 있음은 당연한 일일 것이다. 자신의 스타일과 목적에 맞게 준비하도록 하자.

① 가이드북

처음 가는 해외에서 길잡이가 되어주는 책. 볼거리, 식당, 숙소 정보 등이 일목요연하게 나온 책이 좋다. 발간(개정) 시기와 정보의 다양성, 그리고 보기 쉬운 구성이야말로 가이드북의 3대 조건이다. 최근에는 저자들의 인터넷 사이트와 연동되는 가이드북이 많은데, 지면에 미처 다 싣지 못한 정보들로 채워졌다는 점에서 중시해볼 만한 사안이다.

〈베이징 프렌즈〉 공식 사이트 www.yeodok.blogspot.com

② 인터넷

다음과 네이버의 카페들이 활성화되어 있다. 약간 호들갑스럽고 가이드북 정보의 재탕인 경우도 많지만, 간혹 깜짝 놀랄 정도로 신선한 정보들도 보인다.
베이징 여행 추천 커뮤니티
- 북경유학생의 모임 cafe.daum.net/studentinbejing
- 중국여행동호회 cafe.daum.net/chinacommunity
- 중국정보공유카페 cafe.naver.com/zhcafe

③ 중국·베이징 관련 도서

학구파들에 좋은 방법. 베이징에 가서 바로 써먹을 수 있는 실용적인 내용보다는 베이징에 관해 좀 더 깊이 있는 생각을 하게 해준다. 시간만 허락한다면 깊이를 더하는 도서 한 권 정도는 독파하자. 시간이 안 된다면 가져가서 읽는 것도 방법. 물론 일정이 여유로워야 하겠지만.

- **베이징 이야기** 비록 1961년에 나온 책이지만 베이징의 역사, 문화, 사람, 자연 등 온갖 이야기를 들려준다. 베이징이라는 도시의 매력에 빠지고픈 사람에게 적합하다(저자 린위탕).
- **풍경** 중국의 대표적인 문인 루쉰, 캉유웨이, 치아오관화, 탄스퉁 등과 관련된 공간들을 방문하고 감상을 더했다. 문인들을 새롭게 자신의 시각으로 바라본다(저자 천광중).
- **중국인의 상술** 현실의 중국을 조금이라도 가깝게 느낄 수 있게 해주는 책. 중국에 대해 좀 더 알고 싶은 사람들은 도전해보자(저자 강효백).

04_ 환전

환전할 금액을 결정하기 위해서는 현찰과 신용카드의 사용 비율을 정하는 것이 기본이다. 중국에서 신용카드를 사용할 수 있는 곳이 늘어나고 있는 추세이기는 하지만 아직도 가맹점 수 자체가 적은 편이고, 신용카드 범죄율도 높아 비상용으로 챙기되 고급 레스토랑, 쇼핑센터에서만 사용하는 것이 좋다. 게다가 2%의 해외 수수료가 별도로 추가되기 때문에 현찰에 비해 싸다고는 할 수 없다. 그렇기 때문에 베이징 현지에서 쓸 중국 돈은 미리미리 환전해놓는 것이 좋다. 중국 元화의 환전 방법은 크게 두 가지. 한국에서 아예 중국 元화를 바꾸어 가는 방법과 한국에서 US$화로 환전한 후, 중국 현지에서 다시 元화로 환전하는 방법이 그것.
2017년 1월의 환율을 대입했을 때, 한국 돈 10만원을 중국 元화로 바로 바꿀 경우 약 535元이고, US$로 바꾼 후 현지에서 중국 元화로 재환전하면 약 562元을 손에 쥘 수 있게 된다. 즉 10만원을 환전했을 때, 방법에 따라 최고 4,717원정도의 차이가 난다는 이야기.
참고로 위의 계산법은 가장 환율이 좋은 곳을 기준으로 했음을 밝혀둔다. 전체적으로 공항의 환전소보다는 시중 은행의 환율이 좋다. 특정 신용카드 이용자의 경우 환전 수수료 할인이나 여행자 보험 무료가입 등의 혜택이 있다. 각자 가입 신용카드 회사에 문의해 유무를 확인해보자.

05_ 항공권 예약

항공권을 얼마나 저렴하게 구입할 수 있느냐가 알뜰 여행 성공의 절반을 차지한다. 거침없는 마우스 드리블과 핸드폰 신공, 꾸준한 발품이야말로 저렴한 항공권을 구하는 필수조건.

① 성수기는 피하자
항공권은 기차표나 버스표와 달리 정가가 없다. 특히 성수기와 비수기의 요금은 20~40%나 차이가 난다. 일반적으로 여름방학, 구정·추석 연휴, 크리스마스와 연말연시는 언제나 성수기 기간으로 분류된다. 성수기에는 여행자들이 몰리기 때문에 예약도 가급적 일찍 하는 것이 좋다.

② 공동 구매와 깜짝 세일을 노려보자
수시로 여행 커뮤니티나 주요 할인 항공권 사이트를 체크하자. 간혹 공동구매나 깜짝 세일 항공권이 두둥~ 하고 떠오르곤 한다.

③ 항공편을 결정하자
국적기인 대한항공이나 아시아나항공보다는 중국 항공사인 중국동방항공이나 중국국제항공, 중국남방 항공이 저렴하다. 단 저렴한 대신 서비스가 선제적으로 떨어진다는 평이다.

④ Tax에 유의하라
9.11 이후 전쟁 보험료가 추가되고 최근에는 기름값 인상으로 인한 유류할증료까지 추가되면서 20만원 상당의 세금이 추가되곤 한다. 일반적으로 고시되는 항공권 가격에는 Tax는 포함되어 있지 않다. Tax를 포함한 항공권 가격을 비교하도록 하자.

⑤ 일정이 좋은 항공권으로 선택하자
일정이 좋은 항공권으로 선택하도록 하자. 돌아오는 시간이 밤 12시 이후의 항공권이라면 2박 3일 일정이라도 3박과 동일할 수 있다.

알아두세요

항공권의 새로운 트랜드, 전자 티켓 E-Ticket

최근에는 전자티켓이 종이항공권을 급격히 대체, 종이항공권을 과거의 유물로 만들고 있습니다. 사실 종이항공권의 경우, 항공권을 반드시 보관해야 하고, 분실했을 경우 3~5만원 상당의 수수료를 내야 했는데요, 전자티켓이 나오면서 이런 우려가 싹~ 사라졌습니다. 메일로 티켓을 받고, 자유롭게 출력할 수 있기 때문에 분실의 위험은 아예 없어진 셈입니다.

베이징행 항공권을 전문으로 취급하는 여행사

- **인터파크**
  문의 (02)1588-3444, tour.interpark.com
- **BIE 여행사**
  문의 (02)733-1616, www.bie.co.kr
- **넥스투어**
  문의 (02)2222-7800, www.nextour.co.kr
- **투어익스프레스**
  문의 (02)2022-6500, www.tourexpress.com
- **와이페이모어**
  문의 (02)1577-1245, www.whypaymore.co.kr
- **온라인 투어**
  문의 (02)3705-8282, www.onlinetour.co.kr

Beijing

06_ 여행 가방 꾸리기

여행이 즐겁기를 바란다면 가장 먼저 짐이 가벼워야 하는 법. 아무리 중요할 것 같은 아이템도 막상 여행을 가보면 별 소용이 없을 때가 더 많다. 기본적으로 갈아입을 옷과 속옷, 카메라 등 꼭 필요한 것들만 챙기면 된다.

① 나는 배낭족일까, 트렁크족일까?

베이징 여행을 마치고 중국 전역을 돌 계획이 아니라면 트렁크 사용이 일반적이다. 일정이 짧다면 작은 배낭 하나만 둘러메고 가는 것도 방법. 단, 베이징에서의 쇼핑을 염두에 둔다면 넉넉한 사이즈의 가방을 가져가는 것이 좋다.

② 여행 복장

한국에서 입던 옷을 좀 더 보강하면 된다. 대기오염으로 금방 때가 타, 반나절이면 색깔이 우중충해져 버리니 흰색 옷은 피하는 것이 좋다. 겨울이라면 내복은 기본.
요즘 같은 세상에 내복이 웬 말이냐고 할지 모르겠지만 베이징의 겨울은 정말 혹독하다. 이런 추위 때문에 내복 시장 규모가 얼마나 큰지 내복 광고에 홍콩의 슈퍼스타 유덕화가 등장할 정도다.

③ 화장품

샘플 또는 면세점에서 구입한 화장품을 쓰는 경우가 다반사. 자외선 차단제는 잊지 말고 챙기자.

기본 준비물

품목	내용
여권	없으면 못 나간다. 다 싼 짐도 확인하자.
항공권	없으면 비행기 못 탄다. 전자티켓이라면 여러 장 출력해놓는 것도 방법.
여행 경비	두둑한 현금과 비상용 카드는 여행 준비의 센스.
의류	상의·하의, 양말, 속옷 등 빠짐없이 챙겼는지 확인하자.
가이드북	없으면 어디가 맛집인지, 여기가 어딘지 파악이 안 된다.
디지털 카메라	카메라, 충전기 세트, 넉넉한 메모리는 필수.
비상 약품	감기약, 진통제, 소화제, 설사약, 밴드 정도가 적당하다.
세면도구	호텔에서 제공하는 제품들은 싸구려 저질 제품이 대다수다.

알아두세요

여행자보험에 가입하세요!

아직도 많은 사람들이 대수롭지 않게 생각하는 여행자보험. 일부는 보험료가 아까워 가입을 망설이는 경우도 있는데요. 막상 현지에서 사고가 나면 땅을 치고 후회하게 됩니다. 최근에는 항공권 구입이나 환전 시에도 무료 여행자보험이 따라오기도 합니다.
참고로 여행자보험은 여행사, 시중 유명 보험사의 대리점, 공항에서 가입할 수 있습니다. 보험의 종류에 따라 사망 시, 질병 재해 시, 물건 분실 시 등 보험금의 한도가 제각각입니다.
아무래도 여행이니만큼 사망할 확률보다는 물건을 잃을 확률이 더 높지 않을까요?

07_사건·사고 대처 요령

여행과 사건·사고는 언제나 붙어다닌다. 문제 없이 무사히 여행을 마칠 수 있다면 좋겠지만, 언제나 뜻대로 되지 않는 것이 바로 인생이다. 대처법을 알아두자.

① 몸이 아파요

여행지에서 가장 흔하게 발생하는 병이 설사와 감기다. 기름기가 많은 음식들과 낯선 환경이 주원인. 물은 꼭 생수를 먹도록 하자. 또한 빠듯한 일정으로 인해 몸살이 나는 경우도 많다.

항상 자신의 몸 상태를 체크해 타국에서의 병원 신세를 면하도록 노력해야 한다. 기본적인 잔병은 가져간 비상약을 이용하고 심각한 이상 징후가 나타나면 곧장 큰 병원으로 직행하자.

외국인 전용병동 MAP p.5-B1

1. 베이징국제여행위생보건중심
   北京国际旅行卫生保健中心
   - 주소 北京市 东城区 和平里北街 20-1号
   - 전화 (010)6427-4240

2. SK아이캉 병원 MAP p.14-B2
   - 주소 北京市 朝阳区 水碓子东路 11号
   - 전화 (010)8596-1677

증상을 표현하는 기본적인 단어

의미	한자
열이 나요	发高烧
콧물이 흘러요	流鼻涕
기침이 나요	咳嗽
오한이 나요	发冷
알레르기가 있어요	过敏
구토가 나요	呕吐
더위를 먹었어요	中暑
설사가 나요	拉肚
이 근처에 약국이 어디 있나요?	这附近有药店吗?
이 근처에 병원이 어디 있나요?	这附近有医院吗?

② 도난과 분실

우리나라보다 치안이 좋지 않은 중국에서 특히나 신경 써야 할 트러블. 지하철이나 야시장과 같이 사람 이 북적이는 곳에서는 항상 주의해야 한다. 물론 도미토리나 민박같이 오픈된 곳에 투숙한다면 소지품 관리에 신경써야 한다.

여권 분실

중국에서 여권을 분실하면 정말 사태가 복잡해진다. 주무 부서인 공안국은 공안국대로 시간을 끌어 대고, 대사관은 행여나 여권을 어딘가로 팔아버린 것이 아닌가 하는 의혹의 눈초리를 거두지 않기 때문이다. 무엇보다 재발급받는 데 최소 15일가량이 소요되고, 이 기간 동안 꼼짝없이 베이징에 갇혀 있어야 한다. 주의를 기울였음에도 여권을 분실했다면 다음과 같이 해야 한다.

① 분실한 지역의 관할 공안국에 신고해, 분실 도난 증명서 纷失·盗难证明书를 받는다.
② 대한민국 주재 영사관에 여권 분실 신고를 해야 한다. 여권용 사진 3장이 필요하다.
③ 머무는 숙소에서 발급해주는 숙박증명서와 ①을 들고 베이징 공안국 출입경관리처 公安局 出入境管理处에 별도의 분실신고를 해야 한다.
④ ③에서 받은 서류를 들고 다시 영사관으로 간다. 베이징에서 바로 한국으로 가는 일정이라면 하루 만에 발급되는 여행증명서를, 베이징 이후 다른 나라로 이동해야 한다면 일주일 정도 소요되는 여권을 재발급해야 한다.
⑤ 재발급받은 여행증명서 or 여권을 들고 다시 공안국 출입경관리처로 가서 비자를 신청한다.

베이징 주재 대한민국 대사관 영사부 MAP p.14-A2
- 주소 北京市 朝阳区 亮马桥 北小街 7号
- 전화 (010)8532-0404
- 홈페이지 http://chn.mofa.go.kr
- 운영 월~금 09:00~11:00, 14:00~17:00
- 가는 방법 지하철 2·13호선 둥즈먼 东直门역 C출구에서 택시로 기본 요금

Beijing

공안국 출입국관리처 MAP p.7 - C1
- 주소 北京市 东城区 安定门内东大街 2号
- 전화 (010)8401-5300
- 운영 월~토 08:30~16:30
- 가는 방법 지하철 2호선 융허궁 雍和宫역 하차, 도보 15~20분

외환은행 왕징 분점 MAP p.14 - B1 또는 MAP p.15 - C2
- 주소 北京市 朝阳区 望京街 望京国际商业中心 A212-213
- 전화 (010)5920-3780
- 가는 방법 华堂商场 2층으로 가면 된다.

항공권 분실

전자티켓이라면 걱정하지 않아도 된다. 메일함을 열고 전송받은 전자티켓을 찾아 재출력하면 끝이기 때문. 하지만 종이 티켓이라면 제법 복잡해진다. 반나절쯤 걸리는 분실·도난 신고서 발급이 완료되면 해당 항공사를 찾아가 재발급 요청을 해야 한다. 문제는 시간. 항공권이 재발급되는 3~7일 동안 베이징 내 체제비가 항공권 값을 초월한다.
슬프지만 베이징에서 한국행 편도 항공권을 구입해서 귀국하는 방법이 현실적이다. 가급적 전자티켓 발행이 가능한 항공사를 이용하라는 이야기.

신용 카드 분실·도난

카드가 없어진 것을 확인하는 즉시, 한국의 카드회사로 전화를 걸어 카드를 정지시켜야 한다. 잠시 잠깐의 지체가 다음 달 카드 고지서에 막대한 영향을 끼친다는 사실을 잊지 말자.

신용카드 분실 연락처
- 국민카드 0082-1588-1688
- 비씨카드 0082-2-330-5701
- 삼성카드 0082-2-2000-8100
- LG카드 0082-1544-7200
- 신한카드 0082-1544-8877
- 하나카드 0082-42-600-4055
- 시티은행 0082-1566-1000

현금 분실·도난

현금은 원칙적으로 보상받을 길이 없다. 카드를 소지하고 있다면 카드를 통해 비상금 인출이 가능하지만, 카드마저 없다면 송금받는 수밖에 없다. 2008년 외환은행이 중국의 공상은행과 제휴해 元화 송금 및 중국 계좌개설 서비스를 시작했다. 즉 元화 송금과 동시에 중국 계좌가 개설돼 현금인출기를 통해 위안화를 찾을 수 있게 된 것.

외환은행 베이징 지점 MAP p.13 - C1
- 주소 北京市 东城区 建国门大街 恒基中心 2座 510号
- 전화 (010)6518-3101
- 가는 방법 베이징역 앞 국제호텔 건너편에 있는 파란색 유리로 된 시계탑이 있는 핸더슨 센터 恒基中心 5층에 있다.

소지품 분실·도난

여행자보험 가입자의 경우, 우선 관할지역 공안국에 가서 분실·도난 증명서 纷失·盗难证明书를 받는다. 소지품 분실의 경우 분실·도난 증명서의 작성은 상당히 까다롭다. 잃어버린 물건의 구체적인 브랜드, 모델명을 언급하는 건 아주 중요하다.
본인의 부주의에 의한 분실이라면 보험금 보상을 받을 수 없거나 있어도 미미한 수준. 하지만 타의에 의한 도난임을 입증할 수 있다면, 보험금 한도에 따른 충실한 보상을 받을 수 있다. 사실 10분이면 끝날 일이지만, 공안들은 하루고 이틀이고 시간을 끄는 게 보통이다. 중국에서는 가급적 관청 갈 일을 안 만드는 것이 상책이다.

Travel Plus

베이징 그리고 미세먼지

몽골에서 불어온 모래먼지는 중국의 화북지방, 베이징을 거쳐 서해를 넘어 한국으로 넘어온다. 덕분에 중국은 건강을 생각하는 이들에게 기피지역이 되고있다.

중국의 화북지방은 송대 이후로 석탄 산지로 이름을 날리고 있다. 이 덕에 중국 요리는 튀기고 볶는 요리가 발달 할 수 있었으며 비교적 이른 시기 베이징의 집들은 난방이란 걸 할 수 있었다. 더욱이 석탄은 현대에 들어와 전기 발전을 위한 필수품. 이러다보니 베이징 서쪽과 남쪽은 엄청난 석탄산지이자 중화학 공업단지, 그리고 전기 발전지역에 속한다.

상황이 이렇다보니 베이징 북부 허베이성 河北省이 중국내 최악의 오염지대 1~3위를 석권하는 상황. 2014년 중국 환경보호부가 밝힌 중국 내 74개 도시 연평균 초미세 먼지 농도 1위인 허베이성 싱타이시 邢台市(155.2μg/m³)가 베이징에서 차로 네 시간, 2위인 허베이성의 스좌장시 石家庄市(148μg/m³)가 베이징에서 차로 3시간 20분 거리, 3위인 바오딩시 保定市(148.5μg/m³)는 두시간 거리에 불과하다. 즉 베이징은 동서남북으로 중국 최악의 오염지대에 포위되어 있는 형국, 여기에 바다가 없고 분지인 베이징의 지형상 한번 유입된 오염물질은 어지간해서는 빠져나가지 않고 고여버린다는 점도 간과할 수 없다.

이제 봄, 가을이라는 황사와 결합된 미세먼지 발현이라는 공식은 무의미하다. 그나마 장기예측이 가능한 황사에 비해 미세먼지는 5~6일 전 예측만 가능하기 때문에, 미세먼지 발생을 예측하고, 이 시기를 피해 여행을 계획하는 것도 사실 불가능에 가깝다.

불과 몇년 전 만해도 많은 베이징 시민들이 황사마스크를 쓰고 베이징 시내를 활보하는 일부 서양인이나 일본인을 보면 별스럽다고 비난 했으나, 현재는 대기오염 수치를 참고하고 스스로 황사 마스크로 무장하는 중국인들이 급증하는 추세다.

미세먼지 상황을 파악하자

미세먼지는 도둑과 같이 온다. 일단 외국인인 우리 입장에서 미세먼지 상황을 파악하기 가장 좋은 방법은, 인터넷을 활용하는 것이다. aqicn.org/map/kr은 미세먼지와 관련해 가장 많은 정보를 직관적으로 보여주는 사이트다.

미세먼지 전용 마스크 착용 필수!

www3.nhk.or.jp/news/taiki는 일본 NHK에서 운영하는 사이트인데, 미세먼지의 전파 경로 예측 모델을 보여주는 사이트. 최대 6일 후까지의 미세먼지 경로를 예측해주는데, 적중률이 상당히 높은 편이다.

마스크 고르기

한국에서 마스크를 사간다면 KF 등급을 체크해두자. 황사-미세먼지 전용 마스크의 경우 KF80과 94를 일반적으로 쓴다. KF80의 경우 PM2.5이하의 초미세먼지를 80%까지 막아준다는 의미, 당연히 94는 94%까지 막아준다는 의미. 중국 여행시에는 KF94가 적당하다.

3M에서 나오는 9002V KN90모델은 PM2.5의 초미세 먼지를 90%까지 막아줄 수 있는데, 숨 쉴때 갑갑함을 덜어주는 배기 밸브가 장착되어 있어 마스크 특유의 답답함이 조금 덜한 편이다. 이 모델의 경우, 한국은 물론 중국에서도 동일한 모델을 구할 수 있는데, 가격은 한국이 조금 더 저렴하다.

베이징 숙소

Beijing
Hotel

베이징 숙소에 대해 알고 싶은 몇 가지 :
베이징 숙소의 종류 276
호텔 이용법 277
주요 호텔 279

Hotel

베이징 숙소에 대해 알고 싶은 몇 가지

in Beijing

베이징의 숙소는 정말 다양하다
12억 인구 대국의 수도이자 행정의 중심지이다 보니 유동 인구가 엄청나다. 가난뱅이 여행자들을 위한 유스호스텔, 게스트 하우스부터 비즈니스 여행자들을 위한 비즈니스 호텔, 으리으리함의 대명사인 5성 호텔까지 베이징의 숙소는 예산에 따라 선택할 수 있는 다양한 등급이 마련되어 있다.

위치가 중요하다
서울의 27배가 넘는 베이징의 면적을 생각했을 때, 짧은 일정의 여행자들에게 숙소의 위치는 매우 중요하다. 보통 시중심에 숙소를 잡는게 유리하다고 생각하는데, 공항과 만리장성이 동북쪽에 위치하고 있다는걸 감안하자. 오가는데 들어가는 시간을 많이 절약할 수 있다.

호텔 예약 할인 사이트를 이용하자
호텔은 설비와 안락함뿐 아니라 가격으로도 경쟁을 한다. 이 때문에 실제 시장가격과 고시 가격 사이에는 상당한 차이가 있다.
어느 정도 수준이 있는 호텔을 이용한다면 호텔 예약 사이트를 활용하는 것은 기본.
유스호스텔이나 게스트 하우스는 원체 가격이 저렴하게 책정된 탓에 호텔 예약 할인 사이트를 이용해도 별다른 할인 폭이 없다.
〈베이징 프렌즈〉는 고급호텔 가격을 이중으로 기재했다. 먼저 고시 가격을 적고, 괄호 안에 비수기, 호텔 예약 할인 사이트 최저가를 적었다. 특별한 일이 없는 한 고시 가격과 최저가 사이에서 가격이 책정될 것으로 예상됨을 밝힌다.

완공·리모델링 연도를 파악하자
중국의 숙소들은 한번 지어놓고 통 신경을 안 쓰는 경우가 많다. 또 건축 기법 자체가 한국에 비해 뒤떨어진 탓에 건물 노후화가 엄청난 속도로 진행된다. 이런 이유로 너무 오래되었거나 최근 들어 리모델링한 곳에 대해서는 본문에 따로 언급했다. 최근에 지었거나 리모델링한 숙소의 요금이 조금 더 비싸다.

베이징 숙소의 종류

유스호스텔 Youth Hostel
青年旅舍
5~6년 전만 해도 베이징은 물론 중국 전역에서도 유스호스텔을 찾기란 하늘의 별 따기였다. 하지만 최근 들어 중국 젊은이들 사이에 국내 여행 붐이 일며 유스호스텔 건설은 그야말로 전성기다. 현재 베이징에서 성업 중인 유스호스텔만 무려 20여 곳이다.
유스호스텔 최고의 장점은 바로 도미토리의 존재. 배낭여행자이거나 예산이 넉넉지 않다면 베이징에서 이 보다 더 좋은 곳은 없다. 배낭여행자 취향의 각종 투어 프로그램이나 세탁실과 같은 실용적인 설비는 유스호스텔에서만 만날 수 있는 장점이다.

한인 민박

공식적인 숙소는 아니지만, 한국인 여행자들은 즐겨 찾는다. 아무래도 말이 통하는 데다 인터넷 사용이나 한국으로의 무료 전화, 아침 제공과 같은 따라오는 옵션들이 꽤나 매력적이기 때문이다.
하지만 공식 숙소가 아닌 관계로 도난 사건 발생 시 신고 자체가 불가능하다는 것과 일제 단속 시 주인장의 친척으로 위장해야 한다는 점은 결정적인 단점이다. 실제로 적용된 경우는 거의 없지만 원칙적으로 비인가 숙소에 머물 경우 숙박업자는 물론 투숙객까지 처벌받을 수도 있다.
한국인이 운영하는 민박보다 조선족이 운영하는 민박이 사건 사고가 더 많은 편이라는 사실도 잊지 말자.

중급호텔 Mid Range Hotel

별 2~3개 호텔이 여기에 속한다. 한국의 관광호텔에 비해 객실이 상대적으로 널찍한 편이다. 부설 식당, 비즈니스 센터 정도의 기본적인 부대시설을 갖추고 있다. 최근에는 체인점 형식의 중급 호텔들이 늘고 있는데, 상대적으로 저렴하고 깨끗하기 때문에 중국인 비즈니스 여행자들도 즐겨 찾는다.
1~2년 사이 Lan이 깔려 있는 업소들이 늘고 있다. 요금은 300~500元 수준이다.

고급 호텔 Expensive Hotel

통상적으로 4성급 호텔을 의미한다. 수영장, 헬스클럽과 3~4개의 레스토랑을 부대시설로 운영하는 것이 특징. 특급 호텔만 찾는 럭셔리한 여행자가 아니라면 안성맞춤인 호텔들로 600~1,000元 정도에 숙박이 가능하다.

최고급 호텔 Prestige Hotel

한마디로 럭셔리한 호텔이다. 최고의 전망과 최고의 시설은 물론 나무랄 것 없는 서비스까지 그 값어치를 톡톡히 한다. 초현대풍의 페닌슐라 호텔, 중후한 멋의 샹그릴라 호텔과 쉐라톤 등 외국계 호텔들이 상대적으로 강세를 보이고 있다. 1박에 최소 1,500元은 예상해야 한다.

호텔 이용법

굳이 호텔 이용법까지 설명할 필요가 있을까 하겠지만, 의외로 리셉션에서 우왕좌왕하는 여행자들이 많다. 자, 아래의 과정을 숙지, 국제적인 감각의 세련된 여행자로 변신해보자.

1 호텔 예약

베이징은 늘 붐비는 도시. 유스호스텔이나 민박도 가급적 예약을 하는 것이 좋다. 호텔이라면 당연히 예약은 필수. 호텔 홈페이지를 통하는 것보다 호텔 예약 할인 사이트를 이용하는 게 할인 폭이 더 크다.
호텔을 예약하게 되면 바우처라는 걸 발행하는데, 일종의 예약증서.
여행사나 호텔 예약 사이트마다 바우처를 발행하는 방식은 다르지만, 호텔에서 체크인할 때 예약자 확인을 위해 필요하니 반드시 챙겨두어야 한다.

2 체크인

호텔은 원칙적으로 체크인 시간을 14:00로 정하고 있는데, 그 이유는 체크아웃한 방을 청소하고 새롭게 단장하는 시간이 필요하기 때문이다. 만약 오전 일찍 체크인할 경우라면, 호텔에 사전에 문의하자. 필요한 객실을 미리 청소해주기도 한다.
체크인을 위해서는 가장 먼저 호텔 로비 한쪽에 있

는 체크인 카운터로 간다. 그곳에서 호텔 예약을 증명하는 바우처를 제시하면 전산 입력이 이루어진다. 체크인할 때는 투숙객의 신분과 입국사항을 기재해야 하는데, 영문으로 본인 이름과 여권 번호, 입국 날짜 등을 적으면 된다.

마지막으로 보증금인 '야진 押金'을 지불하면 된다. 객실 물품 파손이나 도난에 대한 일종의 '담보'로 보통 3성 이하의 숙소라면 현찰을, 그 이상에서는 신용카드를 요구한다.

신용카드는 가상으로 긁고 사인은 하지 않는데 체크아웃 시 사인하지 않은 신용카드 영수증은 파기된다. 또한 잊지 말아야 할 것 하나가 바로 야진 영수증이다. 영수증이 없어 야진을 돌려받지 못하는 경우가 비일비재하기 때문. 체크인이 끝나면 방 키 또는 키 카드를 건네준다.

3 귀중품 보관
중급 호텔 이상은 객실마다 개인 금고가 마련되어 있으며 비밀번호는 직접 설정하게 되어 있다. 실수로 물건을 넣어놓고 금고를 못 열 수도 있으니, 비밀번호를 최초로 지정할 때는 물건을 넣지 않은 상태에서 연습해본다.

4 샤워 부스·욕조 사용
샤워 부스가 있으면 별문제가 없지만, 욕조만 있는 경우 샤워는 욕조 안에 들어가서 해야 한다. 이때는 욕조에 설치된 비닐 커튼을 욕조 안쪽에 넣어 물이 욕조 밖으로 튀지 않게 하자. 욕조가 미끄러울 수도 있으니 넘어지지 않도록 안전에도 신경 쓸 것.

5 냉장고와 미니 바
대부분의 호텔에서 하루 두 병가량 생수를 서비스한다. 이런 공짜 물에는 Complimentary라고 쓰여 있는데 4성 이상이면 하루 2병이 일반적이다. 무료로 제공되는 커피, 티백과 함께 별도로 보관된 경우가 많다.

냉장고에 가득 들어 있는 음료와 캔디, 주류는 별도의 비용이 청구된다. 냉장고 앞에 비치된 가격표를 살펴보고 이용할지 여부를 판단하면 된다. 참고로 일반 편의점에 비해 몇 배나 비싼 요금을 받는다.

6 유료 채널
고급 호텔의 경우 일반 케이블 TV 채널 이외에 유료 채널이 있다. 보통 영화를 상영하는데, 안내 코드를 따라 버튼을 계속 누르면 유료 채널로 접근할 수 있다.

유료 채널은 버튼을 누름과 동시에 요금이 책정되기 때문에, 한번 틀었으면 끝까지 보자. 뭐 재미있는 프로그램이 없나 궁금하다고 이것저것 눌러보다 보면 아까운 돈만 낭비하는 경우도 있다.

7 룸서비스
객실에 보면 호텔 안내 브로슈어와 함께 룸서비스 메뉴가 놓여 있다. 호텔에서 운영하는 레스토랑에서 식사나 음료를 방까지 배달하는 서비스다. 룸서비스는 보통 24시간 가능하며, 계산은 객실 추가 요금에 포함돼 체크아웃할 때 합산된다.

8 인터넷 이용
인터넷에 관한 한 베이징의 호텔은 한국의 러브 모텔만도 못한 수준이다. 전용 랜선이나 무선 인터넷(Wi-Fi) 서비스가 가능하지만 대부분 별도의 요금을 지불해야 한다. 속도는 인터넷 카페인 왕바 网巴보다도 느리다.

9 팁
중국은 우리나라와 같이 팁 문화가 없지만 호텔에서만큼은 팁이 일반적이다. 체크인할 때 짐을 들어다 주었을 경우나 룸서비스를 이용할 경우, 그리고 아침에 일어나 외출할 경우 룸메이드들을 위해 약소한 팁을 주는 게 예의다. 일반 호텔의 경우 5元이나 10元짜리 지폐 한 장이면 된다.

10 부대시설 이용
3성급 호텔 이상이면 기본적으로 수영장, 헬스클럽, 사우나 등 기본시설을 무료로 이용할 수 있다. 부대시설을 즐기는 것이야말로 고급 호텔에서만 맛보는 뿌듯함 중 하나다.

11 체크아웃
모든 호텔의 체크아웃 시간은 12:00로 정해져 있다.

미니 바와 비품을 확인한 후에 영수증을 발급해준다. 12:00를 넘기면 추가요금을 받으니 체크아웃 시간은 반드시 지키자.
만약 오후 늦게 체크아웃하고 싶으면 미리 로비에 문의하도록. 보통 18:00까지 체크아웃하는 조건으로 숙박료의 50% 정도를 더 받는다. 물론 18:00 이후에 체크아웃하면 시간에 관계없이 하루치 방값 전액을 지불해야 한다.

주요 숙소

저렴한 숙소 · 유스호스텔

사가 유스호스텔 北京红都实佳宾馆
Saga Youth Hostels

주소 北京市 东城区 朝阳门内南小街 史家胡同 9号 전화 (010)6527-2773 홈페이지 www.sagayouthhostelbeijing.cn 요금 도미토리 52~200元, 더블 301~488元, 트리플 305~588元 가는 방법 지하철 5호선 덩시커우 灯市口역 C출구에서 도보 10분 MAP p.9-A1

68개의 객실을 보유한, 유스호스텔 치고 규모가 꽤 큰 편이다. 지하철 덩시커우 灯市口역 인근에 있는데, 일단 베이징에서 이 정도면 교통이 편리한 시내에 있다고 써도 무방한 수준이다.
2001년 처음 문을 연 집으로 당시만해도 공산당 향기가 뿜어져 나오는 네모 반듯한 콘크리트 건물에 불과했다고, 2007년 유스호스텔로 업종을 전환해 오늘에 이르고 있다.
4인, 8인 혼성 도미토리가 있다. 혼성이라 좀 꺼려질지 모르지만, 침대별로 개인 커튼, 락커등 최소한의 프라이버시와 보안을 지키기 위한 설비는 갖춰놓고 있다. 외국인도 많지만 중국인도 꽤 머무는 곳이고 밤에 놀러가기 좋은 위치라 룸메이트만 잘 만나면 꽤 재미있게 놀(?) 수 있다. 더블룸도 이 일대의 숙소 가격을 생각한다면 괜찮은 편이다. 3층의 옥상 가든은 맥주 한병 들고가 앉아 있기 좋은 장소.

킹스 조이 호텔 西华京兆饭店
King's Joy Hotel

주소 北京市 西城区 煤市街 8l号 전화 (010)5217-1900 홈페이지 www.kingsjoyhotel.com 요금 도미토리 40~60元, 더블 338~588元 가는 방법 지하철 7호선 주시커우 珠市口역 A출구 또는 지하철 2호선 첸먼 前门역 C출구에서 도보 10분 MAP p.11

다자란제 안에 있는 사회주의적 느낌의 네모반듯한 콘크리트 숙소다. 2006년 문을 열었고, 2011년 호스텔 느낌으로 새단장 했다. 일단 위치가 좋고, 위치에 비해서 가격은 놀랄만큼 좋은 편이다.
도미토리 설비가 꽤 좋은 편인데, 무려 4인실임에도 내부에 화장실이 있어, 아침마다 화장실 전쟁을 벌일 가능성이 적다. 도미토리, 객실모두 청결 상태는 가격대비 양호한 편이다. 사실 이 가격대에서 쾌적함을 바라는 건 무리.
영어 잘하고, 외국인에게 싹싹한 편. 호텔 밖을 나가면 바로 다자란제 관광지로 이어지는데, 대부분의 사람들에게는 장점이다.
옥상에 바가 있는데, 천안문 광장의 꼬트머리가 살짝 보인다. 불꽃놀이 하는 날, 이 숙소의 옥상은 명당자리에 속한다.

차이니즈 박스 코트야드 호스텔
团园北京四合院客栈
Chinese Box Courtyard Hostel

 주소 北京市 西城区 西四北二条胡同 52号 **전화** (010)6618-6768 **홈페이지** www.chinesebox.hostel.com **요금** 도미토리 87~266元, 싱글 330元, 더블 450~520元, 3인 패밀리룸 618元 **가는 방법 지하철** 4호선 시쓰 西四역 A출구에서 도보 10분

`MAP p.6-A2`

사합원을 이런 톤으로 개조할 수 있을까 싶을 정도로, 리모델링이 잘된 집이다. 새파란 외벽은 지중해풍이고, 건물을 덮은 원색 문양의 천은 티베트 느낌. 정체불명인데 꽤 예쁘다.

사합원 숙소들이 그렇듯, 객실이 넓은 편은 아니다. 하지만 체계적이고 깔끔하게 관리되는 집이라, 투숙객들의 만족도는 높은 편. 스탭들이 손님들 데리고 뭔갈 조직하는데 능숙하다. 물론 추가 비용이 들어가는 옵션들이긴 하지만, 외국인 입장에서 중국식 다도회나, 소소한 강좌, 자전거 투어 같은 프로그램이 매력적인건 사실.

후통 안에 있기 때문에 숙소를 오가며 베이징 서민들의 삶을 엿 볼 수 있다는 건 덤이다. 외국인 위주. 중국인 투숙객은 거의 없다. 예약을 서둘러야 하는 숙소 중 하나다.

해피드레곤 호스텔 隆福天缘宾馆
HAPPY DRAGON Hostel

 주소 北京市 东城区 人民市场西巷 29号 **전화** (010)8402-5715 **요금** 도미토리 140~240元, 싱글 140~400元, 더블 800元, 트리플 900元 **가는 방법 지하철** 5·6호선 둥쓰 东四역 E출구를 등지고 오른쪽으로 쭉 걷다가 隆福寺 문이 나오고 건물을 쳐다보고 A라고 적힌 건물 아래 통로로 쭈욱 걸으면 나온다. 도보 5분 `MAP p.9-A1`

찾기 힘든 거 빼고는 장점이 많은 집이다. 오래된 호텔을 개조해 호스텔로 만들었다. 관리를 잘 하는 편이라 잘 느끼긴 힘들지만, 군데군데 오래된 느낌이 남아있긴 하다. 더블룸을 개조해 도미토리로 만든 탓에 도미토리 안에 욕실이 있다는 장점이 돋보인다.

더블룸 외에 단독 여행자를 위한 싱글룸이 있다는 것도 이 집의 장점. 더블의 경우는 약간 애매한데, 가격에 비해 방도 좁고, 낡았다는 느낌이 강하게 든다. 이 모든 걸 극복하는 게 해주는 건 친절한 스탭들의 적당한 영어구사능력.

페킹 스테이션 호스텔 北平北京站青年旅舍
Peking Station Hostel

 주소 北京市 东城区 八宝楼胡同 12号 **전화** (010)6401-3961 **요금** 도미토리 110~120元, 더블 450元 **가는 방법 지하철** 1·5호선 둥단 东单역 C·D 출구에서 도보 5분 `MAP p.7-C2`

지하철 둥단역과 베이징역 사이에 있는 자그마한 후통에 자리잡은 숙소. 여행자들에게 잘 알려지지 않은 후통 구역이라 이런 곳이 있었나 싶은 장소에 우뚝 자리잡고 있다.

사합원을 개조한 많은 숙소들이 중국 전통의 모습을 살리기 위해 노력했다면, 이 집은 좀 더 아기자기한 느낌. 사합원 특유의 골동품 느낌을 모두 제거하고, 예쁨장함을 더했다. 중앙 정원은 주인장의 손길이 닿은 온갖 화분들이 계절별로 꽃을 피워낸다. 숙소로 개장하기 전 대대적인 리모델링을 한 탓에 객실 상태도 사합원 숙소치고는 아주 깔끔한 편. 물론 대부분의 사합원 숙소가 그렇듯 방이 넓지는 않다. 도미토리도 운영중인데, 무려 혼성 14인실과, 여성 전용 6인실이 있다. 일단 도미토리든 객실이든, 방이 상당히 괜찮고, 침구도 가격을 생각한다면 꽤 좋은 제품을 사용하고 있다. 상황이 이렇다보니 요즘 들어 인기만점. 빈방 구하기가 쉽지 않은 편이다. 번화가인 왕푸징까지 걸어서 15분 거리인데, 막상 숙소 주변에

베이징 숙소 | 北京 BEIJING

는 마땅하게 먹거나 놀 만한 곳이 없다는 게, 굳이 잡을 수 있는 트집이다.

화원국제청년여사 北京和园国际青年旅舍
Beijing Heyuan International Youth Hostel

주소 北京市 海淀区 小西天文慧园路 志强北园 1号 전화 (010)6227-7138 요금 도미토리 80~100元, 더블 268~376元 가는 방법 지하철 2호선 지수이탄역 A출구에서 도보 12분 MAPp.17-C2

서른 개의 방을 가진 꽤 큰 규모의 사합원식 유스호스텔. 도미토리의 경우 개인 공간이 없다시피 할 만큼 좁은데, 이건 모든 유스호스텔 도미토리의 공통된 문제. 최근에는 중국인 여행자들의 비중이 점점 높아지고 있지만, 다행히 스탭들이 중국인과 외국인을 가급적 분리시키고 있어 서로 방해될 일은 없어 보인다. 일반적인 유스호스텔이 제공하는 염가의 세탁과 같은 서비스도 시행하고 있다.

싼리툰 유스호스텔 三里屯青年旅舍
Sanlitun Youth Hostel

주소 北京市 朝阳区 春秀路 1号 전화 (010) 5190-9288 홈페이지 www.sanlitun.hostel.com 요금 도미토리 60~90元, 더블 160~440元 가는 방법 지하철 2호선 둥쓰스탸오역 B출구에서 도보 15분 MAPp.14-A2

가로수가 우거진 작은 길 춘씨우루 春秀路에 자리잡고 있는 유스호스텔. 일반 숙소로 쓰이던 건물의 일부를 유스호스텔로 개조했다. 일반 숙소는 숙소대로 영업을 하지만, 유스호스텔에 방이 꽉차면 방을 셰어해서 쓰기도 한다.

객실의 화려한 맛은 없지만 갖출 것은 대략 갖춘 2성급 호텔이라고 보면 되는데 방 자체는 유스호스텔 구역이 더 깔끔하다. 이런저런 면에서 최근에 생긴 신설 숙소보다는 부족한 면이 많아 보이지만, 베이징 제일의 핫한 거리 싼리툰 주변에서 저렴한 숙소를 찾는다면, 이 집을 빼고는 생각하기 힘들다. 숙소와 같은 건물에 쓰촨요리집이 있는데 저렴하고 맛있다.

슬리피 인 다운타운 레이크사이드 베이징 北京丽舍什刹海青年旅舍
Sleepy Inn Downtown Lakeside Beijing

주소 北京市 西城区 德胜门内大街 103号 전화 (010)6406-9954 요금 도미토리 100元, 더블 380元 가는 방법 지하철 2호선 지수이탄역 B출구에서 도보 15분 MAPp.8-A1

두 개의 호수 사이에 있는 호스텔급 숙소. 외국인들이 상상하고 원하는 중국의 이미지를 잘 구현해 놓은 숙소로 중국인들이 좋아하는 붉은 색이 전면을 차지하고 있다. 숙소 건물은 사합원의 모양새를 하고는 있지만 최근에 지은 건물로 외장의 일부만 사합원의 형식을 취하고 있다.

진짜배기 사합원 숙소와 이 집이 비교되는 포인트는 객실 상태. 아무래도 숙소로 쓸 생각을 하고 만든 집이나 보니 공간이 상대적으로 넓고, 내장재들도 좀 더 나은 편이고, 침실도 더 아늑하다. 나무를 짜서 만든 도미토리도 별도의 열쇠를 채울 수 있는 수납공간이 넉넉한 편이라 꽤 유용하다.

위치도 꽤나 괜찮은 편으로 여행자들의 필수 방문지인 스치하이까지는 호수를 따라 걸어서 이동이 가능하다. 볼거리, 놀거리와 가깝지만, 막상 숙소가 있는 곳은 조용한 편이니 입지조건으로서는 최고인 셈이다.

센트럴 유스호스텔 北京城市青年酒店
Central Youth Hostel

주소 北京市 东城区 北京站前街 1-5号 전화 (010)8511-5050 홈페이지 www.centralhostel.com 요금 도미토리 70~80元, 더블 160~388

元 **가는 방법 지하철** 2호선 베이징역 A출구에서 도보 2분 **MAP p.13-B1**

베이징역과 마주보고 있는 유스호스텔. 주변에 맛집과 슈퍼마켓이 있고, 지하철 2호선 베이징역의 교통 편의 볼거리로의 연결성만 따진다면 베이징에서 이만 한 곳은 없다.
외국인은 물론 현지인들에게도 인기를 누리는 곳으로 사전 예약이 없으면 머물기조차 쉽지 않다. 엄청나게 바쁨에도 기본적인 친절함 또한 잊지 않고 있다.

플라이 바이 나이트 코트야드 夜奔北京客栈
Fly by Knight Courtyard Beijing

 주소 北京市 东城区 草胡同 6号 **전화** (010)6559-7966 **홈페이지 요금** 싱글 207~400元, 더블 328~500元 **가는 방법 지하철** 5·6호선 둥쓰 东四역 B출구에서 도보 10분 **MAP p.9-A1**

이 집을 찾아가다보면, 내가 진짜 마을로 들어가고 있다는 생각이 든다. 정말 잘 보존된 사합원이다. 남들이 이런저런 시설을 덧댈 때, 이 집은 사합원을 어떻게 원형대로 유지할지를 고민했다.
동네 무술 도장 선생이었다는 주인장은 지금도 숙소의 뜰에서 외국인을 모아놓고 쿵후를 가르친다. 이건 꽤 좋은 아이디어인데, 마치 인도의 어떤 숙소에서 요가 강좌를 하는 것 같은 느낌이랄까? 이 집에서 일하는 사람들은 여행자들이 모여서 소소하게 할만 한 어떤 껀수를 물어오는데 모두 천부적인 소질이 있는 것 같다.
모든 사합원 숙소들이 그렇듯 객실이 넓지 않고, 어떤 방은 채광에 문제가 있는 경우도 있지만, 관리만큼은 어디에 뒤지지 않을 만큼 잘 해내고 있다. 조금 걸어야 하지만 왕푸징 등 시내로 나가는 조건도 괜찮은 편이다.

베이징 161 라마 템플 코트야드 호텔
北京雍正雅居宾馆
Beijing 161 Lama Temple Courtyard Hostel

 주소 北京市 西城区 北新桥三条 46号 **전화** (010)8401-5027 **홈페이지** www.161hotel.

com **요금** 더블 486~495元, 패밀리(3인실) 555~856元 **가는 방법 지하철** 5호선 베이신차오역 B출구에서 도보 5분 **MAP p.7-C1**

베이징 최대 규모의 후통 보존지인 공묘와 옹화궁 주변에 있는 매력적인 사합원 숙소.
나름 여행자 거리에 위치한 탓에 접근이 용이하다는 점도 장점. 베이징에 있는 사합원 숙소 중 교통 편의성만으로만 따진다면 최고 수준이다. 서민풍의 고거에서 여행을 시작하고자 한다면 고려해 보자.

동당 유스호스텔 东堂客栈
Peking Downtown Backpackers Y.H

 주소 北京市 东城区 南锣鼓巷 85号 **전화** (010)8400-2429 **홈페이지** www.backpackingchina.com **요금** 도미토리 80~95元, 더블 230~300元 **가는 방법 지하철** 6호선 난뤄구샹역 E출구에서 도보 6분 **본문 p.105**

대표적인 여행자 거리이자, 베이징의 인사동으로 불리는 난뤄구샹 한 복판에 자리 잡은 전통의 유스호스텔이다. 더블룸부터 4인실, 도미토리까지 배낭여행자들이 원하는 객실의 모든 형태가 한데 있고, 염가의
세탁서비스, 부설 레스토랑과 바 Bar등 편의시설도 완비되어 있다. 애시당초 배낭만을 타겟으로 한 탓에 방은 꽤 비좁은 편이고, 침구들도 학생 기숙사 같은 느낌이다.

머물기에 큰 문제는 없어 보인다. 아니 어지간해서는 이 집을 추천에서 제외할 수가 없는 게, 위치가 너무 환상적이다.

시팅 온 더 시티 월즈 베이징 코트야드 하우스 城墻客栈
Sitting on the City Walls Courtyard House

주소 北京市 东城区 景山后街 碾子胡同 57号 전화 (010)6402-7805 홈페이지 www.beijingcitywalls.com 요금 도미토리 100元, 싱글 260元, 더블 420元 가는 방법 지하철 6·8호선 난뤄구샹역 A출구에서 도보 15분 MAPp.7-B1

경산 공원 뒤편에 위치한 작은 사합원 숙소. 상업가가 아닌 실제 베이징 주민들의 주거지 안에 있다. 가장 가까운 지하철 역까지의 거리는 약 900m내외, 사람에 따라 길 수도 있지만, 이렇게 오가며 베이징의 진짜 시민들의 사는 모습을 엿 볼 수 있다는 건 꽤나 커다란 기쁨이다.

오래된 고택을 개조한 탓에 방의 크기는 들쑥날쑥, 이 집의 유일한 싱글룸은 실제 하인 방이었다고 한다. 관리의 청결상태는 괜찮은 편이다. 'ㅁ'자 구조의 집이라 커다란 중정이 있고, 대부분의 여행자들은 중정에서 저녁 시간을 보낸다. 때문에 중정과 맞닿은 방의 경우 소소한 생활 소음에 노출될 수 있다.

참고로 이 집은 체크인 직후 주인장이 미팅(?)을 요청한다. 지도를 펴고 베이징의 주요 볼거리에 대한 소소한 정보들을 제공하는데, 책을 쓰는 내가 들어도 요약 정리가 상당히 잘 되어 있다. 영어구사도 수준급, 쉬운 단어 위주로 말하기 때문에 설명을 이해하고 질의하는데 큰 문제는 없어 보인다. 베이징이 초행이라면 추천할 만한 집이다.

레오 호스텔 阿来客栈
Leo Hostel

주소 北京市 西城区 大栅栏街 52号 전화 (010)6317-6288 요금 도미토리 55~130元, 더블 240~450 가는 방법 지하철 1호선 쳰먼역 C번 출구로 나와 맥도널드가 있는 도로인 메이시루 煤市路를 따라 남쪽으로 5분쯤 내려가면 좌우로 다자란제 大

栅栏街와 연결된다. 오른쪽 방향의 다자란제로 도보 2분 MAP p.11

다자란제에 있는 전통의 배낭여행자 숙소. 최근 2호점을 냈을 정도로 배낭여행자들에게 큰 인기를 끌고 있다. 다자란제를 여행자 거리로 만드는데 실질적으로 가장 큰 공헌을 했던 집 중 하나로 손꼽히는데 인기의 비결은 상대적으로 저렴한 도미토리의 가격과 오래된 사합원을 개조해 숙소로 운영한다는 점이다.

건물 자체가 길쭉한 편으로 입구가 상당히 좁기 때문에 좁아진 태국의 싸구려 게스트하우스를 연상시킨다. 방들은 전체적으로 청결하지만, 상당히 비좁기 때문에 답답하다는 느낌을 받을 수도 있다.

템플사이드 후퉁 게스트 하우스
广济邻– 恋恋客栈
Templeside Hutong Guest House

주소 北京市 西城区 赵登禹路 安平巷 8号 전화 (010)6227-0586 요금 도미토리 110~135元, 더블 280~380元 가는 방법 지하철 2호선 푸청먼역 B출구에서 도보 10분 MAPp.6-A1

베이징 프렌즈에서 소개하는 저렴한 숙소 중, 시내에서는 가장 외진편이다. Inner City 근방에 있는 또 다른 사합원 숙소. 꽤 공격적으로 확장하는 집으로 두 개의 게스트 하우스와 하나의 중급 숙소를 운영하고 있다. 분위기는 세 곳 모두 사합원을 개조한 집이라 엇비슷하다.

사합원의 결을 살리면서, 편의시설을 함께 갖췄는데, 특히 2호점의 옥상은 정말 훌륭하다. 객실은 나쁘지 않지만, 숙소의 전체적인 분위기에 비교하면 단조롭다는 느낌도 든다. 이 주변 숙소들은 입구가 일반 민가와 별로 다르지 않기 때문에 초행길 여행자들은 곧잘 지나치거나 그 주변에서 뱅글뱅글 도는 경향이 있다.

제이드 호스텔 北京西华智德饭店
Jade International Youth Hostel

주소 北京市 东城区 北河沿大街 智德北巷 5号 전화 (010)6525-9966 요금 도미토리

40~70元, 더블 153~329元 **가는 방법 지하철** 5호선 둥쓰스탸오역 A출구에서 도보 5분 또는 1호선 천안문둥역 B출구에서 도보 20분 `MAP p.7-B2`

베이징에서 가장 인기 있는 유스호스텔 중 하나로, 외국인 여행자들에게 인기 있는 후통에 자리잡고 있다. 고궁 오른쪽 골목에 자리잡고 있어 초행길이라면 조금 헤맬 수도 있지만 이후 관광지를 돌아다니기에는 환상적인 위치. 원체 외국인들의 인기를 한 몸에 독차지 하고 있는 탓에 스태프들의 영어 구사 실력 또한 수준급. 다양한 도미토리를 운영하고 있다는 것도 이집의 매력. 꾸준히 관리하고 있어, 객실 내 설비들이 모두 반질반질하다. 추천할 만한 집 중 하나.

원하이인 海纳宾馆
Hai Inn

 주소 北京市 东城区 雍和宫大街 北新胡同 31号 **전화** (010)8402-0546 **요금** 더블 288~760元 **가는 방법 지하철** 5호선 융허궁역 C출구 또는 베이신차오역 B출구에서 도보 7분 `MAP p.7-C1`

융궁궁 남쪽에 있는 작은 샛길, 베이씬후통 北新胡同에 자리잡고 있는 사합원을 개조한 숙소. 대부분의 사합원을 개조한 숙소들이 지나치게 중국풍의 전통을 강조한 나머지, 약간 우중충했던 것이 사실이다. 원하이인이 가진 최고의 미덕은 외관은 사합원이지만, 내부는 현대식으로 꾸몄다는 것. 배낭여행자 숙소라 고급의 내장재를 사용하지는 않았지만, 적은 비용으로 최대한 시크하고 캐주얼한 분위기를 연출해 냈다는 평을 받고 있다.

옹화궁, 공묘, 국자감이라는 주요 볼거리 세 곳이 도보 5분 이내에 연결된다. 주변 후통을 여행하기에는 더없이 좋은 위치의 숙소.

홈 인 如家酒店
Home inn

 주소 北京市 西城区 粮食店街 61号 **전화** (010) 6317-3366 **홈페이지** www.homeinns.com **요금** 더블 199~312元 **가는 방법 지하철** 1호선 첸먼역 B·C출구에서 도보 12분 `MAP p11`

전국적인 중저가 숙소 체인점으로 베이징에만 무려 48개의 분점을 거느리고 있는 홈 인의 첸먼 지점. 자기들 주장으로는 미국에 설계를 의뢰한 쾌적한 객실이라고 하는데, 우리 기준으로 본다면 한국의 지방 모텔쯤 되는 설비로 보인다. 전체적으로 깔끔한 편. 청소 상태도 훌륭하다. 크게 화려한 시설을 원하는 것이 아니라면 그저 며칠 편안하게 머물 수 있는 정도는 된다는 이야기. 외국인보다는 중국인을 상대로 영업하는 집이라 직원들의 영어 실력은 신통치 않다는 게 단점으로 손꼽힌다.

오렌지 호텔 桔子酒店
Orange Hotel

 주소 北京市 西城区 广安门莲花池东路 2号 **전화** (010)6326-7775 **요금** 더블 557~628元 **홈페이지** orangehotel.com.cn **가는 방법 지하철** 1호선 난리스루 南礼士路역 D1·D2출구 또는 지하철 2호선 창춘제 长椿街역 D1·D2출구 또는 지하철 7호선 다관잉 达官营역 B출구에서 택시로 기본요금 `MAP p.17-C2`

이환 서쪽 끝에 있는 예쁘장한 숙소로 상호처럼 건물 전체가 주황색으로 칠해져 있다. 로비는 꽤 잘 꾸며놨지만, 객실로 향하는 복도는 사실 별로. 하지만 객실은 아주 깔끔한 전형적인 비즈니스 호텔의 느낌이 난다. 침구도 괜찮은 편이다. 보기에 따라 외지다

고 볼 수 있는데, 근처에 지하철 역이 먼 편. 전철로 근처까지 간 후, 택시와 버스를 적절히 이용해야 한다. 그래도 버스노선은 생각보다 괜찮아 천안문 주변까지도 한번에 갈 수 있다.

주변에 쓸 만한 식당이 없다는게 결정적인 흠. 오렌지 호텔 체인으로 천녕사 天寧寺지점이 저렴하다는 게 가장 큰 장점이다. 번잡하지 않아서 좋다는 사람도 있다.

중급 숙소

더블 해피니스 베이징 코트야드 호텔
阅微庄四合院宾馆
Double Happiness Courtyard Hotel

주소 北京市 东城区 东四四条 37号 **전화** (010)6400-7762 **홈페이지** www.hotel37.com **요금** 더블 496~1,800원 **가는 방법** 지하철 5·6호선 둥쓰역 B출구에서 도보 10분 **MAPp.7-C1**

베이징 도심에 얼마 남지 않은 미개발 후퉁 거리인 둥쓰 东四에 있는 사합원을 개조한 3성 호텔. 베이징 서민들이 사는 골목 안쪽에 깊숙이 자리잡고 있다. 열미장 사합원 빈관은 위치로 인한 호불호가 확연하게 갈린다.

대부분의 후퉁이 관광객을 위한 카페거리처럼 개조된 지금, 이 일대는 분명히 서민들의 삶을 엿볼 수 있는 좋은 공간이지만, 2박 가량의 짧은 일정으로 숨막힐 듯 베이징을 누빌 예정이라면 적당한 공간은 아니다. 숙소 자체는 고택의 웅장함과 현대적 편리함이 잘 가미됐다. 명나라 시절 날리던 벼슬아치의 저택이었던 관계로 사합원 숙소치고는 규모가 꽤 큰 편으로 객실이 42개나 된다. 객실마다 컴퓨터를 비치한건 중국 숙소치고는 좀 파격적. 조식 뷔페(50원)도 꽤 낭만적인데, 부엌도 개방되어 있어 자가 요리자들에게도 환영받는다.

이비스 베이징 싼위안
宜必思北京三元酒店
Ibis Beijing Sanyuan

주소 北京市 朝阳区 曙光西里 甲5号 凤凰公寓 B座 **전화** (010)5829-6999 **요금** 더블 369~

373원 **가는 방법** 공항고속열차 또는 지하철 10호선 三元桥역 A출구 노보텔 뒷편 **MAPp.14-A1**

공항고속열차가 처음으로 멈추는 싼위안차오역에 있는 실속있는 비즈니스 호텔. 관광지와는 제법 거리를 두고 있지만 그것만 제외하고는 가격과 위치가 환상적이다. 공항고속열차와 지하철 10호선역에서 내리면 바로 호텔이 있다. 주변의 비슷한 비즈니스 호텔들과 까르푸 등의 편의시설이 밀집해 있어 이용하는데 불편함이 없다.

데이즈 인 포비든 시티
北京香江戴斯酒店
Days Inn Forbidden City Hotel

주소 北京市 东城区 南河沿大街 南湾子胡同 1号 **전화** (010)6512-77788 **홈페이지** www.daysinn.com **요금** 더블 367~387원 **가는 방법** 지하철 1호선 천안문동역 B출구에서 도보 8분 **MAPp.7-B2**

천안문, 자금성, 왕푸징과 지척에 위치한 데이즈 인 중국 체인호텔. 지하철역에서 멀리 떨어져 있지는 않지만 초행이라면 골목에 위치한 데이즈 인 포비든 시티가 쉽게 눈에 띄지 않을 수도 있다.

실속을 중시하는 곳이다 보니 호텔에서 누리는 부대시설은 떨이지는 편. 하지만 리셉션 직원과의 언어소통도 원활하고 투어 정보를 친절하게 안내해 주는 등 이용하는데는 전혀 문제가 없어 보인다.

바삐 관광지를 돌아다니기에는 그만이다. 대중교통이 원활한 실용적인 호텔을 찾는 사람에게 적합하다.

천안문 이얼비즈니스회관
天安门怡尔商务会馆
iananmen Best Year Courtyard Hotel

주소 北京市 东城区 南池子大街 灯笼库胡同 1号院 **전화** (010)6523-9213 **홈페이지** www.bjyou.com **요금** 더블 510~540원 **가는 방법** 지하철 1호선 천안문동역 B출구에서 도보 8분 **MAPp.7-B2**

베이징 종묘와 고궁의 스카이 라인이 눈앞에 보이는 사합원식 숙소. 고궁 주변이라 개발이 제한된 탓에 사합원과 후퉁의 원형이 가장 잘 보존된 구역, 한국식으로 말한다면 북촌 같은 곳에 있다고 보면된다. 숙소는 사합원의 원형을 잘 보존하면서, 상당히 조심

스럽게 몇몇 전통가옥 특유의 불편한 점을 개량했다. 네모난 사합원의 정원에는 유리로 만든 지붕을 덮었는데, 여기서 뿌려지는 빛이 상당히 따뜻한 느낌을 연출한다. 객실도 수준급.

집의 모양을 해치지 않은 탓에 어떤 방은 다락처럼 천정이 기울어 있지만, 어색하지 않게 연출됐고, 비록 최근에 만든 모조품이긴 하지만 객실마다 배치된 나무 가구도 꽤 인상적이다.

중국식 문양을 잘 살린 창틀 등을 보고 있자면 꽤 공들인 숙소임을 알 수 있다. 지도상에서 위치는 시내의 주요 지점과 가까워 보이지만, 죄다 걸어야 하는 구간이라 그래도 10분 정도는 소요된다.

켈리스 코트야드 호텔 北京凯丽家
Kelly's Courtyard

 주소 北京市 西城区 西单北大街 兵马司胡同内 小院胡同 25号 전화 (010)6611-8415 홈페이지 www.kellyscourtyard.com 요금 더블 498元 +15% 가는 방법 지하철 4호선 링징후퉁역 A출구에서 도보 10분 **MAP p.10-A1**

해외여행 경험이 풍부한 젊은 부부에 의해 운영되는 사합원 숙소. 중급 사합원 숙소의 거품을 뺀 가격대를 제시하고 있다. 주인장의 감각을 반영한 내부 인테리어는 중국, 유럽풍 고가구의 배치로 인해 더욱 더 빛을 발하는 느낌이다. 몇몇 가구는 재능 많은 주인장 부부의 작품이라고 한다. 객실마다 느낌이 다르기 때문에 몇 번을 묵더라도 새로운 느낌이 든다. 커플 여행자들에게 추천하고 싶은 곳 중 하나.

모텔 268 왕푸징 莫泰268 王府井
Motel 268

 주소 北京市 东城区 金鱼胡同 19号 전화 (010)5167-1266 홈페이지 www.motel 268.com 요금 더블 277~800元 가는 방법 지하철 5호선 덩시커우역 A출구에서 도보 10분 **MAP p.9-A2**

상하이에 본점을 두고 있는 전국적인 비즈니스 호텔 체인. 베이징의 노른자 땅으로 정평이 나있는 왕푸징 진 위투퉁 金鱼胡同에 자리 잡고 있다. 왕푸징에도 분점이 있음을 과시하는 상징적인 곳으로, 이 일대의

무지막지한 물가에도 아랑곳 없이 합리적인 객실료를 제시하고 있다.

객실도 전체적으로 널찍한 편으로, 내장재의 품질 또한 만족할 만한 수준이다. 부대시설이 약하다는 게 유일한 흠인데, 실용적인 비즈니스 호텔임을 감안한다면, 나쁘지 않다. 홈페이지를 통해 예약하면 약간의 할인 혜택이 있다.

마오얼 후통 객잔 北京帽儿胡同客栈
Maoer Hutong B&B

 주소 北京市 东城区 地安门外大街 帽儿胡同 28号 전화 (010)8403-9532 홈페이지 maoer28.com 요금 더블 400~498元 가는 방법 지하철 6호선 난뤄구샹역 A출구에서 도보 15분 **MAP p.7-B1**

오래된 사합원 건물을 개조했는데, 입구부터 느껴지는 전통 가옥의 기운이 강렬하다.

상당수 사합원 숙소들이 상대적으로 좀 외진 편인데, 이 집은 젊은 여행자들이 죽고 못사는 난뤄구샹에서 꽤 가까운 편. 때문에 잘 걷고, 유명한 곳을 관광하기보다는 이곳저곳을 기웃기웃거리는게 여행의 낙인 사람들에게 더 잘 어울리는 집이다.

민박에 가까운 형식이다보니 실내 공간이 널찍한 편은 아니다. 공동 공간은 많은 편이라, 개인중심적 여행을 하는 사람에게는 불편 할 수도 있다. 중국사람

들 속으로 들어가 보고 싶다면 꽤 괜찮은 선택일 수 있다.

마이클의 집 迈克之家酒店
Michael's House

주소 北京市 海淀区 小西天志强 北园1号 南院 **전화** (010)6222-5620 **홈페이지** www.michaelshouses.com **요금** 더블 526~1,002元 **가는 방법** 지하철 2호선 지수이탄역 A출구에서 도보 12분 `MAPp.17-C2`

후통을 개조한 많은 곳들이 중국식 사합원 건물을 이용하는 경향이 있는데, 이 집은 중세보다는 20세기 공동가옥의 형태를 더 많이 가지고 있다. 공동주택 특유의 복작복작한 느낌은 사람에 따라 편할 수도 성가실 수도 있지만, 확실한 건 우리가 생각하는 중국의 정취 중 한 부분이라는 점이다. 숙소는 깔끔하고 스태프들도 친절하다. 머물다 보면, 가끔은 현지인 집에 세를 얻어서 살고 있는 느낌이 나기도 한다. 일상적 편안함을 원한다면 괜찮은 선택이다.

고급 숙소

파크 프라자 왕푸징 호텔 丽亭酒店
Park Plaza Wangfujing Hotel

주소 北京市 东城区 金宝街 97号 **전화** (010)8522-1999 **요금** 더블 650~1,955元 **가는 방법** 지하철 5호선 덩시커우역 灯市口역 C출구로 나오면 있다. `MAPp.9-A1`

이 책에서 소개하는 호텔 중 가장 좋은 조건, 가성비를 지닌 집 중 하나다. 일단 위치가 환상적인데, 지하철 덩시커우역에 앞에 있어 번화가인 왕푸징, 동화문 야시장까지는 도보 10분, 베이징의 유명 맛집인 다둥카오야 덩시커우 분점까지는 엎어지면 코 닿는 거리다. 객실도 10만원대임을 감안하면 아주 훌륭한 수준. 널찍하고, 침구 훌륭하고, 심지어 전망도 보인다. 무엇보다 이 집의 가장 큰 미덕은 번화가와 가깝지만 상대적으로 조용하다는 것. 여행자들에게는 알려지지 않았지만, 베이징 주민들에게는 부유한 부티크, 쇼핑센터 밀집지역으로 알려진 곳이라. 베이징 특유

의 소란스러움으로부터 한치 떨어져있다. 방만 구할 수 있다면 마다할 이유가 전혀 없는 집 중 하나.

오키드 호텔 兰花宾馆
The Orchid Hotel

주소 北京市 东城区 宝钞胡同 65号 **전화** (010)8404-4818 **홈페이지** www.theorchidbeijing.com **요금** 더블 700~1,200元 **주요 부대시설 가는 방법** 지하철 2・8호선 구러우다제역 B출구에서 도보 15분 `MAPp.7-B1`

캐나다+티베트 커플에 의해 운영되는 감각적인 중급 숙소. 오래된 사합원과 현대식 부속건물이 더해진 꽤나 특이한 형태의 숙소다. 방이 고작 10개뿐인데다 인기도 상당해 최소 보름 전에는 예약에 돌입해야 원하는 (만약 저렴한 방을 원한다면) 객실을 예약할 수 있다.

객실은 방마다의 개성이 넘쳐난다. 가장 저렴한 방은 좁은 듯한 느낌이 들긴 하지만, 중국의 무술영화속에 나오는 객잔의 로망이 느껴지는 아늑한 분위기고, 테라스가 딸린 방은 고루와 종루 사이로 떨어지는 낙조를 즐기기에 더 없이 좋은 곳이다.

설비만으로 따진다면 적당하고 무난하다는 말이 어울리지만, 아기자기한 호텔 구조에서 오는 잔재미를 빼놓기 힘들다.

홀리데이 인 익스프레스 베이징 후아카이
北京望京华彩快捷假日酒店
Holiday Inn Express Beijing Huacai

주소 北京市 朝阳区 广顺北大街 16号 **전화** (010)5922-

5888 **홈페이지** www.hiexpress.com **요금** 460~511元 **가는 방법** 지하철 15호선 왕징역 A출구에서 택시로 5분 **MAP p.15-C2**

세계적인 호텔 체인인 홀리데이 인의 세컨 브랜드로 전형적인 비즈니스호텔의 모습을 하고 있다. 거품을 제거해 가격을 낮춘 대신, 객실의 안락함은 기존의 홀리데이 인과 별 차이 없게 꾸며져 있어 여행자들의 호평을 받고 있다.

객실의 넓이, 내장재의 고급스러움, 안락한 침대 등 최소한 객실 자체로만 본다면 흠 잡을 데가 없다. 객실 내 미니 바가 없다는 점이 투숙객의 취향에 따라 호·불호가 갈릴 수 있는데, 일반적인 경우라면 큰 문제는 없어 보인다. 베이징 한국 교민들의 거주지인 왕징 望京에 위치하고 있어 한식에 대한 접근성이 좋다는 이유로 나이 지긋한 여행자들에게 절대적인 지지를 받고 있다. 볼거리 중심의 여행이라면 천단공원이 이동거리상 유리하다.

호원빈관 好园宾馆
Hao Yuan Hotel

 주소 北京市 东城区 灯市东口 史家胡同 53号 **전화** (010)6512-5557 **홈페이지** www.haoyuanhotel.com **요금** 760~1,080元 **가는 방법** 지하철 5호선 덩시커우 灯市口역 A 출구로 나와 북쪽으로 도보 2분. 횡단보도를 따라 길을 건너면 바로 史家胡同과 연결된다. 이후 도보 2분 **MAP p.9-A1**

최근 들어 각광받는 사합원 숙소. 베이징 내 대부분의 사합원들은 중국 건국이후, 공동 주택으로 개조되는 비운을 맞았다. 즉 현존하는 대부분의 사합원 숙소들이 공동주택으로 개조된 것은 1990년대 이후 공동주택의 잔재를 없애고 다시 원래대로 개조한 것이다. 호원빈관이 가장 내세우는 점은 바로 이 점. 건물 자체가 중국 수립 직후 국가기관으로 쓰인 덕에 원형을 보존했다는 점이다. 두 개의 정원을 거느린 전형적인 이진식사합원 二進式四合院 건물인 호원빈관은 호텔로서 효율적인 건물은 아니다. 방이 11개뿐이다 보니 상대적으로 비싼 편이다. 하지만 그럼에도 사람이 이 집에 환호하는 가장 큰 이유는 오래된 나무 그늘에 앉아 휴식을 취하며 바라볼 수 있는 고택의 장중한 느낌이다. US$100에 가까운 일반 방은 평범하다. 이곳에 머물 예정이라면 조금이라도 비싼 방에 머물러 볼 것. 주변을 장식하는 중국 고가구와 다기 등. 중국적 품격의 극치를 느낄 수 있다.

전문건국반점 前门建国饭店
Qian Men Hotel

 주소 北京市 西城区 永安路 175湖 **전화** (010)6301-6688 **홈페이지** www.qianmenhotel.com **요금** 더블 488~890元 **가는 방법** 지하철 4호선 차이스커우역 C출구에서 도보 15분 **MAP p.12-A1**

베이징 남부의 대표적인 고급 호텔로 전문 일대에서 가장 고급에 속한다. 건물외관에서 인민대회당이나 국가박물관 느낌을 받게 된다면 당신의 눈썰미는 최고. 건국반점은 중국 건국 초기의 건축 프로젝트중 하나로, 주변 건물과의 통일성에 중점을 두었다고 한다. 약 50년의 역사를 자랑하지만, 낡은 구석은 없다. 오히려 중국 건국 초기 특유의 단단하고 웅장한 느낌에 점수를 주고 싶다. 약 420개에 달하는 객실의 주요 인테리어 중 특히 눈에 띄는 부분은 바로 경극과의 연관성이다. 베이징 내 경극 관람의 메카인 이원극장이 건국반점 안에 있다는 사실을 상기시켜 본다면 이해가 될 것이다.

무지 호텔 无印良品酒店
Muji Hotel Beijing

 주소 北京市 西城区 廊房头条 21号 院北京坊 W2号楼B1层 **전화** (010)8315-6166 **홈페이지** https://www.muji.com.cn/cn/mujihotel **요금** 더블

베이징 숙소 北京 BEIJING

550~900元, 트윈 1,300~1,600元, 패밀리룸 3,000元 **가는 방법 지하철** 2호선 첸먼 前门역 C출구에서 도보 8분, 베이징팡 北京坊 구역 초입에 있다. **MAP p.11**

생활 소품을 판매하는 일본계 기업 무인양품에서 디자인한 호텔이다. 현재 중국의 베이징과 선전에 분점이 있고, 2019년 3월 도쿄 긴자에 분점을 오픈 할 예정이다. 호텔의 모든 소품, 즉 침구부터 인테리어까지 모두 무인양품의 제품으로 꾸몄는데, 그 모습이 기대 이상으로 근사하다. 포근한 분위기의 객실, 천안문 광장이 보이는 식당에서의 전망, 심지어 작고 아늑한 도서실까지 갖춰 오롯이 휴식을 즐기기에 더할 나위 없다. 복잡한 베이징 도심 속에서 유폐된 듯한 기분을 느끼고 싶다면, 이곳은 가장 저렴하고도 완벽한 선택지다. 예약은 무지 호텔 공식 웹사이트에서만 가능한데, 브라우저의 보안등급을 최하로 낮춰야 예약이 끝까지 진행된다는 점 유의해야겠다. 신설 호텔이라 택시 기사들이 미처 길을 못 찾아갈 수도 있는데, "메이스제 煤市街, 첸먼시허엔지에 前门西河沿街 커우 口(메이스제 첸먼 시허 길목)"라고 말하면 호텔 바로 앞까지 가준다.

최고급 숙소

베이징반점 北京饭店
Beijing Hotel

 주소 北京市 东城区 东长安街 33号 **전화** (010)6526-3388 **홈페이지** www.chinabeijinghotel.com.cn **요금** 더블 1,400~1,750元 **가는 방법 지하철** 1호선 왕푸징역 A출구에서 도보 10분
MAP p.9-A2

오랜 기간, 그러니까 외국계 호텔들이 속속 들어오기 전, 베이징 반점 北京饭店은 베이징 최고급 호텔의 대명사였다. 베이징의 심장, 왕푸징과 천안문을 양 옆에 끼고있는 압도적인 위치는 그 자체로 상징이었고 때로는 위압이었다.

사람에 따라 과거의 상징이라고 말하는 경우도 있을 테고, 어쨌든 그럼에도 천안문 광장을 내려다볼 수 있는 유일한 숙소라는 점에서, 여전히 최고라는 사람도 있다.

특히 최근 들어 일반 객실 설비의 부실함을 리포팅하는 경우는 많다. 오랜 기간 국영숙소였던 탓에 아직 스탭들은 사회주의적 불친절함이 은연중에 배어있다. 그걸 베이징반점만의 권위, 중국다움이라고 생각하는 사람들에게는 여전히 끝내주는 곳이다.
객실에 대해서 사람들의 평이 엇갈리는데 비해 부설 레스토랑에 대한 찬사는 변함이 없다.

페어몬트 베이징 费尔蒙酒店
Fairmont Beijing

주소 北京市 朝阳区 建国门外大街 永安东里 8号 **전화** (010)8511-7777 **홈페이지** www.fairmont.cn/beijing **요금** 더블 1,515~2,700元 **가는 방법 지하철** 1호선 용안리역 C출구에서 도보 7분
MAP p.14-A2

중앙 비지니스 구역 CBD 남쪽끝에 있는 최고급 호텔. 바로 근처에 LG와 SK 중국 본사가 있어 이래저래 중역 이상의 한국인 출장자들도 자주 머무는 곳이다. 중국의 호텔들은 지금까지 엄청난 객실 크기와 화려한 인테리어 경쟁은 치열했지만, 내장재나 부대 서비스에 있어서는 박한 면이 많았는데, 페어몬트는 바로 이 점을 공약 포인트로 생각한듯, 엄청난 부대 시설 공세를 보이고 있다.

특히 방의 등급과 상관없이 가장 저렴한 방부터 수준급의 설비를 자랑하고 있는데 그 중 몇 가지만 꼽아 보자면, BOSE의 아이폰 독 스피커 시스템, 네스프레소 커피머신, 욕실 내 스파 시스템, 그리고 밀러해리스 Miller Harris의 욕실용품이 그것이다.

원래 오래된 저택을 품격있게 개조해서 유명해진 호텔 브랜드 답게 첨단의 설비를 자랑하지만, 내부 인테리어나 분위기는 꽤 장중하다. 한화 30만원대에서는 이 집을 필적할 만한 호텔이 없어 보인다.

힐튼 베이징 왕푸징 王府井希尔 顿酒店
Hilton Beijing Wangfujing

 주소 北京市 东城区 王府井东大街 8号 전화 (010)5812-8888 홈페이지 www.hilton.com.cn/beijingwangfujing 요금 더블 1,241~1,930元 가는 방법 지하철 5호선 덩스커우역 A출구에서 도보 8분 MAPp.9-A2

사실 쇼핑에 있어서 왕푸징의 중요도는 예전에 비해 많이 떨어진게 사실이지만, 고궁의 바로 지척에서 500년 영화를 누렸던 상징성이나 숱하게 붙어온 중국 최초라는 타이틀 만큼은 여전하다. 식민지풍이 완연한 육중함을 호텔의 컨셉으로 잡았다. 외관은 마치 성채를 연상시킬 정도로 육중하고 남성적이다.

가장 작은 객실의 크기가 50㎡인데, 베이징의 최고급 호텔 중에서는 가장 널찍한 편. 이보다 바로 윗단계로 올라가면 객실이 무려 64㎡에 이른다. 아무래도 객실 면적이 넓다보니 배치도 촘촘하게 짜여진 호텔과는 다른 느낌이다. 첨단의 설비보다는 편안한 휴식 그 자체에 촛점을 맞췄는데, 그 중 하나가 두상의 모양에 따라 맞춤 제작해주는 베개 서비스나 유료 영화 채널인 HBO가 무료 제공되는 점이다.

무엇보다 왕푸징에 있는 호텔의 장점은 볼거리, 놀거리, 먹거리, 살거리가 원샷에 해결되는 환상적인 위치 그 자체일지도.

샹그릴라 호텔 베이징 北京香格里拉饭店
Shangri-La Hotel Beijing

 주소 北京市 海淀区 紫竹院路 29号 전화 (010)6841-2211 홈페이지 www.shangri-la.com/cn/beijing 요금 더블 1,094~1,538元 가는 방법 지하철 10호선 차도구역 C출구에서 도보 15분 MAPp.17-C2

홍콩계의 초럭셔리 호텔 체인. 제임스 밀턴의 소설에서 따온 샹그릴라라는 이미지는 오랜 기간 서양인들에게 오리엔탈리즘을 자극하는 대명사 중 하나. 같은 홍콩계인 만다린 오리엔탈이 중국 중세의 장중함을 컨셉으로 잡고 있다면 샹그릴라는 구체적이지 않은 몽환성이 인테리어의 특징이다.

사실 외관 자체는 "아 호텔이구나." 싶을 정도로 단조로운 편이지만, 금빛이 넘실대는 로비나, 중국 전통정원을 그대로 재현한 호텔 내 가든은 과연 독창적인 색채의 호텔이라는 말이 절로 나온다.

중국식 창살 문양이 아로새겨진 침구나, 안정적인 미색의 실내톤, 인상적인 샹드리에가 영롱함을 자랑하는 클럽 룸도 샹그릴라만의 디자인이 엿보인다.

이미 홍콩이나 상하이에서도 그랬듯 베이징에서도 수준급의 뷔페를 선보인다. 뷔페식당 카페 차 Cha는 220석 밖에 없으니 예약을 서둘러야 한다.

더 어포짓 하우스 北京瑜舍酒店
The Opposite House

 주소 北京市 朝阳区 三里屯路 11号 전화 (010)6417-6688 홈페이지 www.theoppositehouse.com 요금 더블 1,970~1,538元 가는 방법 지하철 10호선 툰제후역 A출구에서 도보 15분 MAPp.14-A2

홍콩계 스와이어 그룹의 야심작, 98개의 스튜디오와 펜트하우스로 이루어진 부띠끄 호텔로 규모면에서는 중화권 제일이라 할만하다.

일본의 건축가 켄고 쿠마 Kengo Kuma가 설계를 담당하면서 건설당시부터 큰 화제에 오르기도 했었다. 참고로 켄고 쿠마는 물, 돌, 나무, 흙, 종이등 자연소재를 현대건축에 적극 도입한 인물이다.

알록달록한 호텔 외관만 보고서는 사실 이 호텔의 진가를 느낄 수 없다. 내부의 압도적인 풍경. 나무의 결이 물결치듯 흐르는 복도나, 메탈과 유리가 조화를

베이징 숙소 | 北京 BEIJING

이룬 로비는 한마디로 초감각, 초시공의 세계다. 기본 객실은 모두 스튜디오 형식이다. 내부 소재로도 적극 활용된 나무의 정갈함은 특유의 자연채광을 만나 따뜻함을 선사한다. 특히 모든 방마다 있는 참나무 욕조는 특별함으로 설명할 수 없는 남다름이 느껴진다.
무료 미니바 정책은 더 어포짓 하우스의 대표적인 서비스 중 하나로 손꼽히는데, 이용할수록 감동이 느껴진다고나 할까? 중국에서는 거의 최초로 선보이는 격이 다른 서비스들이 곳곳에 숨어있는 곳이다.

그랜드 하얏트 베이징 北京东方君悦大酒店
Grand Hyatt Beijing

주소 北京市 东城区 东长安街 1号 **전화** (010)8518-1234 **홈페이지** beijing.grand.hyatt.com **요금** 더블 1,440~3,350元(1,750~2,450) **가는 방법** 1호선 왕푸징역 A번 출구로 나와 동방신천지 안으로 들어가면 바로 연결된다. **MAP p.9-A2**

2002년 문을 연 베이징의 대표적인 최고급 호텔로 무려 782개의 객실을 보유하고 있다. 하얏트의 명성을 이어가듯, 개관 당시에는 베이징 호텔의 품격을 한 단계 높였다는 평을 받기도 했다. 객실을 장식하는 인테리어는 화려하다. 밖으로 통하는 벽면을 아예 통유리로 터 버린 관계로 채광량 자체가 많은 편. 때문에 화사하고 밝은 느낌을 선사한다. 유럽풍의 실용적이고 단단한 내장재들로 산뜻한 분위기. 객실 크기는 말이 많을 법한데 가장 작은 Grand 급의 방 크기가 26㎡로, 최고급 호텔이라는 점을 감안하면 비좁다는 느낌이 든다. 한등급만 위로 올려도 방이 두 배로 넓어지는데 요금은 별 차이가 나지 않는다는 점도 납득하기 어려운 대목. 로마 시대의 공동 목욕탕을 연상시키는 호사스러운 실내 수영장은 그랜드 하얏트 베이징의 자랑이다.

페닌슐라 베이징 王府半岛酒店
The Peninsula Beijing

주소 北京市 东城区 东单北大街 金鱼胡同 8号 **전화** (010)8516-2888 **요금** 더블 3,150~6,750元(1,580元) **가는 방법** 지하철 5호선 덩시커우 灯市口역 A번 출구로 나와 남쪽으로 도보 5분, 진위후퉁 金鱼胡同을 따라 도보 3분 **MAP p.9-A2**

홍콩에 본점을 둔 최고급 호텔 체인인 페닌슐라의 베이징 분점. 홍콩 페닌슐라의 화려함을 아는 사람들에게 베이징 페닌슐라는 어슬프게 본뜬 중국풍 외관으로 인해 종종 경멸의 대상이기도 하다. 하지만 조금 더 꼼꼼히 안을 들여다보면 역시 페닌슐라는 페닌슐라라는 이야기가 나온다.
페닌슐라의 특징인 다크 브라운의 인테리어 기조는 베이징 또한 여전하다. 아무리 생각해도 외관이 왜 그 모양인지는 알 수가 없다. 일반 객실의 넓이 또한 최고 31㎡로 꽤 널찍한 느낌을 선사한다. 부설 레스토랑이 3개뿐이라 실망하는 사람도 있겠으나 역시 기우다. 중국 무협 영화 속에서 뽑아낸 듯한 중국식당 황팅 Huang Ting은 야릇하고 퇴폐적인 느낌과 서민풍이 뒤섞인 묘한 느낌의 중국 레스토랑이다. 모든 페닌슐라 지점에 있는 로비 라운지 Lobby Lounge 또한 애프터 눈 티로 여행자들을 끌어 모으고 있다.

INDEX

ABC
CCTV 본사 …… 179

ㄱ
강사부사방우육면 …… 164
거용관 장성 …… 253
건외소호 …… 181
경산공원 …… 94
고관상대 …… 184
고궁박물원 …… 76
고루·종루 …… 108
고북수진 …… 255
고육계 …… 137
공묘 …… 110
공왕부 …… 106
곽림 …… 231
광원남문쇄육 …… 165
구적족도 …… 237
국가 수영센터 …… 242
국가 체육관 …… 243
국가 체육장 …… 242
국가대극원 …… 115
국가도서관 …… 204
국기 …… 162
국기 게양대 …… 65
국자감 …… 109
군사박물관 …… 208
궈모뤄 고거·기념관 …… 99
그랜드 하얏트 베이징 …… 291
금면왕조 …… 199
금일미술관 …… 177
금정헌 …… 124
급고각다원 …… 171
까르푸 …… 234

ㄴ
나가소관 …… 186
나이키 팩토리 아울렛 …… 234
난뤄구샹 …… 105
날소방 …… 189
남당 …… 118
노구교 …… 245
노동인민문화궁 …… 73
녹차찬청 …… 127
뉴제 예배사 …… 160

ㄷ
다산쯔 798 예술구 …… 181
다자란제 …… 153
대동카오야 …… 185
대약비어 …… 145
더블 해피니스 베이징 코트야드 호텔 …… 285
더 어포짓 하우스 …… 290
더 플레이스 …… 196
데이즈 인 포비든 시티 …… 285
데카트론 …… 194
도소월 …… 187
도연정공원 …… 161
동당 …… 113
동당 유스호스텔 …… 282
동래순 …… 230
동방신천지 …… 138
동방신천지 푸드 코트 …… 123
동악묘 …… 180
동인당 …… 166
딘타이펑 …… 191

ㄹ
라오서 기념관 …… 113
라오서차관 …… 169

레오 호스텔	283	벨라지오	192
루쉰 박물관	116	봉선전	85
르 리틀 사이공	134	부국해저세계	184
		북해공원	95
		비비고	193
ㅁ		비어 가이스	144
마렌다오 차시장	233	비청향	142
마소마라유혹	229		
마오얼 후통 객잔	286	**ㅅ**	
마이클의 집	287		
만리장성	251	사가 유스호스텔	279
메이란팡 기념관	107	사마대 장성	256
메탈 핸즈 커피	147	사우스 뷰티	123
명 13릉	249	삼원매원	132
모던 1906	163	상하이 장소천도전충점	167
모모가춘병점	192	상하이 탕	196
모주석 기념당	64	샤브샤브	122
모텔 268 왕푸징	286	샤오미지가	235
무지호텔	288	샹그릴라 호텔 베이징	290
미주동파주루	121	서패조면촌	120
		서부상	142
ㅂ		선가어수교	127
		선종림	231
백운관	210	성석복	140
백탑사	115	센트럴 유스호스텔	281
법원사	160	소대동	119
베이징 명나라 성벽 유적지 공원	114	솔로이스트 커피	164
베이징 apm	141	송자	193
베이징 161 라마 템플 코트야드 호텔	282	수도박물관	205
베이징대학	214	수수가	195
베이징 도시계획 전람관	155	스차하이	102
베이징동물원	212	스즈키 식당	163
베이징반점	288	스핀	195
베이징식물원	228	슬로우 보트 브루어리	198
베이징자연박물관	159	슬리피 인 다운타운 레이크사이드 베이징	281
베이징해양관	212	승고재	140
베이징 SKP	196	시팅 온 더 시티 월즈 베이징 코트야드 하우스	283
베이징지치	146	싼리툰 빌리지	176

싼리툰 유스호스텔	281	일단공원	184
쑹칭링 고거	107	일창찬관	136
쓰촨반점	131		

ㅇ

ㅈ

아지센 라멘	232	자죽원공원	213
어식원	143	장릉	250
연길 명태나라	192	장일원차장	167
영보재	167	전문건국반점	288
영화선장	137	전취덕	124
엔다이셰제	104	정릉	250
오렌지 호텔	284	정양문	60
오유태 찻집	139	제이드 호스텔	283
오키드 호텔	287	조양극장	197
옥연담공원	210	조이 시티	143
올림픽 그림	242	중8루	187
옹화궁	110	중관촌 전자상가	236
와가스	189	중국국가박물관	66
완평성	246	중국미술관	113
왕푸징다제	112	중국인민항일전쟁기념관	246
왕푸징서점	139	중산공원	73
외파가	120	중앙 TV 송신탑	208
요시노야	232	중앙미술학원	179
용경협	257	중화민족원	244
운거사	247	중화세기단	209
원명원	215	중화전	84
원하이인	284	지단공원	111
유리창	154		
유신천채	125		

ㅊ

이비스 베이징 싼위안	285	차이니즈 박스 코트야드 호스텔	280
이원극장	170	채운지전	123
이윤당	237	천녕사탑	211
이융재	134	천단공원	156
이화원	218	천복	139
인민대회당	65	천안문	74
인민영웅기념비	63	천안문 광장	61
인수전	218	천안문 이얼비즈니스회관	285

천저하촌 ································248
천진백교원 ·······························128
청두의 미쓰 푸 ··························133
청화지 ····································237
첸먼다제 ·································152
추율향 ····································132
칭화대학 ·································215

ㅋ

컨벤션 센터 ····························243
켈리스 코트야드 호텔 ················286
크리스탈 제이드 라멘샤우롱바오 ···190
킹스 조이 호텔 ························279

ㅌ

템플사이드 후통 게스트하우스 ·····283

ㅍ

파지위안 골동품 시장 ················159
파크 뷰 그린 ····························178
파크 프라자 왕푸징 호텔 ············287
팔달령 장성 ····························253
팔대처 ····································228
팬더 브루어리 ··························146
페닌슐라 베이징 ·······················291
페어몬트 베이징 ·······················289
페킹 스테이션 호스텔 ················280
편의방카오야 ···························165
플라이 바이 나이트 코트야드 ·····282

ㅎ

하카타 잇코우샤 라멘 ················188
해저로훠궈 ·····························126

해피드레곤 호스텔 ····················280
향산공원 ·································227
호광회관 ·································170
호대반관 ·································129
호원빈관 ·································288
홀리데이 인 익스프레스 베이징 후아카이 ···287
홈 인 ······································284
홍교시장 ·································168
홍극장 ····································171
화가이원 ·································128
화제조산사과죽 ························135
화하양자 ·································237
화원국제청년여사 ·····················281
후통 투어 ·······························102
힐튼 베이징 왕푸징 ··················290

friends 프렌즈 시리즈 03

프렌즈 베이징

개정 2판 1쇄 2013년 3월 27일
개정 3판 1쇄 2014년 9월 15일
개정 4판 1쇄 2016년 4월 5일
개정 5판 1쇄 2017년 2월 28일
개정 6판 1쇄 2019년 1월 2일
개정 6판 2쇄 2019년 8월 7일

지은이 | 전명윤·김영남

발행인 | 이상언
제작총괄 | 이정아
편집장 | 손혜린
책임편집 | 강은주

디자인 | 김은정
일러스트 | 최제희

발행처 | 중앙일보플러스(주)
주소 | (04517) 서울시 중구 통일로 86 바비엥3 4층
등록 | 2008년 1월 25일 제 2014-000178호
판매 | 1588-0950
제작 | (02) 6416-3892
홈페이지 | jbooks.joins.com
페이스북 | www.facebook.com/hellojbooks

ⓒ전명윤·김영남, 2013~2019

ISBN 978-89-278-0988-3 14980
ISBN 978-89-278-0967-8(set)

※이 책은 저작권법에 따라 보호받는 저작물이므로 무단 전재와 무단 복제를 금하며 책 내용의 전부 또는
일부를 이용하려면 반드시 저작권자와 중앙일보플러스(주)의 서면 동의를 받아야 합니다.
※책값은 뒤표지에 있습니다.
※잘못된 책은 구입처에서 바꿔 드립니다.

중앙북스는 중앙일보플러스(주)의 단행본 출판 브랜드입니다.

Beijing

MAP BOOK

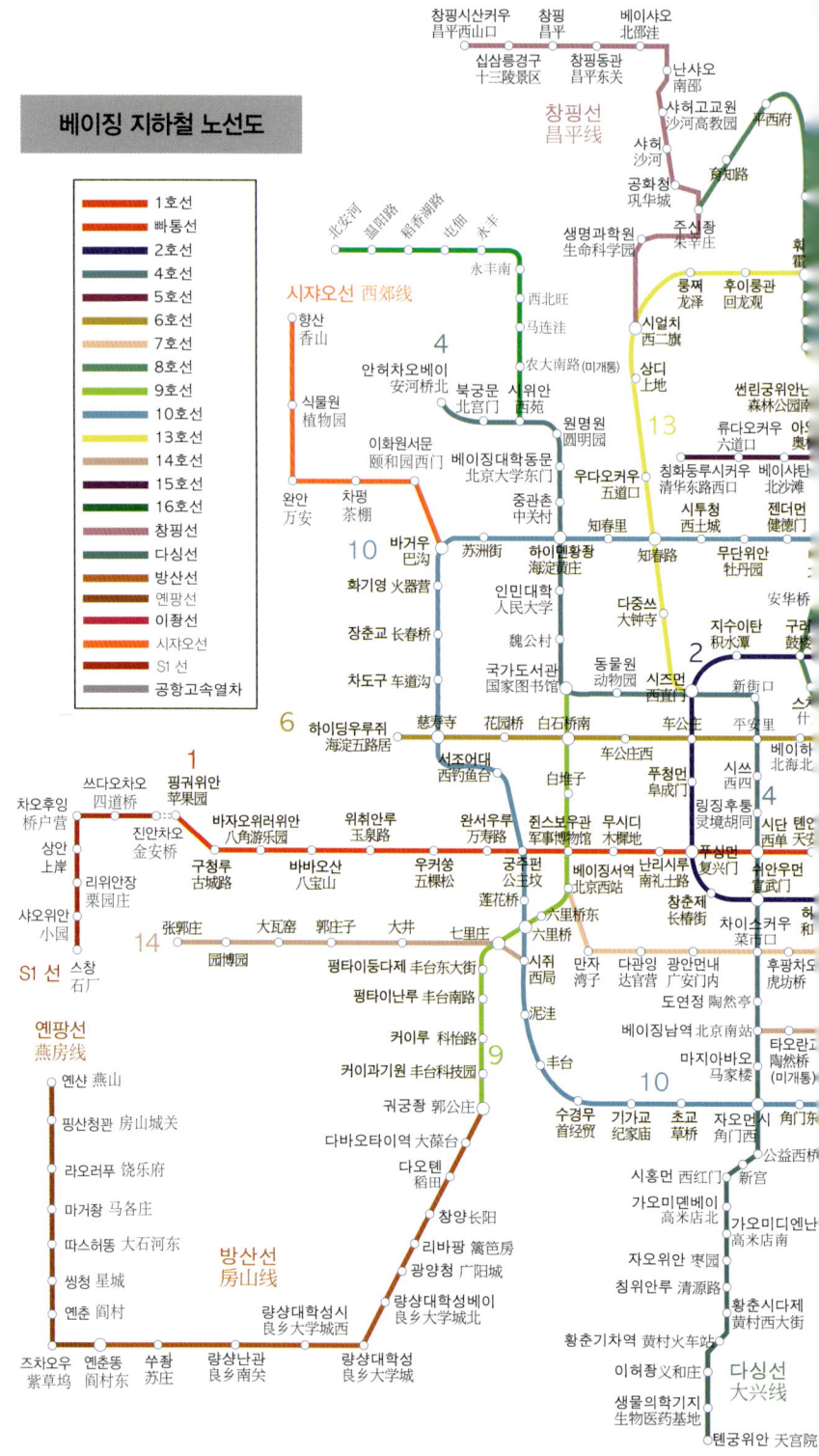

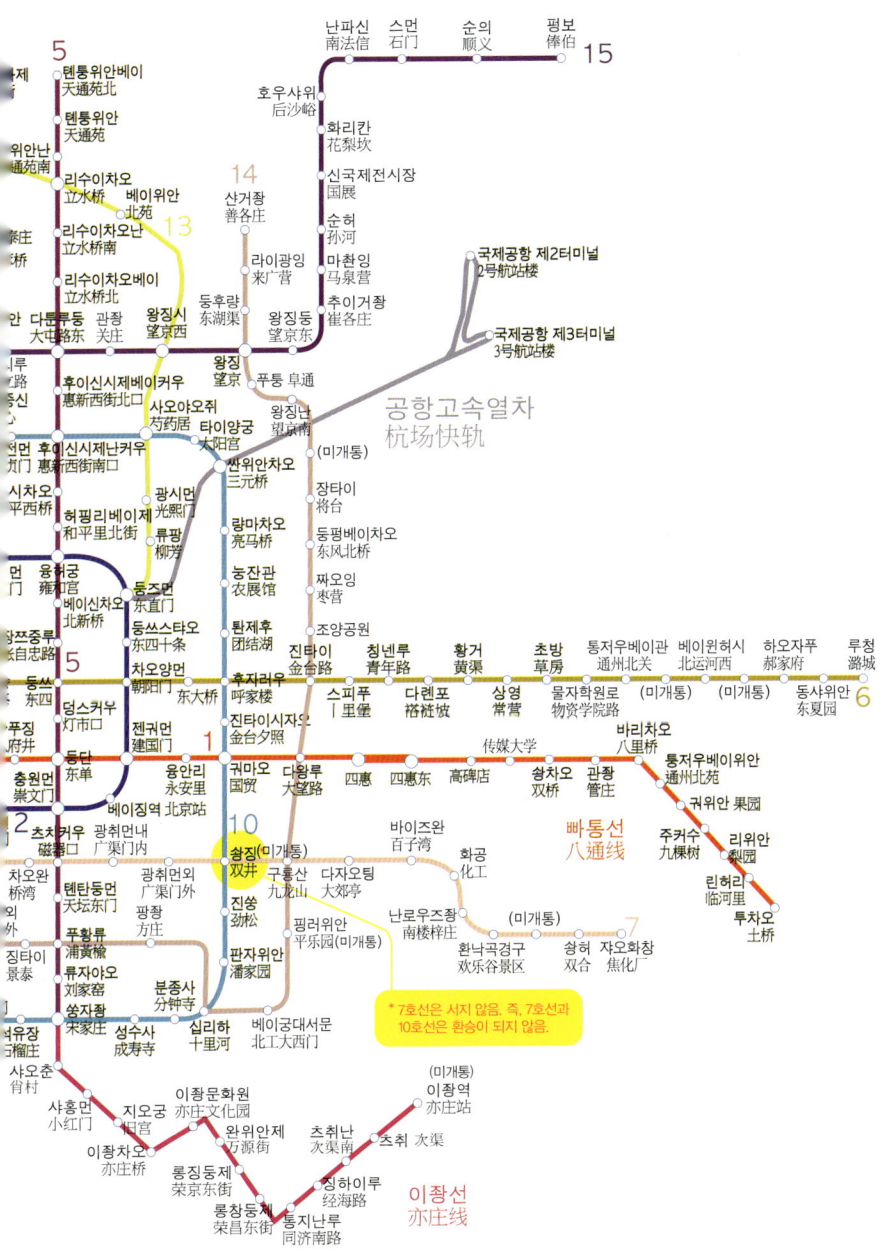

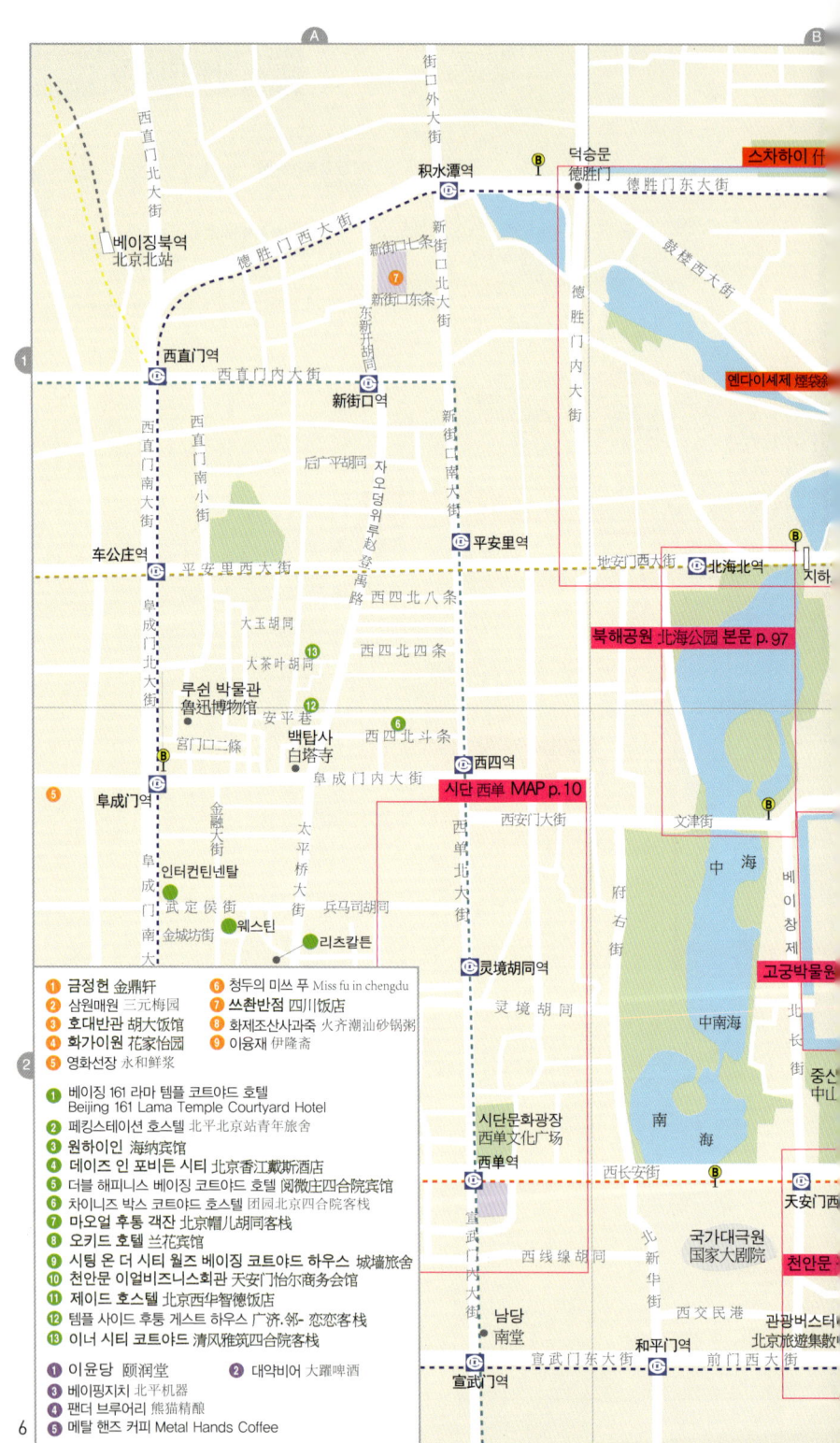

왕푸징다제

1. 미주동파주루 眉州东坡酒楼
2. 사우스 뷰티 俏江南
3. 소대동 小大董
4. 샤브샤브 呷哺呷哺
5. 서패소면촌 西见夜面村
6. 전취덕 全聚德
7. 외파가 外婆家
8. 채운지전 彩云之滇

1. 동방신천지 东方新天地
2. 왕푸징 서점 王府井书店
3. 천복 天福
4. 오유태 찻집 吴裕泰
5. 베이징 apm 北京 apm
6. 성석복 盛锡福
7. 승고재 承古斋
8. 서부상 瑞蚨祥
9. 비청향 美珍香
10. 어식원 御食园

1. 사가 유스호스텔 北京红都实佳宾馆
2. 모텔 268 왕푸징점
3. 해피드래곤 호스텔 隆福天缘宾馆
4. 그랜드 하얏트 베이징 北京东方君悦大酒店
5. 페닌슐라 베이징 王府半岛酒店
6. 플라이 바이 나이트 코트야드 夜奔北京客栈
7. 힐튼 베이징 왕푸징 王府井希尔顿酒店
8. 베이징반점 北京饭店
9. 호원빈관 好园宾馆
10. 파크 프라자 왕푸징 호텔 丽亭酒店

식당 · 쇼핑 · 엔터테인먼트 · 숙소

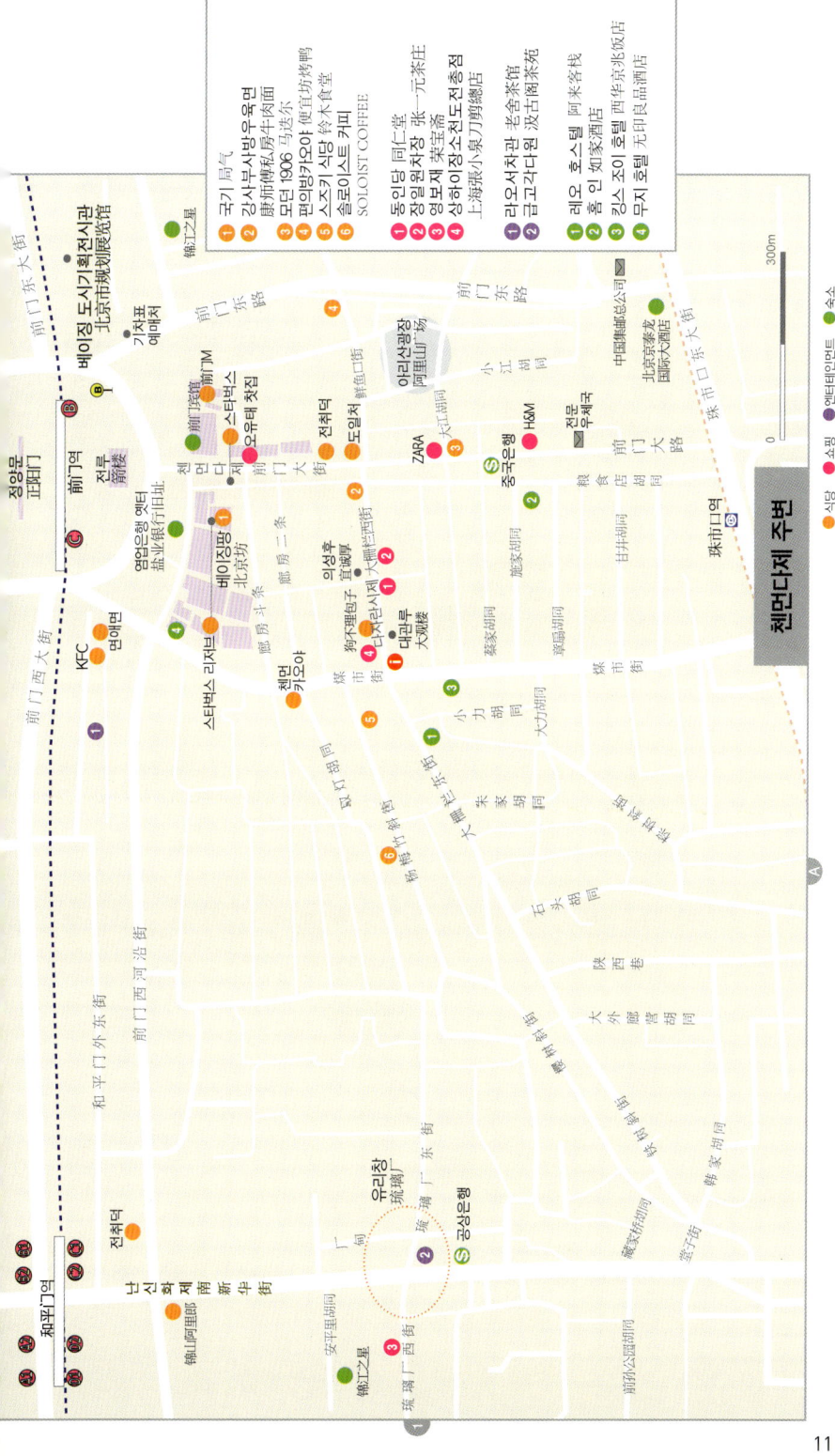

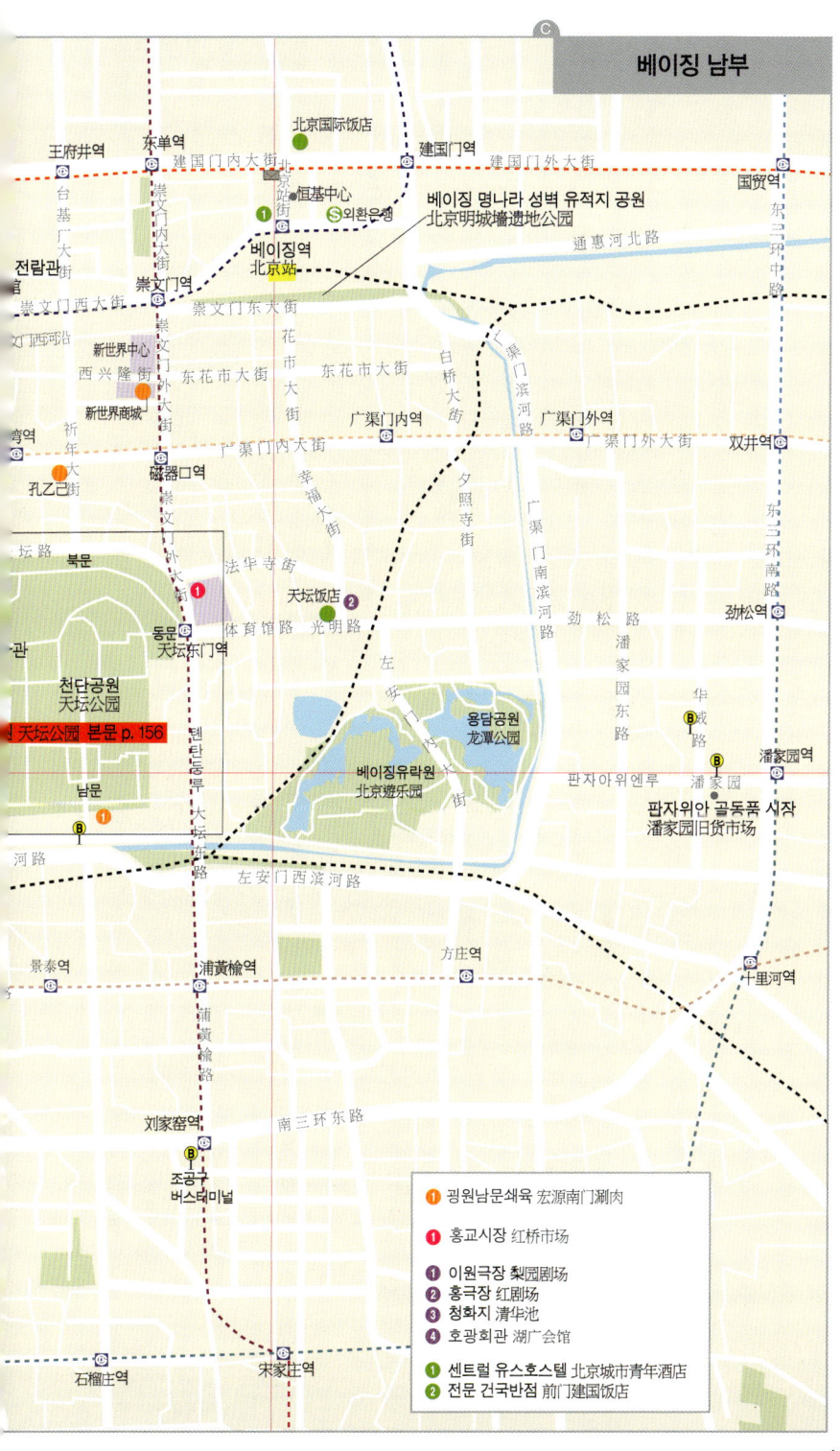